Malte

2022/23

Cofondateurs : Philippe GLOAGUEN et Michel DUVAL

Directeur de collection et auteur
Philippe GLOAGUEN

Secrétaire général
Gavin's CLEMENTE-RUIZ

Rédacteurs en chef
Amanda KERAVEL (France)
Benoît LUCCHINI (Étranger)

Directrice administrative
Bénédicte GLOAGUEN

Conseiller à la rédaction
Pierre JOSSE

Responsable voyages
Carole BORDES

Direction éditoriale
Élise ERNEST

Rédaction
Isabelle AL SUBAIHI
Emmanuelle BAUQUIS
Mathilde de BOISGROLLIER
Marie BURIN des ROZIERS
Camille CAMPET
Diane CAPRON
Véronique de CHARDON
Laura CHARLIER
Florence CHARMETANT
Fiona DEBRABANDER
Géraldine LEMAUF-BEAUVOIS
Alain PALLIER
Anne POINSOT
Alexia POULAIN

hachette

TABLE DES MATIÈRES

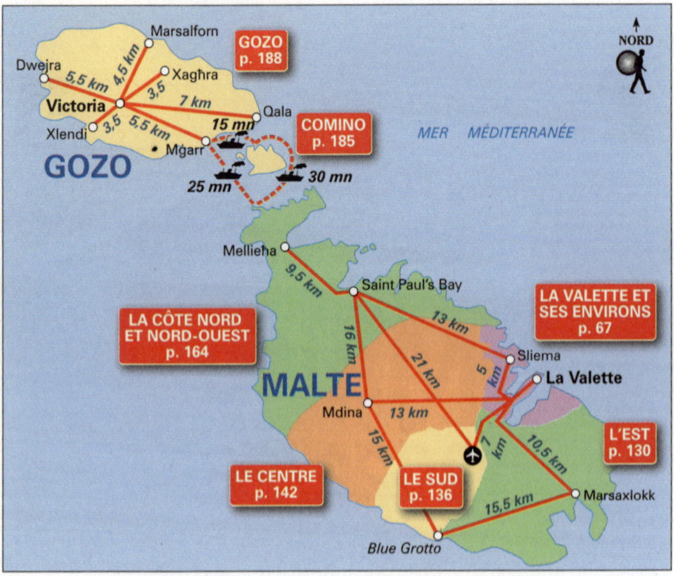

PRÉAMBULE

COMMENT Y ALLER ? 36

MALTE UTILE 40

HOMMES, CULTURE, ENVIRONNEMENT 236

☎ **112 :** c'est le numéro d'urgence commun à la France et à tous les pays de l'UE, à composer en cas d'accident, agression ou détresse. Il permet de se faire localiser et aider en français, tout en améliorant les délais d'intervention des services de secours.

UNE PANDÉMIE INOUÏE !

Depuis toujours, le ***Routard*** **se plaît à dénicher hôteliers et restaurateurs** qui accueillent nos lecteurs avec sourire et professionnalisme. Malgré toute notre vigilance, certains d'entre eux auront malheureusement fermé quand ce livre sortira. De même, les horaires et modalités d'accueil de certains sites et musées auront été momentanément modifiés. Cette terrible **pandémie de coronavirus** a, on le sait, des conséquences importantes pour tous les professionnels du tourisme. **Nous sommes de tout cœur avec eux !**

Important : dernière minute

Entre deux parutions du *Routard,* des événements fortuits (conditions sanitaires, catastrophes naturelles mais aussi formalités, taux de change, conditions d'accès aux sites, fermetures inopinées, etc.) peuvent modifier vos projets de voyage. Pour éviter les déconvenues, nous vous recommandons de consulter la rubrique « Guide » par pays de notre site • **routard.com** • et plus particulièrement les dernières ***Actus voyageurs.***

Vue sur La Valette

Marsalforn Bay
San Dimitri Point
Marsalforn
GOZO
Chapelle San Dimitri
Ramla Bay
San Blas Bay
Azure Window
San Lawrenz
Għarb
Basilique de Ta'Pinu
Grotte de Calypso
Daħlet Qorrot
Dwejra Point
Victoria
Xagħra
Temples de Ġgantija
Santa Lucija
Nadur
Qala
Dwejra Bay
Munxar
Xewkija
Għajnsielem
Qala Point
Xlendi
Sannat
Mġarr
GOZO p. 188
COMINO
Blue Lagoon
COMINO p. 185
Armier Bay
Ċirkewwa
Paradise Bay
Marfa
Mellieħa Bay
Għadira
Anchor Bay
Mellieħa
Xemxija
Il-Majjistral Nature Park
Manikata
Golden Bay
Għajn Tuffieħa Bay
Gnejna Bay
Mġarr
Ta'Haġrat
LA CÔTE NORD ET NORD-OUEST p. 164
Bingemma Gap
Kunċizzjoni
Baħrija
0 2 4 km

L'ARCHIPEL DE MALTE

LA RÉDACTION DU ROUTARD

(sans oublier nos 50 enquêteurs, aussi sur le terrain)

© R. Delalande et E. Dessons

Jean-Sébastien, Olivier, Mathilde, Thierry, Alain, Gavin's, Éléonore, Anne-Caroline, André, Laura, Florence, Véronique, Isabelle, Géraldine, Fiona, Amanda, Benoît, Emmanuelle, Bénédicte, Philippe, Carole, Diane, Anne, Marie.

La saga du *Routard* : en 1971, deux étudiants, Philippe et Michel, avaient une furieuse envie de découvrir le monde. De retour du Népal germe l'idée d'un guide différent qui regrouperait tuyaux malins et itinéraires sympa, destiné aux jeunes fauchés en quête de liberté. 1973. Après 19 refus d'éditeurs et la faillite de leur première maison d'édition, l'aventure commence vraiment avec Hachette. Aujourd'hui, le *Routard*, c'est plus d'une cinquantaine d'enquêteurs impliqués et sincères. Ils parcourent le monde toute l'année dans l'anonymat et s'acharnent à restituer leurs coups de cœur avec passion.

Merci à tous les routards qui sont solidaires de nos convictions : liberté et indépendance d'esprit ; découverte et partage ; sincérité, tolérance et respect des autres.

NOS SPÉCIALISTES MALTE

Isabelle Al-Subaihi : une émigration outre-Manche à l'âge de 4 mois, forcément, ça laisse des traces : un goût prononcé pour l'exotisme ! Depuis, elle cherche à transmettre sa passion du voyage. Ce qu'elle aime partager : un bon plat, des éclats de rire, l'émotion d'un paysage qui bouleverse. Et surtout une vision décalée grâce à des rencontres surprenantes.

Carole Fouque : elle est rentrée au *Routard* en 1997. Sa passion des terroirs et des produits authentiques a nourri son amour des voyages, l'incitant à repousser toujours plus loin les frontières de sa curiosité gourmande. Depuis plus de 20 ans, éclectique et hédoniste dans l'âme, elle prend plaisir à partager ses belles découvertes avec les lecteurs.

Florence Charmetant : très tôt le voyage est devenu une nécessité, quelle que soit la destination. Le voyage pour les personnes, les rencontres, les liens, les lieux, les cultures, les langues, les valeurs, les goûts, les parfums, les différences… Trente années ont passé, son appétit demeure et son envie de transmettre, à vous lecteurs du *Routard*, tout autant.

UN GRAND MERCI À NOS AMI(E)S SUR PLACE ET EN FRANCE

Pour cette nouvelle édition, nous remercions particulièrement :

- **Charlotte Lombard** pour son implication, son enthousiasme et son énergie, toujours prête à donner le pouls de l'île et partager ses bons plans ;
- Ainsi que **Joseph Farrugia** d'Heritage Malta et **Janet Grech Dimech** de Visit Malta.

Pictogrammes du Routard

Établissements

- Hôtel, auberge, chambre d'hôtes
- Camping
- Restaurant
- Terrasse
- Pizzeria
- Boulangerie, sandwicherie
- Pâtisserie
- Glacier
- Café, salon de thé
- Café, bar
- Bar musical
- Club, boîte de nuit
- Salle de spectacle
- Boutique, magasin, marché

Infos pratiques

- Office de tourisme
- Poste
- Accès Internet
- Hôpital, urgences
- Adapté aux personnes handicapées

Sites

- Présente un intérêt touristique
- Point de vue
- Plage
- Spot de surf
- Site de plongée
- Recommandé pour les enfants
- Inscrit au Patrimoine mondial de l'Unesco
- Pas de côté

Transports

- Aéroport
- Gare ferroviaire
- Gare routière, arrêt de bus
- Station de métro
- Station de tramway
- Parking
- Taxi
- Taxi collectif
- Bateau
- Bateau fluvial
- Piste cyclable, parcours à vélo

« OSONS LE PAS DE CÔTÉ »

Le surtourisme ? Tous concernés. Et pourtant, à l'écart des grands flux touristiques, il existe plein de pépites méconnues, souvent oubliées des circuits trop encombrés. Ici un site ignoré ; là un quartier secret ; plus loin un village caché au charme discret, avec un troquet d'une autre époque. Il existe une infinité de lieux peinards que l'on a envie de mettre en avant avec ce pictogramme. Un vagabondage enfin calme favorisé aussi par les **visites aux heures creuses.** Vive le *slow trip* !

#osonslepasdecote

Le *Routard* est imprimé sur un papier issu de forêts gérées.

I.S.B.N. 978-2-01-717178-2

La baie de Xwejni, sur l'île de Gozo

« Malte est un morceau d'Afrique,
et elle est en Europe.
Elle est en Orient et elle est d'Occident. »
Daniel Rondeau, Malta Hanina

Quelle est l'origine du faucon maltais ? Qui ne rêve pas de marcher sur les traces des chevaliers de l'ordre de Malte ou de l'énigmatique Corto Maltese ? Tel Ulysse succombant aux charmes de Calypso, difficile de ne pas se laisser surprendre par ce petit archipel, posé entre Orient et Occident.

Car c'est au large de la Sicile et de la Tunisie, au carrefour des routes maritimes de la Méditerranée, que s'égrènent ces petites îles : **latinité au nord, arabité au sud,** et le grand bleu tout autour. Aucune civilisation méditerranéenne n'a détourné sa route de l'archipel, y laissant chaque fois son empreinte. **Que de richesses !** De vieilles habitudes latines, une culture européenne bien ancrée, le verbe haut et la patience des Orientaux se marient harmonieusement avec la rigueur anglo-saxonne, héritage de près de 150 ans d'Empire britannique. Voilà l'esprit des lieux !

Avec son adhésion à l'Union européenne, le plus petit pays d'Europe renoue avec sa longue histoire et retrouve sa place dans le concert des nations. Ce que semblent apprécier les jeunes étudiants venus de toute l'Europe pour **apprendre l'anglais au soleil** lors de stages linguistiques ou dans le cadre du fameux programme européen Erasmus.

Les amoureux de tous âges viennent, quant à eux, admirer La Valette ou Mdina, **passionnantes cités d'art** si bien conservées, où chaque monument porte la marque chevaleresque. Enfin, n'oublions pas la nature, car s'il existe peu de plages de sable, c'est pour mieux se réfugier dans les petites **criques sauvages** ou pour s'adonner à la plongée. L'ouest de Malte et l'île de Gozo, bucoliques à souhait, se prêtent, quant à eux, à la randonnée.

Bow-windows à *Birgù*

NOS COUPS DE CŒUR

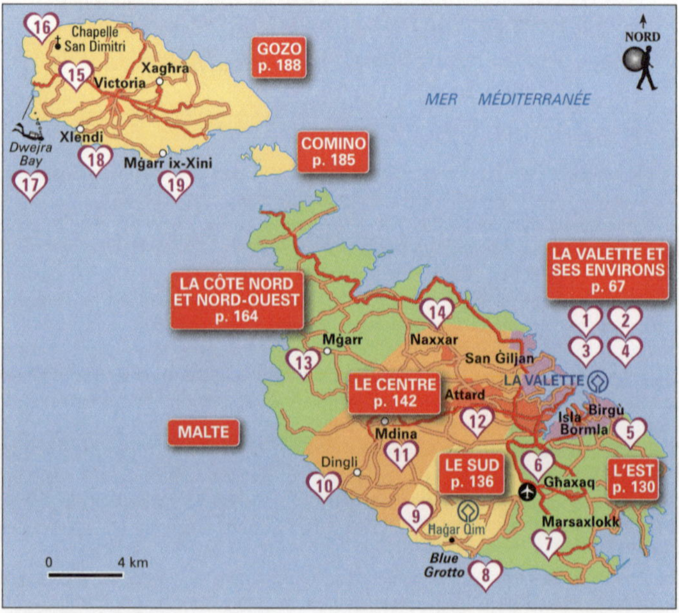

1 Franchir, via la contemporaine City Gate, les remparts de La Valette, capitale de l'ordre de Malte…

… et se perdre dans ses ruelles souvent pentues pour y découvrir maisons à *bow-windows* et anciennes auberges des chevaliers. C'est une des plus belles capitales de la Méditerranée. Tout témoigne du riche passé de l'île au confluent des civilisations méditerranéennes, entre Orient et Occident. Bâtie sur un éperon rocheux au milieu d'un formidable bassin abrité, formé par les baies et les péninsules des Trois-Cités, de puissantes fortifications et de gros bastions ceinturent La Valette, au point qu'un auteur français l'a qualifiée de « Carcassonne maritime ». *p. 68*

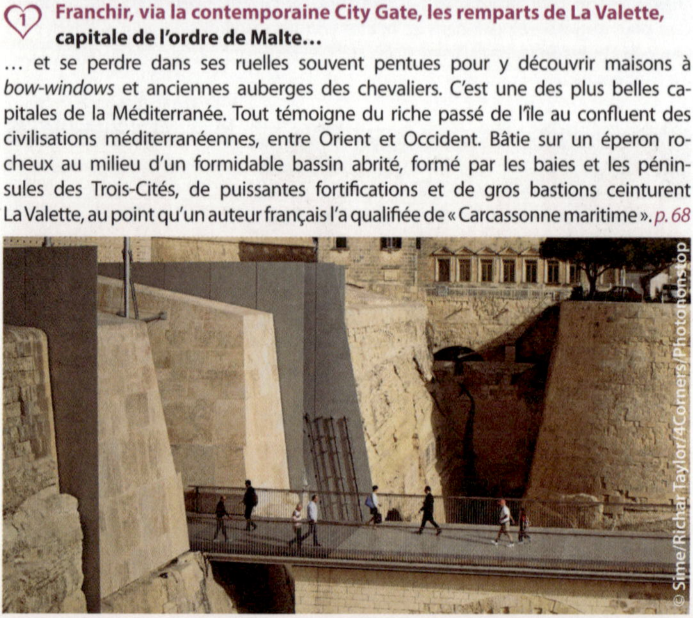

② Décoder les mystères des pierres tombales et les œuvres du Caravage à la co-cathédrale Saint-Jean, d'une richesse intérieure saisissante.

L'austérité extérieure de la co-cathédrale, joyau de l'île, contraste avec la profusion baroque de sa décoration intérieure, qui n'a rien à envier aux plus belles églises italiennes. Son dallage, composé de 374 pierres tombales richement décorées sous lesquelles reposent les plus illustres chevaliers, est exceptionnel. Rien de sinistre dans ces marbres funèbres ni dans les toiles d'un Caravage à l'apogée de son art. Ses admirables *Décollation de saint Jean-Baptiste* et *Saint Jérôme écrivant* sont des chefs-d'œuvre ! *p. 89*

Bon à savoir : *les flashs, les talons hauts et… les épaules nues sont interdits ; • stjohns cocathedral.com •*

③ Faire une pause à la terrasse de l'historique *Caffe Cordina,* à l'ombre du palais des Grands-Maîtres, le nez dans une glace.

Fondé en 1837, le café occupe une bâtisse qui fut d'abord la Maison du trésor de l'ordre des Chevaliers, puis le *Grand Hotel* et enfin le *Casino Maltese*, avant de devenir ce lieu décoré dans un vague style austro-hongrois. Sa voûte est ornée de peintures, qui évoquent les grands épisodes de l'histoire de Malte, tandis que la terrasse, aux larges parasols accolés, occupe la majeure partie de Republic Square. Autant dire que le lieu, très couru mais vraiment agréable pour boire un verre entre 2 visites, est une institution... *p. 83*

Bon à savoir : *• caffecordina.com •*

4 Visiter le palais des Grands-Maîtres, magnifique témoignage de la splendeur du patrimoine maltais.

Édifié au XVIe s sous la direction du célèbre architecte maltais Girolamo Cassar et embelli au XVIIIe s, le palais des Grands-Maîtres fut le siège du gouvernement à l'époque des chevaliers. Depuis l'indépendance de l'île, il abrite les bureaux du président de la République. Les 2 cours intérieures sont superbes. À l'étage, les appartements et les salles d'apparat sont à l'unisson : décors majestueux, toiles de maîtres, pièces d'armurerie exceptionnelles, fantastique ensemble de tapisseries des Gobelins illustrant la faune et la flore du Brésil… Somptueux ! *p. 95*

Bon à savoir : Palace Sq et Republic St ; • heritagemalta.org • ***Fermé jusqu'en 2023 pour travaux.***

© Guiziou Franck/hemis.fr

5 **Déambuler entre les pots de fleurs, les bougainvillées et les portes cochères des ruelles du vieux Birgù.**

Les Trois-Cités (Birgù, Isla et Bormla) rivalisent de beauté, mais des 3, Birgù, appelée aussi Vittoriosa (la Victorieuse), est la plus intéressante. Elle fut le 1er fief des chevaliers de l'ordre de Malte à leur arrivée de Rhodes. Une promenade au cœur du labyrinthe de ses ruelles entrelacées se déploie ainsi comme une trajectoire historique palpitante, du fort Saint-Ange au Musée maritime, en passant par l'église Saint-Laurent et les vieilles auberges des chevaliers. *p. 106*

Bon à savoir : *un petit ferry assure la navette entre La Valette et les Trois-Cités : • vallettaferryservices.com • Mais le plus sympa est encore de prendre, au même embarcadère, un petit bateau à moteur… C'est à peine plus cher et l'on n'est pas contraint par les horaires du ferry.*

6 **Faire une pause dans le café d'un *band's club* de village. Le plus souvent modeste, il est parfois hébergé dans un véritable palais.**

Malte compte de petits clubs philharmoniques dans quasi chaque village, à la manière de nos fanfares municipales. Ces sortes de mini-*Buena Vista Social Club* sont des sites stratégiques pour observer la vie sociale. Pour cela, il faut oser pousser la porte d'un club et s'immiscer dans un monde où les habitués éclusent un godet, tapent le carton ou s'essaient au billard… dès le matin. Ambiance populaire garantie. *p. 132*

***Bon à savoir :** le* Saint Mary's Musical Club *de Għaxaq, à l'est de l'île, a été bâti par les habitants à la fin du XXe s sur le modèle d'un palais Renaissance. Il ouvre, en principe, à partir de 16h jusqu'au dernier client, et le dimanche toute la journée.*

© Reinhard Schmid/Sime/Photononstop

7 **Se régaler d'un poisson fraîchement débarqué d'un *luzzu* (bateau traditionnel, éclatant de couleurs) sur les quais du petit port de carte postale de Marsaxlokk.**

Ancré sur la façade orientale de l'île, à 12 km au sud-est de La Valette, Marsaxlokk vit de la pêche artisanale et du tourisme. Son nom aux sonorités étranges signifie « la baie du sirocco », car, lorsque ce vent torride venu du désert d'Afrique souffle, la baie est frappée avant le reste de l'île. Sur les quais, le marché quotidien est animé le dimanche du cri des poissonniers. Allez donc voir cet adorable petit port où flotte une ribambelle de *luzzu*, ces barques colorées qui portent sur leur coque un œil peint à la proue pour chasser le mauvais sort. Jolies photos garanties ! *p. 133*

***Bon à savoir :** magnifique marché aux poissons le dimanche matin jusqu'à 14h.*

© Wysocki Pawel/hemis.fr

8 **Se faufiler à bord d'un petit bateau de pêcheur (lors d'une journée ensoleillée et sans trop de vent, de préférence) sous les spectaculaires voûtes de pierre de la Blue Grotto.**

Le soleil illumine alors les eaux des cavernes de teintes turquoise laissant apparaître une flore sous-marine aux couleurs chatoyantes. C'est aussi l'occasion de se baigner dans la belle crique et de se dorer la pilule sur les rochers. *p. 136*

***Bon à savoir :** venir le matin quand la lumière pénètre dans la grotte principale.*

9 **Découvrir l'incroyable créativité des premiers Maltais dans les temples mégalithiques de l'archipel comme ceux de Ħaġar Qim et de Mnajdra, à Malte, ou de Ġgantija, à Gozo.**

Et s'étonner de la technicité de ces constructions qui remontent, pour les plus anciennes, au début du IVe millénaire av. J.-C., celles de Gozo étant les plus vieux temples non encastrés du monde. Tous, aussi bien à Malte qu'à Gozo, révèlent un état de conservation admirable. Ils se trouvent, de ce fait, inscrits sur la liste du Patrimoine mondial de l'Unesco. *p. 137, 210*

Bon à savoir : *Heritage Malta propose un Multisite Pass valable 30 jours dans tous les sites et musées gérés par l'agence du ministère de la Culture.*

© Tetra images/hemis.fr

10 **Frôler le vertige en se penchant – mais pas trop ! – à l'aplomb des spectaculaires falaises de Dingli.**

Avec leurs 250 m d'altitude, elles remportent le titre de point culminant de l'île. Les couches géologiques bien délimitées forment un feuilleté gris ocre, tandis que les cultures en terrasses dessinent des taches vertes partout où la roche le permet. *p. 149*

Bon à savoir : *accès bien indiqué après les Buskett Gardens ou depuis Dingli. Partir de préférence le matin et emporter beaucoup d'eau, un chapeau et, éventuellement, un pique-nique.*

11 **Se faufiler, au soleil couchant, dans Mdina désertée par les touristes, de ruelle en placette, de vieux palais en église.**

En franchissant l'enceinte de cette forteresse occupée par les Arabes puis par les Normands, les siècles s'envolent. Les étroites ruelles silencieuses sont coudées tous les 2 ou 3 m, pour se protéger du vent, du soleil et des flèches… Délaissée par les chevaliers au profit de La Valette, Mdina a gardé des palais aux murs dorés et une magnifique cathédrale baroque. En fin d'après-midi, la lumière donne à la pierre une teinte miellée à l'origine même du nom de l'île (Melita). *p. 150*

© SoberkaRichard/hemis.fr

12 **Se balader tranquillement dans les luxuriants San Anton Gardens, équivalent maltais des jardins de l'Élysée en France.**

Ce jardin botanique constitue une rare oasis de sérénité et de verdure abritant de magnifiques espèces florales, des serres, une pergola, de vénérables arbres exotiques, des volières, des bassins, et même un labyrinthe et quelques statues contemporaines d'artistes locaux. Une belle promenade. *p. 163*

Bon à savoir : *à 10 mn à pied du centre d'Attard. Gratuit. Avec un peu de chance, on peut apercevoir la voiture du président qui rentre du turbin.*

© Alex Ramsay/Alamy/Hemis

13 **Savourer un traditionnel *fenkata,* civet de lapin généreusement mijoté, le plat ultratypique de Malte, dans un resto de village.**

Le *fenek* ou lapin de garenne est l'un des plats préférés des Maltais, qui le mangent en ragoût ou en sauce, avec des frites ou des pâtes. On le décline aussi en *torta-tal-fenek,* lapin mariné et cuit dans une sauce au vin rouge, puis servi en croûte. Le *fenek mogli* est un lapin frit assaisonné d'ail et de laurier, cuit dans du vin blanc. La sauce au lapin accompagne souvent les spaghettis. Proposé partout ou presque, c'est un plat économique et très bon quand il est bien réalisé. *p. 181*

Bon à savoir : dans le village de Mġarr (sur Malte), le resto Il-Barri *en a fait sa spécialité. Attention, fermé le lundi.*

14 À Naxxar, visiter le magnifique palazzo Parisio, où tentures, ors et lustres entretiennent la mémoire d'un monde éteint.

De la façade extérieure, rien ne laisse présager la magnificence intérieure de ce palais du XVIIIe s. Le grand escalier, à la balustrade taillée dans un immense bloc de marbre, conduit à l'étage, dont les pièces rivalisent d'opulence. Tandis que les beaux jardins, un à la française, l'autre à l'anglaise (ce dernier ne se visite pas), sont organisés autour d'une charmante fontaine. *p. 161*

Bon à savoir : tlj 9h-17h30. Le Caffe Luna *fait salon de thé pour une pause gourmande l'après-midi.*

© Nikhilesh Haval/Age fotostock

15 Grimper jusqu'à la citadelle de Victoria, à Gozo, véritable labyrinthe de ruelles, et embrasser du regard terre et mer du haut des remparts.

La fière capitale gozitaine, plantée au cœur de l'île, est dominée par le Gran Castello, la citadelle perchée à 140 m d'altitude. On s'y promène à pied, de monument en musée aménagé dans une vieille demeure datant du XVe s. Les remparts constituent un point stratégique pour se familiariser avec la géographie de l'île, qui prend une dimension enchanteresse au coucher du soleil. *p. 197*

Bon à savoir : rester à Victoria en soirée, quand les touristes ont rendu la ville aux habitants, qui sortent alors les chaises sur le trottoir, pour papoter à la fraîche.

© eldeiv/Shutterstock

16 **Sillonner les chemins de traverse dans la campagne gozitaine pour rejoindre le phare de Ta'Ġurdan ou la petite chapelle Saint-Dimitri.**
À l'ouest de Gozo, il faut dépasser les salines de Marsalforn à pied ou à vélo, faire une pause dans la baie de Wied il-Għasri, étroit bras de mer coupant la falaise en deux, et admirer Ras ta'Pinu, une arche naturelle, pour atteindre ce phare du XIXe s. Plus courte, la balade jusqu'à la petite chapelle s'effectue au cœur d'un environnement tout aussi sauvage. *p. 207, 235*
Bon à savoir : *l'office de tourisme édite des itinéraires de randonnées bien faits, à télécharger sur • visitgozo.com •*

17 Plonger à la rencontre du monde sous-marin maltais réputé pour son relief et sa très bonne visibilité.

Bancs de sars et de castagnoles, mérous et poissons-perroquets couleur d'arc-en-ciel, des dauphins parfois et des hippocampes gravitent autour de tombants et grottes, herbiers de posidonies et coraux, dans des eaux cristallines légendaires. Débutants et confirmés évoluent facilement dans cette « féerie méditerranéenne ». *p. 57*

***Bon à savoir :** c'est autour des îles de Comino et de Gozo qu'on trouve les sites les plus sauvages avec des conditions d'exploration idéales entre juin et octobre, dans une eau à 23 °C en moyenne.*

18 Rêver au bout de la baie de Xlendi, près de la tour de garde du XVIIe s, avec la mer pour seul horizon.

C'est de cette tour, à l'extrémité de Xlendi, qu'on admire le mieux, d'un côté, la Méditerranée à perte de vue, de l'autre, cette merveilleuse bande maritime qui s'enfonce dans la roche jusqu'à rencontrer la digue. C'est de cette tour que l'on retrouve la sérénité, au cœur d'un environnement aussi sauvage que splendide. En contrebas, les salines luisent au soleil. Les Maltais étalent ici leur serviette, pêchent et se baignent. Un paysage lunaire, une impression de bout du monde, appuyée par le ressac de la mer. *p. 226*

***Bon à savoir :** un des plus beaux endroits pour admirer le coucher du soleil.*

19 **Se dorer la pilule dans la petite baie de Mġarr ix-Xini, avant de piquer une tête dans ses eaux turquoise et de s'imaginer seul au monde.**

Ce petit fjord gozitain apparaît comme l'un des paysages les plus séduisants de l'île. Au fond, la plage caillouteuse borde une mer tranquille où les Maltais viennent en famille et les plongeurs en initiés pour une immersion tranquille à la découverte d'une faune luxuriante. *p. 225*

Bon à savoir : un resto s'installe sur la plage, à l'ombre des pins, de mars à novembre. Au menu, fruits de mer et poissons pêchés du jour.

20 Entre 2 visites, déguster un *pastizz* (chausson ou friand traditionnel à la pâte feuilletée) et s'en barbouiller les moustaches.

Dans les ruelles, les marchands de *pastizzi* proposent des friands tièdes fourrés à la ricotta ou aux petits pois (il en existe également aux anchois et aux olives ou à la viande, mais c'est plus rare) : délicieux, pas chers et ô combien nourrissants ! Même s'ils sont salés, ils sont proposés comme des pâtisseries. Aussi populaires, les *qassatat* ressemblent à des minitourtes au fromage à base de pâte brisée. *p. 241*

© Franck Iren/Author's Image/Photononstop

Randonnée aquatique dans la baie de Dwejra sur l'île de Gozo

ITINÉRAIRES CONSEILLÉS

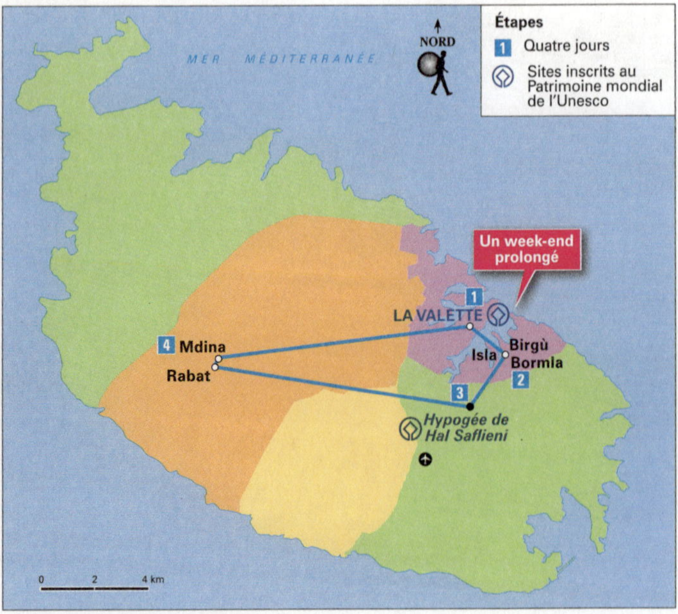

L'île de Malte est suffisamment petite pour loger à un seul endroit et découvrir chaque jour une région différente. À ceux qui disposent d'assez de temps, on conseille de dormir aussi à Gozo, pour sillonner cette autre île de l'archipel à son aise. Attention, la plupart des musées ferment tôt.

Un week-end prolongé

La Valette (1) : la co-cathédrale ; le palais des Grands-Maîtres *(fermé jusqu'en 2023)* et le musée des Beaux-Arts (Muza) ; le musée national d'Archéologie ; la *casa Rocca Piccola* ; les jardins Upper Barrakka ; le tout suivi d'une promenade en bateau.

Les Trois-Cités (2) : Birgù, Isla et Bormla. À Birgù, voir notamment le port avec vue sur La Valette et Isla, la place de la Victoire, le Musée maritime *(fermé pour travaux)*, le *Collachio* (où se trouvent les auberges des différentes langues) et le *Malta at War Museum*, consacré à la Seconde Guerre mondiale ; à Bormla, les remparts.

4 jours

La Valette (1) : au programme indiqué plus haut, ajouter les visites suivantes : le théâtre Manoel ; les *Lascaris War Rooms* ; l'église des Carmélites ; la cathédrale anglicane ; le fort Saint-Elme et l'une des reconstitutions historiques (film ou spectacle). À quelques encablures de la capitale, **les Trois-Cités (2)** se rejoignent en petite barque.

Reprendre l'itinéraire proposé sur un week-end prolongé et visiter **l'hypogée de Hal Saflieni** (**3** ; ne pas oublier de réserver longtemps à l'avance).

Les villes de Mdina et Rabat (4) : à Mdina, les remparts, la cathédrale et son musée, les palais médiévaux (dont le palais Falson) ; à Rabat, les catacombes de Saint-Paul et le *Wignacourt College Museum*.

Cathédrale de Mdina

© John Warburton Lee/hemis.fr

1 semaine

Pour La Valette (1) et les Trois-Cités (Birgù, Isla et Bormla ; 2) : reprendre le programme du week-end prolongé.

L'est et le sud de Malte : le village de pêcheurs de Marsaxlokk **(3),** de préférence le dimanche, jour du marché aux poissons ; les sites archéologiques de Ħaġar Qim et Mnajdra **(4).**

Le centre historique de l'île : les falaises de Dingli et les jardins de Buskett **(5)** ; Mdina et Rabat **(6).**

Le nord-ouest de l'île : l'église Saint Mary à Mosta **(7),** le 5e plus grand dôme au monde ; San Ġiljan (et Paceville pour la vie nocturne ; **8**) ; la baie de Għajn Tuffieħa **(9),** pour ses plages ; Mellieħa et sa baie **(10)** ; Paradise Bay **(11),** plage de sable réputée.

Gozo : la citadelle de Victoria **(12)** ; Dwejra et la mer intérieure **(13)** ; la basilique de Ta'Pinu **(14)** ; les temples de Ġgantija **(15).**

Sur la base du programme d'une semaine, cet itinéraire permet d'arpenter La Valette et ses musées à un rythme plus tranquille, d'aller à la découverte des villages typiques de Malte et de prolonger son séjour à Gozo.

2 semaines

Pour La Valette (1) et les Trois-Cités (2) : reprendre le programme du week-end prolongé.

L'est et le sud de Malte : Żejtun **(3)** ; le village de pêcheurs de Marsaxlokk **(4),** de préférence le dimanche, jour du marché aux poissons ; excursion à la Blue Grotto **(5).**

Au sud encore : les sites archéologiques de Ħaġar Qim et Mnajdra **(6),** Ghar Lapsi **(7)** pour la baignade.

Le centre historique de l'île : les falaises de Dingli et les jardins de Buskett **(8)** ; Mdina et Rabat **(9).**

Les villages typiques du cœur de l'île : le Limestone Heritage à Siġġiewi **(10)** ; Żebbuġ **(11)** ; Attard, Balzan et Lija **(12)** ; le *palazzo Parisio* à Naxxar **(13).**

Le nord-ouest de l'île : l'église Saint Mary à Mosta **(14),** le 5e plus grand dôme au monde ; la baie de Għajn Tuffieħa **(15),** pour ses plages ; Mellieħa et sa baie **(16)** ; Paradise Bay **(17),** plage de sable réputée ; San Ġiljan (et Paceville pour la vie nocturne **(18).**

Gozo : la citadelle de Victoria **(19)** ; Dwejra et la mer intérieure **(20)** ; la basilique de Ta'Pinu **(21)** ; les temples de Ġgantija **(22)** ; les falaises de Ta'Ċenċ **(23)** ; les salines de Qbajjar **(24)** ; les plages de San Blas Bay et Ramla Bay, une promenade en bord de mer à Xlendi **(25).**

Comino (26) : pour la journée (le Lagon bleu) ; plongée.

SI VOUS ÊTES...

Plutôt culture : les palais et musées de La Valette, les Trois-Cités, Mdina et Rabat, l'hypogée de Hal Saflieni ; les temples de Ġgantija (Gozo), de Ħaġar Qim et de Mnajdra ; et, plus récent, le palazzo Parisio à Naxxar, la citadelle de Victoria (Gozo).

En famille : à Malte, Popeye Village, le musée de l'Aviation près de Mdina, les voitures anciennes du Malta Classic Car Collection, l'aquarium de Qawra et, pour les tout-petits, le Playmobil Fun Park ; et à Gozo : 1res bulles en plongée, les salines de Qbajjar ou Xlendi pour comprendre d'où vient le sel et comment on le récolte.

En amoureux : ne manquez pas les couchers de soleil, mémorables, que ce soit au bout de la baie de Xlendi, à Gozo, ou dans le Grand Port de La Valette sur une barque ; le Blue Lagoon, si vous embarquez tôt le matin, ou en soirée quand la foule est déjà repartie.

Plutôt plages : elles sont peu nombreuses, et bondées en été. Au nord de Malte, Mellieħa Bay, Paradise Bay, Armier Bay et, plus à l'ouest, Għajn Tuffieħa et Golden Bay. À Gozo, les plages de Ramla Bay ou de Daħlet Qorrot, celle de galets, plus sauvage, à San Blas et, plus secrète, la « mer intérieure » *(inland sea)* à Dwejra.

Plutôt nature : ne manquez pas à Malte les falaises de Dingli, la Grotte bleue, le parc naturel Il-Majjistral Nature and History Park à Golden Bay, près de Mellieħa ; prolongez votre séjour sur l'île de Gozo avec la baie de Mgarr ix-Xini, le fjord caché de Wied il-Għarsi ; et le Blue Lagoon à Comino (hors heures de pointe de préférence).

Plutôt sport : Malte et Gozo s'offrent sans compter aux marcheurs et aux plongeurs, même débutants.

Marché du port de Marsaxlokk

Interview #experienceroutard

Par la rédaction du *Routard*

Qu'est-ce qui est le plus étonnant à Malte ?

Énorme surprise lors du 1er débarquement. Sans image en tête ni idées préconçues, on a découvert un archipel fortement marqué par les navigateurs, artistes, religieux et autres colonisateurs qui ont croisé sa route au fil des siècles. Ils en ont tous fait un bastion stratégique. Malte s'est d'ailleurs forgée grâce à toutes ces influences et continue de faire vivre un melting pot ancestral qui rend l'archipel tout à fait unique. Vous en connaissez beaucoup des pays où la langue s'apparente à l'arabe mais où l'on se salue par un cordial (et phonétique) « bondjou », où les manières sont restées, à certaines occasions, *so british* (les jeunes viennent d'ailleurs y apprendre l'anglais), où la cuisine s'inspire de son voisin italien et où la religion occupe une place centrale ? Malte soigne autant ses églises paroissiales, qui, chez nous, feraient figure de cathédrales, que ses monuments de l'époque des chevaliers (l'ordre de Saint-Jean a laissé de magnifiques traces). On y vient autant pour sa culture que pour les escapades dans une nature certes aride, mais entourée d'une belle eau turquoise, surtout à Gozo.

L'endroit que l'on préfère ?

Gozo justement, à seulement 25 mn en bateau de Malte. La côte respire, grâce à une urbanisation plutôt maîtrisée ; la marche y est reine et la mer jamais loin. Le gros atout pour les plongeurs : une eau claire, donc une bonne visibilité, qui permet d'évoluer dans un relief sous-marin riche et varié, composé de grottes, tombants, arches et tunnels. Sur la terre ferme, l'architecture se défend bien aussi. Les chevaliers de l'Ordre ont bâti une superbe cité-forteresse, Victoria, qui retient les amoureux de belles pierres. Et puis les Gozitains savent accueillir les visiteurs, surtout s'ils ont la bonne idée d'y séjourner plusieurs jours. Gozo apporte un véritable supplément d'âme à l'archipel.

Une rencontre marquante ?

Joe Xuereb, un sculpteur maltais, qui fait visiter son atelier à Għajnsielem, au-dessus du port de Gozo. Il travaille la globigérine, une pierre calcaire couleur crème, utilisée pour les constructions. Là, son savoir-faire s'inspire de l'art préhistorique de l'île. Par leurs formes rondes, fluides et harmonieuses, ses sculptures dégagent une grande douceur, qui rappelle celles du Colombien Fernando Botero.

LES QUESTIONS QU'ON SE POSE AVANT LE DÉPART

➢ Quels sont les documents nécessaires ?

Passeport ou ***carte nationale d'identité*** pour les ressortissants de l'Union européenne et les Suisses. Puis, il y a les mesures spécifiques liées à la pandémie. Elles peuvent constamment évoluer. À l'heure où nous bouclons le guide, Malte autorisait l'entrée sur son territoire aux personnes vaccinées (dès 12 ans) et minimum 14 jours après leur 2e dose de vaccin (test PCR négatif 72h avant pour les enfants de 5 à 11 ans). Bien se renseigner avant le départ auprès de l'ambassade de Malte en France, sur les sites ● *visitmalta.com* ●, de l'ambassade de France à Malte (● *mt.ambafrance.org* ●) et du ministère français des Affaires étrangères (● *diplomatie.gouv.fr* ●).

➢ Quelle est la meilleure saison pour y aller ?

Le printemps et l'automne (avril-mai et septembre-octobre) pour ceux qui veulent se baigner et faire de la randonnée sans souffrir de la chaleur. En été, il fait vraiment très chaud et il y a beaucoup de monde.

➢ Quel est le temps de vol et le décalage horaire ?

Aucun décalage ! Après 2h30 d'avion depuis Paris, vous voilà frais et dispo pour partir à la conquête de l'archipel.

➢ Quelle est la monnaie locale ?

L'euro depuis 2008.

➢ Quel budget prévoir ?

C'est une île ; beaucoup de choses sont importées. Toutefois, la vie reste un peu moins onéreuse qu'en France ou en Belgique (et donc qu'en Suisse !). Le transport en bus est raisonnable, la location de voiture assez bon marché. Une *guesthouse* confortable revient à 40-60 €. Pour manger à bon compte, 3 options : pâtes, pizzas ou *pastizzi* roboratifs. Sinon, pour un budget moyen, compter 15-20 € pour un plat copieux (poisson ou lapin). La plupart des visites sont payantes, autour de 7 €, voire le double pour des sites majeurs.

➢ Comment se déplacer ?

Le plus pratique, comme souvent, est la voiture, à condition de savoir à quoi s'en tenir (voir nos commentaires ci-contre sur la conduite à gauche) ! Sinon, il existe un réseau de lignes de bus (même si pas toujours réguliers) assez dense, qui dessert la plupart des localités.

➢ Côté santé, quelles précautions ?

Suivre les recommandations des autorités maltaises dans le cadre de la lutte contre la pandémie. 2 doses de vaccin contre la Covid sont exigées pour toutes les personnes à partir de 12 ans se rendant à Malte (test PCR négatif pour les enfants de 5 à 11 ans). Les infrastructures sont modernes, mais plus à Malte qu'à Gozo.

➢ Peut-on y aller avec des enfants ?

Sans problème. Les curieux s'enthousiasmeront devant les atouts culturels, sportifs, culinaires et linguistiques d'un tel voyage, rien que ça ! Ils se prendront pour un chevalier de l'ordre de Malte à La Valette, revivront l'histoire maltaise racontée en 5D, s'initieront au *snorkelling* ou à la plongée à Gozo et Comino, avaleront des pâtes à tous les repas. Enfin, les parents seront ravis devant les progrès fulgurants de leur progéniture en anglais.

➢ Quelle langue parlent les Maltais ?

Le maltais avant tout, mais aussi l'anglais : ce sont les 2 langues officielles de l'île. En revanche, on y parle très peu le français.

➢ Pourquoi aller à Malte ?

Essentiellement pour visiter les villes des chevaliers (La Valette, les Trois-Cités, Mdina, Rabat) et leurs riches vestiges historiques et architecturaux, pour admirer la belle couleur miel de leurs superbes vieilles pierres et découvrir leurs musées. Sans oublier Gozo, l'île nature.

➢ Les plages sont-elles belles ?

Même si l'eau est en principe translucide, surtout à Gozo, il ne faut pas venir à Malte pour un séjour balnéaire, la tête sur le sable et les pieds dans l'eau. Vous seriez déçu. Les rares plages de sable sont souvent bondées, moyennement propres en été, et envahies par les transats (payants). Pour bronzer tranquille, on se réfugie dans les petites criques (plages de galets) ou sur les rochers plats des baies. Pensez aux chaussures en plastique !

➢ Et la conduite à gauche, on s'y fait facilement ?

Passé le stress du 1er rond-point, on s'y fait, surtout si on a un copilote vigilant. Car les Maltais, eux, ne roulent ni à droite ni à gauche, mais souvent en plein milieu de la route ! Clignotant non mis, stop et feux rouges pas toujours respectés. Prudence, donc... En revanche, les automobilistes s'arrêtent la plupart du temps pour laisser passer les piétons, qui, eux, doivent bien regarder à droite avant de traverser !
Heureusement, les distances sont courtes, et la signalisation s'est améliorée... même si se repérer à Malte s'apparente encore souvent à un jeu de piste tant les panneaux sont rares, mal placés ou même parfois illisibles à cause de la poussière...

COMMENT Y ALLER ?

EN AVION

Lignes régulières

▲ **AIR FRANCE**

Rens et résas au ☎ 09-69-39-36-54 (appel non surtaxé), sur • airfrance.fr • et en agence de voyages. Également à votre écoute tlj, 24h/24, sur Messenger, Facebook et Twitter.

➢ Air France, en partenariat avec Air Malta, propose 7 vols directs/sem vers Malte au départ de Paris-Charles-de-Gaulle et 5 vols directs/sem au départ de Lyon. Air France permet de rejoindre Paris depuis de nombreuses villes de province avant de poursuivre vers Malte. Air France propose à tous des tarifs attractifs toute l'année. Pour consulter les offres et promotions du moment, consultez la page « Nos meilleures offres » sur *• airfrance.fr • Flying Blue,* le programme de fidélité gratuit d'Air France-KLM, permet de gagner des *Miles* en voyageant sur les vols Air France, KLM, et auprès de nombreux partenaires aériens et non aériens... Les *Miles* peuvent ensuite être échangés contre des billets d'avion ou des services (surclassement, bagage supplémentaire, Menu à la Carte...), ainsi qu'auprès des partenaires. Pour en savoir plus, rendez-vous sur *• flyingblue.com •*

▲ **AIR MALTA**

Rens et résas : ☎ 0800-914-078 (appel gratuit). • airmalta.com • Pas d'accueil public.

➢ De Paris, 1-2 vols/j. de Paris-Charles-de-Gaulle et d'Orly (moins en hiver) pour Malte ; de Marseille (en saison) et Lyon, 2-3 liaisons/sem.
La compagnie assure aussi 1 liaison quotidienne avec Bruxelles.

▲ **ALITALIA**

Rens et résas : ☎ 0892-655-655 (service 0,34 €/mn + prix appel). • alitalia.fr •

➢ Alitalia dessert Malte 1-2 fois/j. au départ de Paris-Charles-de-Gaulle, avec une bonne connexion à Rome.

▲ **KLM**

Rens et résas : ☎ 0892-702-608 (service 0,35 €/mn + prix appel). • klm.fr • Dans ttes les agences de voyages.

➢ KLM, en partenariat avec Air Malta, assure jusqu'à 7 vols/sem via Amsterdam au départ de Paris-Charles-de-Gaulle et de nombreuses villes de France.

▲ **LUFTHANSA**

Rens et résas : ☎ 01-70-48-91-70. • lufthansa.com •

➢ Lufthansa dessert Malte depuis Francfort et Munich chaque jour. Vols en correspondance possibles au départ de Paris-Charles-de-Gaulle, Lyon, Marseille, Nice, Strasbourg et Toulouse.

▲ **SWISS**

Rens et résas : ☎ 01-57-32-46-52. • swiss.com •

➢ SWISS dessert Malte via Zurich tlj au départ de Paris-Charles-de-Gaulle. Également des vols au départ de Bordeaux et Nice via Zurich.

Compagnie low cost

▲ **RYANAIR**

Rens et résas : ☎ 09-70-01-98-7. • ryanair.com •

➢ La filiale de Ryanair, ***Malta Air,*** assure 3 vols/sem au départ de Marseille et Toulouse, ainsi que 2 vols/sem de Paris-Beauvais et Nantes à destination de Malte, plus 5 vols/sem depuis Charleroi.

LES ORGANISMES DE VOYAGES

En France

▲ **COMPTOIR DES VOYAGES**

• comptoirdesvoyages.fr • Lun-sam 9h30-18h30.

– Paris : 2-18, rue Saint-Victor, 75005. ☎ 01-53-10-30-15. Ⓜ Maubert-Mutualité.

– Bordeaux : 26, cours du Chapeau-Rouge, 33800. ☎ 05-35-54-31-40.

bsp-auto.com
+33 1 43 46 20 74
7j/7
DES PRIX FOUS NÉGOCIÉS POUR VOTRE
LOCATION DE VOITURE À MALTE !
SIXT
Hertz
dollar.
Thrifty
Budget
enterprise
AVIS
Europcar
REMISE DE 5% SUR TOUTES VOS RÉSERVATIONS AVEC LE CODE ROUTARD22
0€
J-5
KILOMÈTRES ILLIMITÉS
ASSURANCES INCLUSES
ANNULATION GRATUITE
PAYEZ 5 JOURS AVANT LE DÉPART
'ZÉRO FRANCHISE' À PETIT PRIX

– Lille : 76, rue Nationale, 59160. ☎ 03-28-04-68-20. Ⓜ Rihour.
– Lyon : 10, quai Tilsitt, 69002. ☎ 04-72-44-13-40. Ⓜ Bellecour.
– Marseille : 12, rue Breteuil, 13001. ☎ 04-84-25-21-80. Ⓜ Estrangin.
– Nice : 62, rue Giofreddo, 06000. ☎ 04-97-03-64-80.
– Toulouse : 43, rue Peyrolières, 31000. ☎ 05-62-30-15-00. Ⓜ Esquirol.

En plus de 30 ans, Comptoir des Voyages s'est imposé comme la référence incontournable du voyage sur mesure en immersion, avec plus de 90 destinations sur les 5 continents.
Ses conseillers-spécialistes construisent des voyages uniques en s'adaptant à votre budget, vos goûts et vos envies. Pour favoriser les rencontres et l'immersion dans la vie locale, ils privilégient des hébergements typiques et des expériences authentiques. Sur place, des *Welcome Hosts* francophones partagent avec vous conseils et bonnes adresses le temps d'un café. Sur votre smartphone, l'application mobile *Luciole* vous informe sur le déroulé de votre voyage, vous suggère des lieux de visite et vous guide grâce à un GPS hors connexion. Comptoir des Voyages est membre d'Agir pour un tourisme responsable depuis 2009. Sa labellisation ATR a été renouvelée par Ecocert Environnement cette année.

▲ VOYAGEURS DU MONDE – VOYAGEURS EN EUROPE DU SUD

• voyageursdumonde.fr •
– Paris : La Cité des Voyageurs, 55, rue Sainte-Anne, 75002. ☎ 01-42-86-17-20. Ⓜ Opéra ou Pyramides. Lun-sam 9h30-19h. Avec une librairie spécialisée dans les voyages.
– Également des agences à Bordeaux, Grenoble, Lille, Lyon, Marseille, Montpellier, Nantes, Nice, Rennes, Rouen, Strasbourg et Toulouse, ainsi qu'à Bruxelles et Genève.

Parce que chaque voyageur est différent, que chacun a ses rêves et ses idées pour les réaliser, Voyageurs du Monde conçoit, depuis plus de 30 ans, des projets sur mesure. Les séjours proposés sur 120 destinations sont élaborés par leurs 180 conseillers voyageurs. Spécialistes par pays, et même par région, ils vous aideront à personnaliser les voyages présentés à travers une trentaine de brochures d'un nouveau type et sur le site internet, où vous pourrez également découvrir les hébergements exclusifs et consulter votre espace particulier. Au cours de votre séjour, vous bénéficiez des services personnalisés Voyageurs du Monde, dont la possibilité de modifier à tout moment votre voyage, l'assistance d'un concierge local, la mise en place de rencontres et de visites privées et l'accès à votre carnet de voyage via une application iPhone et Android.
Voyageurs du Monde est membre de l'association ATR (Agir pour un tourisme responsable) et a obtenu sa certification Tourisme responsable AFAQ AFNOR.

> Voir aussi au sein de chaque ville les agences locales que nous avons sélectionnées.

Comment aller à Roissy et à Orly ?
Toutes les infos sur le site *• routard.com •* à l'adresse suivante : *• bit.ly/aeroports-routard •*

> Conservez, dans votre bagage cabine, vos médicaments, vos divers chargeurs et appareils ainsi que vos objets de valeur (clés et bijoux). Et on ne sait jamais, ajoutez-y de quoi vous changer si vos bagages n'arrivaient pas à bon port avec vous.

En Belgique

▲ CONNECTIONS

Rens et résas : ☎ 070-233-313. • connections.be •

Fort d'une expérience de plus de 20 ans dans le domaine du voyage, Connections dispose d'un réseau de 32 *travel shops,* dont une à l'aéroport de Bruxelles. Connections propose des vols dans le monde entier à des tarifs avantageux et des voyages destinés à des personnes désireuses de découvrir la planète de façon autonome. Connections propose une gamme complète de produits : vols, hébergements, location de voitures, autotours, vacances sportives, excursions...

▲ VOYAGEURS DU MONDE
– Bruxelles : 23, chaussée de Charleroi, 1060. ☎ 02-543-95-50. • voyageurs dumonde.com •
Le spécialiste du voyage en individuel sur mesure.
Voir le texte dans la partie « En France ».

En Suisse

▲ VOYAGEURS DU MONDE
• voyageursdumonde.com •
– Genève : rue de la Rôtisserie, 19, 1204. ☎ 022-519-12-10. Lun-ven 9h30-19h, sam 9h30-18h30.
– Lausanne : rue du Bourg, 6 (2e étage), 1003. Lun-ven 9h-18h30, sam sur rdv.
Le spécialiste du voyage en individuel sur mesure.
Voir le texte dans la partie « En France ».

Au Québec

▲ EXOTIK TOURS
Rens sur • exotiktours.com • ou auprès de votre agence de voyages.
Exotik Tours offre une importante programmation en été comme en hiver sur la Méditerranée et l'Europe.

EN BATEAU

Liaisons Italie-Sicile-Malte

Liaisons Italie-Sicile

La compagnie *Grandi Navi Veloci,* représentée par *Euro-Mer & Ciel Voyages* en France, propose plusieurs traversées à destination de Palerme.

➢ Depuis ***Gênes,*** 6-7 liaisons/sem tte l'année. Traversée en 20h.

➢ De ***Livourne,*** 3 liaisons/sem tte l'année. Traversée en 18h.

➢ Au départ de ***Naples,*** 1 liaison/j. (sauf dim) tte l'année. Durée : 10h.

➢ Depuis ***Civitavecchia (Rome),*** 1 fois/sem. Durée : 13h. Si vous êtes en voiture, réservez à l'avance.

Promotions ponctuelles à l'année, en places limitées. Conseil : réserver à l'avance.

Liaisons Sicile-Malte

➢ ***Au départ de Pozzalo :*** tte l'année ; jusqu'à 8 traversées/sem en hte saison, avec ou sans votre véhicule, à des tarifs intéressants. Durée : 1h45. Possibilité d'A/R dans la journée. Renseignements auprès d'*Euro-Mer.*

➢ ***Au départ de Catane :*** tte l'année ; 4-6 fois/sem en été avec *Virtu Ferries,* représenté en France par *Euro-Mer.* Durée : 4h15.

■ ***Euro-Mer & Ciel Voyages :*** *central de résas en France, 5, quai de Sauvages, CS 10024, 34078 Montpellier Cedex 3. ☎ 04-67-65-95-14. • euromer.com •* Réservation en ligne des traversées et des hôtels à prix intéressants.

MALTE UTILE

ABC de Malte

- ***Population :*** environ 450 000 hab.
- ***Superficie :*** 246 km² pour l'île de Malte, 67 km² pour Gozo et 3 km² pour Comino, soit 316 km² pour l'ensemble de l'archipel, ce qui en fait le plus petit État de l'Union européenne.
- ***Densité de population :*** environ 1 500 hab./km². La plus dense d'Europe, l'une des plus fortes au monde.
- ***Capitale :*** La Valette (environ 6 310 hab. ; et autour de 100 000 hab. si l'on compte la proche banlieue : Hamrun, Qormi, Birkirkara...).
- ***Régime :*** Malte a obtenu son indépendance en 1964 ; la République a été proclamée en 1974. Le régime est parlementaire.
- ***Chef d'État :*** le pouvoir exécutif est détenu par le Premier ministre, Robert Abela (depuis janvier 2020). Le président de la République est élu par le Parlement. George Vella occupe ce poste.
- ***Indice de développement humain (espérance de vie, éducation, niveau de vie) :*** 0,895. Rang mondial : 28e sur 189 pays.
- ***Religions :*** 97 % de chrétiens catholiques ; minorités protestante, musulmane et juive.
- ***Langues officielles :*** le maltais et l'anglais.
- ***Monnaie :*** l'euro (€).

AVANT LE DÉPART

Adresses et site utiles

Offices de tourisme de Malte

Il n'y a pas d'accueil public, que ce soit en France ou dans les pays francophones. On peut néanmoins obtenir des informations grâce à leurs sites internet très complets et se faire envoyer des brochures par e-mail :
– ***En France :*** • *info@visitemalte.com* • *facebook.com/visitmalte.fr* • Et • *visitmalta.com* • avec sa propre application mobile sur App Store et Google Play. L'office de tourisme a également créé 2 sites spécialisés, l'un sur La Valette : • *voyage-lavalette.fr* • ; l'autre sur les offres et promotions des tour-opérateurs : • *voyage-malte.fr* •
– ***En Belgique :*** • *info@malta.be* • *visitmalta.com* • *malta.be/fr* • Envoi de brochures possible.
– ***En Suisse :*** ☎ *043-816-30-15.* • *switzerland@urlaubmalta.com* • *visitmalta.com* • *Infos par e-mail ou tél (lun-ven 8h30-12h, 13h-17h30).*
– ***Au Canada :*** • *visitmalta.com* •

Ambassades de Malte

– ***À Paris :*** *23, rue d'Artois, 75008 Paris.* ☎ *01-56-59-75-90.* • *maltaembassy.paris@gov.mt* • Ⓜ *Saint-Philippe-du-Roule ou Franklin*

D.-Roosevelt. Au 2e étage. Service consulaire ouv sur rdv seulement, lun-ven (sauf j. fériés) 10h-13h, 14h-16h.
– **À Bruxelles :** *rue Archimède, 25, 1000 Bruxelles. ☎ 02-238-26-08. • maltaembassy.brussels@gov.mt • Lun-ven 9h-17h.*
– **À Genève :** *mission permanente de Malte auprès des Nations unies, parc Château-Banquet, 26, 1202 Genève. ☎ 022-901-05-80. • malta-un.geneva@gov.mt • Lun-ven 8h30-17h30 (16h30 par tél). Sur rdv uniquement.*
– **Au Canada :** *consulat général, 3280 Bloor St W, suite 1060, Centre Tower, 10th floor, Etobicoke, Ontario M8X-2X3. ☎ 416-207-0922 ou 0989. • maltaconsulate.toronto@gov.mt • Lun-mer 9h-12h, 14h-16h30 ; jeu-ven 9h-12h. Sur rdv seulement.*

Site internet

• ***routard.com*** • Le site de voyage nº 1, avec plus de 800 000 membres et plusieurs millions d'internautes chaque mois. Pour s'inspirer et s'organiser, près de 300 guides destinations actualisés, avec les infos pratiques, les incontournables et les dernières actus, ainsi que les reportages terrain et idées week-end de la rédaction. Partagez vos expériences avec la communauté de voyageurs : forums de discussion avec avis et bons plans, carnets de route et photos de voyage. Enfin, vous trouverez tout pour vos vols, hébergements, voitures et activités, sans oublier notre sélection de bons plans, pour réserver votre voyage au meilleur prix.

Formalités

– Dans le cadre de la lutte contre la pandémie, ***des mesures spécifiques*** ont été mises en place par les autorités maltaises. ***Elles évoluent en fonction de la situation sanitaire*** et concernent aussi bien les conditions d'entrée à Malte, que de retour dans son pays d'origine. À l'heure où nous bouclons le guide, ***les personnes à partir de 12 ans devaient avoir reçu 2 doses de vaccin*** (1 dose pour le *Johnson & Johnson*) et laissé passer un délai de 14 jours après la 2e injection pour entrer sur le territoire. Notez que ne sont reconnus ni le certificat de guérison de la Covid, ni l'injection d'une seule dose pour une personne ayant déjà contracté la maladie. ***Les enfants de 5 à 11 ans*** accompagnés de leurs parents doivent présenter un test PCR négatif de moins de 72h. Les enfants de moins de 5 ans sont exemptés de test. Les mineurs de moins de 16 ans, non accompagnés d'un représentant légal, ne sont, pour l'instant, pas admis.
De même, chaque passager doit avoir impérativement rempli en ligne un formulaire de localisation de passager, à télécharger (en anglais) sur *• app.euplf.eu •* et à remettre à l'arrivée à Malte.
Ces formalités étant souvent ajustées, ***bien se renseigner avant de partir.*** Restez informé auprès de l'ambassade de Malte en France *(☎ 01-56-59-75-90 ; • maltaembassy.paris@gov.mt •)*, sur le site de l'office de tourisme de Malte, régulièrement mis à jour (en anglais) : *• visitmalta.com •*, celui de l'ambassade de France à Malte *(• mt.ambafrance.org •)* et sur celui du ministère français des Affaires étrangères *(• diplomatie.gouv.fr •)*, rubrique « Conseils aux voyageurs ». N'hésitez pas non plus à contacter votre compagnie aérienne ou votre agence de voyages.
Une *hotline* a également été mise en service : *☎ (00-356) 21-692-447* ou par mail : *• tourismcovid-19helpline@visitmalta.com •*
Ces mesures s'ajoutent aux formalités appliquées en temps normal :
– les ***ressortissants français*** doivent être munis d'une ***carte d'identité en cours de validité*** pour la durée du séjour. Noter que pour les personnes majeures au moment de l'émission de la pièce d'identité (uniquement), les autorités maltaises acceptent un document émis entre le 1er janvier 2004 et le 31 décembre 2013, dont la validité a été prolongée de 5 ans conformément aux textes officiels, sans que rien ne l'indique sur la pièce d'identité : *• media.interieur.gouv.fr/interieur/cni-15ans/document-a-telecharger-malte.pdf •*

Un ***passeport*** français périmé de moins de 5 ans, conformément à une directive européenne, est aussi accepté. Mieux vaut néanmoins ***se renseigner à l'avance auprès de sa compagnie aérienne,*** car certaines le refusent. Le plus simple : être en possession d'au moins un document valide (passeport ou carte d'identité).
Aux ***citoyens suisses,*** on demande que la carte d'identité ou le passeport soient valables pour la durée du séjour, mais pour les ***ressortissants belges,*** l'ambassade de Malte préconise une validité de minimum 1 mois après le retour. Les ***Canadiens*** ont besoin d'un passeport encore valable au moins 6 mois après le départ.
Pour les ressortissants européens, si le séjour excède 3 mois, il faut faire une demande de *Residence permit* auprès du **Citizenship and Expatriates Affairs Department** *(Saint Elmo's Sq, à La Valette ; ☎ 25-904-800 ; • identitymalta.com/citizenships-expatriates •).*
Les ***mineurs*** doivent être munis de leur propre pièce d'identité. Notez qu'à l'heure où nous bouclons ce guide, les enfants qui ne sont pas accompagnés par un responsable légal ne sont pas autorisés sur le territoire. Si cette disposition évoluait, sachez qu'en temps normal chaque pays a mis en place sa propre régulation. Ainsi, ***les mineurs français*** doivent être munis d'une ***autorisation de sortie du territoire,*** en plus de leur pièce d'identité, d'un formulaire signé par l'un des parents titulaires de l'autorité parentale et de la photocopie de la pièce d'identité du parent signataire. Renseignements auprès des services de votre commune et sur • *service-public.fr* •
Les ***étudiants étrangers*** en séjour linguistique de plus de 3 mois (lorsque les écoles de langue ne sont pas fermées, comme c'était le cas au moment du bouclage de ce guide) doivent se munir d'un passeport (obligatoire), accompagné d'un titre de séjour, et effectuer les démarches de prolongation de séjour sur place (se renseigner auprès de l'école ou du *Citizenship and Expatriates Affairs Department* ; voir coordonnées plus haut).

Pensez à scanner pièce d'identité, carte de paiement, *vouchers* d'hôtel. Ensuite, adressez-les-vous par e-mail, en pièces jointes, en même temps que votre billet d'avion électronique. En cas de perte ou de vol, rien de plus facile pour les récupérer. Les démarches administratives en seront bien plus rapides.

Carte européenne d'assurance maladie

Pour un séjour temporaire à Malte, il suffit d'appeler votre centre de sécurité sociale ou de vous connecter à son site internet qui vous l'enverra sous quinzaine. Cette carte gratuite est nominative et valable 2 ans : chaque membre de la famille doit avoir la sienne, y compris les enfants. Elle est utilisable dans tous les pays membres de l'UE, ainsi qu'en Islande, au Liechtenstein, en Norvège et en Suisse, sauf pour les soins délivrés dans les établissements privés. Si vous faites votre demande trop tardivement, on vous donnera un certificat provisoire de remplacement valable 3 mois.

Assurances voyage

■ ***Routard Assurance par AVI International :*** *Le Colisée Gardens, 10, av. de l'Arche, 92400 Courbevoie. ☎ 01-44-63-51-00. • routard@avi-international.com • avi-international.com •* Enrichie année après année par les retours des lecteurs, *Routard Assurance* reste l'assurance voyage référence des globe-trotters. Tout y est inclus, même les soins liés à la **Covid** : frais médicaux, assistance rapatriement, bagages, responsabilité civile... Avant votre départ, contactez *AVI* pour un conseil personnalisé. Besoin d'une **attestation Covid,** d'un conseil médical ou d'une prise en charge dans un hôpital ? Téléchargez l'appli mobile *AVI International* pour garder le contact avec *AVI Assistance* et disposez d'un vaste réseau médical à travers le monde. *AVI Assistance* est disponible H24 pour une réponse en temps réel. De simples frais de santé en voyage ? Envoyez les factures à *AVI* dès votre retour, ils vous remboursent sous une semaine.

■ ***AVA :*** *25, rue de Maubeuge, 75009 Paris.* ☎ *01-53-20-44-20.* • *ava.fr* • Ⓜ *Cadet.* Un autre courtier fiable pour ceux qui souhaitent s'assurer en cas de décès-invalidité-accident lors d'un voyage à l'étranger, mais surtout pour bénéficier d'une assistance rapatriement, perte de bagages et annulation. Attention, franchises pour leurs contrats d'assurance voyage.

■ ***Pixel Assur :*** *18, rue des Plantes, BP 35, 78601 Maisons-Laffitte.* ☎ *01-39-62-28-63.* • *pixel-assur.com* • *RER A : Maisons-Laffitte.* Assurance de matériel photo et vidéo tous risques (casse, vol, immersion) dans le monde entier. Devis en ligne basé sur le prix d'achat de votre matériel. Avantage : garantie à l'année.

Carte internationale d'étudiant (carte ISIC)

À Malte, les étudiants paient moitié prix dans les sites et musées, sur présentation de la carte. De plus, la carte, qui est valable dans le monde entier, offre plein d'autres réducs (billets d'avion spécial étudiants, hôtels et auberges de jeunesse, assurances, cartes SIM internationales, locations de voitures...). Pour plus d'infos :
- ***En France :*** • *isic.fr* •
- ***En Belgique :*** • *isic.be* •
- ***En Suisse :*** • *isic.ch* •
- ***Au Canada :*** • *isiccanada.ca* •

Carte d'adhésion internationale aux auberges de jeunesse (carte FUAJ)

Pour l'instant, les auberges qui existent à Malte ne demandent pas la carte.

ARGENT, BANQUES, CHANGE

Banques, change

Malte compte 2 ***banques*** principales : *HSBC* et la *Bank of Valletta.* Dans toutes les villes, même petites, on trouve au moins un distributeur de l'une ou de l'autre. Elles sont généralement ouvertes du lundi au jeudi de 8h30 à 13h30, le vendredi de 8h30 à 16h30 et le samedi de 8h30 à 12h30.

Intéressant pour nos amis suisses et canadiens : devant certaines banques, il existe des appareils de change automatiques offrant le même taux qu'à l'intérieur. Ils sont accessibles 24h/24, c'est très pratique. Il y en a même un à l'aéroport. Sinon, on peut toujours s'adresser aux ***bureaux de change,*** situés uniquement dans les zones touristiques. En général, ils sont ouverts tous les jours sauf le dimanche de 9h à 17h, parfois même plus tard. En dernier recours, il reste les hôtels, mais les taux sont peu avantageux.

Cartes de paiement

Les ***cartes de paiement*** sont acceptées dans presque tous les hôtels (parfois également dans les *guesthouses* et les *B & B*) et dans la plupart des restaurants et des magasins (attention à la commission).

Petite mesure de précaution : si vous retirez de l'argent dans un distributeur, utilisez de préférence les distributeurs attenants à une agence bancaire. En cas de pépin avec votre carte (carte avalée, erreurs de code secret...), vous aurez un interlocuteur dans l'agence pendant les heures ouvrables.

Les agences bancaires sont toutes équipées de ***distributeurs automatiques*** fonctionnant avec les cartes *Visa, MasterCard* et *American Express.*
En zone euro, pas de frais bancaires sur les paiements par carte. Les retraits sont soumis aux mêmes conditions tarifaires que ceux effectués en France (gratuits pour la plupart des cartes).

Précautions

– Avant de partir : pensez à téléphoner à votre banque pour relever le plafond de retrait aux distributeurs et pour les paiements par carte, quitte à le rebaisser à votre retour. De même, notez bien le numéro d'opposition propre à votre banque (il figure souvent au dos des tickets de retrait, sur votre contrat, ou à côté des distributeurs de billets), ainsi que le numéro à 16 chiffres de votre carte. Bien entendu, conservez ces informations en lieu sûr et séparément de votre carte. N'oubliez pas non plus de ***VÉRIFIER LA DATE D'EXPIRATION DE VOTRE CARTE BANCAIRE*** avant votre départ !
– En cas de perte, de vol ou de fraude de votre carte de paiement, voir les contacts à la rubrique « Urgences » à la fin du chapitre « Malte utile ».

Avertissement

Si vous comptez effectuer des retraits d'argent aux distributeurs, il est ***très vivement conseillé d'avertir votre banque*** avant votre départ (pays visités et dates). En effet, ***votre carte peut être bloquée dès le 1er retrait*** pour suspicion de fraude. C'est de plus en plus fréquent. Bonjour les tracasseries pour faire rentrer les choses dans l'ordre, et on se retrouve vite dans l'embarras !

Besoin urgent d'argent liquide

– Vous pouvez être dépanné en quelques minutes grâce au système ***Western Union Money Transfer.*** L'argent vous est transféré en moins de 1h. La commission est payée par l'expéditeur. Possibilité d'effectuer un transfert dans un bureau de poste ou dans les agences *Western Union* ou, plus rapide, en ligne, par carte de paiement (*Visa* ou *MasterCard*) : on trouve des bureaux affiliés un peu partout, y compris dans des villes de moyenne importance.
Même principe avec ***MoneyGram.***
Dans tous les cas, se munir d'une pièce d'identité. Toutefois, en cas de perte/vol de papiers, il peut être convenu d'une question/réponse type pour pouvoir récupérer votre argent.
Ces organismes possèdent aussi des applications disponibles sur smartphone. Consulter les sites internet pour connaître les pays concernés, les conditions tarifaires (frais, commissions) et trouver le correspondant local le plus proche : ● *westernunion.com* ● *moneygram.fr* ●

BUDGET

Globalement, la vie à Malte est un peu moins chère qu'en France ou en Belgique (et a fortiori en Suisse !). Côté hébergement, ce sont les *guesthouses* et les *B & B* (voire les locations d'appartements) qui offrent le meilleur rapport qualité-prix. Au resto, il faut s'éloigner un peu des centres touristiques pour trouver des prix plus

sages. La cuisine italienne (pâtes, risotto, pizzas) et le lapin en sauce, une spécialité maltaise, permettent toujours de s'en tirer à bon compte, même dans les établissements un peu plus chics. De même, les *pastizzi* (friands bien nourrissants) constituent un snack bon, pratique et très économique.
En revanche, difficile de s'en sortir à moins de 25 € pour les viandes rouges et 30 € pour un poisson frais présenté entier et préparé à la demande. Attention aussi à certains produits de la vie courante, plus onéreux, car la plupart du temps importés. Quant à la bière et aux vins, on ne voudrait pas vous pousser à la consommation, mais ils sont assez bon marché... Le transport par bus a, lui, sérieusement augmenté (mais les prix restent raisonnables).
– ***À noter :*** tous les prix de cette édition sont mentionnés à titre indicatif et ne constituent en aucun cas un « accord » passé entre le prestataire et le *Routard.* Les taxes élevées imputables au secteur touristique, l'augmentation des charges ou tout simplement une décision du propriétaire peuvent entraîner en cours d'année une hausse des prix. Ces derniers sont libres, et on ne nous avertit pas toujours d'un changement impromptu.

Hébergement

Nous indiquons les tarifs pour 2 personnes en chambre double. Ceux-ci varient généralement selon la saison (on indique la fourchette dans le texte), l'été étant bien sûr plus cher que l'hiver, où les prix peuvent être divisés par 3, surtout dans les hôtels de certaines stations (nettement moins d'écart, voire pas d'écart du tout, à La Valette). Certains établissements annoncent parfois aussi un prix par personne. À noter qu'une ***écotaxe*** est appliquée sur l'hébergement, par adulte : 0,50 € par personne et par nuit. Promue capitale européenne de la culture en 2018, La Valette a vu ses prix d'hébergement s'envoler. On lui attribue donc des fourchettes spécifiques (en or massif !).
– ***Bon marché :*** moins de 20 € par personne (en auberge de jeunesse ou assimilé).
– ***Prix moyens :*** de 40 à 60 € (en *guesthouse* « confort » ou dans un petit hôtel). De 60 à 100 € à La Valette.
– ***Un peu plus chic :*** de 60 à 80 € (dans un *B & B* ou un hôtel standard).
– ***Chic :*** de 80 à 120 € (dans un bon hôtel). De 100 à 150 € à La Valette.
– ***Très chic :*** plus de 120 €. Le luxe... Plus de 150 € à La Valette.

Restaurants

Pour les petits budgets, il peut être judicieux de loger dans un appartement équipé d'une cuisine et de s'approvisionner dans les supermarchés. Sinon, vive les pizzas et les spaghettis !
Prix par personne pour un plat :
– ***Bon marché :*** moins de 12 € ;
– ***Prix moyens :*** de 12 à 18 € ;
– ***Chic :*** de 19 à 25 € ;
– ***Très chic :*** plus de 25 €.

Transports

– Un trajet en ***bus*** coûte 2 € en été (1,50 € de mi-octobre à mi-juin) ; ticket valable 2h, avec changements possibles ; 3 € de nuit (23h-4h ; billet à la journée ou semaine).
Si l'on compte utiliser souvent ce moyen de transport, il existe plusieurs types de cartes : *Valletta Card* (19 €) qui, sur 24h, permet de rejoindre en bus toutes les destinations sur Malte à partir de la capitale et inclus 2 trajets en ferry vers Sliema et Bormla (Trois-Cités) avec *Valletta Ferry Services,* plus 3 entrées de sites ; *Tallinja Card* (15 €), qui inclut 12 trajets non nominatifs ; *Explore Card* valable 7 jours à 21 € ; réduc enfants moins de 10 ans (et pour les étudiants, mais séjournant au moins 1 mois sur l'île), probablement la plus intéressante. *L'Explore Plus Card* (39 €) comprend aussi 2 traversées en ferry (Sliema ou les

Trois-Cités), une journée dans le bus *hop-on, hop-off* ou un tour de Comino en bateau. Plus d'infos sur ● *publictransport.com.mt* ●
Les billets achetés à Malte sont valables à Gozo et inversement.
– Attention aux ***taxis,*** pas donnés compte tenu des faibles distances. Les tarifs au départ de l'aéroport sont fixes ; voir plus loin « Arrivée à l'aéroport » dans le chapitre « Malte ».
– La ***location d'une voiture*** de catégorie A revient à environ 20-30 € par jour ; minimum de 3 jours souvent demandés en haute saison. Compter le double avec les compagnies internationales.
– L'***essence*** sans plomb coûtait environ 1,38 € le litre en 2021.

Visites

Notez que pendant la crise sanitaire, les horaires d'ouverture des sites et musées sont susceptibles d'être modifiés. N'hésitez pas à téléphoner avant de vous déplacer.

Les entrées de ***musées*** et de ***sites archéologiques*** ne sont pas spécialement bon marché. En moyenne, compter 7 € par site, avec souvent des pointes à 10 ou 13 € pour les plus importants, et même... 35 € pour l'hypogée de Hal Saflieni. On peut néanmoins se rattraper avec quelques vieux musées encore assez bon marché, de-ci, de-là, les églises... ou encore les balades dans les ruelles de La Valette ou de Mdina (évidemment gratuites !).
Tous appliquent les mêmes ***réductions*** : moitié prix pour les étudiants (sur présentation de la carte ISIC uniquement), les moins de 18 ans, les jeunes Européens de moins de 26 ans et moins 30 % pour les plus de 60 ans. Gratuit pour les enfants de moins de 6 ans... accompagnés, nous précise-t-on... sait-on jamais, une vocation culturelle précoce !
Intéressant : ***Heritage Malta,*** l'agence du ministère de la Culture, propose un « ***Multisite Pass*** », en vente dans tous les sites et musées de *Heritage Malta* et utilisable pendant 30 jours, pour 50 € (en temps normal ; moins cher si plusieurs sites sont fermés) ; réduc. Il donne accès à 27 sites et musées, à l'exception de l'hypogée de Hal Saflieni, mais comprend le Malta National Aquarium à Qawra et le Citadel Visitor Centre à Victoria (Gozo). Le *pass* « famille » (2 adultes et 2 enfants de moins de 12 ans) revient habituellement à 110 €. Il existe également plusieurs billets combinés à La Valette, Birgù, Mdina et Rabat, Mgarr, ainsi que Victoria. Plus d'infos sur ● *heritagemalta.org* ●
L'ONG ***Wirtartna,*** qui s'active pour la sauvegarde du patrimoine naturel et historique et gère quelques sites, a également mis en place un « ***Multisite Heritage Pass*** » (40 € ; 85 € pour une famille) valable pour Malta at War Museum à Birgù, le fort Rinella à Kalkara, Lascaris War Rooms et Saluting Battery à La Valette. Achat en ligne possible sur ● *wirtartna.org* ●
Enfin, le ***Malta Pass,*** propose des passes de 1, 2 ou 3 jours (respectivement 50, 80 et 100 € ; promos parfois sur leur site), qui donnent accès à plus de 40 attractions, musées et sites les plus populaires des îles maltaises, ainsi qu'à un tour en bus (*citysightseeing* sur 1 jour à Malte ou à Gozo). Plus d'infos et grosses réducs sur ● *maltapass.com.mt* ●

CLIMAT

Le climat de Malte est de type méditerranéen, avec des étés secs et chauds, tempérés par des brises marines, et des hivers doux et ensoleillés. Si le mercure peut friser les 40 °C en juillet et août, il oscille autour de 15 °C au cours des mois les plus froids. La période des pluies se situe entre novembre et février, mais le volume annuel des précipitations reste faible.

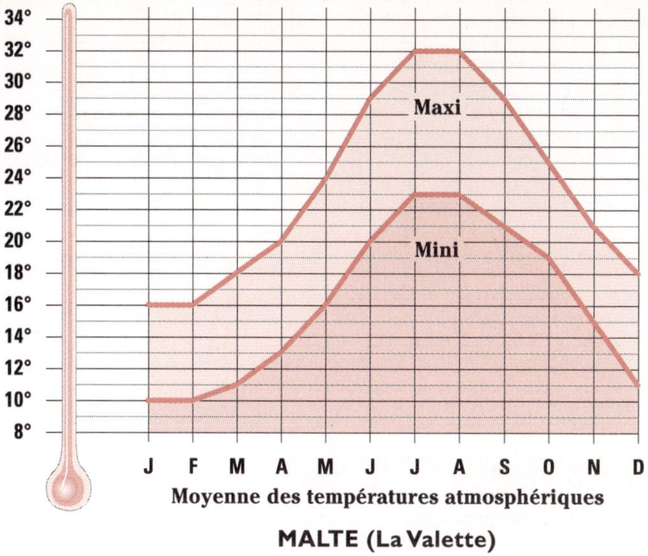

– On peut se baigner dans la mer d'avril à octobre et pratiquer des sports nautiques toute l'année. Le mistral est le vent dominant, et le sirocco ne souffle qu'à la fin de l'été.

Quand y aller ?

– La meilleure saison est sans doute le printemps, pas trop chaud, et l'ensoleillement est garanti. De plus, Gozo se couvre de marguerites et de narcisses à cette époque.
– L'automne est aussi une période agréable, la mer reste tiède et il fait encore beau. Quelques pluies sporadiques brèves mais fortes en septembre-octobre.

Quels vêtements emporter ?

Vêtements légers en été. Mais prévoir quand même coupe-vent et une petite laine pour les soirées en bord de mer. N'oubliez pas les lunettes de soleil, une crème protectrice et un chapeau. Des chaussures confortables pour les randonnées ainsi que pour marcher sur les plages de cailloux. Pensez aussi aux sandales en plastique, c'est moche mais bien pratique pour éviter de se blesser sur un rocher ou sur un oursin. Et on chargera un peu plus sa valise en vêtements chauds au printemps et à la fin de l'automne.
– *Conseil :* Malte étant un pays catholique, si vous visitez les églises, mesdames, prévoyez de quoi couvrir vos épaules, voire vos jambes ; quant aux messieurs, ils porteront de préférence un pantalon long.

DANGERS ET ENQUIQUINEMENTS

Malte est un pays sûr, même si la petite délinquance a fait son apparition dans l'île. Pour éviter les vols, mieux vaut observer les quelques règles de base : ne rien laisser en évidence dans la voiture, ne pas partir à la plage avec toutes ses

économies, à l'hôtel toujours mettre sous clé ses objets de valeur, et ne pas sortir de la banque sa liasse de billets à la main. Du bon sens, quoi...
– Par ailleurs, méfiez-vous des chasseurs lors de vos randos à la campagne (ils sévissent toute l'année sauf en été... en principe).
– Drogues : la détention de substances toxiques, même pour son usage personnel, peut valoir au mieux le renvoi immédiat dans son pays d'origine, au pire un séjour dans la prison locale.
– Un spray antimoustiques ou, à défaut, une crème apaisante, permettent toujours de passer des vacances moins « démangeantes ».

ÉLECTRICITÉ

Le courant électrique à Malte est de 230-240 volts, 50 hertz. Les prises de courant possèdent 3 plots rectangulaires et non circulaires. Prévoir donc un adaptateur avant de partir. Certes, on en trouve sur place, mais il arrive qu'on tombe sur des contrefaçons. Mieux vaut donc l'essayer chez le revendeur avant de s'en servir... En dernier ressort, les établissements en ont, en principe, quelques-uns en stock !

FÊTES ET JOURS FÉRIÉS

– ***À la Mi-Carême :*** c'est bien sûr les fameux carnavals de Malte et de Gozo. Les Maltais affluent à Victoria et Nadur le week-end de ce carnaval haut en couleur.
– ***Pendant la Semaine sainte*** *(avant Pâques)* ***:*** il est de coutume, dans de nombreux oratoires et même chez les particuliers, de reconstituer la Cène, avec une table mise d'assiettes et de plats décorés de légumes secs multicolores dessinant des symboles chrétiens ou des croix de Malte.
– ***De juin à septembre :*** fêtes paroissiales (les *festi*) célébrées dans tout le pays. Il y en a au moins une par week-end durant cette période. Reportez-vous à la rubrique « Religions et croyances » dans « Hommes, culture, environnement ».
– ***Les 28 et 29 juin : Mnarja,*** la fête du solstice solaire, héritage des *Luminaria* romaines. Haute en couleur, c'est la fête populaire par excellence. Au bas de la ville de Rabat, en fin d'après-midi, le 28, se déroule un défilé de chevaux, ânes et mulets tirant des charrettes, présidé autrefois par le grand maître de l'Ordre. Ils cheminent jusqu'aux Buskett Gardens. Le soir et le lendemain, les Maltais vont en famille sous les grands arbres pour écouter les joutes des chanteurs traditionnels et déguster du lapin. Après la messe a lieu un concours agricole. Il n'y a encore pas si longtemps, la jeune mariée faisait promettre à son mari, dans le contrat de mariage, qu'il l'emmènerait tous les ans à Mnarja. C'est dire l'importance de cette fête sur l'île.
– ***Le 8 septembre :*** anniversaire de la fin du Grand Siège de 1565. Ne pas manquer les régates dans le Grand Port, où chaque équipe des cités portuaires tient à porter haut ses couleurs.
– Le même ***8 septembre,*** ainsi que le ***24 juin,*** dans un tout autre registre, n'hésitez pas à aller à la co-cathédrale Saint-Jean à La Valette pour assister à l'office où sont présents les ***descendants des chevaliers de Malte,*** qui en portent toujours le titre.
– Pour tout savoir sur les fêtes et festivals de l'année à Malte, rendez-vous sur • *visitmalta.com/events* • (en anglais).

Jours fériés

– ***1er janvier :*** Jour de l'an.
– ***10 février :*** anniversaire du naufrage de saint Paul.

- ***19 mars :*** fête de la Saint-Joseph à Rabat.
- ***31 mars :*** fête de la Liberté, qui célèbre le départ des Anglais en 1979.
- ***Entre fin mars et mi-avril (selon l'année) :*** Semaine sainte (voir plus haut).
- ***1er mai :*** fête du Travail.
- ***7 juin :*** commémoration des émeutes du 7-Juin (fête nationale).
- ***29 juin :*** *Mnarja* (voir plus haut).
- ***15 août :*** fête de l'Assomption.
- ***8 septembre :*** fête de la Levée du Grand Siège (voir plus haut).
- ***21 septembre :*** fête de l'Indépendance.
- ***8 décembre :*** fête de l'Immaculée Conception.
- ***13 décembre :*** fête de la République, proclamée en 1974.
- ***25 décembre :*** Noël.

HÉBERGEMENT

On trouve des *B & B,* des *guesthouses,* des hôtels, mais aussi de plus en plus de complexes touristiques et de locations d'appartements ou de villas. Il y en a pour toutes les bourses. Sachant les courtes distances qui séparent les principaux centres d'intérêt, il n'est guère nécessaire de changer d'hébergement, sauf à aller à Gozo, car quel que soit le lieu de résidence, on peut toujours rayonner facilement à l'intérieur des 2 îles.

Camping

Le camping est quasi inexistant à Malte. Pour l'instant, il n'y a que 2 seuls vrais terrains, qu'on vous indique (même s'ils sont loin d'être emballants), vers Golden Bay et sur la péninsule de Marfa. Le camping sauvage est interdit, à l'exception d'un petit espace, toujours sur la péninsule de Marfa, mais une autorisation de la mairie est indispensable.

Hôtellerie

On trouve toutes les catégories : de 1 à 5 étoiles. Pour ceux qui recherchent le confort, une agence ou un tour-opérateur (voir le chapitre « Comment y aller ? ») peut revendre les chambres de certains hôtels haut de gamme, bien moins cher que sur place. Sachez aussi que, malheureusement, le nombre d'établissements est limité dans les villes les plus intéressantes de Malte : à La Valette, la passionnante capitale de Malte, encore plus à Mdina, Rabat, et dans les Trois-Cités ! La plupart des hôtels se trouvent en effet concentrés en bord de mer, sur la côte nord, à l'ouest de la capitale. Là, beaucoup d'entre eux affichent des étoiles qu'ils ne méritent souvent pas : on ne compte plus les 4-étoiles auxquels on n'en accorderait que 2, des établissements vieillissants, des services on ne peut plus limités. Évitez particulièrement le secteur de Qawra et Buġibba, où règne le béton *cheap* et mal entretenu. Résultat, pour ne pas être déçu : misez sur les bonnes vieilles pensions ou sur les grandes chaînes soucieuses de leur renommée. Mais, même dans ce cas, la tenue générale peut s'avérer inférieure aux attentes.

Hostels

Ce sont les auberges de jeunesse ou *youth hostels* telles qu'on les connaît partout dans le monde. Le choix reste limité même si ce type d'hébergement se développe à San Ġiljan (Saint Julian's), Paceville et à Sliema. La carte des AJ n'est pas obligatoire.

Résidences

Il s'agit de résidences destinées aux jeunes étudiants et adultes en séjour linguistique à Malte. Mais cette formule est aussi proposée aux non-étudiants, selon la saison. • *nsts.org* •

Guesthouses et *Bed & Breakfast*

Les *guesthouses* sont bien souvent d'anciennes maisons maltaises ou des palais reconvertis et aménagés. On plébiscite ce bon rapport qualité-prix-convivialité. Malheureusement, les prétendues *guesthouses* se standardisent de plus en plus jusqu'à – dans les cas extrêmes – ressembler à s'y méprendre à de simples hôtels. Les *guesthouses* sont classées dans les catégories *standard* ou *comfort* avec, pour ces dernières, un confort équivalent à celui d'un 2-étoiles.
Quant aux *Bed & Breakfast,* ce sont des chambres d'hôtes, le plus souvent haut de gamme, aménagées dans de belles demeures pleines de caractère. Le rapport qualité-prix-convivialité est indéniable. Elles sont toutefois encore trop peu nombreuses, alors pensez bien à réserver à l'avance.

Séjour chez l'habitant

Hors saison, n'hésitez pas à contacter les écoles de langue. Elles peuvent proposer un logement chez l'habitant. Liste des écoles sur • *visitmalta.com* • ou • *feltom.com* •

Location d'appartements et apparts-hôtels

– Appartement à louer : la formule classique désignée souvent sous le terme *self-catering.* C'est une catégorie en pleine expansion. Également quelques locations de charme à La Valette (voir « Où louer un studio, un appartement ? » dans la capitale).
– L'appart-hôtel est une formule adaptée aux familles, combinant les avantages de l'hôtel (on peut utiliser l'infrastructure – piscine, jeux, etc. –, ménage sur demande) et la possibilité de faire soi-même la cuisine.
Pour ces formules, renseignements auprès de l'office de tourisme de Malte : • *visitmalta.com* • Voir aussi les sites indiqués plus bas.

Location de *farmhouses* à Gozo

À Gozo, où les hôtels ne sont pas si nombreux, l'agrotourisme est un bon moyen de se loger. Pour plus d'informations sur ce mode d'hébergement, voir la partie consacrée à Gozo.

LANGUE

Le maltais est devenu langue officielle en 1927, grâce aux Anglais qui cherchaient à réduire le plus possible l'importance de l'italien dans l'archipel devant la montée du fascisme. Du temps de l'Ordre, et même pendant la domination anglaise, il n'était parlé que dans les campagnes, tandis que, dans les villes et la bonne société, l'italien et l'anglais étaient les langues usuelles.
Le maltais appartient au groupe des langues sémitiques parlées du VIIIe au XIe s en Italie du Sud et en Sicile. Lors de la reconquête, la romanisation de l'Italie et de la Sicile a été totale, mais Malte a été oubliée. C'est aujourd'hui la seule langue sémitique d'Europe écrite en alphabet latin. Le maltais n'est pas une langue facile d'accès. Alors, histoire de survivre (façon de parler puisque l'anglais est largement utilisé par la population), voici quelques éléments de prononciation.

À l'instar du français, de nombreuses lettres ne se prononcent pas et traduisent seulement l'origine étymologique du mot. Et quelques lettres nous sont inconnues :
- *ċ* se prononce *tch* ;
- *ġ* se prononce *dj* ;
- *g* se prononce *gue* ;
- *h* est très proche du *h* français ;
- *ħ* est très aspiré ;
- *j* a la valeur d'un *y* ;
- *q* ne se prononce pas et se traduit par une rupture comme dans (un/) /hibou ;
- *x* se prononce *ch* ;
- *ż* se prononce comme un *z* français plus doux ;
- *z* se prononce *ts* ;
- quant au groupe *għ,* il se prononce comme un *h* moyennement aspiré.

Cela, bien sûr, n'a qu'une valeur indicative car, entre le parler des villes et celui des campagnes, il y a une énorme différence, de même qu'entre Malte et Gozo.
On ne veut pas vous décourager mais, entre nous, mieux vaut parler en anglais ou en italien. Sachez seulement prononcer les principaux sites : Tarxien (tarchin'), Haġar Qim (adjar'im), Mnajdra (mnail'dra), Ġgantija (djigantiya), Marsaxlokk (marsachlok).

Petit lexique pour les plus courageux

Formules de politesse

Oui	*iva* (se dit « iva » en ville, « eïwa » à la campagne)
Non	*le* (lè)
Merci	*grazzi*
Bonjour	*bonġu* (bon'djou)
Bonsoir	*bonswa* (bon'swa)
Salut	*saħħa, hello*
Au revoir	*ciao* (à l'italienne), *saħħa*

Mais dans les campagnes « bonjour à tous », « bonsoir à tous », « au revoir à tous » se disent *bonġu għalikom, bonswa għalikom, saħħa għalikom.* On entend quelquefois, à l'ancienne, *sliem għalikom* (ça ressemble à l'arabe *salâm 'alaïkum*).

Se déplacer

Autobus	*xarabank* ((charabank), du français char à bancs)
C'est le bon (autobus) pour... ? Il va bien à... ?	*tajba għal... ?*
Pour La Valette	*għal Belt* (en ville)
Pour Żejtun	*għaz-Zejtun*
Pour Sliema	*għal tas-Sliema*

Quelques mots et expressions usuels

Comment vas-tu ?	*kif inti ?*
Bien !	*tajjeb !*
C'est excellent ! (ou Félicitations !)	*prosit !*
Qu'est-ce que c'est ? Comment ?	*x'inhu ?* (ou *x'inhi ?,* fém.)
Combien ?	*kemm ?*
Combien à l'unité ?	*kemm huma l-wieħed ?*
Rue	*triq*
Impasse, allée	*sqaq*
Avenue	*vjal*
Place	*misraħ, pjazza*
Oh, le (la) pauvre !	*miskin !, miskina !* (très fréquent dans le langage)

Les chiffres

0	*żero*	8	*tmienja*
1	*wieħed* (fém. *waħda*)	9	*disgħa*
2	*tnejn*	10	*għaxra*
3	*tlieta*	20	*għoxrin*
4	*erbgħa*	21	*wieħed u għoxrin*
5	*ħamsa*	100	*mija*
6	*sitta*	1000	*elf*
7	*sebgħa*		

Vocabulaire religieux

Dieu	*Alla*
Le Seigneur	*il-Mulej*
La Vierge	*is-Sultana, Madonna*
Prière	*talba*

LIVRES DE ROUTE

Romans

– ***Le Faucon maltais*** (1929), de Dashiell Hammett, Gallimard, coll. « Folio policier » (2019). L'intrigue de ce classique du roman noir ne se situe pas à Malte mais dans le San Francisco des années 1920. Seules quelques pages évoquent l'histoire de l'ordre de Malte et ses richesses incommensurables. Après que l'Ordre a été chassé de Rhodes en 1523, l'empereur Charles Quint céda en 1530 l'île aux chevaliers à condition qu'ils paient un tribut annuel symbolique sous forme d'un faucon. Pour marquer leur gratitude à l'égard de l'empereur, au lieu d'un oiseau vivant, la légende raconte qu'ils envoyèrent la statue d'un faucon en or massif, incrustée de pierres précieuses. Mais la statue volée passe de main en main au fil des siècles, pour parvenir chez un mystérieux général russe installé à Istanbul autour de 1930. La recherche du mythique oiseau est racontée avec génie par l'un des grands noms de la littérature policière américaine. Le livre a donné naissance à plusieurs films, dont celui de John Huston où le détective Sam Spade est interprété par Humphrey Bogart. Et les boutiques de souvenirs de Malte vendent aujourd'hui des répliques de la statuette du film...

– ***La Religion*** (2009), de Tim Willocks, Pocket (2011). Cet auteur anglais emporte le lecteur dans une épopée historique, au temps du Grand Siège de Malte. Il place au centre de son histoire Mattias Tannhauser, un jeune Saxon kidnappé par des musulmans, devenu guerrier, puis marchand d'armes, avant de débarquer à Malte pour aider une comtesse à retrouver son fils disparu et se battre aux côtés des chevaliers de Saint-Jean contre les infidèles. Sanglant, violent, mais passionnant.

– ***À Malte, histoires du crépuscule*** (2004), d'Oliver Friggieri, L'Harmattan, coll. « Écritures ». Poète, romancier, essayiste, professeur de littérature à l'université de Malte, l'auteur est considéré comme le plus grand écrivain maltais vivant. *Histoires du crépuscule* est un recueil de nouvelles qui reflètent bien les espoirs, les craintes, les illusions et les déceptions des gens simples vivant sur une île tranquille dans une société basée sur les valeurs catholiques et familiales.

B.D.

– ***Les Hospitaliers de Malte*** (2000), de Gilles d'Aubigny et Bernard Capo, Œuvres hospitalières françaises (2013). Cette B.D. historique retrace les 9 siècles de l'Ordre du temps des croisades jusqu'à nos jours. Une mise en lumière vivante de leur mission à Malte et ailleurs.

– ***Le Janitor. L'Ange de Malte, tome I*** (2007), de François Boucq et Yves Sente, Dargaud (2017). Cette B.D., en forme de thriller ésotérique, met en scène Vince, séminariste promu agent secret du Vatican, chargé de veiller et de surveiller les prélats en missions délicates... Beaucoup de suspense dans ce 1er tome qui se déroule à Malte.
– ***La Religion, tomes I et II*** de Tim Willocks (lire ci-contre) a été adaptée en B.D. (2016 et 2018) par Luc Jacamon et Benjamin Legrand, éd. Casterman.

Pour mieux comprendre

– ***Malta Hanina*** (2012), de Daniel Rondeau, Gallimard, coll. « Folio » (2013). L'écrivain et ancien ambassadeur de France à Malte raconte l'archipel, son histoire, les personnages qui l'ont marqué, et rend un vibrant hommage à sa beauté et à sa générosité. Un beau texte, à la fois vivant et érudit.
– ***Histoire de l'ordre de Malte*** (2006), de Bertrand Galimard-Flavigny, Tempus Perrin (2010). Tout, tout, tout, vous saurez tout sur l'ordre de Saint-Jean de Jérusalem, de sa fondation en 1113 à son histoire moderne. Une approche qui révèle l'importance des chevaliers dans les grands courants de l'histoire européenne.
– ***Parfum de cour, gourmandises de rois – Le commerce des oranges entre Malte et la France au XVIIIe s*** (2003), d'Alain Blondy, Bouchène. Une approche originale des relations franco-maltaises analysées à travers la culture et le commerce de l'orange, un produit de luxe utilisé à des fins diplomatiques. Ce fruit, qui ne commença à se répandre qu'au début du XIXe s, fit également vivre toute une population de Maltais et assura la fortune de l'île. La substance du livre est tirée de la correspondance d'un épicier parisien et de son fils abbé, chapelain conventuel de l'Ordre. Du même auteur, ***Malte, 7 000 ans d'histoire*** (2011), Bouchène.

POSTE

La poste centrale est située à La Valette (place de Castille), et la plupart des villes possèdent un bureau de poste. Dans les villages, c'est souvent un magasin qui fait office de « sous-bureau » de poste. Ouvert en gros entre 8h15 et 15h45 ou 16h30 (13h30 dans les petits bureaux) ; le samedi, le matin seulement. Service sûr, mais pas toujours très rapide.
En dehors des bureaux de poste, on peut se procurer des timbres chez les marchands de journaux et dans tous les magasins qui vendent des cartes postales. Quant aux boîtes aux lettres, elles sont nombreuses et facilement reconnaissables à leur couleur rouge (à l'anglaise).

SANTÉ

À l'heure où nous bouclons le guide, le gouvernement maltais impose que les étrangers de plus de 12 ans qui entrent sur le territoire aient reçu ***2 injections contre la Covid-19 et qu'ils aient laissé passer un délai de 14 jours après la 2e dose.*** Les enfants de 5 à 11 ans accompagnés de leurs parents doivent présenter un test PCR négatif de moins de 72h. Les enfants de moins de 5 ans sont exemptés de test. Les moins de 16 ans non accompagnés d'un adulte ne peuvent pas pour l'instant entrer à Malte. Ces mesures peuvent évoluer. ***Bien se renseigner avant le départ.***
On conseille aussi d'être à jour dans ses vaccinations « universelles », recommandées en Europe pour tout le monde : tétanos, polio, diphtérie, hépatite B.
Attention au soleil. Prévoir chapeau et crème solaire.
Les infrastructures sanitaires de Malte sont modernes. L'hôpital de référence et le plus récent est le *Mater Dei Hospital* *(Tal-Qroqq, à Msida, à l'ouest de La Valette et de Floriana, sur la route de Sliema ; ☎ 25-450-000).*

– *Bon à savoir :* les journaux du dimanche indiquent les pharmacies de garde (ouvertes de 9h à 12h30 à Malte et de 7h30 à 12h à Gozo). Sinon, la pharmacie de l'aéroport, située dans le hall des arrivées, est ouverte tous les jours (y compris pendant les fêtes) de 7h30 à 22h ; c'est de loin le meilleur plan (même s'il faut se préparer à une file d'attente).
– Voir aussi sur le site de l'Ambassade de France à Malte la liste des médecins comprenant le français : ● *mt.ambafrance.org* ●, onglet « Malte », rubrique « S'installer/vivre à Malte », puis « Santé ».
Pensez à vous procurer la carte européenne d'assurance maladie (se reporter plus haut à la rubrique « Avant le départ »).

SÉJOURS LINGUISTIQUES

En Europe, Malte est, pour l'instant, ***la 3e destination pour apprendre l'anglais après Londres et l'Irlande*** ! Si le Brexit pourrait changer la donne et placer Malte devant le Royaume-Uni, la Covid remet en cause ce classement puisqu'une recrudescence de cas chez les étudiants étrangers à l'été 2021 a contraint les autorités à fermer les écoles de langue, du moins momentanément.
Environ 76 000 personnes (dont 8 000 Français), jeunes ou adultes du monde entier, viennent chaque année dans le but d'apprendre l'anglais. Les 2 atouts majeurs de l'île : un important héritage britannique, avec une langue anglaise bien implantée (même si elle reste une 2de langue pour de nombreux Maltais) et très présente dans les médias ; et bien sûr... le soleil et la mer, arguments de vente imparables. On a beau être là pour étudier, ça n'empêche pas de profiter du reste...
Malte mise donc beaucoup sur ses écoles de langue. Il en existe une quarantaine. L'hébergement se fait soit en famille d'accueil, soit en résidence universitaire, ou même à l'hôtel ; à moins d'opter pour le *One to One,* l'élève logeant dans la famille de l'enseignant qui lui donne des cours. Il existe aussi une formule qui permet à une personne de suivre des cours une partie de la journée avant de retrouver sa famille en vacances le reste du temps.
Mais autant être prévenu, le séjour linguistique à Malte vaut moins pour la pratique de l'anglais au quotidien (tous les Maltais ne maîtrisent pas parfaitement la langue) que pour le caractère très convivial de l'expérience : des jeunes venus de toute l'Europe se retrouvent là (beaucoup de Russes, entre autres), et les soirées sont souvent animées. D'autant que la plupart des écoles ont leur siège à Paceville, le QG de la vie nocturne à Malte !
Vous trouverez la liste des écoles sur le site ● *visitmalta.com* ● ou sur celui de la FELTOM *(Federation of English Language Teaching Organisations in Malta),* ● *feltom.com* ● Bien sûr, le site est seulement en anglais. Au boulot !

SPORTS ET LOISIRS

JEUX DE BALLE

Sorte de 2e religion, le football exacerbe le caractère passionné des Maltais et fait ressortir leur prédilection pour la division. Car, en foot comme en tout, la population est divisée en 2 : les partisans de la *Premier League* anglaise et ceux du *Calcio* italien. Pourquoi pas le championnat maltais ? Il est... disons... plutôt faiblard.

TU TIRES OU TU POINTES ?

Les Maltais jouent au boċċi, *un jeu traditionnel avec des sortes de quilles cylindriques pour les tireurs et 3 petites boules pour les pointeurs. Le cochonnet est une petite bille en plomb. Les règles ressemblent à celles de la pétanque... le pastis en moins !*

L'équipe nationale, surnommée « Les Chevaliers de Malte », n'a jamais passé le tour préliminaire de la Coupe du monde, à chaque fois dernière de son groupe ! Les matchs se passent toujours au stade national de Ta'Qali, en plein centre de Malte.
L'autre sport national, beaucoup moins médiatique, voire totalement ignoré sur nos terres, est le water-polo. De son héritage britannique, Malte a également gardé un goût prononcé pour le cricket, le tennis et le golf.

PLONGÉE

Jetez-vous à l'eau !

Bercés par des eaux cristallines légendaires, les fonds maltais étonnent par leur atmosphère quasi irréelle. On découvre un extravagant capharnaüm de grottes, arches, tunnels et tombants, que les rayons du soleil irradient en mille nuances bleutées. Débutants et confirmés évoluent facilement dans cette véritable « féerie méditerranéenne » où se faufile une vie sous-marine riche, colorée et très préservée. Si certaines espèces affichent une présence systématique sur tous les spots, comme les anémones, éponges, posidonies, poulpes, sars, saupes, mérous, girelles, castagnoles, loups, rascasses, daurades, dentis, poissons-perroquets, murènes, etc., on croise aussi souvent thons, dauphins et même de petits hippocampes.
La plongée se pratique sur les côtes de l'île de Malte, bien sûr, mais aussi tout autour de Gozo et de Comino, où l'on trouve les sites les plus sauvages... L'archipel est en effet réputé pour son relief sous-marin et une très bonne visibilité. Les conditions d'exploration sont idéales de juin à octobre, avec une température de l'eau autour de 23 °C.
– ***Règle d'or :*** respectez absolument cet environnement délicat. N'apportez pas de nourriture aux poissons, ne touchez à rien, et attention où vous mettez vos palmes ! La sauvegarde des sites et de leurs occupants dépend de vous.

Les clubs de plongée

À Malte, les clubs sont affiliés à l'organisme international *PADI* (*Professional Association of Diving Instructors,* représenté dans plus de 60 pays), dont les règles et standards de plongée – d'origine américaine – sont reconnus dans toutes les mers du globe. Ils sont aussi généralement rattachés à la CMAS (Confédération mondiale des activités subaquatiques), dont les méthodes sont assez similaires et à la FFESSM (Fédération française d'études et de sports sous-marins). Dans tous les cas, l'encadrement est assuré par des instructeurs certifiés – véritables professionnels de la mer – qui maîtrisent le cadre des plongées et connaissent tous les spots « sur le bout des palmes ».
Un bon centre de plongée est celui qui respecte toutes les règles de sécurité, sans négliger le plaisir. Méfiez-vous d'un club qui vous embarque sans aucune question préalable sur votre niveau ; il n'est pas « sympa », il est dangereux. Regardez si le centre est bien entretenu (rouille, propreté...), si le matériel de sécurité – obligatoire – (oxygène, trousse de secours, téléphone portable ou radio...) est présent, s'il n'y a pas trop de plongeurs par moniteur (6 maximum), et si vous n'avez pas trop à porter l'équipement (on est en vacances quand même !). Les diplômes des instructeurs doivent être affichés. N'hésitez pas à vous renseigner, car vous payez pour plonger ; en échange, vous devez obtenir les meilleures prestations...
Les clubs que nous recommandons dans les différents villages de l'archipel maltais sont souvent francophones. La plupart acheminent leurs plongeurs en jeep jusqu'aux spots, généralement accessibles – en comité restreint – depuis la côte. Des sorties en mer à la demi-journée (1 plongée) ou à la journée (2 plongées) sont également proposées. Compter environ 30-40 € pour une plongée, encadrement compris, et un peu plus avec l'équipement.

– Le certificat médical n'est plus obligatoire ; les clubs font remplir un questionnaire de santé. Sachez aussi que l'initiation des enfants requiert un encadrement qualifié dans un environnement approprié (eau tempérée, petit fond, sans courant, matériel spécial). Enfin, pour ne pas modifier le bon déroulement de la désaturation, pensez à respecter un intervalle de 24h avant de prendre l'avion.
– Site de l'association des écoles de plongée maltaises : • *pdsa.org.mt* •

C'est la 1re fois ?

Pour faire vos 1res bulles, pas besoin d'être sportif ni bon nageur. Il suffit d'avoir au moins 8 ans et d'être en bonne santé. L'usage des médicaments est incompatible avec la plongée. De même, les femmes enceintes et ceux qui souffrent d'asthme s'abstiendront de toute incursion sous-marine.
Tout commence donc par un baptême : une petite demi-heure pendant laquelle le moniteur s'occupe de tout et vous tient la main. Même si vous vous sentez harnaché comme un sapin de Noël déraciné, tout cet équipement s'oublie complètement une fois dans l'eau. Vous ne devriez pas descendre au-delà de 5 m, et puis, rassurez-vous, la plongée ne fait pas mal aux oreilles ! Il suffit simplement de souffler en se bouchant le nez. Il ne faut pas forcer dans cet étrange « détendeur » que l'on met dans votre bouche, au contraire. Et le fait d'avoir une expiration active est décontractant puisque c'est la base de toute relaxation. Être dans l'eau modifie l'état de conscience, car les paramètres du temps et de l'espace sont changés : on se sent (à juste titre) ailleurs. En contrepartie de cet émerveillement, suivez impérativement les règles de sécurité, expliquées au fur et à mesure par votre moniteur. Comptez environ 50 € pour un baptême, puis l'aventure se poursuit par un apprentissage progressif...

Formation et brevets

L'apprentissage PADI débute par le brevet d'*Open Water Diver,* qui permet à un plongeur accompagné d'un moniteur de descendre jusqu'à 18 m de fond. Compter alors 4 jours de formation, et entre 400 et 450 €. Puis on enchaîne avec l'*Advanced Open Water Diver,* en 2-3 jours ; avant de passer le *Rescue Diver,* généralement sur 5 jours. Enfin, le diplôme de *Divemaster* prépare les futurs instructeurs à l'encadrement... La FFESSM, quant à elle, propose de passer le Niveau I (jusqu'à 20 m) sur minimum 3 jours.
Le passage de tous ces brevets doit être étalé dans le temps, afin de pouvoir acquérir l'expérience indispensable. Demandez conseil à votre instructeur (il y est passé avant vous !).
Tous les clubs délivrent un carnet de plongée *(log-book)* qui retracera votre expérience et réveillera vos bons souvenirs une fois les vacances terminées. Gardez-le soigneusement et pensez toujours à emporter ce précieux « passeport » en voyage.

Reconnaissance internationale

Si vous voulez plonger en France, après avoir passé votre 1er brevet PADI à Malte, vos aptitudes à la plongée seront jugées par un moniteur d'État qui, souvent après quelques exercices supplémentaires, vous délivrera le niveau français correspondant.
– *Important :* en France, certains moniteurs sont aussi instructeurs PADI ; adressez-vous à eux en priorité.

Accidents et assurances

En cas de pépin (il faut bien en parler !), on trouve 2 caissons hyperbares à l'*hôpital Mater Dei (☎ 25-455-269),* à Tal-Qroqq (Msida), sur l'île de Malte ; et un 3e au

Gozo General Hospital (☎ 21-561-600). Sachez que le traitement d'un accident de décompression est pris en charge pour les ressortissants de l'Union européenne ; il suffit de présenter sa carte européenne d'assurance maladie (voir pages précédentes, dans la rubrique « Avant le départ », « Carte européenne d'assurance maladie »).

Tour-opérateurs spécialisés dans la plongée à Malte

Ils proposent généralement des séjours plongée de 1 semaine avec, selon votre bourse, différentes catégories d'hébergement, en demi-pension ou en pension complète.

■ ***Océanes :*** *☎ 04-42-52-82-40.* • *oceanes.com* •

■ ***Ultramarina :*** *2 ter, rue des Olivettes, CS 33221, 44032 Nantes Cedex 1. ☎ 0825-02-98-02 (service 0,18 €/mn + prix appel).* • *ultramarina.com* • *Également des agences à Paris, Lyon, Genève et Villeneuve (Suisse).*

Site internet

• *divosea.com* • Site de référence sur la plongée.

Nos meilleurs spots

À Malte

Ċirkewwa *(carte couleur L'archipel de Malte et carte Comino et Gozo)* ***:*** *à la pointe nord-ouest de l'île. Idéal pour les baptêmes et plongeurs de ts niveaux.* Une petite baie paisible, comme à la piscine, où les débutants lâchent quelques bulles de bonheur en compagnie des classiques poissons méditerranéens. Ensuite, seuls les cracks explorent le tombant vertigineux (jusqu'à 36 m !) qui borde ce site d'exception. Rendez-vous garanti avec les poulpes, mérous, poissons-perroquets et... une jolie statue de la Vierge dressée dans une petite grotte ! À proximité, en visitant l'épave du *Rozi,* on tutoie barracudas, sérioles, castagnoles et oblades, qui tournicotent inlassablement autour de cet ancien remorqueur. Autre épave à Ċirkewwa, le *P29,* un patrouilleur.

Qawra *(carte couleur L'archipel de Malte)* ***:*** *au nord-est de l'île. Pour les baptêmes et plongeurs de ts niveaux.* « Vol au-dessus d'un nid de poissons » dans cette baie calme, peu profonde et peuplée par des centaines de bébés poissons qui virevoltent joyeusement entre les roches et les herbiers de posidonies. De belles tranches de vie sous-marine à découvrir dans une eau toujours très claire. À quelques brassées de palmes, seuls les plongeurs confirmés s'aventurent sur un tombant (40 m maximum) recouvert d'éponges magnifiquement colorées.

Anchor Bay *(carte couleur L'archipel de Malte)* ***:*** *au nord-ouest de l'île. Pour les baptêmes et plongeurs de ts niveaux.* Encore une crique tranquille, dominée par le village de cinéma construit pour le tournage du film sur les aventures de Popeye. C'est donc « gonflé à bloc » que l'on survole les roches colorées et le sable immaculé (14 m de fond maximum), à la découverte des mignons habitants du coin : poulpes, mérous, girelles... Une plongée fastoche, qui ne déplaît pas non plus aux confirmés.

Għar Lapsi *(carte couleur L'archipel de Malte)* ***:*** *au sud de l'île. Pour les baptêmes et plongeurs de ts niveaux.* À quelques encablures d'un mignon petit port de pêche, voici un étonnant réseau de grottes sous-marines (10 m de fond maximum), baignées d'eaux limpides et illuminées par les rayons du soleil qui traversent l'azur méditerranéen avec des nuances sublimes. Les classiques poissons de la grande bleue sont aux 1res loges. Quel spectacle !

Żurrieq *(carte couleur L'archipel de Malte)* ***:*** *au sud de l'île. Pour plongeurs confirmés.* Très belle promenade sous-marine le long de cette côte parsemée de rochers, refuge de nombreux poissons (de 6 à 25 m de fond). À proximité, l'épave de l'énorme pétrolier libyen *El Faroud* repose par 30 m sur un fond de sable blanc. Beau panorama sur l'étrave enrobée de végétation multicolore. On plane aussi au-dessus de la timonerie, des quartiers de l'équipage et des ponts déchirés par la terrible explosion qui coula le navire... Un nouvel équipage peu discipliné est aujourd'hui aux commandes : barracudas, poissons-perroquets, thons, sars, daurades, rougets, mérous, sans oublier les nombreux calamars qui viennent pondre en hiver. Pour éviter tout accident, ne pas s'aventurer dans l'épave. Attention : courant parfois violent.

À Comino

Santa Marija Caves *(carte Comino et Gozo)* **:** *au nord-est de l'île. Min niveau I.* Ici, la côte est découpée comme du gruyère, et l'on se faufile gentiment à travers d'innombrables grottes tapissées d'éponges, d'anémones colorées (environ 13 m de fond) et de nudibranches. Classiques compagnons de plongée : poulpes et murènes, planqués sagement dans leur trou, mais aussi d'impressionnants bancs de sars, de castagnoles et d'oblades, dans lesquels on est obligé de se frayer un passage ! Une plongée amusante.

Lantern Point *(carte Comino et Gozo)* **:** *au sud-ouest de l'île. Pour plongeurs confirmés.* Chouette balade dans un impressionnant fatras de gros rochers éboulés (entre 8 et 40 m de fond), formant un réseau de canyons, d'arches et de cavernes. Voici le terrain de jeux favori des mérous, barracudas et dentis. Également pas mal d'anémones roses délicates, et un joli point de vue en remontant par une cheminée naturelle.

P31 *(carte Comino et Gozo)* **:** *à l'ouest de l'île. Niveau I et snorkelling.* Ancien patrouilleur est-allemand long de 50 m. Grâce à une eau claire, même ceux qui pratiquent le snorkelling peuvent voir ce bateau posé sur le sable à 18 m de profondeur. Les plongeurs visitent l'intérieur du navire.

À Gozo

Xlendi Bay *(carte Comino et Gozo)* **:** *au sud-ouest de l'île. Pour plongeurs de ts niveaux ; idéal pour les baptêmes, les cours et les plongées de nuit.* Bienvenue dans la féerie méditerranéenne ! Au départ de la plage, une plongée exceptionnelle et fastoche pour batifoler en toute insouciance (ou presque !) avec des milliers de poissons en pleine forme : sars, saupes, girelles, mérous, castagnoles, rascasses, etc., mais aussi des barracudas. À proximité, seuls les cracks vont explorer une jolie grotte aux parois couvertes d'étoiles de mer et d'éponges multicolores (25 m de fond maximum).

Mġarr ix-Xini *(carte Comino et Gozo)* **:** *au sud-est de l'île. Pour les baptêmes et plongeurs de ts niveaux.* Immersion tranquille depuis une petite plage sauvage, pour découvrir la faune luxuriante (12 m de fond maximum), réfugiée dans les éboulis des falaises qui plongent sous la mer. À travers la vitre du masque, daurades, mérous, sars et saupes déploient toutes leurs fantaisies, sous l'œil glauque des poulpes blottis dans leur trou. Avec un peu de chance, quelques rares hippocampes accrochés dans les algues. Également de jolies grottes, que seuls les plongeurs confirmés vont explorer. Aucun doute, « le bonheur est dans le bleu » !

Xwejni Bay *(carte Comino et Gozo)* **:** *au nord de l'île. Parfait pour les baptêmes.* Encore une petite baie tranquille pour de sympathiques aventures sous-marines en eaux limpides et sur fond de sable blanc. Joli ballet des saupes aux robes jaune et argent, qui tournicotent dans les herbiers de posidonies, survolés par des bébés mérous rigolos et des barracudas fuselés comme des torpilles... Une très belle plongée.

Blue Hole *(carte Comino et Gozo)* **:** *à Dwejra, sur la côte ouest de l'île. Pour plongeurs confirmés.* Voici l'une des plongées les plus spectaculaires de l'archipel maltais : un curieux ensemble de grottes, arches et tunnels (30 m de fond maximum), auxquels on accède par un trou bleu, qui révèle une vie sous-marine d'une richesse absolue. Gros mérous « pépères », daurades, barracudas, dentis, poissons-perroquets tout droit venus de la mer Rouge, etc., virevoltent joyeusement dans une eau cristalline à souhait. Vraiment superbe ! Les plongeurs évoluent désormais entre les rocs de l'Azure Window effondrée, pour une expérience, selon eux, encore plus intéressante qu'avant.

Inland Sea *(carte Comino et Gozo)* **:** *à proximité de Blue Hole. Pour plongeurs confirmés.* Encore une plongée étonnante (40 m de fond maximum), qui débute par un plouf dans une piscine naturelle, pour ensuite parcourir un large tunnel aux nuances de bleu magnifiques, et enfin accéder au tombant extérieur particulièrement sauvage. Mérous, anthias, rascasses, poulpes, murènes, barracudas sont au rendez-vous... Conseil : se rincer l'œil sans compter !

VOILE

La voile fait naturellement partie de la vie de l'île, et vous trouverez sans difficulté une école de voile ou des endroits pour louer un bateau : il existe, en effet, plus d'une cinquantaine de loueurs.

Malte possède de nombreux ports de plaisance, le plus grand étant celui de la marina de Msida située dans le port de Marsamxett (700 postes de mouillage). À Saint Julian's, la marina de Portomaso est la plus moderne, mais elle est plus petite. À Gozo, c'est la marina de Mġarr qui peut abriter le plus de voiliers.

L'archipel accueille plusieurs courses, dont *Le Trophée du Bailli de Suffren* entre Saint-Tropez et La Valette, qui a lieu fin juin-début juillet, et la prestigieuse *Rolex Middle Sea Race (• rolexmiddlesearace.com •),* une course qui se déroule chaque année mi-octobre. Pour plus d'informations sur les manifestations de voile locales, consulter le site du *Royal Malta Yacht Club* : *• rmyc.org •*

ESCALADE

On peut pratiquer la varappe toute l'année, grâce au climat méditerranéen de l'île. Il existerait en tout quelque 1 300 voies dans l'archipel, de quoi s'occuper ! Les meilleures falaises se trouvent sur les côtes sud et ouest, à Dingli et Migra-l-Fehra, et à Gozo (à Ta'Ċenċ). Il peut être judicieux de joindre un club spécialisé (voir plus bas et page suivante).

RANDONNÉE ET VTT

Pratiqués dans le sud-ouest de Malte ou à Gozo, dans une nature sauvage aux reliefs vallonnés, ces sports-loisirs permettent de découvrir les bons côtés du pays. Attention, les sentiers ne sont pas balisés, mais on trouve sur place, en librairie et dans les offices de tourisme, des petits guides de randonnées sur Malte et Gozo bien faits, notamment le *10 Great Walks* (en anglais uniquement). Gare à ne pas piétiner les champs et à ne pas vous laisser enfermer par les murets de pierre et les haies de figuiers de Barbarie. Faites aussi attention aux chasseurs.

GOLF

Il existe un golf de 18 trous dans le complexe sportif de Marsa, avec vue directe sur le dôme. Pour tout renseignement, contacter le *Royal Malta Golf Course (☎ 25-401-300 ; • royalmaltagolfclub.com •).*

AGENCES SPÉCIALISÉES DANS LES ACTIVITÉS NATURE

■ ***Malta Outdoors :*** *99-425-439. • maltaoutdoors.com •* Organise plusieurs activités de plein air : rando, escalade, VTT, kayak de mer, etc.

■ ***Malta Rock Climbing Club :*** *99-470-377. • climbmalta.com • Et sur Facebook.* Pour l'escalade.
■ ***Gozo Adventures :*** *35, Saint Mary St, alley 2, à Victoria. 99-994-592 et 99-994-689. • gozoadventures.com •* Pour du kayak de mer, de la plongée, de la marche, de l'escalade, du VTT, etc.

TÉLÉPHONE ET TÉLÉCOMS

Téléphone

– ***France → Malte :*** composer le 00 + 356 (indicatif du pays), suivi du numéro du correspondant.
– ***Malte → France :*** composer le 00 + 33 (32 pour la Belgique, 41 pour la Suisse), suivi du numéro du correspondant sans le 0 initial.
– ***Malte → Malte :*** composer le numéro à 8 chiffres, qui commence par 21, 22, 23 ou 25 pour les postes fixes et par 77, 79, 98 ou 99 pour les téléphones portables.

Numéros utiles

– ***Renseignements :*** ☎ *1182.*
– ***Opérateur international :*** ☎ *1152.*
Voir aussi les numéros dans la rubrique « Urgences » en fin de chapitre.

Téléphone portable

Un voyageur européen titulaire d'un forfait dans son pays d'origine peut utiliser son téléphone mobile ***au tarif national*** dans tous les pays de l'Union européenne, sans craindre de voir flamber sa facture. Des plafonds sont néanmoins fixés par les opérateurs pour éviter les excès... Cet accord avantageux signé entre l'UE et ses opérateurs télécoms concerne aussi la consommation de ***données internet 3G ou 4G,*** dont le volume utilisable sans surcoût dépend du prix du forfait national (se renseigner). Savoir aussi que, si le voyageur réside plusieurs mois en dehors de son pays, des frais peuvent lui être prélevés...
Plus besoin d'acheter une carte SIM locale pour diminuer ses dépenses. Attention, vous risquez de ne pas capter de réseau dans les coins les plus reculés (comme le sud-ouest de Malte).

La connexion internet en voyage

À Malte, de plus en plus d'hôtels, de restos et de bars disposent du wifi gratuit. Mieux que la connexion 3G et 4G qui peut entraîner des frais en usage intensif, le wifi permet aussi de profiter d'un débit parfois supérieur.
Une fois connecté au wifi, vous avez accès à tous les services de la ***téléphonie par Internet,*** comme ***WhatsApp, Messenger, Viber, Skype.***

Attention piratage !

Les wifi publics sont devenus de véritables passoires ! Il est devenu très facile, même pour un débutant, de s'introduire sur un réseau. La seule parade véritablement fiable est de ne fréquenter que des sites « certifiés ». Ils commencent par « https:// » et affichent souvent un petit cadenas à côté de l'adresse. Dans ce cas, vos transmissions sont cryptées et donc sécurisées. Les sites les plus sensibles et populaires, comme les banques, ont tous une connexion certifiée.
Enfin, si vous utilisez un ordinateur en libre-service, évitez, dans la mesure du possible, d'entrer votre mot de passe ou toute information sensible ! Une quantité phénoménale de ces postes est infectée par des « enregistreurs de frappes », qui peuvent transmettre vos données à un destinataire mal intentionné. Et si malgré tout vous utilisez ces postes, pensez à bien vous déconnecter et à ne pas cliquer sur l'option « enregistrer mon mot de passe ».

TRANSPORTS INTÉRIEURS

En bus

– La compagnie ***Malta Public Transport*** (☎ 21-222-000) met en service des bus – climatisés pour certains, voire avec une prise USB pour charger son portable ! Il existe un plan des lignes (plutôt succinct et moyennement clair) disponible un peu partout : hébergements, offices de tourisme... En revanche, pas de brochure avec les horaires, qu'on ne trouvera qu'aux arrêts, à la gare routière de La Valette, sur le site internet ● *publictransport.com.mt* ● ou ***l'application pour smartphone tallinja,*** bien pratique. Pour info, le bus n'étant pas le service le plus fiable de l'île, sachez que les horaires sont rarement respectés (prévoir entre 15 et 30 mn de marge...), les lignes peuvent changer, parfois même la compagnie de transport (ce qui ne simplifie pas les choses !).
– Cela étant dit, le ***réseau,*** plutôt développé, dessert toutes les villes et presque tous les villages de 5h à 23h en moyenne. Mais il vous sera souvent nécessaire de reprendre une correspondance. Vu l'intense et permanente circulation sur l'île, une fois encore, ne pas tenir compte des temps estimés ! Certains bus de nuit fonctionnent tous les jours (c'est le cas de celui qui dessert le quartier festif de Paceville), d'autres seulement le week-end.
À l'arrêt de bus, bien faire signe au chauffeur de s'arrêter, sinon il continuera. Mais, attention, quand les bus sont bondés, les chauffeurs ne s'arrêtent pas. Il vous faudra patienter jusqu'au suivant (prévoyez si vous comptiez prendre le dernier !) et souvent à des arrêts sans 1 cm^2 d'ombre... Autre petit souci, l'affichage numérique censé annoncer les arrêts ne fonctionne pas toujours. Essayez de demander au chauffeur.
– Pour les ***tarifs,*** se reporter plus haut à la rubrique « Budget ».
– Les ***billets*** s'achètent directement dans le bus auprès du chauffeur. Prévoir de la monnaie. Les cartes s'obtiennent aux différents kiosques d'informations à la gare routière de La Valette, de Sliema (etc.), à l'aéroport, ainsi que dans certaines boutiques et librairies (liste sur ● *publictransport.com.mt* ●). Bien conserver le titre de transport sur soi le temps du trajet ; les contrôles sont fréquents.

En bateau

Liaisons Malte-Gozo-Comino

➢ Nombreuses traversées quotidiennes inter-îles avec la *Gozo Channel Company* (● *gozochannel.com* ●) au départ de Ċirkewwa (sur la pointe nord de l'île de Malte) ou de Mġarr (sur Gozo), mais aussi entre La Valette et Mġarr en catamaran avec *Gozo Fast Ferry* (● *gozofastferry.com* ●) et *Virtu Gozo* (● *virtugozo.com* ●). Se reporter aux rubriques « Arriver – Quitter » des parties « Comino » et « Gozo ».

Croisières dans les îles

➢ Des excursions en ferry touristique sont assurées au départ de Sliema. Elles sont proposées par plusieurs agences sur place. Pour plus de détails, se reporter à la rubrique « À faire » à Sliema.

Promenades en dghajsa ou luzzu

Ces magnifiques barques de pêche nommées ***dghajsa*** (prononcer *daïssa*), sorte de gondole vénitienne, et ***luzzu*** sont peintes dans des couleurs vives et portent à la proue un *oculus* protecteur, appelé à tort « œil d'Osiris » (en référence au dieu égyptien). Elles servent également au transport des passagers.
Vous les verrez dans le joli port de Marsaxlokk. On les trouve également lors des excursions à la Grotte bleue (à Malte), sur la mer intérieure de Gozo, ou encore si vous faites le tour du Grand Port de La Valette.

En voiture

La conduite est à gauche, comme en Grande-Bretagne, mais les Maltais ont désormais basculé en kilomètres, tant sur les panneaux que sur les compteurs des voitures de location (du moins en principe : il arrive encore que certains véhicules indiquent les vitesses en miles, alors méfiez-vous !). Les routes principales sont bien entretenues, à l'inverse du ***réseau secondaire souvent en mauvais état.*** Heureusement, les distances sont courtes et la signalisation s'est améliorée... mais se repérer à Malte s'apparente encore souvent à un jeu de piste tant ***les panneaux sont rares,*** mal placés ou même parfois illisibles à cause de la poussière... Bonjour pour sortir de La Valette vers Gozo. On prévient, une vraie galère, fort peu d'indications et beaucoup d'embouteillages !

QUAND LES ROUTES ÉTAIENT ARROSÉES...

Si aujourd'hui on se plaint encore de l'état des routes, hier elles tuaient même ceux qui n'y circulaient pas. Empruntant ces voies mal asphaltées, les passants soulevaient des nuages de poussière, qui charriaient avec eux toutes sortes de virus et bactéries. Jusqu'au siècle dernier, on payait donc des hommes pour arroser les routes et plaquer, ainsi, la maudite poussière au sol !

Les GPS (comme les applications de cartographie des téléphones portables et autres tablettes) ne reconnaissent souvent que les noms maltais des villes et des rues (qu'on vous indique dans ce guide).

Enfin, si vous cherchez une adresse précise, sachez que les numéros des maisons ne sont pas distribués comme en France (pairs d'un côté, impairs en face). Le nº 1 démarre d'un côté de la rue, suivi du 2, du 3... Quand on arrive au bout de la rue, on continue à égrener les numéros en repartant du trottoir d'en face. Ainsi, le nº 300 peut très bien se retrouver en face du nº 1.

- ***Les Maltais au volant :*** en fait, les Maltais ne roulent ni à droite ni à gauche, mais souvent en plein milieu de la route ! Personne n'a l'air d'avoir compris à quoi sert un clignotant. Et il semble de tradition de se glisser dans la circulation sans vraiment marquer les stops (et pas toujours les feux rouges non plus...). Prudence, donc... En revanche, les automobilistes s'arrêtent la plupart du temps pour laisser passer les piétons (mais n'en oubliez pas pour autant de bien regarder à droite, avant de traverser).
- Le ***port de la ceinture*** est obligatoire.
- La ***vitesse*** est limitée à 80 km/h sur les routes et à 50 km/h dans les agglomérations. Et pas de dépassements intempestifs, car, malgré la petite taille du réseau, les radars ne manquent pas !
- Les ***pompes à essence*** sont suffisamment nombreuses, mais rares sont les stations qui acceptent les cartes de paiement. Elles sont généralement fermées le dimanche. Dans ce cas, on paie en billets dans des automates avant de se servir en carburant.
- Les ***ronds-points*** sont très nombreux : ***attention,*** ils sont évidemment à prendre dans le sens des aiguilles d'une montre...
- ***Stationnement à Malte et Gozo :*** attention aux zones de stationnement, la délimitation au sol ***en vert*** signifie que le stationnement est résidentiel (et donc pas pour vous !) ; ***en bleu,*** qu'il est soit payant (parcmètre à pièces), soit qu'il faut mettre le disque (dans les véhicules de location, il est généralement glissé dans une pochette plastique collée au pare-brise). Bien vérifier le jour et la durée autorisée de stationnement, bien sûr. Enfin il y a les délimitations d'emplacement ***en blanc*** (nos préférées !), elles sont gratuites et sans limitation de durée. Et si beaucoup de parkings publics sont en principe gratuits, il ne vous sera jamais reproché de glisser une pièce au gardien.
- ***Dans les petites villes intérieures :*** beaucoup de sens uniques et de rues très étroites qui rendent l'accès au centre un peu compliqué.
- ***En cas d'accident :*** ne pas bouger sa voiture avant l'arrivée de la police *(☎ 112),* même si l'on gêne la circulation.

SAINT PAUL'S BAY	SLIEMA	MELLIEHA BAY	MDINA	MARSAXLOKK	BLUE GROTTO	AÉROPORT	LA VALETTE	Distances en km
16,5	5	27	13	10,5	13	7		LA VALETTE
21	10	24	10,5	6,5	6,5		7	AÉROPORT
30	18	24,5	15	15,5		6,5	13	BLUE GROTTO
25,5	13	30	17		15,5	6,5	10,5	MARSAXLOKK
16	11	16		17	15	10,5	13	MDINA
9,5	21		16	30	24,5	24	27	MELLIEHA BAY
13		21	11	13	18	10	5	SLIEMA
	13	9,5	16	25,5	30	21	16,5	SAINT PAUL'S BAY

Location de voitures

– ***Conditions nécessaires :*** pour louer une voiture ou un 4x4, être âgé au minimum de 25 ans (21 ans dans certains cas, se renseigner auprès des loueurs) et au maximum de 75 ans, question d'assurance. Notez qu'entre 71 et 75 ans, les conducteurs paient un supplément (autour de 10 €/j.). Le mieux consiste, là encore, à poser directement la question au loueur, qui peut appliquer des règles différentes. Le permis de conduire national suffit.

Attention, il existe une ***différence entre une carte de débit et une carte de crédit,*** et il arrive que certaines agences refusent votre location de voitures en cas de paiement par carte de débit. Certains loueurs acceptent les cartes de débit, mais ils vous demanderont alors de souscrire une assurance complémentaire, souvent très chère, en supplément. Il faut donc avoir une carte de crédit. Vérifiez bien si une mention « CRÉDIT » (débit différé) ou « DÉBIT » (débit immédiat) est inscrite sur votre carte bancaire, sinon renseignez-vous auprès de votre banque (avant votre départ). Vous pouvez accéder à ces informations concernant les conditions de location des loueurs sur le site ● *bsp-auto.com* ● après avoir lancé votre recherche dans la rubrique « Informations détaillées ».

– Toutes les grandes compagnies de location sont présentes à Malte. En haute saison, réservez longtemps à l'avance, notamment à Gozo. Attention, si vous ne rachetez pas la franchise, certains loueurs bloquent le montant (non débité, sauf en cas d'accident) de celle-ci sur votre carte. Et la plupart demandent que le compte soit approvisionné de ce montant. Renseignez-vous et prévoyez en conséquence.
À contacter avant le départ (entre autres) :

■ **BSP Auto :** ☎ *01-43-46-20-74 (tlj 9h-21h30 – 20h le w-e).* • *bsp-auto.com* • *Remise spéciale de 5 % aux lecteurs de ce guide avec le code « ROUTARD22 ».* Les prix proposés sont attractifs et comprennent le kilométrage illimité et les assurances. *BSP Auto* propose exclusivement les grandes compagnies de location sur place, assurant un très bon niveau de service. Le plus : vous ne payez votre location que 5 jours avant le départ.

– On peut également louer des vélos, motos et scooters (assez rares et chers cela dit), ainsi que des minibus. Les routes ne se prêtent cependant guère aux 1ers, et les 2ds ont tendance à se raréfier.

Les applis de cartes embarquées

Sans connexion mais à télécharger avant le départ :
– *Maps.me :* itinéraire sur plan (silencieux). Bien aussi pour les randos.
Avec connexion et à télécharger avant le départ :
– *Google Maps / Waze :* indique en temps réel la qualité du réseau, les points radar, limitations de vitesse, et autres incidents sur le réseau routier.

En taxi

– De couleur blanche, les taxis « normaux » ont un numéro d'immatriculation noir sur fond rouge. A priori, ils sont tous équipés d'un taximètre, sinon mettez-vous d'accord à l'avance sur le prix de la course pour éviter des surprises.
– Il existe aussi des taxis que l'on réserve auprès de garages ou de compagnies. Le prix, à la course, revient moins cher que les taxis blancs.

■ **Wembley's Garage :** *115 triq San Gorg, à San Ġiljan.* ☎ *21-374-141 ou 242.* • *wembleys.com* •

■ **Ecabs :** ☎ *21-38-38-38.* • *beta.ecabs.com.mt* • *Résa grâce à leur appli et sur Internet.* Ponctuels.

– Également des services de taxi à bas prix via les applications *Bolt* (• *bolt.eu* •) et *Cool* (• *cool.mt* •).

Promenades en calèche

– Le ***karrozzin*** (*cab* en anglais) est une calèche dans laquelle les passagers sont assis sous une sorte de dais en tissu. On peut facilement y monter à 4. Naguère, avant l'arrivée des véhicules à moteur, le *karrozzin* était le mode de transport le plus populaire des Maltais. Aujourd'hui, on y balade les touristes. Attention, c'est assez cher, négociez avant d'embarquer. On en trouve autour de l'entrée principale de La Valette, près de la gare routière et de la *City Gate,* près de la *Sacra Infermeria* et à l'entrée de la vieille ville de Mdina.
Mais en été, les conditions de travail des chevaux posent régulièrement question. Si elles ne demandent pas l'interdiction des calèches (de nombreux

propriétaires vivant de cette activité), les associations œuvrant pour le bien-être des équidés demandent au gouvernement de prendre des mesures en matière de temps de portage, d'aménagement de stationnements ombragés et pourvus en eau, de poids des calèches et des personnes transportées, de règles de conduite...

URGENCES

■ **Police :** *Police Headquarters, Furjana (Floriana).* ☎ *21-224-001 ou 009.*

> ☎ **112 :** c'est le numéro d'urgence commun à la France et à tous les pays de l'UE, à composer en cas d'accident, agression ou détresse. Il permet de se faire localiser et aider en français, tout en améliorant les délais d'intervention des services de secours.

Pour la santé

Mater Dei Hospital : *Tal-Qroqq, à Msida, sur la route de Sliema.* ☎ *25-450-000.* C'est l'hôpital de référence à Malte.

Saint James Hospital : *plusieurs hôpitaux, à Sliema, Żejtun, Birkirkara (sud-ouest de La Valette), Burmarrad (nord-ouest).* ☎ *23-291-000.* Hôpital privé, donc cher.

Pour les cartes de paiement

En cas de perte, de vol ou de fraude, une carte peut être rapidement remplacée quand on voyage dans la zone euro. En appelant sa banque, en se connectant sur son site ou son application, un système d'opposition (chaque banque gère elle-même le processus, quelle que soit la carte), d'avance d'argent et de remplacement de carte pourra être mis en place afin de poursuivre son séjour en toute quiétude.
Sinon, voici les numéros des centres d'assistance des différentes cartes :

- **Carte Visa :** *n° d'urgence aux États-Unis, en PCV,* ☎ *00-1-303-967-10-96.* • *visa.fr* •
- **Carte MasterCard :** *n° d'urgence,* ☎ *(00-33) 1-45-16-65-65.* • *mastercard.fr* •
- **Carte American Express :** *n° d'urgence aux États-Unis, en PCV,* ☎ *00-1-636-722-71-11.* • *americanexpress.com* •

Il existe aussi un serveur interbancaire d'opposition qui, en cas de perte ou de vol, vous met en contact avec le centre d'opposition de votre banque : *en France :* ☎ *0892-705-705 (prix d'un appel + 0,35 €/mn) ; depuis l'étranger :* ☎ *+ 33-442-605-303.*

Besoin urgent d'argent liquide

Voir la rubrique « Argent, banques, change ».

En cas de perte ou de vol de votre téléphone portable

Suspendre aussitôt sa ligne permet d'éviter de douloureuses surprises au retour du voyage ! Le plus simple est de faire la démarche depuis le site internet ou l'appli de votre opérateur.

Sinon, voici les numéros des 4 opérateurs français, accessibles depuis la France et l'étranger :

– **Free :** *depuis la France, ☎ 3244 ; depuis l'étranger, ☎ + 33-1-78-56-95-60.*
– **Orange :** *depuis la France, ☎ 3900 ; depuis l'étranger, ☎ + 33-969-39-39-00.*
– **SFR :** *depuis la France, ☎ 1023 ; depuis l'étranger, 📱 + 33-6-1000-1023.*
– **Bouygues Telecom :** *depuis la France, ☎ 1064 ; depuis l'étranger, 📱 + 33-6-60-61-46-14.*

Avant de partir, notez (ailleurs que dans votre téléphone portable !) votre numéro IMEI, utile pour bloquer à distance l'accès à votre téléphone en cas de perte ou de vol. Comment obtenir ce numéro ? Il suffit de taper sur votre clavier *#06#.

MALTE

Arrivée à l'aéroport

✈ ***Aéroport :*** *à* ***Luqa,*** *à 7 km au sud-ouest de La Valette. Infos sur les vols et les horaires au ☎ 21-249-600. • malt airport.com •* Sur place : comptoirs de location de voitures, distributeurs de billets, bureaux de change (dont un automatique), agence *Air Malta.*

ℹ ***Office de tourisme :*** *à côté du guichet* HSBC, *dans le hall des arrivées. ☎ 22-915-508 ou 513. Tlj 10h-21h, avec parfois 1h de pause dans la journée. Fermé 1er janv, Vendredi saint, Pâques, et 25 déc.*

■ ***Air Malta :*** *seulement à l'aéroport. ☎ 21-662-211. • airmalta.com •*

Pour rejoindre La Valette et le reste de l'île

➢ ***En bus :*** à l'aéroport, kiosque d'info de la compagnie de bus ***Malta Public Transport*** *(☎ 21-222-000 ; • public transport.com.mt • ou appli à télécharger sur smartphone • tallinja •).* Ligne X4 pour La Valette. Compter min 25 mn jusqu'à la capitale (selon trafic). Billet : 1,50 € (2 € en été, 3 € le soir), bagage compris. On peut aussi acheter des forfaits à la semaine (voir la rubrique « Budget » dans « Malte utile »). Les bus se prennent face au hall des départs et partent ttes les 15 mn env, 5h-23h. Le terminus est à la gare routière située à la porte principale de La Valette. De là, possibilité de rejoindre les autres villes.

Sinon, depuis l'aéroport, la ligne X1 dessert Buġibba, Saint Paul, Mellieħa et Ċirkewwa (port d'embarquement pour Gozo), la X2 Sliema, Paceville et San Ġiljan (compter env 1h de trajet selon trafic), la X3 rejoint Rabat, Mosta, Buġibba et Qawra.

➢ Autre solution, la compagnie ***Malta Transfer*** *(☎ 21-332-016 ; 📱 79-646-481 ; • maltatransfer.com •)* possède un comptoir avant la douane, au niveau de la récupération des bagages. Compter 5-15 €/pers selon nombre de passagers et l'hôtel. Propose des transferts en minibus pour les principaux hôtels de Malte (sauf vers le sud de l'île). À moins d'avoir réservé à l'avance (compter alors autour de 23 € le transfert selon la distance), pas d'horaire ni d'itinéraire fixe, les véhicules partent une fois pleins et les passagers sont déposés au fur et à mesure. Moins fiable pour le retour quand on a un avion à attraper !

➢ ***En taxi :*** compter env 15 mn pour La Valette s'il n'y a pas d'embouteillages. Il faut se rendre d'abord au comptoir des taxis (dans le hall des arrivées, à côté de l'office de tourisme), qui délivre des billets. Le prix, fixe, varie selon les destinations. Il est valable pour un taxi pouvant prendre 4 personnes (et 4 bagages de taille normale) : autour de 17 € pour La Valette, 20 € pour Sliema, 28 € pour San Pawl il-Bahar et 37 € pour Ċirkewwa. Paiement par carte possible. Il suffit ensuite de donner le billet au chauffeur.

LA VALETTE ET SES ENVIRONS

• Carte *p. 69*

Avec les Trois-Cités juste en face, La Valette justifie à elle seule un séjour à Malte. Ici se concentre une bonne partie du patrimoine historique et culturel

de l'île : palais, musées, églises et jardins s'y disputent l'attention du visiteur sur fond de pierre calcaire, de mer et de ciel bleu. Près de 5 siècles d'histoire vous tendent les bras, à commencer par celle des chevaliers de l'Ordre, qui fondèrent la ville pour se protéger des invasions ottomanes. Leurs traces et vestiges sont encore partout inscrits dans l'art et l'architecture de cette petite cité.

LA VALETTE (VALLETTA OU IL-BELT)

6 310 hab.

• Plan *p. 72-73* • Plan La co-cathédrale Saint-Jean *p. 91*

Vue du ciel, la capitale maltaise ressemble à un vaisseau de pierre de calcaire doré qui s'avance tel un fer de lance dans les eaux bleues de la Méditerranée. Toujours enserrée par d'impressionnantes fortifications, la vieille cité n'a guère changé depuis sa fondation à la fin du XVIe s. « Cité bâtie par des gentilshommes pour des gentilshommes. » Pendant plus de 2 siècles, ce fut en effet la capitale de l'ordre de Saint-Jean de Jérusalem et de Rhodes.
La presqu'île rocheuse sur laquelle la ville est construite pointe au milieu de 2 ports naturels, remarquablement abrités. Heureux promeneur, tu aimeras cette capitale si facile à traverser ! Les rues rectilignes se coupent à angle droit, héritage de l'esprit rationnel et stratégique des chevaliers. Elles montent ou descendent, se transforment parfois en escaliers et finissent toujours vers le bleu de la mer. Ici, des jardins surplombent le port. Là, des clochers d'églises s'élancent comme des griffes dans le ciel, au-dessus des palais ou d'immeubles plus modestes arborant une série de *bow-windows* colorées.
D'ailleurs, devant ces vieilles demeures souvent élégantes, aux jalousies semi-closes sous le soleil, il est difficile de ne pas songer à l'Italie, à Naples ou à la Sicile si proche, même si les Maltais ne parlent pas forcément la langue de leur voisine. À La Valette, pendant des siècles se sont mêlés des sentiments aussi forts que la piété, la chevalerie, le courage et la foi, mais aussi le luxe et la galanterie. Ville de poudre et d'encens, pourrait-on dire, née de la rencontre des chevaliers, des prêtres et des marins, elle s'est aussi accommodée de l'influence britannique. Celle-ci se lit encore à chaque coin de rue, d'une (désormais rare) cabine téléphonique rouge à une vieille enseigne au fronton d'un magasin.
Forgée par des siècles d'histoire, voilà donc une fabuleuse machine à remonter le temps, un conservatoire historique presque intact. Une origine orientale, beaucoup de culture latine, un héritage britannique, une mémoire européenne, mais surtout un cœur maltais : c'est ainsi que nous est apparue cette splendide capitale (entre autres...) de la civilisation méditerranéenne. Pas étonnant qu'avec un tel héritage elle soit devenue en 2018 « Capitale européenne de la culture ». Les fêtes de fin d'année sont une belle occasion de la découvrir : les habitants ouvrent leurs maisons pour faire admirer leurs décorations, crèche, illuminations... pour un aperçu de l'âme maltaise dans une ambiance particulièrement animée.

– À consulter : • *voyage-lavalette.fr* •

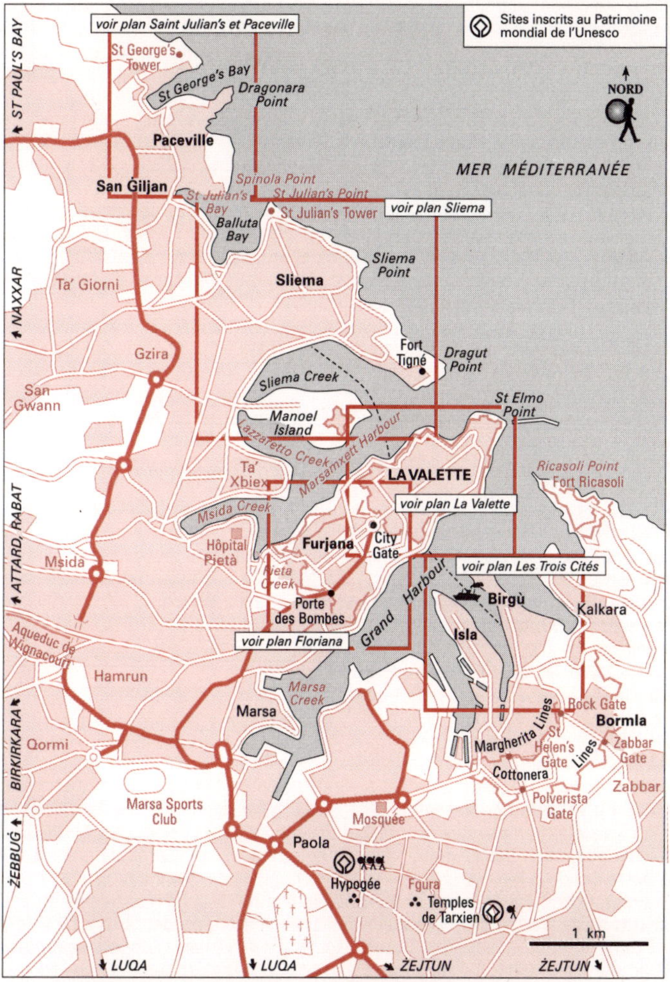

LA VALETTE ET SES ENVIRONS

UN PEU D'HISTOIRE

L'opulente capitale des chevaliers

Contrôler La Valette, c'était posséder Malte. Et posséder Malte, pour l'Europe chrétienne, c'était détenir la clé stratégique de la Méditerranée, face aux ambitions de l'Empire ottoman et aux raids des Barbaresques. Les chevaliers (*knights,* en anglais) en firent une ville fortifiée, en principe inexpugnable. Commençons par le commencement. Après avoir vaillamment et victorieusement résisté aux Ottomans de Soliman II lors du Grand Siège de 1565, le grand maître de l'ordre de Saint-Jean, le chevalier français Jean Parisot de La Valette, décida de bâtir une autre capitale. Ravagée par les combats, la ville de Birgù (Vittoriosa), quartier général de l'Ordre, était en effet en grande partie détruite. On traça alors les plans d'une nouvelle cité juchée sur la presqu'île de Sciberras, entre le Grand Port et celui de Marsamxett. Cette péninsule est plus élevée, donc moins exposée à l'ennemi que Birgù. Ce sera la nouvelle capitale de l'île. Elle porte le nom de son fondateur : La Valette (*Il-Belt* en maltais, soit « la ville », tout simplement !).

L'ordre de Saint-Jean fait appel aux plus grands artistes de l'époque : Francesco Laparelli, l'architecte militaire du pape Pie IV, et Girolamo Cassar, son assistant. Le chantier, colossal, dure environ 5 années et occupe près de 8 000 hommes, en grande partie des esclaves musulmans et des ouvriers siciliens et maltais. De l'éperon rocheux desséché surgit une cité neuve à l'architecture moderne et fonctionnelle. Les rues se coupent à angle droit, ce qui favorise les manœuvres militaires tout en assurant la circulation des courants d'air quand sévissent les températures caniculaires de l'été. Entre 1566 et 1570, d'épaisses fortifications sont construites selon les plans de Laparelli et un impressionnant système de fossés est creusé. Il faut à tout prix protéger La Valette contre de nouvelles attaques... qui n'auront pas lieu : la marine ottomane est anéantie à Lépante par la Sainte-Ligue, en 1571. La Valette devient alors une place forte dont la puissance ne sera jamais mise à l'épreuve.

À La Valette siègent le couvent et les organes essentiels de l'Ordre. Les chevaliers et les prêtres s'y installent. La nouvelle ville se couvre d'églises et de palais. Parmi ces somptueux monuments, le palais des Grands-Maîtres est édifié sous le règne de Jean de La Cassière (1572-1581). En 1566, La Valette en personne pose la 1re pierre de l'église Notre-Dame-des-Victoires. Enfin, le joyau de la capitale sort de terre : la co-cathédrale Saint-Jean, édifiée entre 1573 et 1577 sur les dessins de Cassar.

Vers la domination anglaise

Les moines-chevaliers, faute de combats, sont maintenant devenus de riches résidents aux mœurs galantes. À l'image de l'Ordre, la ville prend goût à la vie facile et au luxe. Aux XVIIe et XVIIIe s, des travaux de construction et d'embellissement transforment La Valette. Le style baroque italien atténue les rudesses des siècles de défense militaire. Le peintre Le Caravage y séjourne. Mattia Preti décore églises et palais. Mais cette transformation signifie aussi pour la ville la perte de cette force armée qui avait fait naguère sa grandeur. En route pour l'Égypte, à bord de *L'Orient* (le vaisseau amiral de la flotte française), le général Napoléon Bonaparte y accoste. En quelques coups de canon, La Valette est prise et l'Ordre renversé. Bonaparte, arrivé le 12 juin 1798, en repart le 18 (l'homme est pressé...). En juillet de la même année, Napoléon place l'île sous l'autorité du Directoire. Les chevaliers doivent se résigner à quitter cette ville-forteresse sur laquelle ils ont régné en maîtres depuis 1571, soit durant 227 ans. Entre 1798 et 1800, La Valette est dirigée comme une lointaine préfecture française et les biens de l'Église sont pillés pour financer les coûteuses campagnes de Napoléon. Les Maltais se rebellent, demandent l'intervention des Anglais qui, après la bataille d'Aboukir, chassent les Français et prennent l'île sous leur contrôle. La Valette restera le siège de l'administration britannique de 1799 à 1964.

La Valette sous les bombes

Pendant la Seconde Guerre mondiale, Malte subit le plus grand siège de son histoire depuis celui de 1565. Verrou stratégique au cœur de la Méditerranée, la colonie de l'Empire britannique, et en particulier La Valette, est la cible des avions allemands et italiens. Entre 1940 et 1942, la capitale et ses faubourgs sont victimes de terribles bombardements. Rien qu'au début de l'année 1942, près de 6 500 t de bombes sont larguées sur le Grand Harbour. Les Trois-Cités figurent parmi les secteurs les plus touchés par ces raids meurtriers. À La Valette, de nombreux monuments sont anéantis. C'est le cas de l'Opéra royal, mais aussi des vieux et somptueux palais du XVIe s ayant appartenu à l'Ordre, comme la magnifique auberge de France. Ironie de l'histoire et absurdité de la guerre : les bombes allemandes jettent aussi à terre l'auberge d'Allemagne à Birgù !

Arriver – Quitter

De et vers l'aéroport

Les liaisons entre l'aéroport et la capitale sont traitées juste avant La Valette, plus haut, en tête de chapitre.

En bus

Gare routière *(plan A3)* **:** *située juste à l'entrée de La Valette.* Point de départ et d'arrivée de ttes les lignes

Adresses utiles

- Office de tourisme de Malte (B3)
- 1 Embarcadère des bateaux pour Sliema (B1)
- 2 Embarcadère des bateaux pour les Trois-Cités (B3)
- 4 Ambassade de France (B2)
- 5 Consulat de Belgique (A2)
- 6 Consulat de Suisse (B2-3)
- 7 Consulat du Canada (C2)
- 8 Librairie Agenda Bookshop (B2)
- 9 Wembley Store (B2)
- 10 Coop 99 – Valletta City Store (C2)
- 11 Agence NSTS (C2)
- 40 Is-Suq (marché couvert ; C2)

Où dormir ?

- 20 Casa Asti (B3)
- 21 Bonheur Guesthouse (A2)
- 22 The Osborne Hotel (A2)
- 23 Grand Harbour Hotel (B3)
- 24 Luciano Al Porto Boutique Accommodation (C3)
- 25 Tano's Boutique Guesthouse (B3)
- 26 Castille Hotel (B3)
- 27 British Hotel (B3)
- 28 The Coleridge (C1)
- 29 Casa Rocca Piccola B & B (C2)
- 30 La Falconeria (B2)
- 31 The Saint John (C2)
- 34 The Embassy Valletta Hotel (B2)
- 35 Palais Le Brun (C1)

Où louer un studio, un appartement ?

- 32 Valletta Studios, chez Michael Mercieca (B3)
- 33 Lucia Nova-Valletta Suites (B1-2)

Où manger ?

- 40 Stands du Is-Suq (marché couvert) et Merkanti (C2)
- 41 Piadina Caffe (C2)
- 42 Museum (B2-3)
- 43 Margo's (C2)
- 44 Sotto (A2)
- 45 Pastaus (B2)
- 46 The Circle's (C2)
- 47 Nenu The Artisan Baker (C2)
- 48 Aaron's City Vault (C2)
- 49 Trabuxu (B2)
- 50 King's Own Band Club (B2)
- 51 Taproom (B2)
- 52 Cockney's (B1)
- 53 La Pira Maltese Kitchen (B2)
- 54 Chikos by Dimitri (B3)
- 55 Elia Greek Cuisine (C2)
- 56 Trattoria Da Pippo (B2)
- 57 Legligin (B2)
- 58 Rubino (B2)
- 59 Ambrosia (C2)
- 60 Beati Paoli (C2)
- 61 Lot 61 (C2)
- 62 Il Horza (C2)
- 63 Ortygia (B2)
- 64 D'Office Bistro (C2)

Où boire un verre ? Où écouter de la musique ?

- 34 *Rooftop* de l'Embassy Valletta Hotel (B2)
- 70 Caffe Cordina (B2)
- 72 StrEat Whisky & Bistro (B2)
- 73 Tico Tico (B2)
- 74 The Bridge Bar (C3)
- 75 Cafe Society (B3)
- 76 Wild Honey Bar (B2)
- 77 San Paolo Naufrago (C2)
- 78 67 Kapitali (B2)
- 79 The Pub (C2)
- 80 La Valette Band Club (B2)

Achats

- 90 Captain A. Caruana (B2)

SLIEMA
NORD
Fort Manoel
Port de Marsamxett
German Curtain
Église Notre-Dame-du-Pilier
Auberge d'Aragon
INDEP. SQ.
Cathédrale anglicane Saint-Paul
1
St Salvatore Bastion
52
Old Theatre St.
Église des Carmes
West St.
33
Fortifications Interpretation Centre
Route du Grand Siège
Marsamxett St.
MATTIA PRETI SQ.
Teatru Manoel
LE NORD
Mint
78
45
73
57
58
Bakery
51
72
Melita
St John's
90
76
34
70
St Lucia
REPUBLIC SQUARE
Sappers St.
22
21
M. A. Vassalli
5
44
Old
4
30
Old
Consulat de Belgique
South
56
Strait
Street
Malta 5D
50
Co-cathédrale St-Jean et musée
Hastings Gardens
63
National Museum of Archeology
St John's Bastion and Cavalier
80
8
ST JOHN'S SQUARE
Merchants
53
L'ENTRÉE DE LA VILLE
Ordnance St.
49
9
Republic
Église St James
La Castellania
Great Siege
6
42
PJAZZA TEATRU RJAL
Ste-Catherine-d'Italie
25
Auberge d'Italie
St Paul's
75
City Gate
N.-D.-de-la-Victoire
Palazzo Parisio
54
20
23
Fontaine aux Tritons
St James' Bastion and Cavalier
27
26
Auberge de Castille, de León et du Portugal
Battery St.
32
AUTOUR DE L'AUBERGE DE CASTILLE
Upper Barrakka Gardens
Saluting Battery
Nelson St.
Lascaris War Rooms
Ascenseur
FLORIANA
Girolamo Cassar Ave.
Old Custom House
2
A
B
1
2
3
VALLETTA WATERFRONT,
TROIS CITÉS

C
D
St Gregory's Bastion
Ball's Bastion
Baie Saint-Elme
Fort Saint-Elme
National War Museum
Abercrombie's Curtain
English Curtain
St Sebastian St.
French Curtain
ST ELMO SQUARE
LA POINTE EST
35
28
St Christopher's St.
St Dominic's St.
Old Hospital Street
Toy Museum
7
Archbishop St.
The Malta Experience
Casa Rocca Piccola
Entrée
29
46
48
Republic St.
St Nicolas's Street
Sacra Infermeria (The Knights Hospitallers)
43
Église de Porto Salvo
PALACE SQUARE
64
47
Palais des Grands-Maîtres
79
59
31
Palace Armoury
Église des Jésuites (Université)
10
55
11
Bibliotheca
Mediterranean St.
St. Lazarus Curtain
Marché couvert
40
61
60
62
LE CENTRE
Lower Barrakka Gardens
Église Saint-Paul-le-Naufragé
St Ursula St.
Castille Curtain
77
74
24
East St.
Santa Barbara St.
Wharf
Barriera
Victoria Gate
Grand Harbour (Port)
0
100
200 m
1
2
3

LA VALETTE

de bus. Fonctionne tlj, env 5h30-22h30 ou 23h. Les billets s'achètent au kiosque d'info *(tlj 7h-18h),* dans les bus ou aux distributeurs automatiques. Il existe aussi plusieurs types de cartes, valables 1 à 7 jours, et notamment la *Valletta Card* qui comprend aussi 3 musées ou attractions en ville. Pour plus de détails, se reporter aux rubriques « Transports intérieurs » et « Budget » dans « Malte utile » et sur le site de la compagnie.

■ ***Informations :*** au guichet de la gare routière ou auprès de la compagnie ***Malta Public Transport*** *(☎ 21-222-000 ; • publictransport.com.mt •).*

En bateau

➢ ***La Valette-Sliema :*** avec le ***Marsamxetto Steam Ferry Service*** *(☎ 23-463-862 ; • vallettaferryservices.com •)* À La Valette, embarcadère situé sur le quai Manderaggio *(plan B1,* ***1****).* Juin-oct, départs ttes les 30 mn de 7h (9h dim et j. fériés) à minuit, mais rien entre 20h30 et 22h ; de Sliema, 6h45 (8h45 dim et j. fériés)-23h45. Nov-mai, même fréquence, tlj 7h-19h30 (9h-18h30 dim et j. fériés) ; de Sliema 6h45-19h15 (8h45-18h15 dim et j. fériés). Billets : 1,50 €, A/R 2,80 € ; respectivement 1,80 € et 3,30 € à partir de 19h30 ; réduc. Un joli petit ferry assure la navette entre La Valette et Sliema en moins de 10 mn. Pratique, agréable et bien plus rapide que le bus ou la voiture pour une visite en journée. Dans le sens Sliema-La Valette, un minibus au débarcadère propose une remontée jusqu'au théâtre Manoel. Prix : 1 €/pers.

➢ ***La Valette-Trois-Cités :*** avec le ***Marsamxetto Steam Ferry Service*** (voir plus haut). Embarcadère à La Valette au niveau de l'Old Custom House, presque au pied de l'ascenseur des Upper Barrakka Gardens *(plan B3,* ***2****)* ; arrivée aux Trois-Cités à Bormla, à 300 m au sud du Musée maritime, non loin de la vieille ville de Birgù. Les horaires changeant régulièrement, mieux vaut les vérifier ! En principe : juin-oct, départs ttes les 30 mn de 6h45 (9h15 dim et j. fériés)-minuit, avec une fréquence moindre à partir de 20h ; de Bormla 6h30 (9h dim et j. fériés)-23h30. Nov-mai, même fréquence, tlj 6h45-19h15 (9h15-18h15 dim et j. fériés) ; de Bormla 6h30-19h (9h-18h dim et j. fériés). Billets : 1,50 €, A/R 2,80 € ; respectivement 1,80 € et 3,30 € le soir ; ***ascenseur pour remonter au centre-ville inclus.*** Même principe que le ferry vers Sliema.

Également en ***petit bateau privé*** *(• maltaboattours.com •).* Départ, à La Valette, du même endroit que les ferries *(plan B3,* ***2****),* en gros 8h-18h (voire plus tard selon affluence), arrivée à Birgù à 2 pas du Musée maritime. Traversée à bord d'une *dghajsa* (sorte de gondole maltaise à moteur) en 10 mn. On adore ! Les bateaux font la navette (aller env 2 €/pers), ce qui évite les contraintes d'horaires, et proposent également des minicroisières (toujours dans le port) de 30 mn (compter 8-10 €).

➢ ***La Valette-Gozo :*** liaisons rapides en catamaran avec les compagnies ***Gozo Fast Ferry*** *(• gozofastferry.com •)* et ***Virtu Gozo*** *(• virtugozo.com •).* L'embarcadère se trouve à côté de celui pour les Trois-Cités *(plan B3,* ***2****).* Pour piétons et cyclistes uniquement. Env 10 trajets/j., 7h-22h la sem, 8h-minuit le w-e. Traversée : 45 mn. Prix : 10 € avec *Gozo Fast Ferry* ; 12 € avec *Virtu Gozo.* En saison, s'asseoir de préférence à l'arrière, à l'avant il gèle à cause de la clim poussée à fond !

➢ Pour les liaisons avec la ***Sicile,*** se reporter au chapitre « Comment y aller ? En bateau » en début de guide.

Comment se déplacer ?

À pied

Sans aucun doute, le meilleur (et pour ainsi dire unique) moyen de découvrir la ville, qui est peu étendue ! Même si ça grimpe... souvent... et beaucoup !

En ascenseur

Pour passer du haut de la ville au Grand Port. L'ascenseur se prend au niveau des Upper Barrakka Gardens *(Barrakka lift ; plan B3 ; avr-oct, tlj*

7h-minuit, jusqu'à 21h en hiver). Descente gratuite, montée : 1 € (gratuit avec le ticket du ferry en provenance des Trois-Cités). Sinon, compter 10-15 mn à pied pour faire le trajet.

En voiture et en minibus

Éviter de pénétrer dans La Valette en voiture. Peu de places et seules celles délimitées par des lignes blanches sont autorisées aux visiteurs ; les autres, jaunes, vertes et bleues, sont réservées aux habitants, alors gare aux amendes et à la fourrière ! Par ailleurs, le stationnement intra-muros est contrôlé par un système de vidéosurveillance rigoureux. À chaque entrée, une caméra flashe la plaque d'immatriculation du véhicule, qui sera à nouveau photographiée à la sortie *(• secure.cva.gov.mt/ •).* Les 30 premières minutes sont gratuites, mais passé ce délai, on paie (environ 6-7 € pour 24h... si l'on stationne le long de lignes blanches). Garez-vous par conséquent à l'extérieur des murs, sur le grand parking payant (pas très cher : environ 10 €/j.) mais très pratique, près de la fontaine aux Tritons et de la gare routière *(plan A3).* Il existe également un grand parking gratuit (avec gardien) à Furjana, vers le *Grand Hôtel Excelsior (plan Furjana, B1),* où l'on trouvera surtout de la place le soir et le week-end. Autre parking gratuit, place de Castille *(plan B3),* gardé par un préposé, très pratique mais trop petit.

MALTE

Adresses et infos utiles

i ***Office de tourisme de Malte*** *(plan B3) : dans l'Auberge d'Italie, Merchants St. ☎ 22-915-502 ou 503. • visitemalte.com • voyage-lavalette.fr • Lun-sam 9h-17h20, dim et j. fériés 9h-12h50. Fermé 1er janv, Vendredi saint, dim de Pâques et 25 déc.* Documentation, plan de la ville avec ses centres d'intérêt, brochures. Ne rien attendre de plus ! *Annexe sur le sq. de la fontaine aux Tritons (plan A3) : mêmes horaires. Et un 3e accueil sur le Waterfront (hors plan par B3).*

Taxis : *kiosque sur le sq. de la fontaine aux Tritons (à côté de l'office de tourisme). ☎ 20-990-808. • mtla@maltataxi.com •*

■ ***Distributeurs automatiques :*** *plusieurs dans Republic St.* Ils acceptent la plupart des cartes de paiement.

Ambassades, représentations étrangères

■ ***Ambassade de France*** *(plan B2, **4**) : 130, Melita St. ☎ 22-480-600. En cas d'urgence uniquement : 📱 99-478-761. • mt.ambafrance.org • Sur rdv seulement, lun-ven 9h-13h, 14h-17h.*

■ ***Consulat honoraire de Belgique*** *(plan A2, **5**) : 18 A3, Vassalli St. ☎ 21-230-893. • info@gattshipping.com •*

■ ***Consulat de Suisse*** *(plan B2-3, **6**) : 6, triq San Żakkarija. ☎ 21-244-159. • valletta@honrep.ch • roma@eda.admin.ch •*

■ ***Consulat du Canada*** *(plan C2, **7**) : Demajo House, 103, triq l-Arcisqof. ☎ 25-523-233. • valletta@international.gc.ca •*

Culture, francophonie

■ ***Heritage Malta :*** *☎ 22-954-000. • heritagemalta.org • Pas de bureau ouv au public, infos par tél ou sur leur site internet.* L'agence du ministère de la Culture propose des *pass* intéressants pour individuels ou en famille, ainsi que plusieurs billets combinés (voir rubrique « Budget » dans « Malte utile » en début de guide). Pour ceux de La Valette (se reporter plus loin à la rubrique « À voir »). Elle organise également tout au long de l'année des expositions dans les principaux musées, parfois des concerts et, au moment des solstices et des équinoxes, une super balade au coucher du soleil sur les sites mégalithiques de Ħaġar Qim et Mnajdra (à ne pas manquer, mais à réserver très à l'avance...).

■ ***Alliance française de Malte-Méditerranée*** *(hors plan Furjana par A2, **1**) : Il Moll Tal Hatab, Timber Wharf 7/8, Office 1 et 2, à **Marsa**. ☎ 21-220-701. • alliancefr.org.mt • Et Facebook. À 2 km au sud de la fontaine* *aux Tritons. Lun-ven 9h30-19h30, sam 9h30-12h30.* Petite bibliothèque, soirées, conférences et projections de films, en principe le 3e mercredi du mois (d'octobre à juin), dans le cadre du festival *French Film Days*, en partenariat avec le centre culturel de *St James Cavalier* de La Valette (résa sur • *kreattivita.org* •).

■ ***Librairie Agenda Bookshop*** *(plan B2,* ***8****)* **:** *26, Republic St. Lun-sam 8h30-19h, dim 8h30-18h.* Presse française, livres en anglais, guides et cartes.

Santé

■ ***Médecins :*** 2 médecins francophones, le Dr Jean-Pierre Farrugia *(📱 99-498-662)* et le Dr Timothy Camilleri *(📱 79-094-500 ; • timmy.camilleri@camillericlinic.com.mt •).*

■ ***Drs Demajo Dental Clinic :*** *26, Merchant St, 6e étage, La Valette. ☎ 21-245-938. • enquiries@demajodental.com • Ouv seulement le mat. Autre antenne : 1 Marina Court, Giuseppe Cali St, 3e étage, Ta'Xbiex. ☎ 21-344-346 ou 347.*

Marchés et alimentation

■ ***Coop 99 – Valletta City Store*** *(plan C2,* ***10****)* **:** *151, Saint Christopher St (à l'angle de Merchant St). Tlj sauf dim 7h-16h (14h mer et sam).* Une petite supérette en plein centre, bien pratique pour faire le plein de légumes et fruits frais et improviser un casse-croûte.

■ ***Wembley Store*** *(plan B2,* ***9****)* **:** *Republic St, à l'angle de South St. Lun-sam 7h (8h sam)-19h, dim 10h-13h.* Avec sa façade « vieille Angleterre », l'épicerie passerait presque inaperçue. Pourtant, le peu de supérettes dans la capitale rend celle-ci bien pratique, même si les prix sont un peu élevés. On y trouve un peu de tout, des produits d'alimentation courants, quelques (rares) spécialités locales et un sous-sol consacré aux vins (dont une large sélection de crus maltais). Peu de fruits et légumes, en revanche.

Is-Suq **(*marché couvert*** *; plan C2,* ***40****)* **:** *Merchants St. Tlj 7h-23h30 (1h ven-sam).* La halle couverte accueille au sous-sol une immense épicerie fine : fruits, légumes, viande, poisson, charcuterie, vin, huile, épices, traiteur... Bref, de quoi faire ses courses ! Là encore, très peu de produits du terroir ; beaucoup sont importés.

Marché de Furjana *(hors plan Furjana par A2)* **:** *au Park and Ride. Dim mat.* On y trouve des antiquités, de la brocante et des vêtements. Un conseil : allez-y le plus tôt possible.

Un petit ***marché*** quotidien *(lun-sam 7h30-12h30)* se tient sur Ordnance Street *(plan A-B2).* On y vend surtout des vêtements (pas forcément fabriqués à Malte !) et quelques souvenirs.

Divers

■ ***Segway Malta :*** *📱 99-421-963. • segwaymalta.com • Balade 1h30-3h, compter 45-80 €/pers. Résa obligatoire. Âge requis : plus de 14 ans.* Une façon originale de découvrir La Valette aux manettes de ces gyropodes, installé sur une petite plateforme posée sur 2 pneus que l'on guide au début comme on peut. Sympa, mais pas donné quand même. Propose d'autres balades dans l'île.

■ ***Agence NSTS*** *(plan C2,* ***11****)* **:** *220, Saint Paul St. ☎ 25-588-000. • nstsmalta.org • Lun-ven 9h-17h.* Si l'idée d'un séjour linguistique à Malte vous titille, vous pouvez vous adresser à eux : ils proposent diverses formules, hébergement compris, ainsi que des stages. Apprendre l'anglais au soleil ? Pas bête.

Où dormir ?

Prix moyens (60-100 €)

Bonheur Guesthouse *(plan A2,* ***21****)* **:** *18, Sappers St. ☎ 21-238-433. • bonheurmalta.com • Double 60 €, lavabo et douche dans la chambre, w-c sur le palier, petit déj compris.* Dans une rue calme, cette belle façade historique cache, sur 2 étages, une sympathique pension au confort simplissime. 6 chambres, dont 2 avec *bow-windows,* parfois un balcon ou de larges fenêtres, hautes de plafond et de bon volume pour la plupart, qui offrent le charme de l'ancien : carrelages rétro, vieux mobilier, vieilles pierres au sol... jusqu'à la salle de petit déj aménagée dans un vieux café. Et si ce n'est pas forcément le bonheur annoncé, c'est l'une des adresses les moins chères de la ville. Et puis, il y a l'excellent accueil de Rose-Marie, de très bon conseil, qui parle 6 langues dont le français.

De chic à très chic (plus de 100 €)

Casa Asti (plan B3, **20**) : *18, Saint Ursula St. ☎ 21-239-506 ou 21-227-483. • casaastimalta.com • Résa plus que conseillée ! Doubles 85-140 €, avec petit déj ; familiales.* Dans une très belle et vieille rue en pente, une pension qui, dès la réception, se donne des airs de petit palais : lustres au plafond (admirez aussi celui dans la salle de petit déj réalisé par l'époux d'Annie), colonnes antiques, belle pierre calcaire. Dans les étages, les 9 chambres, entièrement rénovées depuis peu (toutes avec clim, douche et w-c, sauf une qui a conservé ses sanitaires privés sur le palier), sont plus sobres mais coquettes avec leur mobilier peint, lumineuses pour la plupart, et tranquilles. Accueil fort sympathique de l'énergique mamie qui tient la boutique. Possibilité de combler une petite faim à la brasserie attenante.

The Osborne Hotel (plan A2, **22**) : *50, South St. ☎ 21-243-656. • osbornehotel.com • Doubles 80-200 €, avec petit déj.* Élégante façade en pierre claire rehaussée de volets rouges, dans une rue tranquille. Les chambres, à la déco contemporaine, sont tout confort, sans charme particulier. Certaines, aux 4e et 5e étages, bénéficient d'une très belle vue sur l'église des Carmes, la cathédrale anglicane et le port. D'autres regardent la cour (en dépannage). Toit-terrasse pour bronzer ou se tremper dans la micro piscine. Personnel serviable. Fait aussi resto mais le petit déj, très ordinaire, ne donne pas envie d'insister.

Grand Harbour Hotel (plan B3, **23**) : *47, Battery St. ☎ 21-246-003. • grandharbourhotel.com • Doubles 100-160 €, petit déj compris.* Très bien situé et reconnaissable à sa belle et haute façade rétro à souhait, cet hôtel familial propose une petite trentaine de chambres, impeccables et de style contemporain, avec mobilier marron. Tout le confort est là : sanitaires rutilants, clim, TV sat'... sans oublier, pour une partie des chambres (les plus chères), la super vue sur le port ! Terrasse sympa sur le toit (avec toujours cette même vue) et bar au rez-de-chaussée. Excellent accueil.

Luciano Al Porto Boutique Accommodation (plan C3, **24**) : *255, Saint Ursula St. 📱 77-111-110. • vallettaboutique.com • Doubles 90-190 €, avec petit déj.* Une élégante demeure fort joliment rénovée. Par un superbe escalier de pierre (ou par l'ascenseur), on accède aux 10 chambres de taille variable, pleines de charme avec carreaux de ciment et lustres à l'ancienne, poutres et murs de pierre (et, qu'on se rassure, tout le confort moderne). Une bonne moitié d'entre elles (les plus chères) ont vue sur le port (demandez-les en priorité), l'une donne sur une petite cour. Au rez-de-chaussée, charmante salle de petit déj avec vue. Un peu bruyant certains soirs, en raison d'un bar en contrebas. Également des studios dans d'autres bâtiments, ainsi qu'un 2e hôtel avec vue cette fois sur la co-cathédrale. Bon accueil.

The Embassy Valletta Hotel (plan B2, **34**) : *173, Strait St. ☎ 20-169-000. • embassyvallettahotel.com • Doubles deluxe 125-260 €, petit déj compris.* En plein centre, un hôtel de 81 chambres pas franchement familial... Mais la déco, contemporaine très soignée et harmonieuse, séduit d'emblée. Les chambres, même les moins chères, offrent un excellent confort. Pour parfaire le séjour, une salle de fitness et un institut de soins « bien-être » et, surtout, un splendide *rooftop* avec piscine, resto et bar panoramiques (voir « Où boire un verre ?... »).

Palais Le Brun (plan C1, **35**) : *101, Old Bakery St. ☎ 22-260-300. • palaislebrun.com • Doubles standard 100-280 €.* Dans un beau palais du début

MALTE

du XVIIe s, un hôtel de 28 chambres au confort feutré et à la déco intemporelle et élégante qui s'accorde parfaitement aux vieilles pierres. L'ensemble dégage un charme indéniable. Salle de fitness et désormais incontournables (petite) piscine et bar sur le *rooftop*.

Tano's Boutique Guesthouse *(plan B3,* **25***) : 41, Saint Paul's St. ☎ 27-035-907. Doubles 125-165 €, petit déj compris ; des suites également.* L'ancien escalier (ou le nouvel ascenseur) part à l'assaut des étages qui distribuent les 6 chambres de très bon confort. On a un faible pour celles du 2e, avec balcon et carrelage ancien, et pour la salle du petit déj perchée au 4e étage, dont la terrasse donne sur le Grand Port. On peut d'ailleurs profiter de cet espace dans la journée pour un moment de détente (café et thé à dispo, et même un jacuzzi au dernier étage). Bon accueil.

Castille Hotel (plan B3, **26**) : *Castille Sq, angle avec Saint Paul's St. ☎ 21-243-677. • hotelcastillemalta.com • Doubles 120-180 €, avec petit déj ; même prix pour les standards donnant sur rue ou sur mer ; les plus chères possèdent un balcon avec vue sur le Grand Port.* Vieux palais de la fin du XVIe s, stratégiquement situé à l'angle de la place de l'auberge de Castille, qui abrite un hôtel patiné par le temps (très patiné...). Les chambres, bien équipées, donnent sur la place (vue géniale), sur la rue ou sur une cour intérieure. Mais l'ensemble mérite vraiment une rénovation d'envergure. Néanmoins, il s'en dégage une ambiance légèrement surannée qui n'est pas déplaisante. Et l'accueil est tout à fait charmant. Le petit déj (qui, lui aussi, pourrait être un peu amélioré) se prend au 5e étage, sur le toit, avec un magnifique panorama.

British Hotel (plan B3, **27**) : *40, Battery St. ☎ 21-224-730 ou 21-239-022. • britishhotel.com • Réception côté mer. Doubles 145-185 €, ttes avec sdb, clim et petit déj ; suites, certaines pour 4 pers.* C'est le plus ancien hôtel de La Valette, géré par la même famille depuis 3 générations. La rénovation des parties communes a gommé un peu de son charme et de son atmosphère (Spielberg y avait d'ailleurs tourné à l'époque quelques scènes de son film *Munich*). Et les chambres ne possèdent pas le standing affiché par le lieu (déco vieillotte et manque de clarté côté rue), d'autant que les prix restent élevés. Des atouts néanmoins : celles qui donnent sur le port bénéficient d'une vue agréable (avec petits balcons-vérandas, voire terrasse pour 2 d'entre elles), un plaisant toit-terrasse et un restaurant, *Le Panorama,* qui porte bien son nom (vue géniale sur le Grand Port). Enfin, de superbes suites modernes et tout confort (avec kitchenette) sont aussi proposées, à des tarifs pas beaucoup plus hauts... en attendant que les anciennes chambres subissent, elles aussi, un lifting bien mérité. Accueil pro et sympathique.

The Coleridge (plan C1, **28**) : *89-92, Old Bakery St. ☎ 20-105-511. • thecoleridgehotel.com • Doubles 100-350 €.* Ce palais du XVIIe s était utilisé pour accueillir les employés et amis du grand maître Gregorio Carafa, qui habitait à côté. Aujourd'hui, après une rénovation réussie, ses 6 magnifiques chambres offrent un confort optimum. Les matériaux anciens ont été préservés et la déco, très british, se joue des époques et des styles avec maestria. Un lieu superbe, intimiste à souhait. Notre plus belle adresse à La Valette. Petit bémol tout de même pour la petite chambre du rez-de-chaussée sans vue (et pour ainsi dire sans fenêtre). Mais c'est la moins chère, évidemment, et elle permet de loger dans ce bel endroit sans trop casser sa tirelire.

La Falconeria (plan B2, **30**) : *62, Melita St, en face de l'ambassade de France. ☎ 22-476-600. • lafalconeria.com • Doubles standard 170-240 €.* Si la réception se situe dans un bâtiment du XIXe s, le reste a été détruit pendant la Seconde Guerre mondiale, d'où l'aspect moderne de l'établissement, avec pour seul clin d'œil à une époque révolue le carrelage au design ancien. Les chambres standard donnent souvent sur la cour. À partir du 4e étage, elles sont plus lumineuses, celles du 6e, vraiment intéressantes, s'ouvrent vers l'extérieur. Ne pas manquer de descendre jusqu'au bassin chauffé aménagé dans l'ancien puits de la bâtisse, laissé dans la pénombre. Ambiance !

The Saint John (*plan C2,* ***31***) **:** *176, Merchant St. ☎ 21-243-243. • thesaintjohnmalta.com • Doubles 170-300 €, et ça peut encore grimper ; plus 2 familiales (pour 4 pers).* L'hôtel, récent, a distribué ses chambres dans 2 bâtisses du XVIIe s dont il ne subsiste malheureusement que peu d'éléments d'origine. Tout a été refait, ripoliné, modernisé avec ici et là des objets vintages pour leur donner du style. Plutôt réussi. Les standards, étroites, donnent toutes sur le patio intérieur. Un peu cher du coup. Avec un budget supérieur, préférez une *deluxe* avec balcon. Resto au rez-de-chaussée. Bon accueil.

Casa Rocca Piccola B & B (*plan C2,* ***29***) **:** *53, Saint Dominic's St. ☎ 21-221-499. • casaroccapiccola.com • Doubles 160-250 €, petit déj compris ; également une suite avec vue sur le parc. Visite gratuite du musée comprise.* Ce palais-musée accueille des hôtes depuis peu. Dès l'entrée, on est accueilli par la superbe Bentley de 1949, rutilante dans son garage. Les 5 chambres, à la déco baroquisante (et donc chargée), ont été restaurées avec des meubles d'époque et équipées de salles de bains modernes et confortables. On a le choix entre rouge, jaune, bleu, turquoise... certaines avec balcon maltais, toutes de belle taille pour une nuit dans un décor de palais. L'adorable patio où est servi le petit déj aux beaux jours ajoute à la féerie de l'endroit.

MALTE

Où louer un studio, un appartement ?

Valletta Studios, chez Michael Mercieca (*plan B3,* ***32***) **:** *61 A-62-63 et 107, Battery St. 📱 99-895-827. • vallettastudios.com • Studios 2 pers 70-95 €, et 20-25 €/pers supplémentaire.* Dans une maison plusieurs fois centenaire, 4 studios de taille moyenne (l'un peut accueillir 3 personnes), joliment rénovés et confortablement aménagés par le très sympathique Michael, qui connaît quelques mots de français. Ils possèdent tous un petit balcon avec, pour 3 d'entre eux, une vue sur la mer ! Pas de clim mais des ventilos. TV câblée. Un plan très sympa au cœur de la vieille ville !

Lucia Nova – Valletta Suites (*plan B1-2,* ***33***) **:** *Santa Lucia St. 📱 79-488-047. • vallettasuites.com • Apparts 2 pers 100-160 €. Min 3 nuits.* C'est l'un des appartements décorés par un duo qui ne manque pas d'imagination. Entièrement revisitée par leurs soins, cette maison typiquement maltaise, avec une chambre et une salle de séjour sur différents niveaux, arbore une déco néobaroque créative, où le mobilier de style s'accommode d'objets design, quand il ne s'agit pas de trouvailles pleines d'humour flirtant avec le kitsch ! Génial donc, d'autant que le confort est à l'image de la déco : impeccable. Rien ne manque, jusqu'à la terrasse sur le toit ! Si c'est complet, ils disposent de 2 autres appartements en ville, tout aussi soignés... et délirants ! Et enfin, un hébergement à Cospicua, en face de La Vallette, de l'autre côté du Grand Port, dans une ancienne demeure.

Où manger ? Où prendre le petit déj ?

Bon marché (plats moins de 12 €)

Les stands du Is-Suq (marché couvert ; *plan C2,* ***40***) **:** *Merchants St. Tlj 11h-23h (0h30 ven-sam).* Différents stands et restos de cuisines du monde (asiatique, européenne...) servent en continu et à tous les prix. On fait la queue puis on s'installe avec son plateau garni à l'une des tables à l'intérieur du marché (y compris à l'étage) ou en terrasse dans la rue piétonne. Voir plus haut également « Marchés et alimentation » dans « Adresses et infos utiles ».

Lot 61 (plan C2, **61**) : *30, Old St.* *79-841-561. Lun-ven 7h30-18h, w-e 8h-18h.* Un adorable et minuscule salon de thé, avec son comptoir et ses quelques tables en terrasse. Muffins, cookies et délicieux cakes. De quoi s'offrir un petit déj sucré ou un bon goûter.

Piadina Caffe (plan C2, **41**) : *24, Santa Lucia St.* ☎ *21-225-983. Lun-mar et jeu 10h-17h, mer et ven-sam 10h-1h. Fermé dim.* Un petit snack d'à peine 3-4 tables posées dans la minuscule salle qui, fort de son succès, s'est agrandi de l'autre côté de la ruelle. Il attire les gens du quartier pour ses bons *piadina* (pain plat fourré) et ses salades fraîches (au quinoa, couscous, riz rouge ou noir...). Sans oublier les bons cafés. Accueil particulièrement charmant.

Museum (plan B2-3, **42**) : *24, Melita St.* ☎ *21-242-833. Tlj sauf dim 7h-16h.* Une vraie institution locale puisque ce tout petit bar est ouvert (et dans la même famille) depuis 1921 et qu'il n'a pas beaucoup changé d'aspect depuis. Pour, comme les employés du quartier qui s'y pressent, un déjeuner sur le pouce : sandwichs dont on choisit les ingrédients en vitrine (si l'on n'opte pas pour un *hobz biz zejt*), pâtes...

Margo's (plan C2, **43**) : *63, Republic St.* ☎ *27-627-467. Tlj sauf lun 12h-21h30 (fermeture de la cuisine) ; un peu plus tard le w-e.* Ici, le pizzaiolo travaille sa pâte, coupe son jambon au gré des commandes, ajoute toutes sortes de produits frais et cuit le tout dans un vrai four. Cela paraît évident, mais ce n'est pas si fréquent ! Alors on n'hésite pas à s'attabler dans la salle toute blanche pour mordre dans ces délicieuses pizzas à pâte fine et croustillante, servies avec le sourire. Également des pâtes et des salades. Une autre adresse à *Mistra Bay.*

Sotto (plan A2, **44**) : *32, South St.* ☎ *21-220-077. Tlj sauf lun 12h-14h45, 19h-23h. Résa fortement conseillée le soir.* On est accueilli dans un sous-sol aux pierres apparentes et voûtes par la proprio romaine et son *staff* enjoué et chaleureux. Les tables s'alignent devant la cuisine ouverte où les pizzaiolos enchaînent les *pizze* blanches (sur base de mozzarella) et rouges (à la tomate). Large choix, tout est délicieux, fait maison et servi avec efficacité. En dessert, ne pas manquer le tiramisu, d'une légèreté confondante. La famille possède aussi ***Zero Sei,*** spécialisé dans la *pasta (75, Old Theater St).*

Pastaus (plan B2, **45**) : *123, Old Theater St.* ☎ *27-023-141. Tlj 12h-23h. Résa conseillée le soir et le w-e.* Que ce soit dans la petite salle ou en terrasse, le resto fait le plein d'habitués venus choisir entre la dizaine de pâtes fraîches différentes alignées en vitrine, et presque autant de sauces maison à combiner à l'envi, servies *al dente* en 2 portions selon l'appétit. Accueil jeune et ambiance conviviale.

The Circle's (German-Maltese Circle ; plan C2, **46**) : *141, Saint Christopher St.* ☎ *21-244-863. Tlj sauf dim 8h-19h.* Petite cafétéria sise au rez-de-chaussée du vieux palais Messina (fin XVIe s), où se réunit le Cercle de l'amitié germano-maltaise. On y sert une petite restauration copieuse et pas chère, et le lieu (un patio fermé) est agréablement climatisé en été. Au menu : sandwichs, *ftira,* toasts, *wraps,* salades, pâtes et suggestions du jour. Fréquenté, entre autres, par les employés du quartier. Service pas franchement concerné.

Prix moyens (plats 12-18 €)

Ortygia (plan B2, **63**) : *8, Strait St.* ☎ *27-090-251. Tlj sauf mar et mer midi 12h-15h15, 18h30-23h15.* Dans une adorable rue en escaliers, plutôt calme, un petit resto sicilien pratiquant des horaires larges et qu'on est bien heureux de trouver quand tout est fermé. On est d'autant plus ravis que l'adresse, privilégiant un approvisionnement fermier et biologique, s'avère très bonne ! De beaux paninis pour les plus pressés ou les plus fauchés, et quelques recettes de pâtes aux sauces mijotées qui changent tous les jours ou presque. L'*Ortygia platter* permet de déguster à 2 un assortiment de spécialités siciliennes. Pour finir, ne ratez pas la spécialité maison : les *cannoli* ricotta-pistache. Pour sûr, la Sicile n'est pas loin !

🍽 ***Nenu The Artisan Baker*** *(plan C2,* ***47****) : 143, Saint Domenic St. ☎ 22-581-535. Mar-sam 12h-14h30, 18h-22h30 ; dim 12h-16h.* Une ancienne boulangerie convertie en un agréable resto mêlant la pierre calcaire et la déco contemporaine. Outre un grand choix de *ftira* (sortes de pizzas maltaises) cuites au feu de bois, on y déguste une succulente et plantureuse cuisine maltaise, comme le *bragioli,* la soupe de poisson, et bien sûr le lapin (un must !). Une vidéo diffuse les recettes et les conseils de fabrication de Nenu, le patron (artisan boulanger de son état), dont l'imposant portrait orne l'un des murs.

🍽 ☂ ***Aaron's City Vault*** *(plan C2,* ***48****) : 33, Archbishop St. ☎ 27-863-497. Tlj 12h-15h, 18h30-23h ; fermé dim soir en été.* Discrètement niché en contrebas du palais des Grands-Maîtres, ce petit resto, aménagé sous des voûtes en pierre, est l'annexe de l'*Aaron's Kitchen (☎ 21-230-636),* la bonne table d'en face, réputée pour sa cuisine maltaise authentique et raffinée. Et, comme en face, pâtes et raviolis sont maison et délicieusement cuisinés avec des produits frais et des recettes originales. Quelques salades, pizzas et burgers tout aussi inspirés avec quelques saveurs exotiques. Service rapide et efficace, prix tout doux et accueil adorable. Autant dire qu'ils ont tout bon ! Quelques tables en terrasse.

🍽 ☂ ***Trabuxu*** *(plan B2,* ***49****) : 8-9, South St. ☎ 21-220-357. Tlj sauf dim 12h-15h, 18h30-23h. Fermé en août.* Le « Tire-Bouchon » (ou *trabuxu* en v.o. !) est connu de longue date pour son bar à vins situé à 2 pas, au 2 Strait Street. Les patrons ont également ouvert ce petit bistrot chaleureux, avec son vieux parquet, ses tables en bois et ses toiles contemporaines pour rester dans l'air du temps. On privilégiera les propositions du jour : raviolis, pâtes à la maltaise, poisson du moment. Dommage que les vins locaux ne soient pas proposés au verre.

🍽 ☂ ***King's Own Band Club*** *(plan B2,* ***50****) : 274, Republic St. ☎ 21-230-281. Tlj midi et soir (en continu, avec des snacks dans l'ap-m). Large gamme de prix, qui peut aller jusqu'à « chic » pour certains plats.* C'est, à l'origine, un *band's club* créé en 1874, mais c'est aussi et surtout un vrai resto. Avec une cuisine, entre ici et l'Italie, vraiment bien amenée (et des assiettes à la présentation souvent soignée). Salle façon bistrot d'aujourd'hui et quelques tables en terrasse. Accueil charmant, et service décontracté mais efficace. La sœur de la proprio officie, quant à elle, au ***Palazzo Preca,*** sur Strait Street *(plan B2),* dans une ancienne auberge de chevaliers. Bonne cuisine, mais cadre et atmosphère plus compassés.

🍽 ***Taproom*** *(plan B2,* ***51****) : 53A, Old Theater St. ☎ 27-491-316. Tlj 12h-0h30. Certains plats appartiennent à la catégorie « Chic ».* On s'installe soit à l'entrée, soit au fond de la salle à la déco boisée et vintage, perché à la haute table commune, pour un verre, ou un repas. Elle fait face à la cuisine ouverte où se préparent des plats classiques mais goûteux et de bonnes pâtes. Accueil à la fois pro et chaleureux et bonne musique de fond : on a aimé l'esprit et l'ambiance.

🍽 ☂ ***Cockney's*** *(plan B1,* ***52****) : 6, Marsamxett Wharf. ☎ 21-236-065. Tlj 10h-22h.* Ouverte depuis presque un siècle, cette bicoque de bois collée contre les remparts a un charme certain. Mais on ne vous en voudra pas de préférer l'agréable terrasse qui fait face au fort Manoel. C'est aussi, parmi les adresses du front de mer, la plus conviviale. Bonne cuisine : beaucoup de poissons et de fruits de mer dans des plats sous influence italienne (pâtes ou risottos). Accueil et service impeccables.

🍽 ☂ ***La Pira Maltese Kitchen*** *(plan B2,* ***53****) : 35, Merchants St. ☎ 27-220-232. Lun-sam 12h-15h, 18h-22h (parfois plus tard). Fermé dim.* Petit resto familial qui a notre préférence parmi la multitude de restaurants de la rue piétonne. Dans la salle minuscule ou sur la grande terrasse, vite prise d'assaut, on apprécie les spécialités maltaises, bonnes et bien cuisinées. Un petit coup de cœur pour les moules, délicieuses. Le service est efficace et attentionné, que demander de mieux dans une rue si fréquentée ?

🍽 ***Chikos by Dimitri*** *(plan B3,* ***54****) : 339, Saint Paul St. 📱 99-24-45-67. Tlj sauf lun soir, mar, sam midi et dim midi (ouv jusqu'à 23h ven-sam).*

Au rez-de-chaussée d'un immeuble ancien, typique du quartier, une minuscule salle rétro et décorée de bois où se serrent 4 à 5 tables et une microsalle à l'étage. Le chef, qui fait lui-même ses pâtes, privilégie la pêche locale pour des plats tout à la fois simples et parfumés. Une petite cantine à l'accueil souriant et attentionné.

Elia Greek Cuisine *(plan C2, **55**) : 73, Merchant St. ☎ 21-689-527. Tlj sauf lun midi.* Un petit resto grec apprécié des habitants pour sa cuisine bien tournée et plutôt bon marché. On y engloutit *souvlaki,* moussaka, *kleftiko* (agneau), poissons, grillades et autres *mezze,* assis aux quelques tables sur le trottoir ou dans une petite salle. Accueil souriant.

– Voir éventuellement nos adresses sur le Valletta Waterfront *(plan Furjana, B2),* aux portes de la ville. Se reporter à la rubrique « Dans les proches environs de La Valette. Furjana ».

Chic (plats 18-25 €)

Merkanti *(plan C2, **40**) : Is-Suq Tal Belt. 99-13-15-83. Tlj 11h-minuit.* À l'étage du marché couvert, sa belle et vaste terrasse, couverte et naturellement ventilée, domine la rue piétonne et donne sur le palais des Grands-Maîtres. La bonne et belle surprise de ce marché plutôt dévolu à la *world street food.* On y sert une cuisine 100 % maltaise, terre et mer et à base de bons produits, savoureusement concoctée et prestement servie (ce qui n'empêche pas quelques gentilles attentions)... Les amateurs ne rateront pas le ragoût de poulpe à l'ail ! Musique live certains soirs.

Trattoria Da Pippo *(plan B2, **56**) : 136, Melita St. ☎ 21-248-029. Tlj 11h30-15h30. Résa vivement conseillée, surtout le sam.* Une des plus romaines des tables de La Valette. 3 marches conduisent à une petite salle bondée et bruyante, mais fraîche et pittoresque. Le principe est simple : on fait son choix parmi les viandes, poissons et fruits de mer exposés derrière le comptoir réfrigéré (en demandant le prix, quand même...), le cuisinier vous prépare ça comme vous voulez (nature, avec salade, en plat de pâtes...), et quand il n'y a plus rien, le resto ferme ses portes ! Service enjoué et efficace.

Legligin *(plan B2, **57**) : 119, Santa Lucia St. ☎ 21-221-699. Tlj sauf dim midi 13h-16h, 18h-22h. Résa vivement conseillée. Menu dégustation env 23 € au déj, 30 € au dîner ; accord mets et vins 15 € le midi, 20 € le soir.* Pas de carte, mais un menu unique plutôt impressionnant ! Le chef propose un florilège de spécialités maltaises avec pas moins de 7 à 9 plats qui défilent sur la table et qui changent chaque jour en fonction du marché, des saisons. Une occasion rare de s'initier aux vins locaux et à une véritable cuisine maltaise : rustique, ensoleillée, mijotée, parfumée, généreuse. Ça se passe dans 2 petites salles conviviales et raisonnablement climatisées, aux allures de cave à vins. Service attentif et chaleureux. On adore !

Rubino *(plan B2, **58**) : 53, Old Bakery St. ☎ 21-224-656. Ouv le midi lun-ven et le soir mar-sam. Fermé dim. Résa conseillée.* La maison est reconnaissable à sa charmante devanture ancienne, style *Old England.* On s'installe dans l'une des 3 petites salles qui dégringolent vers la cave, pour déguster une bonne cuisine traditionnelle présentée chaque jour à l'ardoise. Éviter d'y venir le torse dépoitraillé et à moitié nu, ce n'est pas le style de la maison.

Ambrosia *(plan C2, **59**) : 137, Archbishop St. ☎ 21-225-923. Tlj sauf sam midi et dim.* Une belle petite salle habillée de tableaux, une grande ardoise noire que les habitués lisent attentivement pour découvrir les propositions du jour, une ambiance chaleureuse qui donne envie de prendre son temps. Dans l'assiette, une cuisine de terroir inventive, à base de produits locaux. Rien d'étonnant dès lors de voir le lieu arborer fièrement l'escargot du mouvement *Slow Food* ! Bonne musique, atmosphère à la fois intime, détendue et un peu chic.

Beati Paoli *(plan C2, **60**) : 240, Saint Paul St. ☎ 99-309-319. Ts les soirs sauf dim 18h-22h, plus mer-ven 12h-14h. Résa obligatoire.* Un minuscule restaurant avec une poignée

MALTE

de tables au rez-de-chaussée et encore moins dans la petite cave voûtée. Les moins claustro' auront le plaisir d'y voir le chef œuvrer dans sa petite cuisine ouverte. Un vrai spectacle ! Lui et son équipe restreinte se démènent pour sublimer des produits soigneusement sélectionnés et pour nous régaler d'une authentique cuisine italo-maltaise. L'adresse est bonne et cela se sait. Pour info, le nom du resto fait référence à une société secrète fondée au XIIe s en Sicile...

Il Horza *(plan C2,* ***62****) : 6, Saint Christopher's St. ☎ 21-226-936. Tlj sauf sam midi et dim.* Un de ces petits bistrots chics comme on en rencontre aujourd'hui dans les ruelles de La Valette. À peine quelques tables posées sur une sorte de mezzanine, dans une atmosphère intimiste avec pierres apparentes (en revanche, éviter la petite salle en sous-sol, un peu étouffante). Succulents *antipasti* et pâtes (*alle vongole,* à la truffe, aux oursins, etc.). Portions toutefois un peu légères. Patron affable qui n'a pas la langue dans sa poche.

D'Office Bistro *(plan C2,* ***64****) : 132, Archbishop St. ☎ 27-22-14-75. Tlj 8h30 (pour le petit déj)-22h, voire 23h.* Dans une rue calme et piétonne, une belle terrasse où il fait bon s'installer le soir, à la fraîche. En cas de pluie ou de grosse chaleur, on pourra toujours trouver refuge dans la petite salle gentiment rétro. Cuisine typiquement maltaise ; ragoût de lapin et autres plats en sauce, mais aussi pâtes, risotto... Tout à fait correct malgré ses airs d'attendre le touriste au tournant. Service inégal, en revanche.

MALTE

Où boire un verre ? Où écouter de la musique ?

Caffe Cordina *(plan B2,* ***70****) : 244-245, Republic St. Tlj 8h-19h (15h dim).* L'un des plus vieux cafés de La Valette, fondé en 1837 et installé depuis 1944 dans cette bâtisse historique qui fut d'abord la maison du Trésor de l'ordre des chevaliers, puis le *Grand Hotel* et enfin le *Casino Maltese.* Décor dans un vague style austro-hongrois avec une débauche de stucs et une voûte ornée de peintures signées Giuseppe Cali, qui évoquent les grands épisodes de l'histoire de Malte. Grande terrasse, aux larges parasols accolés, qui occupe la majeure partie de Republic Square, à l'ombre de la bibliothèque. Autant dire que le lieu, très couru mais vraiment agréable pour boire un verre entre 2 visites, est une institution... Également des gâteaux, des glaces et quelques plats tout à fait corrects et bien servis.

Le rooftop de l'Embassy Valletta Hotel *(plan B2,* ***34****) : 173, Strait St.* Sans doute le plus beau *rooftop* de La Valette, tout simplement, offrant une vue dégagée sur la ville, le port et Sliema. On y est aux 1res loges pour le coucher du soleil, et comme les prix restent très raisonnables, il serait dommage de s'en priver. Surtout que l'endroit est joli, élégant, gentiment branché, mais en aucun cas guindé. Vous aurez d'ailleurs peut-être envie de rester dîner...

StrEat Whisky & Bistro *(plan B2,* ***72****) : 163, Strait St. Tlj 12h-1h (3h ven-sam).* Le 1er bar à malts (entendez whiskies) à Malte ! Environ 200 références proposées (dont 160 *single malt* !) dans une cave agréablement climatisée ou sur la petite terrasse côté rue piétonne. Assiettes de fromage, de charcuterie, plats de pâtes ou burgers histoire d'amortir les doses !

Tico Tico *(plan B2,* ***73****) : 61, Strait St. Tlj de 11h jusque tard (4h le w-e).* Un bar branché, en fait un ancien bouge d'après-guerre, dans une étroite ruelle, quartier chaud d'autrefois. Déco vintage, gros canapés rococo en velours rouge posés dans la ruelle et chaude ambiance dès l'apéro. Fait également resto. Même atmosphère chez le voisin immédiat, **Loop,** resté dans son jus depuis les années 1960.

The Bridge Bar *(plan C3,* ***74****) : 258, Saint Ursula St. Tlj sauf dim 18h-1h. Live music en principe ven vers 20h, mai-oct, avec menu spécial et résa requise.* Dans le registre décontracté-jazzy, c'est une des adresses les plus sympa de la ville. Car ce bar à vins a eu une idée de génie : chaque vendredi, il métamorphose le carrefour piéton voisin en un véritable amphithéâtre, avec tables et photophores disposés sur les marches, tandis que le petit pont fait office de scène. D'excellents groupes de jazz s'y produisent, faisant ricocher la musique sur les vénérables demeures, tandis que la foule investit les escaliers et les murets. Magique, malgré l'accueil inégal...

Cafe Society *(plan B3,* ***75****)* **:** *13, Triq San Gwann. Tlj sauf dim 12h-1h.* Dans l'un des escaliers qui dégringolent de la vieille ville vers le port, un petit café aussi adorable que convivial. Quelques tables ont tenté de trouver place malgré la forte pente et de nombreux habitués s'y retrouvent pour jouer aux cartes ou aux échecs. Et sinon, une flopée de coussins permet de s'installer plus ou moins confortablement sur les marches et d'admirer, verre en main, le coucher du soleil.

Wild Honey Bar *(plan B2,* ***76****)* **:** *127, Santa Lucia St, quasi à l'angle de Strait St. Tlj sauf dim 17h-1h.* Pub de poche, coloré, à la déco éclectique, vraiment micro (être contorsionniste pour aller aux toilettes) ouvert par un passionné de bières. Il en a d'un peu partout, mais testez déjà les maltaises, carrément gouleyantes. Petite terrasse inclinée. Bonne musique.

San Paolo Naufrago *(plan C2,* ***77****)* **:** *11, Santa Lucia St. Tlj sauf dim-lun 10h-23h. En principe, live music ven-sam dès 21h.* Petit bar qui a posé une douzaine de tables à l'extérieur, sur les escaliers d'une rue en pente ! Mais ça tient. Bon, après quelques bonnes bières de Gozo, verres de vin ou cocktails, on ne garantit plus rien ! Midi et soir, les tables sont plutôt réservées à ceux qui mangent (burgers, pizzas, salades...).

67 Kapitali *(plan B2,* ***78****)* **:** *67, Old Bakery St. Tlj 12h-23h (minuit jeu-ven, 1h sam).* Encore un bar sympa avec une bonne sélection de bières et des petites choses à grignoter. Peu de place. Emplacement stratégique ? Dans le canapé du fond.

The Pub *(plan C2,* ***79****)* **:** *136, Archbishop St. Tlj 12h-minuit ou 1h, plus tard le w-e.* Voici le pub le plus anglais de La Valette, avec de la vraie Guinness en provenance directe de Dublin. On y croise d'authentiques sujets de Sa Majesté et, parmi les photos qui couvrent les murs, vous pouvez vous amuser à chercher un certain Oliver Reed, acteur britannique mort à Malte en 1999, en plein tournage de *Gladiator. Movie Night* certains soirs (programme sur leur page Facebook).

La Valette Band Club *(plan B2,* ***80****)* **:** *297, Republic St. Tlj 8h-21h.* La large porte impressionne un peu ; du coup, on ose à peine s'enfoncer sous la verrière du hall de ce palais du XVIe s où logeait le grand maître Jean de La Valette, aujourd'hui transformé en un typique club de fanfare *(band's club)* aéré par le ballet des ventilos, avec les habitués qui éclusent un godet, tapent le carton ou s'essaient au billard... dès le matin. Sympa pour le décor, grande et belle salle blanc et bleu, et l'ambiance populaire. Sinon, resto pas cher, certes, mais sans saveur.

Valletta Waterfront *(plan Furjana, B2)* **:** *au pied des remparts de La Valette, à* ***Furjana.*** *Accessible par l'ascenseur panoramique (plan B3) ou en 10-15 mn depuis la vieille ville : descendre les escaliers à gauche au bout de l'av. Girolamo Cassar (plan B3) puis longer les quais.* Dans ces entrepôts réhabilités (lire plus loin « À voir »), on trouve des restos avec terrasse et quelques bars (certains avec musique ou DJ), comme le *Hard Rock Café,* le *Crave* ou le *Q Bar.*

– Voir également **The Club Bar** et **The Palm Court Lounge** *(plan Furjana, B1,* ***10****)*, aux portes de la ville. Se reporter à la rubrique « Dans les proches environs de La Valette. Furjana ».

Achats

Captain A. Caruana *(plan B2,* ***90****)* **:** *184, Old Bakery St (au coin de Santa Lucia St). Tlj sauf dim 8h30-19h (13h30 sam).* Derrière une vitrine à l'ancienne, cette toute petite boutique vend une bonne sélection de vins maltais (et d'ailleurs), plus d'autres alcools.

À voir

Rappelons que *Heritage Malta* propose un ***Multisite Pass*** donnant accès à une bonne quinzaine de sites et musées à travers l'île pour 50 €, sur une période de 30 jours, ainsi qu'un *pass* familial à 110 € (réduc si plusieurs sites sont fermés ; voir les « Adresses et infos utiles »). Possibilité également de billet groupé ***(Multisite Heritage Pass)*** proposé par l'ONG *Wirtartna* (Malta Heritage Trust ; • *wirtartna.org* •) pour le *Saluting Battery* et les *Lascaris War Rooms* à La Valette, le *Malta at War Museum* à Birgù et le *fort Rinella* à Kalkara. Tarif : 40 € ; ticket famille 85 €.
À noter aussi, une visite audioguidée dans La Valette, à télécharger sur votre téléphone, sur • *myguide.com.mt* • Tarif : 5 €. Cette dernière donne des infos historiques sur la ville, l'architecture, et sur plus d'une trentaine de sites.
On vous rappelle que le contexte sanitaire oblige la plupart des sites touristiques à adapter et à modifier sans cesse leurs horaires d'ouverture ; ceux que nous donnons ne sont donc qu'indicatifs... Plus que jamais, il est prudent de les vérifier.

L'entrée de La Valette

City Gate et pjazza Teatru Rjal *(porte de la ville, nouveau Parlement et place du Théâtre-Royal ; plan A-B3)* **:** dans un quartier particulièrement éprouvé pendant la Seconde Guerre mondiale, l'architecte italien Renzo Piano, connu pour avoir réalisé le Centre Georges-Pompidou à Paris, a voulu réconcilier le passé et le présent : le pont a été rétréci et donne à nouveau l'impression d'entrer dans une forteresse ; la porte de 1964 a été démolie ; de larges escaliers grimpent le long des fortifications ; sur l'esplanade, un nouveau ***Parlement*** est sorti de terre, sous la forme d'un bâtiment sur pilotis aux façades hérissées de plusieurs milliers de petits blocs de pierre calcaire (ses détracteurs l'appellent la « râpe à fromage »...) ; le rez-de-chaussée accueille des expos temporaires (gratuites). À 2 pas, les ruines du ***Pjazza Teatru Rjal*** (l'opéra royal construit en 1866 et bombardé par l'aviation allemande en 1943) sont devenues un étonnant théâtre en plein air, aux faux airs de temple antique avec ses vestiges de colonnes.

Saint James' Bastion and Cavalier *(bastion et cavalier de Saint-Jacques ; plan B3)* **:** *de la pl. du Théâtre, prendre à droite l'escalier qui grimpe vers les remparts (autre entrée sur Castille Sq, par un long corridor voûté).* • *sjcav.org* • Ce bastion défendait l'entrée de La Valette, côté sud-ouest Furjana. Les plateformes supportaient des canons. Le cavalier est un ouvrage surélevé dressé à l'intérieur d'un bastion pour le rendre plus invulnérable encore : il devait, à l'origine, y en avoir 9 pour ceindre La Valette, il n'y en eut finalement que 2. Trop cher... Il abrite aujourd'hui un vaste centre culturel, le *Centre for Creativity (résa spectacles au ☎ 21-223-200 ; • kreattivita.org • ; tlj sauf lun de 9h – 10h le w-e – à 21h).* Ses beaux espaces mêlant grandes salles voûtées et puits de lumière modernes se consacrent à toutes sortes d'activités : expositions temporaires (contemporaines), films, théâtre, etc.

Saint John's Bastion and Cavalier *(bastion et cavalier de Saint-Jean ; plan A2)* **:** *ne se visite pas.* Le rez-de-chaussée abrite l'ambassade de l'ordre de Saint-Jean de Jérusalem et de Malte. Puisque sujet de droit international public, l'Ordre est toujours reconnu comme un État souverain disposant d'ambassades à travers le monde. La partie humanitaire de l'Ordre est assurée par une association maltaise, distincte de cette ambassade. Pour en savoir plus sur l'Ordre, se reporter à la rubrique qui lui est consacrée dans le chapitre « Hommes, culture, environnement ».

Hastings Gardens *(jardins d'Hastings ; plan A2)* **:** ils occupent les fortifications dans le prolongement du bastion de Saint-Jean. La vue sur l'île Manoel, sur le front de mer de Sliema et sur les remparts de La Valette est imprenable. Si l'on sort des jardins à leur extrémité nord, on atteint un parking d'où se dévoile le flanc ouest de la cité, avec la coupole de l'église des Carmes et la flèche de la cathédrale protestante. D'ici, on voit bien pourquoi les catholiques entreprirent des travaux pour accroître la hauteur de l'église... Elle domine désormais sa rivale de quelques mètres !

Malta 5D (plan B2) **:** *7, Old Bakery St. ☎ 27-355-001. • malta5d.com • Spectacles tlj sauf dim, ttes les 30 mn 10h-17h. Entrée : 10 € ; réduc. Déconseillé aux femmes enceintes !* Un show de 20 mn qui passe en revue paysages emblématiques de l'archipel et quelques moments clés de l'histoire de Malte (le Grand Siège et les bombardements de la Seconde Guerre mondiale en images de synthèse). Comme son nom l'indique, outre une bonne 3D, on a droit aux sièges qui bougent et même, en guise de 5e dimension, à des bourrasques, des embruns et des chatouillis dans les jambes ! Un peu cher pour ce que c'est, toutefois (comme toutes les attractions du genre à Malte, d'ailleurs...).

Fortifications Interpretation Centre (plan A2) **:** *San Mark St. ☎ 21-228-594. • thefortressbuilders.weebly.com • De mi-juin à fin sept, lun-ven 9h-13h (16h mar et jeu) ; le reste de l'année, lun-ven 10h-16h (19h mar et jeu), sam 9h30-13h. Fermé dim et j. fériés. GRATUIT.* Pour les amateurs de remparts, tout sur l'art de fortifier à Malte, depuis les murs de pierre de l'âge du bronze jusqu'au XVIIIe s (en tout, l'île ne compte pas moins de 60 km de fortifications). L'expo court sur 3 étages et comprend aussi des maquettes des différentes villes, une section sur les 35 bastions, encore debout, répartis à travers l'île, et une partie consacrée à la période britannique, au cours de laquelle furent installées une quarantaine de batteries.

Autour de la place et de l'auberge de Castille

Our Lady of Victory (église Notre-Dame-de-la-Victoire ; plan B3) **:** *sur la pl. des Victoires. En principe, lun-ven 8h45-16h, mais fermée pour restauration. GRATUIT.* La 1re église de La Valette, fraîchement restaurée, construite à partir de 1566, soit 1 an après la fin du Grand Siège. Elle commémore la victoire de l'ordre de Saint-Jean, aidé, rappelons-le, par 6 000 hommes des troupes de Philippe II d'Espagne. Ce fut aussi la 1re église conventuelle de l'Ordre (1571-1577), jusqu'à l'achèvement de la co-cathédrale Saint-Jean. Le grand maître Jean de La Valette y fut enterré, avant que son monument funéraire ne soit transféré dans la crypte de la co-cathédrale.

L'église Sainte-Catherine-d'Italie (plan B3) **:** *juste en face de Notre-Dame-de-la-Victoire. Rarement ouverte excepté lors de la messe dominicale à 11h.* Récemment restaurée, cette église baroque, de forme octogonale et dotée d'un dôme élégant, fut construite en 1576 par Girolamo Cassar et consacrée 3 ans plus tard. Elle accueillait les chevaliers italiens de l'ordre de Saint-Jean. C'est d'ailleurs toujours l'église de la communauté italienne.

L'auberge de Castille, de León et du Portugal (plan B3) **:** *Castille Sq. Ne se visite pas.* L'auberge de Castille, de León et du Portugal est probablement la plus grande et la plus belle de toutes les auberges de chevaliers. Édifiée en 1574 par Girolamo Cassar, elle fut presque entièrement reconstruite en 1744, sous le règne (qui dura 32 ans) du grand maître Pinto de Fonseca. Son buste et ses armoiries figurent sur le mur de façade au-dessus de la majestueuse porte d'entrée. L'escalier conduit à un couloir qui débouche sur une cour plantée d'orangers, que l'on devine à travers les portes vitrées (si le portail de bois est ouvert). L'auberge de Castille devint en 1824 un cercle pour les officiers britanniques. Puis elle hébergea le ministère de la Guerre, qui en fit le quartier général des armées britanniques à Malte. L'OTAN y eut aussi ses bureaux pendant une période. Restitué au gouvernement maltais à l'indépendance, ce prestigieux monument abrite aujourd'hui les bureaux du Premier ministre.

Upper Barrakka Gardens (jardins du Haut-Barraca ; plan B3) **:** *près de l'auberge de Castille. Tlj, en principe 7h-23h (21h en hiver). GRATUIT.* Ce délicieux petit parc aménagé au XVIIIe s occupe un promontoire au-dessus des fortifications sud de la ville. Il surplombe *The Saluting Battery* (ci-après) et ses canons tournés vers l'entrée du port. Il faut dire que de cet endroit unique, un des seuls ombragés de la ville, on a la plus belle vue qui soit sur le port de La Valette et les Trois-Cités depuis la grande terrasse précédée d'élégantes arcades. Y aller de préférence en fin de journée, en raison de la relative fraîcheur et de la belle lumière du soir qui se reflète dans les fontaines. Autrefois, les jardins étaient réservés aux chevaliers italiens de l'ordre de Malte. On peut y voir une statue de lord Strickland (1861-1940), qui s'opposa à l'Église maltaise, un buste de Giuseppe Cali (peintre), un autre de Churchill – une figure britannique très appréciée des Maltais –, ainsi qu'une copie d'une statue intitulée *Les Gavroches,* datant de 1907, du sculpteur maltais Antonio Sciortino. Petit kiosque sur place pour boire un verre et grignoter.

The Saluting Battery *(plan B3)* **:** *☎ 21-225-277. • salutingbattery.com • Accessible depuis les Upper Barrakka Gardens ; descendre les escaliers devant la fontaine. Tlj 10h-17h (dernière entrée à 16h30). Visites guidées à 11h, 12h10 et 15h ; coups de canon tirés à 12h et 16h. Tarif : 3 €, audioguide (en français) ou visite guidée (en anglais) compris. Billet combiné avec les* Lascaris War Rooms, *le* Malta at War Museum *de Birgù et le fort Rinella de Kalkara : 40 € ; réduc.*
Les canons ont été installés là au XVIe s afin de défendre La Valette contre les invasions. Ils ont conservé ce rôle jusqu'en 1960, mais étaient aussi utilisés à l'occasion de cérémonies officielles : lors de ses visites, la reine avait droit à 21 coups de canon. À l'époque des chevaliers, on tirait 2 fois par jour, au lever et au coucher du soleil (signalant la fin et le début du couvre-feu en période de guerre). La marine britannique avait ensuite pris l'habitude de faire tonner les canons à 12h pour que les bateaux nouvellement arrivés dans le port mettent leurs horloges à l'heure ; cette dernière tradition a été ravivée (comme celle de l'heure du thé à 16h !) sur fond de musique militaire, en uniforme de l'époque, avec casque colonial et bretelles !
On peut assister à la cérémonie depuis le balcon des *Upper Barrakka Gardens,* mais la visite, en anglais, apporte un réel plus : rôle des canons, histoire du lieu et même de la bataille de Trafalgar.

Lascaris War Rooms *(plan B3)* **:** *Lascaris Ditch. ☎ 21-234-717. • lascariswarrooms.com • En contrebas de la pl. de Castille, dans les fossés ; on y accède par la gauche des Upper Barrakka Gardens (bien fléché) ou par l'av. Girolamo Cassar et une série d'escaliers et de tunnels. Tlj sauf dim 10h-17h (dernière entrée à 16h30). Entrée : 13 €, audioguide en français inclus ; réduc. Billet combiné avec le* Saluting Battery, *le* Malta at War Museum *de Birgù et le fort Rinella de Kalkara : 40 € ; réduc. Intéressant film d'archives au début de la visite.*
Ces souterrains du XVIIe s, creusés à partir du règne du grand maître Lascaris, ont été agrandis puis aménagés en centre d'opérations pour les forces alliées pendant la Seconde Guerre mondiale en raison de la situation stratégique de l'île, bastion anglais au carrefour des routes maritimes, cerné par l'Italie mussolinienne, la Libye italienne et la Tunisie vichyste. Entre 1940 et 1943, Malte a été le site, proportionnellement à sa superficie, le plus bombardé du globe ! Ce vaste réseau a accueilli jusqu'à 300 personnes au plus fort de la guerre.
La visite permet de découvrir l'impressionnante salle des opérations où se décidait en direct la défense de l'île (au moyen d'une vaste carte horizontale où l'on déplaçait des pions indiquant les forces engagées !), et le bureau où le général Alexander a préparé l'invasion de la Sicile, qui donne sur une salle entièrement occupée par la carte originale redécouverte lors des travaux de restauration. Certains pourront trouver le lieu, resté dans son jus, assez vide, pas assez vivant ; d'autres, plus sensibles, le trouveront chargé d'histoire, d'émotion. On fait partie de ces derniers...

Palazzo Parisio *(plan B3)* **:** *Merchant St, en face de l'Auberge d'Italie. Ne se visite pas.* Il abrite aujourd'hui le ministère des Affaires étrangères. Une plaque rappelle le très court séjour (quasiment une semaine de vacances...) que Napoléon Bonaparte y fit, du 12 au 18 juin 1798, en route pour l'Égypte...

L'Auberge d'Italie *(plan B3)* **:** *229, Merchant St. Accueille l'office de tourisme et le MUZA (musée des Beaux-Arts ; lire ci-dessous).* Inaugurée en 1574 par Cassar, puis agrandie en 1683 par le grand maître Gregorio Carafa, dont on voit le buste au-dessus du portail d'entrée. Elle accueillait jadis les réunions de la puissante congrégation des galères, chargée de la défense maritime de l'île. Traditionnellement, le chef de la langue d'Italie était aussi amiral de la flotte.

MUZA *(musée des Beaux-Arts ; plan B3)* **:** *dans l'Auberge d'Italie. • muza.heritagemalta.org • heritagemalta.org • Tlj 9h-17h (dernière admission à 16h30). Fermé 1er janv, Vendredi saint et 25 déc. Entrée : 7 € ; réduc. Attention, des problèmes d'humidité, difficiles à gérer, imposent le décrochage de certaines œuvres pour restauration ; tt ce qui est décrit ne sera peut-être pas exposé lors de votre visite.*
Après des années de travaux, le nouveau musée des Beaux-Arts a ouvert ses portes dans ce bel écrin. Divisées en 4 parties, les galeries mettent en avant 40 % de la collection du MUZA (20 000 œuvres en tout) avec un roulement une fois par an.

– On débute la visite par la galerie des Artistes ***(rez-de-chaussée),*** concentrée sur les artistes contemporains et du XIXe s, maltais et étrangers ayant longtemps vécu à Malte. Un bel espace est entièrement dédié à l'œuvre d'Antonio Sciortino, talentueux sculpteur maltais, dont on peut admirer *Rhythmii Vitae* – il est l'auteur de plusieurs sculptures dans la ville, comme *Les Gavroches* des Upper Barrakka Gardens. Dans l'une de ces salles, un petit film intéressant montre les techniques de fabrication des sculptures en bronze. On y croise, entre autres, les sculptures de Vincent Apap et, un peu plus loin, les peintures de Victor Pasmore, pionnier de l'art abstrait britannique dans les années 1940-1950 et qui passa les 30 dernières années de sa vie dans l'archipel.

– ***Au 1er étage :*** la galerie dédiée à la Méditerranée révèle les influences artistiques qui ont atteint Malte par la mer aussi bien d'Europe que d'Afrique du Nord. 2 larges escaliers symbolisent le plongeon dans l'eau. La galerie « Europe », au même niveau, est dédiée aux œuvres... européennes et à l'ordre de Saint-Jean. L'afflux d'artistes européens a introduit à Malte de nouveaux styles, dont celui de Mattia Preti (1613-1699), maître du baroque devenu LE peintre de référence sur l'île (lire en fin de guide la rubrique « Personnages » dans « Hommes, culture et environnement »). On admirera notamment *Baptism of the Christ* (composition pyramidale, lumière chaude sauf sur le corps blanc du Christ, et couleurs vénitiennes en arrière-plan), *Incredulity of Saint Thomas* (dans ce clair-obscur dramatique, saint Thomas, qui ne croit que ce qu'il voit... met son doigt dans la plaie du Christ !), *Martyrdom of Saint Catherine of Alexandria* (un petit morceau de bravoure baroque) ou encore *Saint Sebastian,* très représentatif de son attachement au Caravage avec ce beau contraste sur le corps du saint, tendu par la flèche enfoncée dans son flanc et le regard déjà tourné vers le ciel...

À noter aussi *Judith and Holofernes,* de Valentin de Boulogne (XVIIe s), où l'on perçoit l'influence du Caravage dans la lumière, et le beau déhanché du *Christ Holding the Cross,* de Guido Reni, inspiré de Michel-Ange. Plusieurs œuvres de Matthias Stom, représentant de l'école caravagesque d'Utrecht, sans oublier un beau portrait du chevalier Jacques II de Cordon d'Evieu peint par Pierre Mignard. Les tableaux d'Antoine de Favray (XVIIIe s) méritent une halte pour la qualité de l'exécution. Intéressantes aussi, les jolies aquarelles pleines de vie et de détails insolites de Louis Ducros, peintre suisse qui séjourna à Malte à la fin du XIXe s.

Enfin la galerie « Empire » s'intéresse au rôle joué par Malte au sein de l'Empire britannique. On y admire des vues de Malte,

MALTE À L'AVEUGLE...

Dans le musée des Beaux-Arts est exposée la seule aquarelle que le célèbre peintre anglais William Turner ait jamais réalisée sur Malte. Il l'a peinte dans le cadre d'un livre consacré aux voyages de lord Byron. Seulement voilà, le romantique et précurseur de l'impressionnisme ne s'est jamais rendu sur l'île... Qu'à cela ne tienne, il s'est tout bonnement inspiré du travail d'un autre peintre !

comme cette aquarelle de William Turner, mais aussi des études de personnages, des scènes de Constantinople et des lithographies représentatives du développement artistique de Malte au XXe s.

Le centre de La Valette (le long de Republic Street)

☛☛ **National Museum of Archeology** *(Musée national d'archéologie ; plan B2)* **:** *Republic St. ☎ 21-221-623. • heritagemalta.org • Tlj 9h-17h (18h oct-déc). Fermeture des caisses 30 mn avt. Fermé 1er janv, Vendredi saint et 25 déc. Entrée : 5 €, audioguide inclus (caution de 20 €) ; réduc.*

Installé dans l'auberge de Provence, construite par Girolamo Cassar à partir de 1571. La façade actuelle, influencée par l'architecture française, date de 1638. Au XIXe s, une partie du bâtiment servit d'hôtel et abrita l'*Union Club,* un des hauts lieux de la vie sociale de La Valette. Le musée n'est pas grand mais il présente une riche collection.

– *Au rez-de-chaussée,* la période préhistorique avec de nombreuses pièces provenant des principaux sites archéologiques de Malte : Tarxien, Hal Saflieni, Ħaġar Qim, Skorba et Mnajdra. Après une rapide introduction (reconstitution d'une sépulture, maquette intéressante de l'hypogée de Hal Saflieni), on passe dans le vif du sujet avec une série de mégalithes de calcaire (plusieurs tonnes), datant de 3300-2300 av. J.-C. et décorés de bas-reliefs en forme de spirales. Ils servaient à orner l'intérieur des temples, et peut-être aussi d'autels pour le culte. Voir notamment ce petit autel en pierre provenant du temple de Ħaġar Qim, dont les 4 faces sont piquetées de trous. On découvre ensuite de superbes sculptures d'animaux : linteaux ciselés de chèvres, dont un avec un cochon (un seul !) représenté dans le troupeau.

Le plus intéressant se situe toutefois dans la section suivante, consacrée aux représentations de la déesse de la Fertilité *(human figure),* certaines sculptées, d'autres modelées en argile, de toutes tailles. On ne se lasse pas d'admirer leurs formes voluptueuses. Noter en particulier la ***Femme endormie,*** provenant de l'hypogée de Hal Saflieni, ainsi que l'autre fierté du musée : la ***Vénus de Malte,*** devenue le symbole de l'archéologie maltaise. Cette statuette en terre, ne mesurant pas plus de 10 cm de haut, a été découverte à Ħaġar Qim. Elle n'a pas de tête, car celles-ci étaient sculptées à part. Sans doute interchangeables, on pouvait ainsi les emboîter sur n'importe quel corps. Examiner par exemple les muscles de son dos, remarquablement représentés, mais aussi ses hanches très larges et ses seins en forme de gourdes géantes, autant de critères de fertilité naguère très prisés. Voir aussi la fameuse statue de Tarxien, dont ne demeurent que les pieds et la « jupe » (elle devait mesurer 3 m), et les quelques symboles phalliques.

– *À l'étage,* la section consacrée à l'âge du bronze évoque le quotidien des habitants de Malte entre 2400 et 700 av. J.-C., à travers une série d'objets d'artisanat (pas mal de céramiques) et des vidéos montrant, entre autres, les principaux sites de fouilles. Également une expo sur les *cart ruts,* ces sillons (dont l'origine demeure inconnue) creusés dans la roche qu'on trouve un peu partout sur l'île et qu'on surplombe ici grâce à une dalle vitrée. La visite s'achève par 2 salles consacrées aux Phéniciens : le savoir-faire artisanal (poterie, textile, teinture de la laine) dans l'une, sarcophage et reconstitution d'une tombe découverte à Rabat dans l'autre.

Le salon d'apparat, également au 1er étage, accueille régulièrement des expos temporaires. Certaines sont vraiment de grande qualité, et elles permettent en plus d'admirer la riche décoration des murs et du plafond.

☛☛☛ ***La co-cathédrale Saint-Jean*** *(plan B2)* **:** *entrée sur Great Siege Sq. ☎ 21-220-536. • stjohnscocathedral.com • Lun-ven 9h30-16h30, sam 9h30-12h30. Dernière admission 30 mn avt. Fermé dim (sauf pour les messes) et j. fériés.*

MALTE

Entrée : 15 €, audioguide en français inclus ; réduc. Entrée libre pour la messe tlj vers 8h30, plus 17h45 sam et 4-5 offices le dim (dont celui de 9h15 avec l'orgue). Sinon, venir de préférence à l'ouverture, dès 10h la foule débarque. Attention, talons hauts, épaules nues et flashs sont interdits ! Châles fournis pour les visiteurs distraits. Certaines chapelles décrites plus loin peuvent être temporairement fermées. Compter une bonne heure de visite.

La co-cathédrale a été construite en 4 ans (1573-1577) sur les plans de l'architecte de l'ordre de Malte, Girolamo Cassar. Les travaux furent financés par le grand maître Jean de La Cassière. L'unique cathédrale se trouvant à Mdina, l'édifice de La Valette hérite du titre de « co-cathédrale », puisqu'elle a perdu la présence d'un évêque. Extérieurement, elle ressemble plutôt à une grosse église, basse et austère. Mais cette sobre façade abrite quelques splendeurs et une profusion d'ornementations baroques d'une richesse inouïe. Nombre de chevaliers et de grands maîtres lui ont fait des dons, histoire de concurrencer la magnificence des édifices de Rome...

Le dallage intérieur et les 374 pierres tombales

Le pavement de la co-cathédrale est extraordinaire. Il est formé par un immense damier régulier de ***374 pierres tombales,*** chacune en marqueterie de marbres colorés où le noir et l'or dominent. Ne sont enterrés dans la cathédrale que les chevaliers les plus hauts placés dans la hiérarchie de l'ordre de Saint-Jean de Jérusalem. Une épitaphe en latin donne l'identité résumée du défunt dont le nom commence habituellement par « fra » (ou F. ou Fr.), terme qui signifie « frère ». Seule une épitaphe est rédigée en catalan (située dans l'oratoire), qui qualifie le chevalier de « misérable pécheur ». Il y a même de l'humour noir : juste à l'entrée, côté Republic Street, entre la chapelle d'Italie et la chapelle d'Allemagne, la pierre tombale de Fra Anselme de Cays (mort en 1710) porte cet avertissement en latin : « Toi qui me marches dessus, on te marchera dessus »... Les 20 premiers grands maîtres de l'Ordre sont, eux, enterrés dans la crypte (inaccessible mais que l'on peut voir à travers une baie vitrée). Jean de La Cassière repose, lui, exactement sous le maître-autel en marbre offert par Carafa.

Les peintures de la voûte en berceau

Elles ont été réalisées par Mattia Preti, artiste calabrais (1613-1699) surnommé « il Calabrese », qui y travailla pendant 6 ans, de 1660 à 1666. Elles représentent le cycle de la vie de saint Jean-Baptiste, le saint patron de l'Ordre, à qui est consacrée la co-cathédrale. Il peignit de manière traditionnelle, c'est-à-dire à l'huile directement sur les ébauches dessinées, et non à l'eau et *a fresco,* en utilisant les techniques du ***trompe-l'œil*** et du tridimensionnel. Voilà un des décors de plafond les plus réussis du XVIIe s. Avec ce chef-d'œuvre, Preti devint l'un des hommes les plus célèbres de Malte.

Le chœur

Grandiose, doré et chargé, à l'image de la cathédrale ! Les stalles, composées de 52 sièges et disposées sur 2 gradins, datent de 1598. Elles portent les armes du grand maître Martino Garzes (1595-1601) et du chevalier Fra Giorgio Gianpieri qui les ont financées. L'impressionnant baldaquin de l'autel a été réalisé au XVIIe s. Quant au maître-autel, une pièce extravagante composée de marbres rares, c'est un don du grand maître Gregorio Carafa (1680-1690). La frise qui l'entoure contient les symboles des 4 évangélistes, les clés de saint Pierre, le codex et l'épée de saint Paul. ***Le motif central représente la Cène*** tout en bronze doré sur fond de lapis-lazuli. Et enfin, 2 orgues gracieux... dont un faux ! Il n'est là que pour assurer la symétrie de l'ensemble.

Les chapelles latérales gauche

Comme, à l'époque, la langue primait sur le pays d'appartenance, les chevaliers de même origine linguistique étaient, à la ville, regroupés dans une même auberge. À la co-cathédrale, il leur était réservé des chapelles. Il y en a 8 en tout, autant que de langues parlées au sein de l'Ordre. En allant vers le chœur :

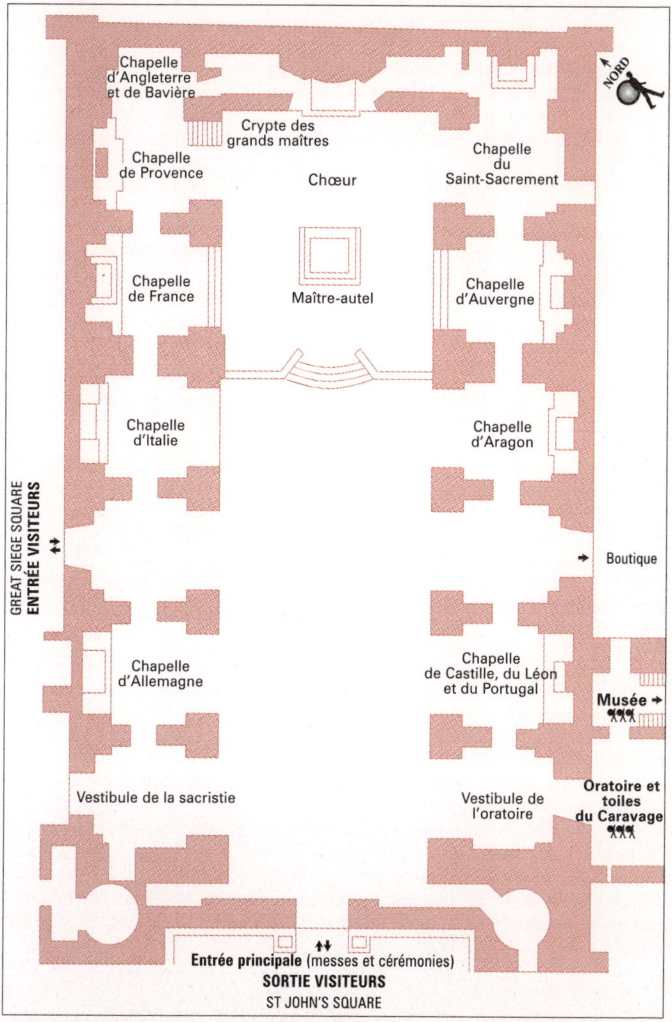

LA CO-CATHÉDRALE SAINT-JEAN

– ***La chapelle de la langue d'Allemagne*** *(ou des Rois mages)* **:** c'était d'abord la chapelle d'Angleterre, mais elle fut affectée à la langue d'Allemagne quand l'Angleterre se sépara de l'Église romaine pour adopter le protestantisme. Autrichiens, Hollandais et Scandinaves faisaient partie de la même maison. Le retable décrivant l'Adoration des Mages est une œuvre du Maltais Stefano Erardi (1630-1716). Rappelons que la chapelle fut gravement endommagée... lors des bombardements allemands de 1943.

– ***La chapelle de la langue d'Italie*** *(ou Sainte-Catherine d'Alexandrie)* **:** remarquer à droite le mausolée en marbre polychrome à la mémoire du grand maître Gregorio Carafa (1680-1690), encadré de 2 anges dont l'un écrase un turban et l'autre un crâne. Derrière son buste en bronze, une plaque de marbre clair sculpté représente la bataille des Dardanelles de 1656 entre les galères de Venise assistées par celles de l'ordre de Saint-Jean (ou ordre de Malte) commandées par Gregorio Carafa, contre la flotte ottomane, grande victoire pour les chrétiens. Également un retable signé Preti.

– ***La chapelle de la langue de France*** *(ou Saint-Paul)* **:** l'emblème des rois de France, la fleur de lys, apparaît nettement sur les murs, avec des croix de Malte. La chapelle abrite 4 mausolées. Le plus insolite est un gisant en marbre blanc représentant un homme allongé, la tête appuyée sur un bras, tenant un manuscrit déroulé dans la main droite. Il s'agit du mausolée de Louis-Charles d'Orléans, comte de Beaujolais, frère du roi Louis-Philippe. Emprisonné au fort Saint-Jean, à Marseille, pendant la Révolution, il y contracta la tuberculose. À sa libération, il fut conduit à Malte où il mourut le 29 mai 1809.

À côté du gisant, le mausolée du grand maître Emmanuel de Rohan-Polduc (qui siégea de 1775 à 1797). Contre le mur opposé, les autres mausolées sont ceux du grand maître Adrien de Wignacourt et de son oncle Joachim.

– ***La chapelle de la langue de Provence*** *(ou Saint-Michel)* **:** elle renferme les mausolées des grands maîtres Antoine de Paule (1623-1636) à droite et Jean-Paul de Lascaris Castellar (1636-1657) à gauche. Ce dernier était si autoritaire et si austère qu'aujourd'hui encore à Malte on dit faire une « tête de Lascaris » pour désigner la mine renfrognée d'un rabat-joie. Un escalier descend à la *crypte,* inaccessible à la visite, où se trouvent les monuments funéraires de plusieurs grands maîtres : les sarcophages de Philippe Villiers de L'Isle-Adam (1521-1534) et de Jean Parisot de La Valette (1557-1568), ainsi que les monuments funéraires de Martino Garzes, de Vasconcellos et d'Alof de Wignacourt (1601-1622).

UN BON COUP DE SEMONCE

Surpris au lit avec la femme d'un marin rentré prématurément à Malte (on n'avait pas de portable en ce temps-là !), Adrien de Wignacourt, devenu grand maître de l'Ordre en 1601, ordonna que, pour chaque bateau pénétrant dans le port, un coup de canon fût tiré. On ne l'y reprendrait plus.

– ***La chapelle de la langue anglo-bavaroise*** *(ou des Reliques)* **:** la langue anglo-bavaroise fut créée en 1784 pour accueillir à Malte la noblesse germanique de Bavière. Cette chapelle est une extension de la chapelle de Provence. Lors de son passage sur l'île en 1798, le général Bonaparte emporta quelques souvenirs de Malte et de la chapelle : 2 coffres en argent, des ornements et des reliques (mais les reliquaires sont toujours là).

Les chapelles latérales droite

En partant du chœur :

– ***La chapelle du Saint-Sacrement*** *(Blessed Sacrament ; ex-chapelle Notre-Dame-de-Philermos)* **:** réservée au culte mais bien visible depuis l'entrée. On se croirait dans une chapelle grecque orthodoxe. La luxueuse grille en argent ressemble vraiment à une iconostase. On y expose la précieuse icône habillée (à la grecque) de Notre-Dame-de-Carafa. Celle-ci a la particularité d'être composée d'une image de jeune femme peinte au XVIIe s, plaquée à l'arrière de l'ovale du visage d'une madone en argent. Elle remplace l'icône byzantine originale, *Notre-Dame-de-Philermos,* longtemps vénérée par les chevaliers. Le grand maître allemand l'emporta après la conquête napoléonienne, puis elle fit partie de la collection impériale de Russie du temps du grand maître Paul Ier avant d'être offerte au roi Alexandre de Yougoslavie, qui la plaça au monastère de Cetinje au Monténégro. Actuellement, elle est conservée au musée des Beaux-Arts de cette ville. Quelle destinée !

– ***La chapelle de la langue d'Auvergne*** *(ou Saint-Sébastien)* **:** on y trouve la plus vieille pierre tombale de la co-cathédrale, datant de 1608. Encadrée par 2 belles colonnes torsadées, la chapelle abrite un tableau représentant le martyre de saint Sébastien. Le monument funéraire du grand maître Annet de Clermont de Chattes-Gessan (9 février 1660-2 juin 1660, un mandat bien court) est d'un style sobre qui contraste avec le rococo et le maniérisme des autres tombeaux.

– ***La chapelle de la langue d'Aragon*** *(ou Saint-Georges)* **:** là encore se dressent quelques monuments funéraires édifiants, ceux des grands maîtres tels Redin (1657-1660), Rafael Cottoner (1660-1663), Nicolas Cottoner (1663-1680), frère du précédent, et Ramon Perellos (1697-1720). Le buste en bronze doré de Nicolas Cottoner repose sur un autel de marbre soutenu par 2 statues d'esclaves (un Turc et un Africain), allégories de l'Asie et de l'Afrique, qui ploient misérablement sous la lourdeur de leur fardeau. Le même Cottoner, tout sauf modeste, fit sculpter ses initiales « NC » sur les murs près de la grande chaire en bois. Évidemment, avec un nom pareil, le symbole de la famille est un plant de coton. Le retable est la 1re œuvre de Mattia Preti.

– ***La chapelle de la langue de Castille, León et Portugal*** *(ou Saint-Jacques)* **:** autel et peintures signés Preti, une fois de plus. Le monument funéraire du grand maître Manoel de Vilhena (1722-1736), en bronze et marbre vert, de style rococo, est le plus tarabiscoté de tous les mausolées. À gauche, celui du grand maître Pinto (1741-1773) semble bien classique. Cela n'empêcha pas ledit Pinto, de son vivant, de s'autoproclamer « prince de Malte » ! Il fut aussi le 1er à se faire représenter orné d'une couronne fermée...

On rejoint ensuite l'oratoire.

MALTE

L'oratoire et les toiles du Caravage

L'oratoire, construit entre 1602 et 1605, est transformé par Preti en 1680 dans un style vénitien. Dans le passage qui y mène, ne manquez pas le gigantesque crucifix dû à Polydore de Caravage (à ne pas confondre avec Michelangelo). Comme dans la co-cathédrale, les sols sont en marbre polychrome et les plafonds richement ornementés.

Mais le regard est immédiatement happé par ***le fameux tableau du Caravage,*** son œuvre la plus monumentale, magnifiquement éclairée et richement encadrée d'or. Il réalisa cette ***Décollation de saint Jean-Baptiste*** (décapitation) lors d'un séjour de 15 mois à Malte en 1607-1608. Il aurait offert cette toile en remerciement de son entrée dans l'ordre de Saint-Jean de Jérusalem le 14 juillet 1608. Le tableau se trouve à la place qui lui avait été désignée lors de sa commande : au-dessus de l'autel de l'oratoire. C'est là que les chevaliers passaient leur dernière nuit de laïcs, en méditation, avant de prononcer, le lendemain, les vœux qui en feraient à jamais des religieux.

La scène est d'une très forte intensité dramatique. Pour tous ceux qui ont raté cet épisode biblique, rappelons que saint Jean-Baptiste reprocha au roi Hérode son mariage – interdit par la loi juive – avec sa belle-sœur Hérodiade. Pour avoir exprimé son opinion, Jean-Baptiste fut jeté en prison. Et Hérodiade se vengea par l'intermédiaire de sa fille, Salomé, qui, après avoir dansé pour le roi subjugué, exigea qu'on lui apporte en retour la tête du saint. Ce qu'Hérode, à contrecœur, ordonna.

UN SANG D'ENCRE

La Décollation de saint Jean-Baptiste est considérée comme le chef-d'œuvre du Caravage. Lui-même en était si fier que c'est le seul tableau qu'il signa. Mais cherchez donc la signature du peintre ! Allez, on vous aide, elle se trouve dans le sang qui s'écoule du cou du saint. Ce détail morbide révèle la compassion de l'artiste qui le pousse jusqu'à s'identifier à la victime. Il faut dire que le peintre, recherché et condamné à mort pour un homicide commis en Italie, vivait alors à Malte, tel un persécuté.

Restauré à Florence, ce tableau est saisissant, notamment par la force de la lumière qui s'en dégage. La violence du blanc des vêtements de la jeune servante (à moins que ce ne soit Salomé elle-même ?) ne fait que davantage ressortir celle du crime. L'arc lumineux blanc-gris-brun des 3 personnages met en valeur la couleur jaune cireux du cadavre du supplicié. La seule touche de rouge est celle de la tunique du saint. Ici, ni ange ni intervention divine : signe peut-être d'une forme de pessimisme concernant l'humanité ? ***La technique du clair-obscur,*** initiée par le Caravage, atteint dans cette toile sa plus haute expression.
Cette victime innocente, sacrifiée à la luxure d'un roi amoureux de la fille de sa femme, n'était que l'annonce de celui qui allait être livré à la croix, sacrifié à la folie des hommes. Telle était la leçon que contemplaient les jeunes novices avant de s'engager définitivement dans l'Ordre.
Toujours du Caravage, ***Saint Jérôme écrivant,*** situé en face de la *Décollation de saint Jean-Baptiste.* Le front ridé, le torse nu d'une blancheur cadavérique, les jambes couvertes par un drap rouge, seule véritable touche de couleur du tableau, un homme à la barbe grisonnante est plongé dans une méditation nocturne. Selon le critique d'art Dominique Brême, l'ascète (saint Jérôme) « semble s'être soudainement emparé de l'encrier et de la plume pour fixer, en hâte, une idée fugace qu'il craint de perdre ». Rappelons que le saint est connu aussi pour avoir traduit la Bible du grec au latin. D'autres critiques ont souligné la troublante ressemblance du saint avec le portrait d'Alof de Wignacourt, le grand maître de l'Ordre et protecteur du Caravage. À l'arrière de l'ascète, un chapeau de cardinal accroché au mur symbolise la vanité de son existence passée. Dans l'angle en bas à droite du tableau, le blason du commanditaire : le bailli Ippolito Malaspina, chef de la langue d'Italie. Ce tableau fut volé le 29 décembre 1984, puis récupéré 2 ans plus tard. Cela explique peut-être la vitre de protection (tant pis pour les reflets...).
Près de l'oratoire, un escalier conduit à un balcon offrant une vue privilégiée sur les peintures des voûtes.

MALTE

★★★ ***Le musée Saint-Jean*** *(plan B2)* **:** *accès par la co-cathédrale, à droite de la chapelle de la langue de Castille. ☎ 21-220-536. Mêmes horaires que la co-cathédrale. Photos interdites.* ***Actuellement fermé pour travaux ;*** *réouverture « prochaine », embelli et agrandi avec un tt nouveau « Centre Caravage ».*
Il est accessible par un escalier jouxtant l'oratoire. Y sont présentés des collections d'argenterie, quelques peintures, de superbes recueils de chants du XVIe s et des vêtements sacerdotaux des grands maîtres. Les pièces les plus remarquables sont des tapisseries flamandes réalisées dans l'atelier de Jodicus De Vos à Bruxelles à partir de cartons de Rubens (1577-1640). L'ensemble, composé de 29 pièces, est unique au monde et réellement magnifique. Il fut offert par le grand maître aragonais Ramon Perellos après son élection. Pour être sûr qu'on ne l'oublie pas, une des tapisseries le représente !
Plus loin, voir tout particulièrement la délicate *Nativité* et la *Descente de Croix.* Enfin, une dernière salle expose le tableau illustrant le baptême du Christ, signé d'Aleccio, assistant de Michel-Ange à la chapelle Sixtine, et le beau portrait du grand maître Pinto, réalisé par le peintre français Antoine de Favray, dans un style très Louis XIV, qui illustre bien la magnificence de l'ordre à cette époque.

★ ***Republic Square*** *(place de la République ; plan B-C2)* **:** l'esplanade, au centre de laquelle se dresse une petite statue de la reine Victoria, occupe une place stratégique entre la co-cathédrale et le palais des Grands-Maîtres avec, sur son flanc sud-est, la Bibliothèque nationale. Les terrasses de cafés envahissent l'esplanade, en particulier celle du célèbre *Caffe Cordina,* fondé en 1837 (voir « Où boire un verre ? Où écouter de la musique ? »).

★ ***Bibliotheca ou National Library*** *(Bibliothèque nationale ; plan C2)* **:** *36, Treasury St. ☎ 21-243-297 ou 21-236-585. ● maltalibraries.gov.mt ● De mi-juin à fin sept, lun-sam 8h30-13h15 ; de début oct à mi-juin, lun-ven 8h30-17h, sam 8h15-13h. Fermé dim et j. fériés. GRATUIT (sur présentation d'une pièce d'identité).*

Dominant la place de la République, le bâtiment a été construit entre 1786 et 1796, du temps du grand maître Emmanuel de Rohan-Polduc, pour favoriser l'éducation des jeunes chevaliers et des Maltais. Quand un chevalier décédait, il léguait les $^4/_5$es de ses biens à l'Ordre, dont ses livres. En outre, Louis XIV faisait envoyer à Malte un exemplaire de chaque livre publié en France. Ainsi la bibliothèque s'est-elle enrichie au fil des âges. Aujourd'hui, elle abrite plus de 500 000 volumes ! Dans la salle de lecture du 1er étage, on peut voir la copie d'une bulle papale de 1113 confirmant les possessions de l'Ordre à Jérusalem et l'acte de donation de Malte à l'Ordre par l'empereur Charles Quint (1530), ainsi que des recueils, des enluminures et des dessins de cathédrales françaises du XVIIIe s. Si vous avez le temps...

State Rooms **(palais des Grands-Maîtres ;** *plan C2)* **:** *Palace Sq ; entrée par Old Theatre St.* ☎ 21-249-349. • heritagemalta.org • ***Fermé pour travaux jusqu'en 2023.***

Le palais fut édifié sous le règne du grand maître Jean de La Cassière (1572-1581) et sous la direction de Girolamo Cassar, ingénieur de l'Ordre, avant d'être agrandi et embelli sous les grands maîtres Perellos (1697-1720) et Pinto (1741-1773). Il fut le siège du gouvernement depuis l'époque des chevaliers jusqu'à l'occupation française. Pendant la période anglaise, c'est le gouverneur qui l'utilisa. Depuis l'indépendance de l'île, il abrite les bureaux du président de la République, tandis que la Chambre des représentants a été transférée dans le nouveau Parlement, sur la *pjazza Teatru Rjal.*

– Au rez-de-chaussée : les 2 ***cours intérieures*** sont superbes. La 1re, à laquelle on accède par Republic Street, est veillée par l'horloge des Maures (1745), à 4 cadrans : les heures, les phases lunaires, les mois et les jours. Sur le toit, les personnages qui sonnent les heures représentent des esclaves turcs, travaillant pendant le repos des chevaliers... Sur la gauche, quelques marches descendent vers l'autre cour, celle de Neptune, la plus grande des 2. Elle doit son nom au bronze de Neptune, attribué à Jean de Bologne (1529-1608), le sculpteur des Médicis. Au-dessus de Neptune, on peut lire « Dieu est mon droit ». À l'arrière, sous les arcades, une fontaine servait d'abreuvoir aux écuries. Les armoiries du grand maître Perellos sont soutenues par Neptune et la Renommée.

– Au 1er étage : les ***appartements*** et les ***salles d'apparat.*** Pour accéder aux différentes salles, on suit un superbe couloir au sol de marbre marqueté, aux voûtes peintes, décoré d'armures et de peintures représentant quelques grands maîtres de l'Ordre, dont Hompesch et Pinto. L'extraordinaire ***chambre du Conseil,*** baignant dans la pénombre, est une grande salle où se tenait le Conseil suprême de l'Ordre. Elle servit un temps de salle de réception et de banquet sous les Anglais puis, dès 1920, accueillit les réunions du gouvernement maltais autoproclamé et, plus tard, la Chambre des représentants, jusqu'en 1976. Aux murs, les fresques historiques évoquent en 12 panneaux les épisodes du Grand Siège de Malte de 1565. Elles ont été peintes par Matteo Perez d'Aleccio (fin XVIe-début XVIIe s). On peut y lire aussi les vertus des chevaliers : la Patience, la Persévérance, la Réputation, la Foi, la Prudence, la Charité, l'Espoir, la Noblesse, etc. À admirer également, un fantastique ensemble de tapisseries des Gobelins, illustrant la faune et la flore du Brésil, qui couvre tout l'espace. Offertes par le grand maître Perellos en 1710, elles furent saisies par des pirates lors de leur transfert depuis la France et ne purent être récupérées qu'au prix d'une rançon équivalant à ce qu'elles avaient coûté !

Ensuite vient la ***salle du Grand Conseil*** *(ou salle du Trône),* où le grand maître siégeait sur le trône, sous un grand crucifix, entouré du prieur de Saint-Jean et de l'évêque de Malte. Le haut des murs, sous le plafond à caissons, est occupé par une immense fresque peinte qui raconte en tableaux les batailles navales de l'Ordre. Pour la petite histoire, sachez que le balcon doré aurait été récupéré sur un galion espagnol. Voir aussi le ***salon des Ambassadeurs,*** tout de rouge vêtu. C'est ici que le grand maître recevait les diplomates des royaumes accrédités auprès de l'ordre de Malte. Les fresques seraient de Lionello Spada. Elles représentent l'histoire de l'Ordre quand celui-ci était fixé à Rhodes. Noter le mobilier et quelques tableaux de souverains, dont ceux de *Louis XV* par Van Loo, *Louis XIV* par Jean-François de Troy, ainsi qu'un tableau de *Catherine II de Russie* et d'*Alof de Wignacourt.* Enfin, on peut encore jeter un œil à la ***salle des Banquets,*** ornée de portraits des présidents maltais... et d'Elizabeth II.

Palace Armoury *(musée de l'Armurerie ; plan C2)* **:** *au rdc du palais des Grands-Maîtres. ☎ 21-249-349. • heritagemalta.org • Tlj 9h-17h (dernière admission à 16h30). Fermé 1er janv, Vendredi saint et 25 déc. Entrée : 10 € (billet combiné avec le Palace State Rooms et le MUZA) ou 6 € pour l'armurerie seule, quand le palais est fermé, audioguide (très intéressant) compris ; réduc.* ***Le musée est en travaux jusqu'en 2023 et certaines salles sont fermées à la visite.***

On peut y admirer une belle collection d'armes, d'armures et de casques provenant de l'armée de l'ordre des chevaliers de Saint-Jean, et même quelques pièces piquées à leurs ennemis ottomans. Si le sujet n'emballe pas a priori, il serait pourtant dommage de faire l'impasse sur cette superbe collection, car grâce à l'audioguide bien fait avec des commentaires courts et précis, on parcourt avec intérêt les 2 salles de ce musée.

La 1re est consacrée à l'évolution de l'armure, depuis la cotte de maille en passant par les armures de plates de différents pays et époques. Les Italiens sont déjà très forts dans le domaine. Les différentes vitrines permettent de suivre les évolutions techniques pour plus de légèreté et de mobilité ; les armures pliantes pour se déplacer, les armures blindées pour tenir le siège mais aussi les armures d'entraînement.

Parmi les nombreux casques exposés, prendre le temps d'observer la variété des dessins et des formes utilisées pour la protection du soldat ; casques à visière, morions à pics espagnols, très prisés à l'époque. Une des pièces les plus intéressantes et des plus belles est l'armure gravée d'or et d'argent que portait le grand maître Alof de Wignacourt quand il fut peint par le Caravage (cette toile est au musée du Louvre). Noter aussi l'armure pour protéger la tête du cheval, décorée à l'identique et surmontée d'une pointe. Et puis celle du grand commandant Jean-Jacques de Verdelain. Au XVIe s, beaucoup d'armures étaient inspirées de ce qui se faisait en Italie du Nord, notamment à Milan. Quelques armures turques, histoire de comparer les différents moyens de protection selon les cultures.

Enfin, dans la 2de salle en face, vitrines remplies d'escopettes, d'arbalètes, de flasques à poudre en fer ou en corne du XVIe s. Et des épées, des lances et des canons sculptés assez impressionnants. Là encore l'audioguide s'avère fort utile pour mieux comprendre l'utilité de chacune de ces armes.

Dans l'avant-salle, vous aurez sans doute remarqué le carrosse personnel des grands maîtres, d'un style très Louis XVI. Les armoiries sur les portes changeaient à chaque grand maître ; lors de l'invasion française, une allégorie de la République coiffée d'un bonnet phrygien y fut peinte ! Ce carrosse aurait été, dit-on, utilisé par Napoléon. On le voit depuis l'entrée (avant l'achat des tickets).

Casa Rocca Piccola *(plan C2)* **:** *74, Republic St. ☎ 21-221-499. • casaroccapiccola.com • Visites guidées seulement, en anglais, ttes les heures : tlj sauf dim et j. fériés 10h-16h (dernière admission). Durée : 45 mn. Entrée : 9 € ; réduc ; gratuit moins de 14 ans. Livret en français gratuit à l'entrée.*

Il s'agit d'une des rares maisons maltaises appartenant à une vieille famille de l'île qui soient ouvertes à la visite. Elle est toujours habitée. Construite vers 1580, cette demeure d'une cinquantaine de pièces (on en visite 12) porte le nom du 1er propriétaire, don Pietro La Rocca, amiral de l'ordre de Saint-Jean. À sa mort, elle passa entre les mains d'autres chevaliers de la langue d'Italie. Dans la 2de moitié du XVIIIe s, elle fut vendue à un noble maltais, un des ancêtres de l'actuel propriétaire, qui est d'ailleurs toujours chevalier et accueille parfois les visiteurs avec Kiku, un imposant perroquet bleu et jaune, qui a élu domicile dans le patio.

– ***La Sala Grande :*** la visite débute par cette pièce d'apparat aux plafonds peints aux armoiries des propriétaires successifs. La pièce la plus insolite est un cabinet de style chinois représentant, entre autres, saint François d'Assise et 2 Indiens de Goa peints comme des Indiens d'Amérique... Il renferme en fait une chapelle portative : les 2 battants du haut et celui du bas s'ouvrent sur un mini-oratoire prêt pour la messe, avec autel, tabernacle, chemin de croix et tout le bataclan ! Remarquer aussi le très beau buffet aux armes des chevaliers (XVIe s) : ce serait le plus vieux meuble de Malte.

– ***La chapelle :*** l'autel et le retable sont peints en faux marbre. Une des 2 croix présentées cacherait un morceau de la Vraie Croix et ne porte pas moins de 7 sceaux du Vatican attestant de son authenticité !

– On passe ensuite par la salle à manger d'hiver et les archives, avant de déboucher dans ***le couloir*** où se trouve une collection de jeux d'échecs de plusieurs pays. Dans l'un d'eux, la pièce symbolisant la reine ne possède pas de couronne... « détail » assez courant à l'époque. Il n'y a, en effet, jamais eu de reine de Malte ! Également un jeu d'échecs complet signé Lalique, une rareté.

ENTREVUE AVEC LE SAINT PIED

Dans la chapelle de la casa Rocca Piccola sont conservées 3 jolies mules (les chaussures, pas l'animal !) de pape. Elles ont été rapportées par de jeunes prêtres maltais, après leurs entrevues avec le souverain pontife. Il était alors de coutume de baiser les pieds du Saint-Père... mais pas de voler ses mules !

– ***La chambre à coucher de l'aïeule Orsola :*** très beau lit à baldaquin où l'aïeule de l'actuel propriétaire donna naissance à 9 enfants qui, tous, survécurent. Depuis cette époque, le lit est considéré comme porteur de chance et certains visiteurs le touchent par superstition.

– La salle verte *(Green Room)*, puis la bibliothèque conduisent vers ***la salle en porphyre*** *(Porphyry Room)*, appelée ainsi parce que, autrefois, les murs étaient peints pour imiter le marbre de porphyre, de couleur rouge. Le plafond, vieux de 400 ans, est, lui, d'origine. On peut y admirer un remarquable secrétaire en marqueterie de 1640, qui aurait appartenu au grand maître de Lascaris (on voit ses armoiries). Portraits de la famille de Piro, dont celui de la petite Francesca (4 ans à l'époque), bien en chair, peint à l'occasion d'un contrat de mariage (si, si). La montagne derrière elle n'a rien de maltais !

UNE FORTE TÊTE

Le chevalier de Vachon fut capitaine général des galères de l'Ordre de 1764 à 1766. En 1798, il refusa de rentrer en France, désobéissant ainsi à Napoléon, qui voulait chasser tous les chevaliers de Malte. Il changea de vie et distribua sa fortune aux nécessiteux. À leur arrivée sur l'île, les Anglais lui octroyèrent une pension pour avoir tenu tête à Napoléon. Mort en 1807, le chevalier de Vachon est enterré dans la co-cathédrale Saint-Jean.

– ***La salle bleue*** *(Blue Room)* **:** charmant petit salon où sont exposés les dessins et les tableaux modernes appartenant à la famille de Piro. Les instruments chirurgicaux sous la vitre de la petite table sont des pièces uniques en argent, ayant servi à l'Ordre au XVIIIe s. Voir aussi le bel « égoïste » en vitrine ! La porte de l'église étant située juste en face de la fenêtre, les proprios pouvaient assister à la messe sans quitter leur demeure...

– ***La salle à manger d'été*** *(Summer Dining Room)* **:** cette pièce, ajoutée en 1918 par le grand-père Antonio, est une sorte de « folie » comparée au reste de la maison. Blanche et lumineuse, typiquement Art nouveau, elle est éclairée par de grandes baies vitrées, encadrées par des colonnes classiques, et ouvre sur le jardin privatif. Noter le trompe-l'œil en enfilade. Chandeliers en argent, verres en cristal, mobilier de style, le couvert est mis, la table est dressée, on n'attend plus que les convives. Bref, une atmosphère très Belle Époque.

– ***L'escalier :*** en redescendant, dans la cage d'escalier, observer la peinture intitulée *Madame Electricity*, qui évoque l'arrivée de l'électricité dans la maison en 1918.

– La visite se termine par un tour dans les ***abris souterrains*** de la Seconde Guerre mondiale : l'un était public, l'autre était réservé à la famille. Ils ont été creusés dans le roc, à l'emplacement de l'ancienne citerne. Ils pouvaient abriter 150 personnes et donnent un aperçu des terribles conditions de vie de la population sous les bombes allemandes.
On peut également séjourner dans l'une des 5 chambres (dont une suite) aménagées dans la demeure. Voir plus haut « Où dormir ? ».

Toy Museum *(musée du Jouet ; plan C2)* **:** *222, Republic St.* ☎ *21-251-652. Fermé « temporairement » jusqu'à nouvel ordre.* Un petit musée qui abrite de belles pièces dans 3 petites salles, les plus anciennes remontant aux années 1920 : voitures, avions, trains, bateaux et autres véhicules miniatures, poupées, dînettes et automates, etc., et un Pinocchio en bois datant de 1883 ! Certains sont en vente à prix abordables.

Ailleurs au centre (aux abords de Merchant Street)

La Castellania *(plan B2)* **:** *15, Merchant St (à l'angle de Saint John St).* Actuellement siège du ministère de la Santé, ce beau bâtiment de 1750 a une histoire mouvementée. D'abord tribunal de l'ordre de Saint-Jean, il servit de résidence au chevalier-chancelier. À la suite de la révolte des prêtres maltais en 1775, les condamnés y furent décapités, et leurs têtes exposées au grand public, provoquant l'indignation du peuple. Le pilori se situait juste à l'angle des 2 rues.

Saint Paul Shipwrecked Church *(église Saint-Paul-le-Naufragé ; plan C2)* **:** *Saint Paul's St, entrée sur Santa Lucia St. En principe, tlj sauf dim mat 9h30-12h, 15h-18h.* Une des plus anciennes églises de La Valette. Conçue par l'architecte Garagona, elle fut construite en 1639 et dédiée à l'apôtre Paul, qui fit naufrage à Malte. À l'intérieur, d'une riche ornementation baroque, on peut admirer une belle statue (XVIIᵉ s) en bois doré de saint Paul, signée Melchiore Gafà. Elle est portée en procession chaque année, en février, lors de la fête qui commémore le naufrage du saint. L'église abrite aussi, à droite du chœur, une relique qui serait un morceau d'os du saint apôtre. Dans le chœur, tableau de Perez d'Aleccio (1547-1616) : *Naufrage de saint Paul.* Le même thème est repris sous les voûtes latérales. Avant de repartir, ne pas manquer, dans une petite pièce à droite du vestibule, les colossaux ornements d'autel en argent massif (ailleurs, ils sont généralement en bois).

POURQUOI CROISE-T-ON LES DOIGTS ?

La croix est le symbole du christianisme. Croiser les doigts était un signe discret de reconnaissance. Lors des persécutions, c'était une chance de rencontrer un autre chrétien. Aujourd'hui, ce signe conjure le mauvais sort et porte bonheur.

Is-Suq ou Triq il-Merkanti Market *(marché couvert ; plan C2)* **:** *Merchant St, à l'arrière du palais des Grands-Maîtres.* La grande halle métallique inaugurée en 1862 abritait le marché couvert, et accueille désormais un espace dédié à la « gastronomie » (voir détails plus haut dans nos « Adresses et infos utiles », « Marchés et alimentation »).

Jesuit's Church *(église des Jésuites ou église de Gesù ; plan C2)* **:** *Merchant St, à l'angle d'Archbishop St. Tlj, mat et soirée.* L'ensemble est composé de l'ancien collège des Jésuites et de l'église de Gesù. Construite à la toute fin du XVIᵉ s par Buonamici et consacrée en 1731, elle fait penser à l'église del Gesù de Rome. Les Jésuites l'occupèrent jusqu'à leur expulsion en 1768. Elle revint ensuite aux chevaliers de l'Ordre, à condition qu'ils y fondent une université. On peut y voir de nombreux tableaux, dont *Les Martyrs jésuites de Nagasaki* de Stefano Erardi. Le plafond porte les armoiries du grand maître Cottoner.

Au nord de la ville

Teatru Manoel *(théâtre Manoel ; plan B2)* **:** *115, Old Theatre St. ☎ 21-222-618. Résa : 21-246-389. • teatrumanoel.com.mt • Visite guidée du théâtre lun-ven, ttes les heures 9h30-16h30 ; tarif 5 €. Les horaires peuvent être modifiés en saison (oct-juil) en fonction des spectacles.* Construit en 1731 par le grand maître Antonio Manoel de Vilhena « pour les honnêtes plaisirs du peuple », il s'agit d'un des plus vieux théâtres du monde toujours en service et le 3e plus ancien d'Europe. Il s'inspire du théâtre Santa Lucia de Palerme. Il compte 550 places – dont une a longtemps été réservée à la censure. Éclipsé par l'Opéra royal qui vit le jour en 1861, le théâtre Manoel déclina et revint sur le devant de la scène à plusieurs reprises, avant d'être rénové après la Seconde Guerre mondiale et de retrouver sa splendeur. Noter, entre autres, ses loges en bois restaurées comme à l'origine, dans lesquelles sont accrochés des miroirs pour mieux surveiller ce qui se passait dans le théâtre, qui était présent, avec qui, etc. Également de très beaux plafonds peints (en léger trompe l'œil), rehaussés d'or 22 carats. Une visite sympathique.

Un peu plus au sud, sur Strait Street, à l'angle de Old Theatre Street, des ***toilettes publiques*** *(Public Convenience ; plan B2 ; payant)* non seulement très bien tenues mais assez artistiques, qui s'apparentent presque à un petit espace contemporain, avec leurs tonalités rouges et gris métallisé et leur côté théâtral.

Our Lady of Mount Carmel *(église des Carmes ; plan B1)* **:** *tlj, mat et soirée.* Édifiée avec le couvent voisin par Cassar vers 1570. En partie détruite pendant la Seconde Guerre mondiale, elle fut reconstruite sur un plan elliptique, et coiffée en 1958 d'un dôme neuf et immense, mesurant 64 m de haut. On le voit de partout, et en particulier depuis les quais de Sliema. Pourquoi un tel dôme sur une église somme toute assez ordinaire ? En raison de la proximité de la cathédrale anglicane Saint-Paul, les fervents catholiques voulaient rivaliser en hauteur avec le clocher voisin.

Saint Paul's Anglican Cathedral *(cathédrale anglicane Saint-Paul ; plan B1)* **:** *Independence Sq. Tlj 8h30-12h30, et parfois dans l'ap-m. Entrée : 1 €.* Construite entre 1839 et 1844 d'après les plans de l'architecte Scamp dans un style très (trop ?) néoclassique, elle se trouve à l'emplacement de l'ancienne auberge d'Allemagne (1574). C'est Adélaïde, tante de la reine Victoria, qui finança les travaux de sa poche. Le clocher s'élève à 60 m de haut. L'intérieur est celui d'une église protestante, donc austère dans son style et son décor. L'Église anglicane maltaise est dirigée par l'évêque anglican de Malte, qui est aussi celui de Gibraltar, où il réside.
– Près de l'église, à l'angle d'Old Theatre Street et de West Street (triq il-Punent), une plaque posée sur un mur d'immeuble rappelle que l'écrivain écossais sir Walter Scott habita au *Beverley Hotel* (ancien *palazzo Britto*), du 21 novembre au 13 décembre 1831. Pour cet amoureux de La Valette, la cité était une « ville splendide tranquille comme un rêve ».

L'auberge d'Aragon *(plan B1)* **:** *Independance Sq. Ne se visite pas.* Bâtie en 1571 sous la direction de Girolamo Cassar (un nom que vous allez souvent retrouver dans ces pages !), la résidence des chevaliers aragonais conserve presque intégralement sa forme d'origine. Sa sobre façade est dotée d'un portique ajouté au XIXe s. Elle a connu de nombreux usages : caserne napoléonienne, habitation privée, école, puis résidence du Premier ministre de 1924 à 1971. On y trouve aujourd'hui le ministère de la Justice.

Our Lady of the Pillar ou **Tal'Pilar** *(église Notre-Dame-du-Pilier ; plan B1)* **:** *West St. Ouv tôt le mat et en soirée.* Dédiée à la Vierge de Saragosse (Aragon), elle fut construite en 1670 et servit d'église aux chevaliers de la langue d'Aragon.

À la pointe est de La Valette

Lower Barrakka Gardens *(plan D2)* **:** le pendant des Upper Barrakka Gardens. Très agréable petit jardin posé sur les fortifications, avec une belle vue sur l'entrée du port. À l'entrée, un petit kiosque pour boire un verre et grignoter. Au centre, les vestiges d'un temple néoromain apportent une touche romantique à l'ensemble. De l'autre côté du fossé, *The Siege Bell Memorial,* monument érigé en 1992 en hommage aux 7 000 morts de la Seconde Guerre mondiale. Cette cloche sonne tous les jours à 12h. Devant, la statue d'un soldat blessé regarde la mer.
– Tout près, une aire réservée aux joueurs de *boċċi* (jeu de boules maltais). À ne pas manquer pour saisir un moment de la vie locale.

The Malta Experience *(plan D2)* **:** *bastion Saint Elmo, Mediterranean St. ☎ 25-524-000. • themaltaexperience.com • Spectacle ttes les heures, lun-ven 11h-16h, w-e et vac scol 11h-14h (juil-sept : pas de show le dim à 14h). Compte tenu des horaires, les spectacles s'enchaînent mieux en commençant par* The Malta Experience *avt de poursuivre par la Sacra Infermeria. Mais rien ne vous empêche de visiter le 1er un jour et le 2d le lendemain. Billet combiné avec la visite guidée de la Sacra Infermeria : 16 € ; réduc. Résa en ligne possible.* Ce montage audiovisuel de 45 mn (en 17 langues) permet de revivre les différentes périodes de l'histoire de Malte depuis les origines. Le film, passionnant et très bien fait, mêle scènes reconstituées et documents d'archives, enrichi d'un commentaire érudit, clair et précis. Un spectacle à ne pas manquer et à voir de préférence avant la visite de la ville, afin de mieux apprécier l'intérêt historique de chaque monument. Moins spectaculaire que le show *Malta 5D,* le film creuse plus en profondeur les faits historiques, avec moult détails. En revanche, on déplore le prix, tout de même excessif (surtout pour une famille !).

Sacra Infermeria *(Infirmerie sacrée ; plan D2)* **:** *Mediterranean St ; billetterie au* Malta Experience. *☎ 25-524-005. Lun-ven 11h45-16h45 (dernier tour), w-e 11h45-14h45 (13h45 juil-sept). Billet combiné avec* The Malta Experience *seulement : 16 €. Visite guidée seulement.*
Voici l'un des plus prestigieux monuments laissés par l'ordre de Saint-Jean. Il fut construit à partir de 1575 sous l'égide du grand maître Jean de La Cassière, soit 10 ans après le Grand Siège, pour servir d'hôpital.
Problème, le billet est obligatoirement commun avec *The Malta Experience,* mais en se concentrant sur la valeur historique du bâtiment et les commentaires liés à son fonctionnement, on trouvera un intérêt à cette visite (les lieux accueillent aujourd'hui un très contemporain centre de conférences !). On pourra voir la ***grande salle*** d'hôpital, impressionnante : longue de 155 m, large de 10,50 m (12 hommes pouvaient y marcher de front !), haute de 11 m et dallée de marbre, elle pouvait accueillir 563 lits et jusqu'à 914 en cas d'« urgence ». Des fenêtres étroites et basses laissent passer la lumière du dehors, mais empêchent le chaud sirocco de pénétrer à l'intérieur. L'air y circule facilement sans qu'il y ait vraiment de courants d'air. Ce fut là un des hôpitaux les plus modernes de son temps et le plus grand d'Europe. Selon Prosper Jardin, historien, « c'était aussi le plus moderne sur le plan clinique, le plus humain sur le plan de l'accueil et du réconfort moral ».
Les malades y étaient admis sans distinction de race ni de religion. Ils bénéficiaient des soins les plus avancés : ablation des calculs de la vessie, chirurgie de

L'ARGENT N'A PAS D'ODEUR

À la Sacra Infermeria, le repas de tous les malades était servi dans de la vaisselle d'argent. Seuls les galériens et les condamnés en étaient privés (risque de vol ?). La raison de ce traitement unique à l'époque est que l'on s'aperçut rapidement que les couverts en argent étaient bien plus hygiéniques que les vieilles auges en bois !

la cataracte, etc. Des médecins étaient envoyés par l'Ordre étudier la médecine à Florence, à Pise et à Montpellier, la chirurgie à Paris. En 1887, le chirurgien David Bruce découvre ici le germe de « la fièvre méditerranéenne » dans la rate humaine. Chaque malade y avait son lit, fait unique à l'époque, avec des rideaux et des moustiquaires en été. En hiver, les hauts murs étaient tendus de tapisseries pour se protéger du froid. D'un côté de la salle se trouvaient les cas graves, de l'autre les malades chroniques. Les chevaliers, qui ne se mêlaient quand même pas à tout le monde, étaient cantonnés dans les salles annexes. Les fous, eux, étaient priés d'aller se faire voir dans les souterrains.
Après leur admission, les malades devaient commencer par se confesser et... rédiger leur testament. On n'est jamais trop prudent ! Celui-ci comportait systématiquement le legs d'une somme d'argent pour dire des messes pour le salut de l'âme du défunt.
Quant aux infirmiers, il s'agissait souvent de débiteurs insolvables, réfugiés à l'hôpital, qui leur accordait le droit d'asile. Les gros travaux (nettoyage, balayage) étaient assurés par des esclaves capturés lors des combats navals (Turcs, Barbaresques ou Noirs d'Afrique). Ceux-ci préféraient travailler à l'hôpital que d'être recrutés comme galériens.
Régulièrement, les malades recevaient la visite du grand maître. Avant d'entrer, ce dernier devait déposer les insignes de son rang à la porte. Il était accompagné du grand hospitalier, chef de la langue de France, et de l'infirmier, chargé des services hospitaliers – lui aussi français.

★ ***The Knights Hospitallers*** *(musée des Chevaliers Hospitaliers ; plan D2)* **:** *Mediterranean St, au sous-sol de la Sacra Infermeria. ☎ 21-41-73-34. Tlj 9h30-16h30 (16h w-e et j. fériés) ; dernière admission 30 mn avt. Entrée : env 5 € ; réduc.* Intéressant musée installé dans les sous-sols de la *Sacra Infermeria,* indépendant de la visite de cette dernière. Exposition très complète sur l'histoire de l'Ordre et de l'hôpital, avec de nombreux panneaux instructifs (en anglais), des maquettes et des reconstitutions grandeur nature assez macabres de soins prodigués aux blessés lors des nombreux conflits. La visite se poursuit dans un réseau de galeries souterraines, aménagées à l'époque de la Seconde Guerre mondiale, pour traiter des ravages de la peste et de l'occupation bonapartiste. Néanmoins, les Maltais ne sont pas rancuniers puisque, pour une fois, on a droit à des panneaux traduits en français !

★★ ***Fort Saint Elmo*** *(fort Saint-Elme ; plan D1)* **:** *☎ 21-481-305. • heritagemalta.org • Tlj 9h-18h (17h nov-mai) ; dernière admission 30 mn avt. Attention, lorsque le fort accueille le spectacle « In Guardia », il ouvre le dim à 12h (voir plus loin la rubrique « Manifestations »). Fermé 1er janv, Vendredi saint et 25 déc. Entrée : 10 € ; réduc.*
Telle une puissante sentinelle dominant le port de La Valette, le fort Saint-Elme occupe un site stratégique. Construit en 1552, autour de l'adorable chapelle Sainte-Anne, qui datait quant à elle de 1488, il fut agrandi par le grand maître Claude de La Sengle (1553-1557). Lors du Grand Siège de 1565, après une courageuse résistance de quelque 1 500 hommes durant 1 mois, il tomba aux mains des Ottomans, ce qui n'empêcha pas ces derniers de subir, comme on le sait, une cuisante défaite au bout du compte. Le fort Saint-Elme fut alors réparé et agrandi par les grands maîtres de Wignacourt, Perellos et Pinto. Il fut occupé en 1775 par don Gaetano Mannarino, lors de la malchanceuse révolte des prêtres, puis transformé en prison par les Français entre 1798 et 1800. L'armée britannique en fit ensuite une caserne et, bien plus tard, la partie nord du fort servit de décor aux scènes de prison du film *Midnight Express.*
Récemment restauré, le fort accueille le ***musée national de la Guerre*** *(National War Museum)* : superbe, il retrace, dans plusieurs bâtiments, l'histoire militaire de Malte de l'âge de bronze à la Seconde Guerre mondiale. Muséographie très contemporaine avec de nombreux audiovisuels, des témoignages audio... Si les vitrines n'exposent pas tant de pièces que ça (armes, uniformes...) pour

les périodes anciennes, la partie consacrée à la Seconde Guerre mondiale est vraiment intéressante : voir notamment le *Faith,* le seul avion de guerre (biplan) rescapé sur les 3 que l'unité maltaise de l'armée britannique possédait, l'*E-Boat MTM Barchino,* le moteur d'avion *Spitfire* construit par Rolls-Royce, ou encore le canon antiaérien *Bofors.* Avez-vous remarqué le camouflage maltais ? Il est unique au monde : les peintures, couleur sable, évoquent de gros cailloux ! Intéressante collection de photos montrant la vie quotidienne à cette époque (évocation des *Victory Kitchen* dont on peut encore voir les enseignes peintes dans les rues de La Valette) et l'importance des dommages causés par les bombardements.

À faire

➢ ***Promenades en calèche :*** elles sont partout à La Valette et vous ne manquerez pas d'être abordé par les cochers. Les 1ers tarifs annoncés tournent autour de 40-50 €, mais après une courte discussion, on s'en tire généralement pour 25-30 €. À ce prix, vous aurez droit à une balade de 30-40 mn autour des remparts ou dans le cœur de la vieille ville, pour 4 personnes maximum. Pour ceux que ça tente...

Manifestations

– ***Festival de musique baroque de La Valette :*** *sur une dizaine de j. en janv. • facebook.com/VallettaBaroqueFestival • Au théâtre Manoel et à la co-cathédrale, entre autres.* Un festival conçu pour célébrer l'identité baroque de la ville.
– ***Festival de feux d'artifice :*** *fin avr, dans le Grand Port. • maltafireworksfestival.com •* Connaissant l'amour des Maltais pour les feux d'artifice, ce grand rendez-vous est l'occasion pour les artificiers de se surpasser. Sublime !
– ***Festival de jazz :*** *mi-juil, pdt 6 j. • festivals.mt/mjf •*
– ***Malta International Arts Festival :*** *fin juin-début juil. ☎ 23-397-000. • festivals.mt/miaf •* Musique, danse, représentations théâtrales...
– ***Notte Bianca :*** *1er sam d'oct. Infos : ☎ 23-397-000. • festivals.mt/nottebianca19 •* C'est la plus importante manifestation de La Valette, une nuit blanche à ne pas manquer si vous êtes dans les parages. Musées gratuits, bâtiments historiques ouverts toute la nuit, expos, danse, musique, théâtre un peu partout...
– ***In Guardia :*** *rens à l'office de tourisme pour les dates ou sur • visitmalta.com/events • Durée : 45 mn. Accès : 10 € ; réduc.* Une reconstitution spectaculaire de parade militaire telle qu'elle pouvait se dérouler à l'époque des chevaliers.
– Voir également les fêtes citées dans « Malte utile. Fêtes et jours fériés ».

DANS LES PROCHES ENVIRONS DE LA VALETTE

FURJANA (FLORIANA)

• Plan *p. 105*

Ce grand faubourg, accessible à pied, s'étend à l'ouest de la vieille ville de La Valette, entre la place de la fontaine aux Tritons, le faubourg de Pietà et la ville de Marsa. Située en hauteur, bordée par 2 anses du port, Furjana est ceinturée par d'épaisses fortifications et des bastions *(Magazine Bastion, Saint Francis Bastion, Sa Maison Bastion).* On le voit immédiatement, elle constitue une sorte d'avant-ville à but défensif, juste avant l'entrée *(City Gate)* de La Valette.

Vers 1636, la ville de La Valette devenant trop petite, le grand maître Antoine de Paule confia à l'ingénieur italien Paolo Floriani le soin d'établir un plan d'extension de la cité. Floriani a si bien travaillé qu'il y a laissé son nom. Il s'agissait à l'époque de renforcer les défenses de La Valette, les chevaliers craignant une nouvelle invasion ottomane. Aujourd'hui, il suffit de flâner à pied dans Furjana pour comprendre et apprécier ce quartier hors du temps où il y a plus à ressentir qu'à voir.

Où manger ? Où boire un verre ? Où écouter de la musique ?

Valletta Waterfront *(plan Furjana, B2,* ***5****)* **:** *au pied des remparts de La Valette, à* ***Furjana.*** *Accessible par l'ascenseur panoramique (plan B3) ou en 10-15 mn depuis la vieille ville : descendre les escaliers à gauche au bout de l'av. Girolamo Cassar (plan B3) puis longer les quais.* On y trouve des restos avec terrasse, et quelques bars (certains avec musique ou DJ), comme le *Hard Rock Café,* le *Crave* ou le *Q Bar...,* remplis par les croisiéristes qui n'ont qu'à descendre du bateau. Pas franchement notre tasse de thé, mais 2 adresses se distinguent un peu des autres : ***Pepe Nero*** *(☎ 21-222-220 ; tlj 12h-15h, 19h30-23h)* et ***Browns*** *(📱 99-40-63-09 ; tlj 10h-23h).* Pizzas, burgers, fritures, grillades (poisson et viande)...

The Palm Court Lounge et The Club Bar *(plan Furjana, B1,* ***10****)* **:** *dans l'hôtel* Phoenicia, *The Mall, près de la gare routière, aux portes de La Valette. ☎ 21-225-241.* Le *Palm Court Lounge* *(8h30-22h)* est un vaste salon aux plafonds voûtés, où l'on sert le très british *five o'clock tea,* tandis que le *Club Bar* *(tlj à partir de 18h),* au décor d'inspiration coloniale, est plutôt l'endroit pour boire un cognac ou un bon whisky après le dîner (plusieurs dizaines de sélections disponibles !). Ambiance classe, mais un peu surannée...

MALTE

À voir

L'hôtel Phoenicia *(plan Furjana, B1)* **:** *The Mall. ☎ 21-225-241. • phoeniciamalta.com • Dans Furjana, sur la droite après la pl. de la fontaine aux Tritons.* Construit en 1937 par lord et lady Strickland, inauguré en 1947, ce fut le 1er grand hôtel de luxe de l'île et le 1er aussi à être équipé d'une piscine. Celle-ci occupe un des bastions des fortifications, au milieu de luxuriants jardins ! L'hôtel a conservé son élégant décor d'époque. Des hôtes illustres y ont séjourné : la reine Elizabeth II, Alec Guinness, Gérard Depardieu pendant le tournage du *Comte de Monte-Cristo.* À défaut d'y dormir, on peut jeter un œil à l'intérieur (dans le hall de réception) ou boire un verre dans un des bars au style très anglais (voir la rubrique « Où manger ? Où boire un verre ... »).

Herbert Ganado Garden *(jardin Herbert Ganado ; plan Furjana, B1)* **:** *sur triq id-Duka Ta'York (Duke of York).* Ce jardin offre une belle vue sur les Trois-Cités et ses anses découpées – un peu moins sympa quand même que celle des Upper Barrakka Gardens. On y trouve un mémorial de la Guerre (*War Memorial*).

Maglia Gardens *(jardins Maglia ; plan Furjana, A-B1-2)* **:** *jardins bordés par Il-Mall et*

UN JEU À CROQUER

C'est aux jardins Maglia que les chevaliers venaient jouer au paille-maille, l'ancêtre du croquet, qui fut ensuite adopté par la cour d'Angleterre. Ils étaient encouragés en cela par l'austère Jean de Lascaris, grand maître de 1636 à 1657. Ce dernier voyait dans ce jeu l'exercice idéal pour occuper le corps et l'esprit des chevaliers. Ainsi n'étaient-ils pas soumis à d'autres tentations...

triq Sarria. Dans le prolongement de *City Gate,* c'est une espèce de grande esplanade, un grand mail ombragé, ponctué de monuments commémoratifs (sculptures et statues de personnages historiques). Le plus grand, juste avant l'entrée, célèbre l'indépendance obtenue en 1964.

San Publius Church (*église Saint-Publius ; plan Furjana, A-B2*) *: en principe, tlj 6h-10h, 16h30-19h.* Construite au XVIIIᵉ s dans un style massivement néo-classique, bombardée en 1942 puis restaurée, cette église est le dernier édifice religieux élevé par l'ordre de Saint-Jean. Elle doit son nom à Publius, procurateur romain, gouverneur de Malte en l'an 60, converti au christianisme du temps de l'apôtre Paul (qui fit naufrage sur l'île). Celui-ci aurait guéri son père par imposition des mains. Publius devint ensuite le 1er évêque de l'île. Sur l'immense esplanade qui s'étend devant l'église, on distingue d'insolites vestiges, comme des colonnes tronquées ; il s'agit d'anciens silos où étaient stockées des céréales en cas de siège. Remarquez les bouchons scellés ! L'un d'entre eux a été simplement vitré mais on ne voit plus grand-chose...

Un peu plus loin, dans le prolongement de l'église, la ***chapelle Sarria*** *(plan Furjana, A2),* en forme de rotonde au dôme argenté, fut édifiée en 1678 par Lorenzo Gafà et décorée par Mattia Preti. Ses portails arborent de magnifiques entrelacs de pierre. En face, une église méthodiste néogothique de 1883.
À côté, la ***Wignacourt Water Tower*** *(fontaine de Wignacourt)* est un vestige d'un long aqueduc construit par le grand maître de Wignacourt au début du XVIIᵉ s pour acheminer l'eau potable des collines jusqu'à La Valette.
Juste derrière s'ouvrent les ***Argotti Botanic Gardens*** *(jardins botaniques Argotti ; plan Furjana, A2)* : *tlj 7h-19h (17h oct-mars).* Ils regroupent de nombreuses plantes rares, cactus et arbres exotiques de la zone méditerranéenne à tendance semi-tropicale. Vue panoramique et plongeante sur les faubourgs à l'ouest et sur les remparts de Furjana.

Msida Bastion Historic Gardens *(plan Furjana, A1)* **:** *triq Vincenzo Dimech. ☎ 21-225-952. Venant de la Great Siege Rd, passé le grand* Hôtel Excelsior, *tourner à droite (pancarte « Public Library »). Lun-sam 9h30-12h, plus le 1er dim du mois. Entrée : 2 €.* C'est le vieux cimetière colonial protestant (avec bien quelques athées), à 100 m de la bibliothèque publique. En bord de mer, très verdoyant et arboré, c'est l'un des refuges les plus délicieux de la capitale. Ultra-calme et romantique, un délice d'y flâner ou de s'asseoir sur un tombeau sculpté, patiné et moussu pour regarder passer les bateaux ou préparer sa prochaine étape à Gozo (pub gratuite pour cette île qu'on adore !).

La porte des Bombes *(plan Furjana, A2)* **:** *sortir par triq Sant' Anna qui descend à l'ouest, en direction de triq Nazzjonali.* À hauteur du 1er niveau des fortifications se dresse la porte des Bombes, qui marque l'entrée de Furjana. On la franchit en arrivant à La Valette par la route. Des 2 arches identiques, seule celle de droite date du XVIIIᵉ s. Elle porte l'inscription suivante : « Je combats les Turcs partout, mais ici je me sens en sécurité. » L'autre a été relevée en 1868.

Valletta Waterfront *(plan Furjana, B2)* **:** *au pied des remparts de La Valette. Accessible par l'ascenseur panoramique (plan B3) ou en 10-15 mn depuis la vieille ville : descendre les escaliers à gauche au bout de l'av. Girolamo Cassar (plan B3) puis longer les quais.* À la fin du XVIIIᵉ s, le risque d'une invasion ayant fortement diminué, les chevaliers commencèrent à construire à l'extérieur des fortifications. Une longue campagne de restauration a permis de réhabiliter les entrepôts bâtis au pied des remparts par le grand maître Pinto et de remplacer ceux qui avaient disparu par des façades de même style pour restituer l'harmonie architecturale d'origine. C'est plus que réussi ! On y trouve de nombreux bars et des restos (voir page précédente).

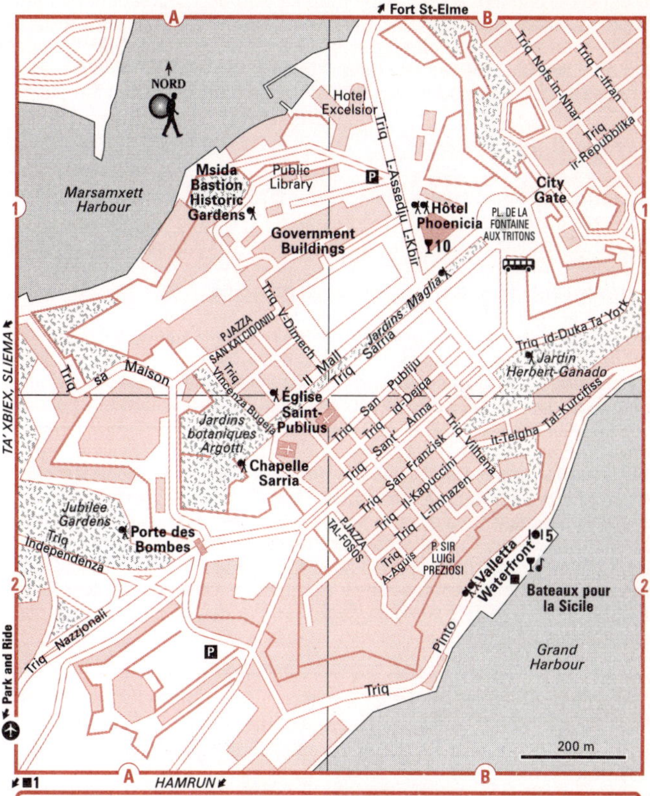

FURJANA (FLORIANA)

Adresse utile

1 Alliance française de Malte-Méditerranée (hors plan par A2)

Où manger ? Où boire un verre ? Où écouter de la musique ?

5 Valletta Waterfront (B2)
10 The Palm Court Lounge et The Club Bar (B1)

LES TROIS-CITÉS (COTTONERA)

• Plan *p. 108-109*

Birgù (Vittoriosa), Isla (Senglea) et Bormla (Copiscua), ces Trois-Cités, aux noms chargés d'histoire, sont réunies sur 2 petites péninsules formant (avec celle de Kalkara) une sorte de trident qui sépare autant d'anses aux eaux

profondes. C'est depuis les jardins d'Upper Barrakka, du haut des fortifications de La Valette, que les Trois-Cités apparaissent le mieux dans toute leur splendeur, flanquées de leurs encore solides fortifications. Difficile aujourd'hui d'imaginer entre des eaux aussi bleues que le ciel que le fracas des invasions et des guerres a ponctué l'histoire de cette partie de l'île.

UN PEU D'HISTOIRE

C'est à Birgù (Vittoriosa), l'une des 3 cités, que se fixent les chevaliers de l'ordre de Malte à leur arrivée de Rhodes. Ils y resteront jusqu'au Grand Siège de 1565 avant l'édification de La Valette, stratégiquement mieux située pour répondre à une éventuelle invasion. L'essor des Trois-Cités ne s'arrête cependant pas du jour au lendemain. Sous le grand maître de Lascaris (1636-1657), Bormla, la future Cospicua, sort de terre. La prise de Candie (Héraklion, en Crète) par les Ottomans en 1670 ravive les craintes d'une attaque. Pour protéger au mieux cet ensemble, le grand maître Nicolas Cottoner (1663-1680) édifie des lignes de défense uniques, les *Cottonera Lines* (d'où, logique, le nom de l'ensemble), destinées à ceinturer les hauteurs des Trois-Cités à l'est, sur une longueur de 5 km environ. Le résultat est impressionnant : près de 40 000 personnes pouvaient se réfugier derrière ce rempart.

Au début du XVIIIe s, l'ensemble fortifié des Trois-Cités et de La Valette forme le site le mieux défendu de la Méditerranée. De cet abri stratégique unique partent les expéditions maritimes de l'ordre de Saint-Jean. Afin de construire et de réparer les galères, des docks et des chantiers navals se développent – autant d'activités qui marquent encore la vie économique des Trois-Cités. Lors de la Seconde Guerre mondiale, les bombardements allemands frappent lourdement Senglea et Cospicua, ainsi qu'une partie de Birgù. Des 7 auberges de chevaliers qui s'y trouvaient depuis le XVIe s, 4 seulement échappent aux bombes.

Arriver – Quitter

En bateau

➢ ***Pour La Valette :*** avec le ***Marsamxetto Steam Ferry Service*** (☎ *23-463-862 ;* ● *vallettaferryservices.com* ●). L'embarcadère *(plan B3)* se trouve à Bormla, à 300 m au sud du Musée maritime, non loin de la vieille ville de Birgù. Juin-oct, départs de Bormla ttes les 30 mn, 6h30 (9h dim et j. fériés)-23h30 (fréquence moindre à partir de 19h). Nov-mai, même fréquence, tlj 6h30-19h (9h-18h dim et j. fériés). Billet : 1,50 € ; A/R 2,80 € ; respectivement 1,75 € et 3,30 € à partir de 19h45. Arrivée à La Valette à la Old Custom House, presque au pied de l'ascenseur qui monte aux Upper Barrakka Gardens (gratuit avec le ticket du ferry). Pour les départs depuis La Valette, voir la rubrique « Arriver – Quitter » de la capitale. Également avec ***A&S Water Taxis*** *(plan B2)*. Départ de Birgù au bas de l'église Saint-Laurent, à 2 mn à pied de la vieille ville, en gros 8h-18h (voire plus tard selon affluence). Aller : 2,50 €. Sortes de gondoles à moteur.

BIRGÙ (VITTORIOSA)

Des Trois-Cités, Birgù, également appelée Vittoriosa (« la victorieuse »), est la plus intéressante. Elle forme une péninsule effilée, qui se termine par l'impressionnant fort Saint-Ange juché sur son éperon rocheux. Telle une figure de proue, il symbolise l'histoire mouvementée de l'île. Par sa situation, son passé et ses monuments, Birgù a plus à offrir que ses 2 voisines. C'est à pied, au fil des ruelles entrelacées, qu'il faut la découvrir, de préférence le matin ou en fin d'après-midi.

Du fort Saint-Ange au Musée maritime, en passant par l'église Saint-Laurent et les vieilles auberges des chevaliers de l'ordre de Malte, cette petite ville a réussi à maintenir (malgré les guerres) son caractère à la fois aristocratique et villageois. Longtemps laissée pour compte, presque abandonnée, elle a retrouvé une partie de sa splendeur d'antan après de gros travaux de restauration. N'oublions pas que c'est là que tout a commencé en 1530 pour les chevaliers de l'Ordre.
– ***Marché :*** *ts les mar mat, sur Cottonera av.*

Un peu d'histoire

Dès leur installation sur l'île de Malte en 1530, les chevaliers de l'ordre de Saint-Jean (chassés de l'île de Rhodes par les armées ottomanes) se fixent à Birgù (« le bourg »). Cette langue de terre, entourée de 2 anses profondes et abritée des vents, constitue un endroit idéal pour amarrer les bateaux. Birgù devient le 1er port fortifié de l'île. Le grand maître Claude de La Sengle (1553-1557) dépense des fortunes pour consolider ce site stratégique. Non seulement le siège de l'Ordre se trouve à Birgù, mais les auberges des chevaliers y sont établies, dans le lacis médiéval des ruelles.

Le ***Grand Siège de 1565*** constitue un moment crucial dans l'histoire de Birgù. Le 18 mai 1565, 180 galères turques et 40 000 soldats se présentent devant l'île. Objectif du sultan : conquérir le verrou de Malte pour poursuivre l'expansion de l'Empire ottoman à l'ouest de la Méditerranée. Pour se défendre, Malte n'a que 8 000 à 9 000 hommes, dont 700 chevaliers, des combattants étrangers et 4 000 soldats maltais des forces régulières. Ces troupes combattent d'abord dans le fort Saint-Elme puis dans le fort Saint-Ange, dernier bastion de la résistance maltaise. La bataille est extrêmement meurtrière, du côté turc comme du côté maltais (environ 7 000 morts). La plupart des maisons de Birgù et de Senglea sont détruites ou endommagées par environ 70 000 boulets de canon tirés par l'armée ottomane ! Le 8 septembre 1565, au moment où arrivent les renforts envoyés par l'empereur Philippe II, les Turcs se retirent : à peine 10 000 soldats regagnent Constantinople.
Après le Grand Siège, Birgù, meurtrie mais toujours vivante, est renommée Vittoriosa (« la victorieuse »). Le grand maître Jean Parisot de La Valette (1557-1568) répare les fortifications, mais décide de construire une ville nouvelle, plus sûre, plus invincible, plus belle encore, sur l'autre rive du port. Ainsi naît La Valette, telle que nous la connaissons aujourd'hui. C'est la fin de la splendide et valeureuse Vittoriosa, que les chevaliers quittent définitivement pour se fixer dans de plus grandes auberges construites dans la nouvelle capitale. Dès l'automne 1565, le centre de gravité du pouvoir se déplace à La Valette.

Adresses utiles

Office de tourisme *(plan C2) : au palais de l'Inquisiteur, triq il-Mina il-Kbira. ☎ 22-915-509. Lun-sam 9h-16h45, dim et j. fériés 9h-12h45 (selon les horaires du musée en réalité).*
■ **Rolling Geeks** *(plan B1,* ***1****) : Vault II, Birgù Waterfront. ☎ 21-805-339. 79-950-695. • rolling-geeks.com • Tlj sauf mar 9h30-18h30. Résa conseillée. Compter 65-80 €/voiture selon parcours (2h ou 2h30) sur la base de 2 adultes + 2 enfants de moins de 12 ans (sinon + 10 €/adulte pour les 3e et 4e passagers). Avoir entre 21 et 75 ans et présenter un permis de conduire. Caution de 30 € par CB.* On embarque jusqu'à 4 personnes dans des buggies électriques pour sillonner les Trois-Cités à son rythme, le long d'un parcours de 18 km, guidé par un GPS. Des commentaires (en français) ponctuent les passages près des sites intéressants. On s'arrête où l'on veut, le temps de visites ou de petites balades. Une façon originale de découvrir ce joyau à quelques encablures de La Valette.

■ Adresses utiles

- ℹ Office de tourisme (C2)
- 1 Rolling Geeks (B1)

Où dormir ?

- 11 Villa del Porto (hors plan par C3)

Où manger ? Où boire un verre ?

- 20 BeBirgu (C2)
- 21 Del Borgo (C2-3)
- 23 Tal Petut (C2)
- 24 Kiosques Alice Springs et D'Breeze (B2)
- 25 Marina Restaurant (B2)
- 26 Aqua Blue (B2)

LES TROIS-CITÉS

Où dormir dans les environs de Birgù ?

On trouve encore peu d'hébergements dans les Trois-Cités.

Villa del Porto *(hors plan par C3,* ***11****) : 1, triq Marina, à* ***Kalkara.*** *☎ 21-668-420. 79-049-587. • villadelportomalta.com • À 2 mn en voiture de l'entrée de Birgù, sur le front de mer de Kalkara (c'est la dernière maison sur la droite, avec des* bow-windows *rouges, avt la montée vers le fort de Rinella). Réception ouv 7h-12h, mais* check-in *à tte heure si l'on a réservé avt, grâce à un code pour accéder aux chambres. Doubles 70-130 €, petit déj compris ; familiales.* Dans une haute et belle maison rénovée de 4 étages avec ascenseur, une petite quinzaine de chambres aux murs blancs et mobilier moderne en bois, tout confort. Certaines ont vue sur la mer, les autres coûtent un peu moins cher, à vous de choisir ! Quoi qu'il en soit, tout est nickel. Petit déj-buffet pris sur la terrasse panoramique. Bon accueil du gérant.

MALTE

Où manger ? Où boire un verre ?

De bon marché à prix moyens (plats moins de 18 €)

Del Borgo *(plan C2-3,* ***21****) : triq San Dominku. ☎ 21-803-710. Tlj de 17h jusqu'à tard. Prix moyens.* Niché dans une ruelle perpendiculaire à la rue principale, ce bar à vins réserve de bien jolies surprises. Pour un simple verre du cru, accompagné (ou non) d'une assiette de charcuterie, fromages, d'un *bil-gunglien* (pain traditionnel fourré au porc et à la ricotta, parfait avec un verre de vin), d'un plat mitonné (comme le *beef olives*) ou même, pourquoi pas, d'un *mqaret,* dessert typique de l'île réalisé ici avec un soin tout particulier (goûtez-y, vous ne serez pas déçu !). Cadre contemporain agréable et climatisé, avec murs de pierre et plafond voûté. Très bon accueil.

BeBirgu *(plan C2,* ***20****) : pl. centrale. Tlj 7h-23h. Majorité des plats bon marché.* Cette belle façade avec de lourdes portes vertes dissimule, au bout d'un couloir, une ravissante cour intérieure avec fontaine et mur en rocaille. Parfait pour boire un verre en journée. En cas de fringale, on peut éventuellement y avaler un sandwich, une salade, une assiette maltaise (pour 2), un *ftira* à petit prix, voire des moules-frites et autres plats typiquement belges (comme le patron !). Les gourmets patienteront plutôt. Le lieu abrite aussi le *Saint Lawrence Band Club.*

Quelques terrasses également devant la marina *(plan B2)* et ses bateaux, juste au nord du Musée maritime, bien agréables. Le **Don Berto,** à l'étage, a bonne réputation.

Chic

Tal Petut *(plan C2,* ***23****) : 20, triq Pacifiku Scicluna. ☎ 21-891-169. Tlj sauf dim-lun 18h30-22h, plus dim midi. Résa très conseillée. Menu dégustation seulement, env 30 € (le plat principal décide du prix du menu).* Les murs séculaires abritent l'une des bonnes tables de la région. Le menu déroule ses plats typiquement maltais, élaborés à base de produits locaux et de saison, concoctés avec savoir-faire et mitonnés pendant des heures. Une féerie ! Un concentré de garrigue maltaise avec des senteurs, des herbes et des baies inconnues. Un grand et beau moment gourmand. Conseil : jeûner avant pour apprécier l'étendue du programme ! Bon accueil.

À voir

Le ***Harbour Combo Ticket*** d'*Heritage Malta* coûte 10 €. Il comprend l'accès à l'Inquisitor's Palace, au fort Saint-Ange et aux temples de Tarxien. L'ONG *Wirtartna* propose aussi le ***Multisite Heritage Pass*** valable (entre autres) pour *Malta at War Museum* à Birgù, le *fort Rinella* à Kalkara, plus *Lascaris War Rooms* et *Saluting Battery* à La Valette pour 40 €.

Vittoriosa Square (place de la Victoire ou misraħ ir-Rebha ; plan C2) :** 2 monuments se dressent sur cette place centrale : la statue de saint Laurent, posée sur un socle blanc, érigée en 1880, et un monument de la Victoire (construit en 1705), qui commémore le Grand Siège de 1565. C'est en effet sur cette place qu'eurent lieu les derniers combats entre les chevaliers et les soldats ottomans. Derrière, à droite, commence la petite rue Saint-Antoine (triq Sant'Anton), ancien cœur du ghetto juif avant l'arrivée des chevaliers à Malte en 1530. Dans la partie haute de la place, on remarque une très belle façade avec une véranda vitrée de couleur vert bouteille, ornée de colonnes blanches, de pilastres et de balcons en fer forgé blanc. C'est le siège du *Saint Lawrence Band Club,* club musical fondé en 1883 (voir ci-contre *BeBirgu* dans « Où manger ? Où boire un verre ? »).

MALTE

Parish Museum *(musée de l'Église, oratoire San Ġużepp ; plan C2)* **:** *dans l'ancienne chapelle Saint-Joseph (XVIIIe s), dans un recoin de la pl. centrale de Birgù. En principe, tlj 9h30-12h, mais quelquefois fermé (géré par des bénévoles). GRATUIT (donation appréciée).* Malgré sa petite taille, ce musée abrite dans un joyeux désordre une grande variété d'objets (rares pour certains). Dans l'entrée, une chaise à porteurs (XVIIe s) est exposée près d'un jeu de cartes de tarot enfermé dans un grand boîtier vitré en bois. À côté, les plaques gravées utilisées pour l'imprimer (1609). Également des boulets de canon turcs du Grand Siège de 1565, des forceps utilisés par les prêtres au XVIIe s pour donner la communion aux malades lors des épidémies (!) et différents vêtements sacerdotaux. Dans la chapelle du fond ont été conservés d'exceptionnels souvenirs : le chapeau et l'épée du grand maître Jean Parisot de La Valette (1555-1568).

Le port *(plan B1-2-3)* **:** il consiste aujourd'hui en 2 longs quais en enfilade bordés pour partie par une marina très contemporaine, inaugurée par la reine Élisabeth en 2005, et, pour l'autre, de vieux bâtiments datant du XVIe au XIXe s. Du temps de l'Ordre, on l'appelait le port des Galères *(porto delle Galere),* car c'est ici qu'elles étaient amarrées. On y trouvait alors les bureaux de l'administration de l'Ordre, le trésor de l'Ordre, le magasin de la flotte et plusieurs entrepôts. Le quartier général de la flotte se trouvait dans le *Scamp Palace.* Les capitaines des galères, tous chevaliers, disposaient également d'une maison sur ce quai : le *palazzo del Capitan,* aujourd'hui occupé par le *casino di Venezia.* Jolie balade à faire pour admirer les yachts (de luxe souvent, comme à Saint-Tropez, autre port, jumelé avec Birgù depuis 2012) et la vue sur le fort Saint-Ange, La Valette et Isla.

Maritime Museum *(Musée maritime ; plan B2)* **:** *Xatt il-Forn (Vittoriosa Wharf). ☎ 21-660-052. • heritagemalta.org • (sauf mezzanine).* ***Fermé pour travaux jusqu'à nouvel ordre.***
Ce musée occupe l'ancienne boulangerie navale construite pour les Britanniques dans les années 1840. Vaste et bien conçu, il comblera les amateurs de bateaux et objets nautiques en tout genre.
– *Au rez-de-chaussée :* à gauche, une grande salle consacrée à la navigation à la vapeur, avec toutes sortes de matériel (moteurs, pièces détachées...). Voir notamment la cabine de pilotage d'un dragueur reconstituée sur la mezzanine. Également des ancres romaines, dont la plus grosse jamais trouvée.
– *Au 1er étage :* fort belle collection de maquettes (navires de l'Antiquité, vieux bateaux marchands, galères de l'ordre de Malte), mannequins, instruments de navigation, outils anciens pour la construction des bateaux, cartes maritimes, armes et canons. Voir aussi cette peinture du *Carrack Santa Maria,* le plus grand navire de l'Ordre, qui fut ravi aux Turcs. D'une capacité de 100 canons et quelque 2 000 hommes, il possédait aussi une chapelle, une boulangerie et même de petits jardins ! À droite dans la salle, une peinture montrant Malte en 1725, avec

La Valette au 1er plan. Mais la section la plus importante est sans doute celle consacrée à la *Royal Navy,* qui présente toute l'histoire de la force navale maltaise aux XIXe et XXe s à travers des thèmes précis : les services médicaux, les docks, le port, les guerres mondiales, l'après-guerre... Au passage, ne pas manquer la reconstitution d'une batterie de canons à bord d'un galion, l'énorme figure de proue du *HMS Hibernia,* la superbe barque maltaise à avirons, les scaphandriers ou encore la reconstitution d'un bar de navire avec son vieux juke-box...

Inquisitor's Palace *(palais de l'Inquisiteur ; plan C2)* **:** *triq il-Mina il-Kbira. ☎ 21-827-006. • heritagemalta.org • Tlj 9h-17h (dernière admission à 16h30). Fermé 1er janv, Vendredi saint et 25 déc. Entrée : 6 € ; réduc. Ou le billet combiné* Harbour Combo Ticket.

Ce grand bâtiment, construit vers 1530, abrita d'abord la Castellania, c'est-à-dire le tribunal des chevaliers, puis, à partir de 1574, le siège de l'Inquisition à Malte – rôle qu'il conserva jusqu'à l'arrivée des troupes napoléoniennes en 1798. C'est le grand maître Jean de La Cassière (1572-1581) qui, redoutant l'expansion des idées protestantes, demanda au pape de lui envoyer un inquisiteur. Ce préfet papal était une sorte de juge et de gardien des principes religieux. Il s'arrogeait des pouvoirs énormes, créant un « État dans l'État ». Le grand inquisiteur s'en prenait aux pratiques de magie, courantes à l'époque, aux mœurs relâchées de certains chevaliers. Il s'acharnait aussi sur les francs-maçons, « ennemis » de l'Église et du pape. Jusqu'en 1798, 62 inquisiteurs se sont succédé, dont 2 sont devenus papes.

À peine l'entrée franchie, lever la tête et admirer la voûte *a fresco* du XVIe s mise au jour en 1927, puis la superbe cour gothique à arcades ogivales et le petit jardin clos où l'on trouve aussi les anciennes cuisines. Prendre ensuite l'escalier baroque pour découvrir, à l'étage noble, les nombreuses salles présentant peintures (évidemment religieuses), statues de saints et autres objets de culte. Voir la salle de la *Cancelleria* avec ses murs ornés des armoiries des 62 inquisiteurs, la chapelle et son autel portable du XVIIIe s et, dans l'appartement de l'inquisiteur Ruffo, les statues du Christ. Mais l'intérêt principal de ce musée réside bien évidemment dans les salles consacrées à l'Inquisition jusqu'à son abolition décidée par Napoléon. Panneaux historiques, lettres de dénonciation, d'abjuration, et des vidéos impressionnantes reconstituant des scènes de supplice et de torture pour les « cas graves ».

Enfin, de charmants dioramas illustrent les traditions de Noël maltaises, et des crèches en pagaille, locales (comme celle en toile de jute) et du monde entier : néo-zélandaise en porcelaine, sicilienne en pierre de lave, ou encore américaine, où le divin enfant est un souriceau (référence à Mickey ?)...

En fin de visite, passage par la salle du tribunal, avec le trône de l'inquisiteur, et les nombreuses cellules au rez-de-chaussée.

Les auberges des langues *(plan C2)* **:** *dans le quartier du Collachio, autour de la pl. de la Victoire.*

Contrairement au mode de vie de Rhodes, où ils logeaient ensemble dans des couvents, à Birgù, les chevaliers se répartissaient par langue. Le gîte et le couvert leur étaient assurés.

Au départ de la place centrale (Vittoriosa Square ou misraħ ir-Rebha), prendre triq Hilda Tabone à l'angle supérieur gauche, direction « Auberge de France ». Aux nos 21 et 23, l'***auberge d'Auvergne et de Provence*** et, juste après, au no 26, l'***auberge de France*** *(lun-ven 8h-12h30, 13h15-16h45 et sam 8h-12h ; fermé dim).* À voir plus pour le symbole que pour l'édifice lui-même, qui héberge des services administratifs et, parfois, des expositions temporaires. Peu après, à l'angle de triq Hilda Tabone et de triq Gilormu Cassar, se dresse l'***auberge de Castille et Portugal.***

Revenir 30 m sur ses pas pour emprunter, côté gauche, l'adorable triq il-Tramuntana aux vieilles maisons fleuries. Aux nos 10-11, la ***Maison normande,***

du XIIIe s, conserve une superbe fenêtre gothique à arcades et colonnettes (la seule de ce type à Malte), et une frise remontant à un édifice du XIe s, à l'époque où les Normands régnaient sur la Sicile voisine. Les étoiles au-dessus sont d'influence arabe. C'est certainement la plus intéressante de toutes, et elle est ouverte à la visite *(tlj 9h-17h ; donation bienvenue).* La maison était à l'origine composée de 2 bâtiments distribués autour d'une cour. Le nº 11 n'est pas toujours accessible car en restauration, mais si le proprio est là, il pourra vous montrer les anciennes écuries datant sans doute du IXe ou Xe s et les 3 chambres de l'étage. Celle du fond était dédiée aux accouchements. Jusqu'au XIXe s, les murs étaient peints, on en voit d'ailleurs encore des traces ici et là, ce qui laisse penser que la maison appartenait à une famille aisée, probablement un marchand italien.
Au bout de triq il-Tramuntana, tourner à droite dans triq il-Majjistral. Au nº 40, la belle ***auberge d'Angleterre*** du XVIe s, restaurée en 1989, de style maniériste, elle arbore un puissant balcon en pierre. On regagne Vittoriosa Square en tournant à gauche face à l'auberge d'Auvergne et de Provence.
L'***ancienne auberge d'Allemagne*** était située directement sur la place. Elle fut détruite pendant un raid aérien en 1942. Seule une plaque sur un mur de façade rappelle son existence.

MALTE

🚶 ***Saint Laurence's Church*** *(église Saint-Laurent ; plan B-C2) : tlj 9h (10h dim)-12h, 16h30-18h env (selon les messes).* L'édifice antérieur a servi de cathédrale aux chevaliers avant la construction de celle de La Valette. Située au-dessus du port, l'église actuelle a été reconstruite à la fin du XVIIe s par Lorenzo Gafà dans un style baroque classique pour Malte (un dôme central, 3 petits dômes latéraux dans chaque bas-côté). Endommagée en 1806, bombardée en 1941, elle arbore néanmoins une certaine richesse intérieure. L'œuvre la plus intéressante est une célèbre peinture de Mattia Preti, *Le Martyre de saint Laurent.*

🚶🚶 ***Le fort Saint-Ange*** *(plan B1) : ☎ 25-401-800. ● heritagemalta.org ● Tlj 9h-17h (18h sept-oct) ; dernière admission 30 mn avt. Entrée : 10 € ; réduc. Ou le billet combiné* Harbour Combo Ticket.
Ce monument résume presque à lui seul l'histoire de Malte. Déjà utilisé comme place stratégique par les Arabes en 828, le fort doit son nom à Angelo de Melfi, qui obtient les îles en fief entre 1352 et 1353. À leur arrivée, les chevaliers s'y installent (c'est là que résident les grands maîtres de 1530 à 1574) et renforcent les fortifications. C'est durant le Grand Siège que le fort joue un rôle défensif essentiel. Après 1574, il sert de prison, puis de quartier général à la *Royal Navy* sous l'occupation britannique. Très détruit lors de la Seconde Guerre mondiale, il est abandonné au retrait des Anglais après l'indépendance en 1964, avant d'être entièrement restauré, voire reconstruit. À la suite d'un accord signé entre l'Ordre et le gouvernement maltais, la plateforme supérieure du fort est maintenant à la disposition de cette organisation humanitaire internationale pour une durée de 99 ans.
Le fort abrite un musée, à la muséographie moderne, sobre et ludique, sur l'histoire du fort, de l'Ordre et de l'île. La visite vaut surtout pour les vues sublimes que l'on a sur La Valette et les Trois-Cités depuis les terrasses, notamment celle de l'*Upper Fort,* la plus belle, la plus ancienne, la plus fleurie.

🚶🚶 ***Malta at War Museum*** *(plan C3) : Couvre Porte, à l'entrée de la ville. ☎ 21-896-617. ● maltaatwarmuseum.com ● Tlj sauf dim 10h-17h. Fermé 1er janv, Vendredi saint, Pâques et 25 déc. Entrée : 13 €, audioguide compris ; réduc. Ou* Multisite Heritage Pass *: 40 € ; réduc.*
Un site historique d'envergure ! Certes, la partie musée ne manque pas d'intérêt (uniformes, armes, matériel divers et images d'archives montrant la vie de la population des Trois-Cités pendant la Seconde Guerre mondiale), mais la visite prend tout son sens quand on comprend la tension singulière qui régnait ici entre les habitants, tiraillés entre leurs origines italiennes et leur sympathie pour les Anglais.

Cela donne un éclairage tout particulier sur ce conflit que l'on pensait connaître par cœur, surtout quand on découvre que Malte fut le territoire le plus bombardé en Occident !
Mais le clou de la visite reste le moment où l'on pénètre dans les entrailles du plus grand abri antiaérien civil qui ait été remis en état à Malte (il pouvait accueillir environ 600 personnes). Casque vissé sur la tête et audioguide à la main, on découvre un réseau de boyaux desservant des dortoirs sommaires (1ers arrivés, 1ers servis), différents modèles d'abris creusés par les familles de leurs propres mains, des autels religieux, et même une salle de naissance... Une vraie cité souterraine... qui pourtant n'est qu'un exemple parmi les centaines d'abris qui furent creusés sur l'île au cours des 2 années qui suivirent les 1ers bombardements ! Impressionnant. Surtout lorsque l'on prend conscience des dures conditions de vie qui régnaient dans ces espaces confinés...

À voir dans les environs

Le fort Rinella : *triq Santu Rokku, à* ***Kalkara.*** *☎ 21-809-713. • fortrinella.com • Accès par le bus nº 3 (lun-sam, ttes les 30-60 mn) de La Valette (durée : 30 mn). En voiture, accès fléché depuis le front de mer d'Il-Kalkara. Jeu-sam 10h-16h30 (dernière admission à 16h). Fermé 1er janv, Vendredi saint, Pâques et 25 déc. Entrée : 13 €, audioguide en français inclus ; réduc. Ou* Multisite Heritage Pass *: 40 € ; réduc.*

Le fort Rinella a été construit par les Britanniques en 1878 pour protéger l'archipel maltais de la flotte italienne nouvellement équipée de canons modernes. Poste d'observation privilégié, notamment durant la Seconde Guerre mondiale, il s'agit d'un ouvrage défensif classique, entouré de fossés et de murs épais, dressé au sommet d'une falaise surplombant la mer.
On peut découvrir le fort à partir de 10h, mais on vous conseille vraiment de faire la visite guidée qui débute à 14h et s'achève à 16h (tous les jours). Pendant plus de 2h, on profite alors des explications des volontaires (en tenue de fantassin et de lancier) sur le fonctionnement du monstrueux canon et, surtout, on assiste à leurs nombreuses manœuvres et démonstrations, dont celle d'une séquence de tir d'un canon de l'époque victorienne. Pour un supplément de 5 €, vous avez le droit à un coup de fusil ! On découvre ensuite le système de défense du fort (casemates et caponnières, salle de chargement des obus de l'Armstrong), ainsi que les salles où vivaient les soldats (film historique de présentation). Pour parachever la visite, vous pourrez prendre le thé avec des biscuits de soldat au café du fort... Crunch, crunch.

ARME PSYCHOLOGIQUE

Le fort Rinella abrite le plus gros canon à chargement par la bouche jamais construit. D'un calibre de 45 cm, mesurant 11 m de long et pesant 100 t, il ne fallait pas moins de 200 kg de poudre noire pour propulser un obus, d'une précision sans faille et capable de transpercer 60 cm de blindage à 8 km de distance ! Et pourtant, le canon ne servit jamais... Mais comme il avait été conçu, justement, pour ne jamais être utilisé (son rôle étant avant tout dissuasif), il remplit parfaitement sa mission !

Esplora (hors plan par C3) **:** *Villa Bighi, triq Marina, à* ***Kalkara,*** *en haut de la côte depuis le port. ☎ 23-602-300. • esplora.org.mt • Bus nº 3 de La Valette. Mar-ven 9h-15h (17h mer-jeu, fin juin-fin sept), w-e et j. fériés 10h-18h (15h en été). Fermé lun. Entrée : 6 € + 2 € pour le planétarium ; réduc.* Musée des sciences et de la découverte avec des expos interactives sur des thèmes aussi variés et riches que le corps humain, la musique, l'électricité, les illusions d'optique ou la planète. Scénographie extrêmement ludique.

Fête

– **Birgù Fest :** *2e w-e d'oct. Pour plus d'infos : ☎ 21-662-166. • visitmalta.com/events •* Environ 250 hommes costumés en chevaliers de l'ordre de Malte célèbrent la grande fête de Birgù et la victoire contre les Ottomans en 1565. Spectacle historique haut en couleur, surtout lorsque la cité est illuminée par des milliers de bougies en soirée, à ne pas manquer. Sur 3 jours : concerts, théâtre de rue, etc.

ISLA (SENGLEA)

Quadrillée par des rues régulières qui se coupent à angle droit, la petite ville d'Isla forme un promontoire baigné par 2 anses (*French Creek* et *Dockyard Creek*) très protégées des vents. À l'est, les rues en escalier descendent jusqu'au quai, qui regarde la cité de Birgù, de l'autre côté de l'anse.
– Ne pas manquer la régate du 8 septembre dans le Grand Port, qui célèbre Notre-Dame-des-Victoires (celle du Grand Siège de 1565), prélude à la fête paroissiale, l'une des plus animées de Malte.

Un peu d'histoire

Cette langue de terre s'appelle en maltais *Isla,* car la presqu'île n'est rattachée à Malte que par un isthme fort étroit. Du temps du grand maître de Homedes (1536-1553), ce promontoire sert de lieu de promenade aux chevaliers de l'Ordre. On y trouve des jardins, des grottes et même un petit zoo. Devant la menace ottomane, le grand maître Claude de la Sengle décide de fortifier l'*Isla...* et de lui donner son nom : Senglea. Lors du Grand Siège de 1565, la ville résiste avec courage à l'assaillant, ce qui lui vaut plus tard le titre honorifique d'*Invitta,* « l'invaincue ». Malheureusement, l'histoire ne se répète pas, puisqu'au cours de la Seconde Guerre mondiale elle est presque entièrement détruite par les bombardements allemands, avant d'être reconstruite dans les années 1950.

Où manger ?

De bon marché à prix moyens (plats moins de 18 €)

🍴 ⛱ ***Kiosques Alice Springs et D'Breeze*** *(plan B2,* ***24****)* **:** *ts 2 situés sur le quai d'Isla, à env 100 m de distance.* On y sert (en horaire continu) des boissons et une restauration simple et pas bien chère. Ça peut dépanner. Terrasses pour profiter du panorama sur Birgù.
🍴 ⛱ ***Aqua Blue*** *(plan B2,* ***26****)* **:** *triq Juan B. Azopardo. ☎ 21-807-170. Tlj sauf lun, midi et soir.* Si la salle est on ne peut plus banale, la terrasse est franchement somptueuse. Ou du moins, la vue depuis la terrasse ! Posée à même le quai, au bord de l'eau, elle permet d'admirer le port d'Isla à Birgù, et d'assister au va-et-vient des *luzzijiet* colorés, tout en dégustant friture de calamars, poulpe à l'ail et autres pâtes ou pizzas tout à fait honnêtes.
🍴 ⛱ ***Marina Restaurant*** *(plan B2,* ***25****)* **:** *Xatt Juan B. Azopardo. ☎ 21-664-398. Tlj 18h-23h, plus dim midi.* Sur le quai du port d'Isla, ce restaurant sans prétention sert des pizzas, des pâtes et des plats classiques très corrects, copieux et à prix raisonnables. Petite salle ou agréable terrasse sur le quai. Patron souriant.

À voir

🏛 ***Our Lady of Victories*** *(Notre-Dame-des-Victoires ; plan B3)* **:** *au centre de la ville.* Construite en 1650 sur les plans de Cassar, et détruite en partie pendant la

Seconde Guerre mondiale, sur ordre d'Hitler, qui trouvait que la coupole trop haute gênait son aviation. Reconstruite après la guerre avec l'argent du plan Marshall et la générosité des Maltais. Sur la façade extérieure sont inscrits les noms des chevaliers qui succombèrent lors du Grand Siège de 1565. Elle renferme une coupole peinte sur des tonalités de bleu, une chapelle ornée de tentures rouges et un autel doté d'un baldaquin doré hautement baroque. Remarquer, dans le couloir conduisant à l'oratoire (à droite), les ex-voto en forme de cœur.

L'église de la Visitation *(ou Notre-Dame-de-Porto-Salvo ; plan A1)* **:** construite en 1596, remaniée plusieurs fois et affectée à la congrégation de Saint-Philippe-Neri (on l'appelle également ainsi). Un des rares bâtiments épargnés par les bombes de la dernière guerre. Le chœur et les stucs des colonnes foisonnent d'angelots potelés et de représentations florales.

Le jardin de Safe Haven et la tour de guet *(Gardjola ; plan A1)* **:** toutes les rues semblent converger vers la pointe nord où se dresse un bastion (le *sheer bastion*) occupé par un tout petit jardin public planté de palmiers et d'oliviers. Jolie vue sur le port et sur La Valette. Une petite échauguette (1692) porte sur ses côtés 2 sculptures réalistes : l'une représente un immense œil humain grand ouvert, l'autre une belle oreille. Ces 2 organes symbolisent la vigilance nécessaire aux chevaliers pour surveiller l'entrée du port.

MALTE

BORMLA (COSPICUA)

Des Trois-Cités, c'est la plus réservée, car géographiquement en retrait de Birgù et d'Isla, dont les pointes la prolongent. Aujourd'hui, c'est une petite ville industrieuse et une zone d'activité portuaire qui vivent au rythme des bateaux à réparer, des docks et des cales sèches. L'activité était déjà la même à l'époque punique ! Depuis l'ouverture à Birżebbuġa, dans les années 1990, du *Free Port Terminal,* les cargos et les porte-conteneurs ne passent presque plus par le port de La Valette. Et puisque le trafic maritime est aujourd'hui ralenti, il a fallu trouver un autre moyen pour dynamiser la cité. Il viendra de la terre, grâce à l'aménagement programmé des quais entre Bormla et Isla qui devraient, à terme, être investis par des terrasses de cafés et de restos.

À voir

Bir Mula Heritage House and Museum *(plan C3)* **:** *79, triq Santa Margerita. ☎ 21-826-910. 📱 99-273-276. • birmula.com • Le w-e 10h-12h ; sinon sur rdv. Donation bienvenue.* Une maison du XVIIe s qui abrite des objets et des pièces archéologiques trouvés par les propriétaires dans la région de Cottonera... et jusque dans la cave. Des poteries aux vieilles machines à écrire en passant par les becs à gaz des années 1920, les lieux ont un petit côté attachant dans un style inventaire à la Prévert. Le plus intéressant demeure néanmoins le sous-sol, avec son vieux puits, son lavoir et son cellier à arcades. Demander aussi à voir les graffitis qui couvrent certaines pierres et balustrades de l'escalier : les plus anciens remontent au temps des chevaliers, et même à l'époque punique.

L'église de l'Immaculée-Conception *(hors plan par B3)* **:** *Ix-Xatt ta'Bormla, tt au fond du port, on y accède par un grand escalier. Tlj 6h-9h, 16h30-19h env.* Construite après le Grand Siège, elle fut souvent remaniée et abrite de belles peintures. À gauche du chœur, l'Immaculée en question resplendit de tous ses feux derrière une vitre protectrice.

Les remparts *(plan C3)* **:** en repartant directement vers La Valette en voiture, on passe par la porte Sainte-Hélène (1736), la principale ouverture dans les remparts appelés les *Margherita Lines* (1638-1736). Juste après se révèlent les *Cottonera*

Lines, 2de ligne défensive édifiée à la fin du XVIIe s, percée par la porte du Sauveur (sortie de Birgù) et la porte de Zabbar. Elle protège intégralement la ville par le sud. Son invulnérabilité fut soulignée tant par Napoléon que par Nelson.

TARXIEN

8 400 hab.

Dans les faubourgs des Trois-Cités, à environ 5 km au sud-est de La Valette, Tarxien est une sorte de gros village qui s'est peu à peu aggloméré à la grande conurbation maltaise. Depuis la découverte et la mise en valeur, en pleine ville, d'un site datant du Néolithique, son nom est devenu synonyme d'archéologie. Si les apprentis chercheurs risquent de s'enflammer volontiers, les autres se plaindront du manque d'explications sur place et lui préféreront sans doute les temples de Ħaġar Qim et de Mnajdra, plus spectaculaires et situés dans un environnement plus grandiose.

Arriver – Quitter

➢ ***De/vers La Valette :*** bus nos 81, 82 et 85.

Où dormir ?

The Burrow Guesthouse : *triq Santa Marija (Saint Mary St). ☐ 99-493-360. • theburrowmalta.net • Doubles 60-120 €, pas de petit déj pdt la crise sanitaire.* Du cachet à revendre ! Il faut dire que la maison porte bien ses 400 ans, avec ses salles voûtées, sa courette intérieure adorable et sa belle terrasse. Toutes les chambres, de caractère, ont une salle de bains privée (sauf une qui se trouve sur le palier, vieille maison oblige !), mais sembleront bien sombres, voire étouffantes, aux plus claustrophobes. N'oublions pas que *burrow* signifie « terrier », ces demeures ancestrales se protégeant du soleil et de la chaleur... ce qui fait aussi leur charme ! Pour parfaire ce décor cosy, des meubles anciens et de jolis bibelots. Sous les toits, une chambre avec terrasse pour ceux qui voudraient absolument de la lumière.

À voir

Le site archéologique de Tarxien : *triq it-Templi Neolitici. ☎ 21-695-578. • heritagemalta.org • Situé au cœur même de la ville de Tarxien. C'est indiqué depuis La Valette. Ouv mar et ven-dim 10h-16h30. Fermé 1er janv, Vendredi saint et 25 déc. Entrée : 6 € ; réduc.*

De tous les sites archéologiques de Malte, Tarxien n'est pas le plus impressionnant au 1er abord, loin s'en faut, mais c'est sans doute le plus complexe. Autant dire qu'il s'adresse principalement aux férus d'archéologie, d'autant que toutes les pierres sculptées du site sont désormais des copies : les originaux sont exposés au Musée national d'archéologie de La Valette. C'est aussi pour cette raison que l'on a trouvé l'intérêt de cette visite un peu limité. Étendu sur un terrain d'un demi-hectare, le site comprend 4 structures mégalithiques principales datées de 3600 av. J.-C., donc bien avant l'arrivée des Phéniciens (vers 800 av. J.-C.). Les temples sont, eux, plus précisément datés de 3100-2500 av. J.-C. Mais il n'est pas exclu que ces datations soient encore affinées dans l'avenir, sachant qu'elles ont déjà été modifiées...

Dommage qu'il ne reste plus grand-chose des temples... Il vous faudra donc apprendre à décrypter à l'aide des panneaux explicatifs. Ne manquez pas les gros boulets de pierre entassés sous un arbre près de l'entrée, ils ont sans doute servi à mouvoir les plus gros blocs comme une espèce de roulement à billes géant ! Remarquer ensuite le dessin irrégulier de l'architecture. Les archéologues y voient un ensemble de 4 temples juxtaposés, dont 3 plus aisément identifiables. Vu de haut (il faudrait un hélico !), le dessin fait songer à des trèfles emmêlés. L'un d'eux ne compte pas moins de 6 chambres.
Dans le temple sud, remarquer l'entrée monumentale (trop visiblement restaurée...) et ses énormes dalles. Les vestiges d'une statue colossale (copie), qui devait mesurer près de 3 m de haut, représentent une divinité. Les spécialistes pensent que ce temple était sans doute l'un des plus richement décorés de la Préhistoire maltaise. Observer ici et là les motifs sculptés sur la pierre. Ils représentent des spirales aux formes harmonieuses que les spécialistes relient à la culture mycénienne grecque. Des traces de feu indiquent peut-être des crémations ayant eu lieu à l'âge du bronze.
Au fil de la promenade, on peut voir une table d'offrandes, de petits autels, un âtre circulaire. Dans une chambre du mur entre le temple sud et le temple central, ne loupez pas le bas-relief, bien effacé, représentant 2 taureaux et une truie en train d'allaiter 13 porcelets.

DANS LES ENVIRONS DE TARXIEN

L'hypogée de Hal Saflieni : *triq ic-Cimiterju, Raħal Ġdid, à* ***Paola.*** *☎ 21-805-019. Bus nos 81, 82, 83 ou 85 depuis La Valette (arrêt « Ipogew ») ; bus nos 1, 2 et 213 depuis les Trois-Cités mais beaucoup moins fréquents. Visite (audioguidée) tlj, ttes les heures 9h-16h. Durée : 50 mn.* ***RÉSA IMPÉRATIVE :*** *le site respecte un quota de seulement 80 visiteurs/j. (10 visiteurs à la fois), il faut donc réserver le plus tôt possible (jusqu'à 3-4 mois* ***avant*** *!) sur Internet : • heritagemalta.org • Les billets se retirent le j. même à la caisse de l'hypogée. Être ponctuel, au risque de perdre sa place. Tarif : 35 € ; réduc. Enfants de moins de 6 ans non admis. Photos et films interdits. À NOTER : les places des visites de 12h et 16h restent accessibles en dernière minute ; achat des billets la veille dès 9h (mais mieux vaut se présenter dès... 7h30 pour être en bonne place dans la queue !), soit au fort Saint-Elme de La Valette, soit au musée d'Archéologie de Gozo, selon le principe du 1er arrivé, 1er servi ! Prix majoré : 40 €. Pour le documentaire seulement (audiovisual show ; ttes les 30 mn 9h30-15h30) : 5 € ; réduc. Durée : 20 mn. Résa à l'avance.*
Ce site un peu mythique est sans doute celui qui suscite le plus de questionnements... Il fut découvert par hasard autour de 1899 par un maçon qui creusait les fondations de sa maison. Mais il mit 3 ans à en parler, laissant ainsi quelques détails disparaître ! Zamit, le père de l'archéologie maltaise, confie alors les fouilles au père jésuite Magri, avant de reprendre lui-même la direction des opérations. Il émet l'hypothèse que le site a été colonisé par des paysans siciliens 5 000 ans av. J.-C., pour accueillir, quelque 2 ou 3 millénaires plus tard, cet hypogée, qui consiste en un cimetière et un temple. L'ensemble s'étage sur 3 niveaux, jusqu'à 11 m de profondeur, et forme un ***fascinant labyrinthe de galeries et de chambres*** agrandi en fonction des besoins : dès qu'une chambre était remplie de sépultures, on construisait la suivante. Les spécialistes ont retrouvé dans sa construction de l'albâtre d'Italie, des pierres des îles de Lipari et de Pantelleria, ainsi que des pigments siciliens dans les peintures rupestres. On estime à 7 000 le nombre de sépultures probables. Certains ossements retrouvés à Hal Saflieni dateraient de 3 500 ans avant l'ère chrétienne. Si beau soit-il, le site trouve son aspect le plus incroyable dans le fait qu'il date de l'âge de pierre. L'ensemble a été creusé, inlassablement, pendant plusieurs siècles – voire millénaires –, à la main, à la pierre, au silex...

Après une intéressante introduction (film de présentation ainsi qu'une courte exposition historique), la vraie visite commence : elle se fait en 10 étapes, au gré d'éclairages *ad hoc* et des commentaires de l'audioguide... Plus il descend en profondeur, plus le visiteur avance dans la pénombre. Le mystère s'accroît. On découvre enfin une ***chambre des oracles,*** sorte de cavité rocheuse et obscure percée de petites ouvertures et encore ornée de vestiges de décorations. Vous noterez que seuls les sons graves y émettent un vibrato, pas les aigus.
Puis c'est le ***saint des saints,*** une superbe et émouvante chambre sculptée comme une construction mégalithique, presque en trompe-l'œil. Du saint des saints, plongez donc votre regard dans la chambre inférieure. Bizarrement, les marches s'arrêtent à environ 2 m du sol. Comment accéder à la porte qui se trouve en face, alors ? Le sol était-il recouvert de terre et d'ossements ? Difficile à savoir... Enfin, voir la ***pièce principale,*** très belle aussi, ouverte sur les côtés et sculptée par endroits : on dirait la place d'un village souterrain. On comprend alors beaucoup mieux que cet hypogée était destiné à assurer le cycle éternel de la vie et de la mort. Il existerait d'autres hypogées de ce type à Malte, mais ils n'ont pas (encore) été mis au jour. En résumé, une visite certes onéreuse, mais intéressante, et à réserver au plus tôt !
– Le ***film documentaire*** permet d'avoir un aperçu de l'hypogée pour ceux qui n'auraient pas pu avoir de place pour le site.

Les caves Marsovin : *Marsovin Cellars, Wills St, à* ***Marsa*** *mais côté Paola. ☎ 21-82-49-18 ou 20. • marsovin.com.mt • De La Valette, direction Paola et, au grand rond-point, tourner à gauche vers les quais, passer la mosquée, prendre vers le port au rond-point suivant, puis la 3e à droite (panneau « Our cellars »). Bus nos 1, 2, 3, 81 et 82 depuis La Valette (arrêt « Lourdes »). Boutique ouv mar et jeu 10h-17h, sam 10h-13h. Visite guidée des caves mar à 11h30, plus jeu à 11h30 mai-sept, ou sur rdv. Compter env 2h de visite. Entrée : 11 € (dégustation incluse).*
Les caves Marsovin sont installées dans d'anciennes cales à bateaux, voûtées et fraîches, construites en 1620, réaménagées au fil des siècles pour les besoins du commerce, puis adaptées à ceux de la viticulture par la famille Cassar. Maison familiale fondée en 1919, la société Marsovin est aujourd'hui à la tête de 4 domaines à travers l'île et un 5e à Gozo.
Leur production est d'environ 1 million de cols par an, consommée à 95 % sur place. Réputés pour leur finesse, les vins de Marsovin proviennent de cépages variés : cabernet sauvignon, cabernet franc, merlot noir, chardonnay, syrah et girgentina, un cépage endémique de Malte. Au total, une quarantaine de références avec, dès les 1ers prix (*Citadella* à moins de 3 €, *La Torre* à moins de 5 €), un vin gouleyant et agréable. Les blancs fruités et faibles en alcool (10-11°) sont particulièrement convaincants. Pour la garde, on retiendra quelques références intéressantes, notamment le *Primus* et le *Grand Maître* (compter tout de même autour de 35-40 €). Enfin, ils proposent également une méthode champenoise, *Le Cassar de Malte.*

SLIEMA

13 600 hab.

• Plan *p. 120-121*

Au nord-ouest de La Valette, accessible par la route ou par le ferry, Sliema n'est pas un quartier mais une ville qui se prolonge au nord-ouest par San Ġiljan (Saint Julian's). Elle épouse la forme d'une presqu'île. À l'est, une extrémité en forme de pince ferme l'entrée du port, se terminant par l'imposant fort Tigné. C'est une des plus grandes villes de l'île, et la plus résidentielle.

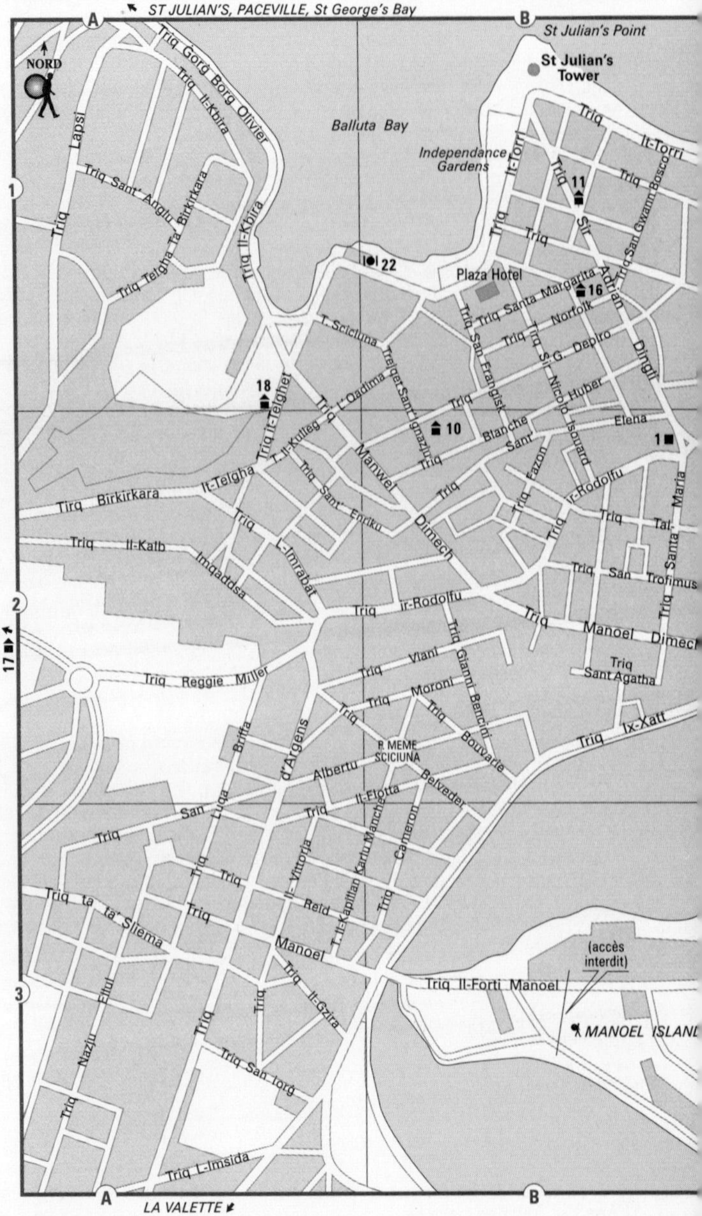

ST JULIAN'S, PACEVILLE, St George's Bay
LA VALETTE
NORD
St Julian's Point
St Julian's Tower
Balluta Bay
Independance Gardens
Plaza Hotel
MANOEL ISLAND
(accès interdit)
P. MEME SCICIUNA
Triq Il-Forti Manoel
Triq Manoel Dimech
Triq Birkirkara
Triq Il-Kalb
Triq Reggie Miller
Triq ta' Sliema
Triq L-Imsida
Triq San Iorg
Triq Il-Gzira
Triq Ix-Xatt
Triq Sant Agatha
Triq Santa Margarita
Triq Norfolk
Triq It-Torri
Triq San Gwann Bosco
Triq Gorg Borg Olivier
Triq Il-Kbira
Triq Sant' Anglu
Triq Telgha Ta Birkirkara
Triq Lapsi
Triq ir-Rodolfu
Triq Manwel Dimech
Triq It-Telgħa
Triq L-Imrabat
Triq Imqaddsa
Triq Sant' Enriku
T. Il-Kulleg
Triq San Frangisk
Triq Sir Adrian Dingli
Triq Sant' Elena
Triq Santa Maria
Triq San Trofimus
Triq Viani
Triq Moroni
Triq Gianni Bencini
Triq Bouvarie
Triq Belveder
Triq Il-Flotta
Triq Cameron
Triq Reid
Triq Vittorja
T. Il-Kapitan Karlu Manche
Triq d'Argens
Triq Briffa
Triq Luqa
Triq San Albertu
Triq Nazju Ellul
T. Sciciuna
Treiqet Sant'Ignazju
Triq G. Depiro
Triq Huber
Triq Blanche
Triq Fazon
Triq Sir Nicolo Isouard
1 2 3
A B
1 10 11 16 17 18 22

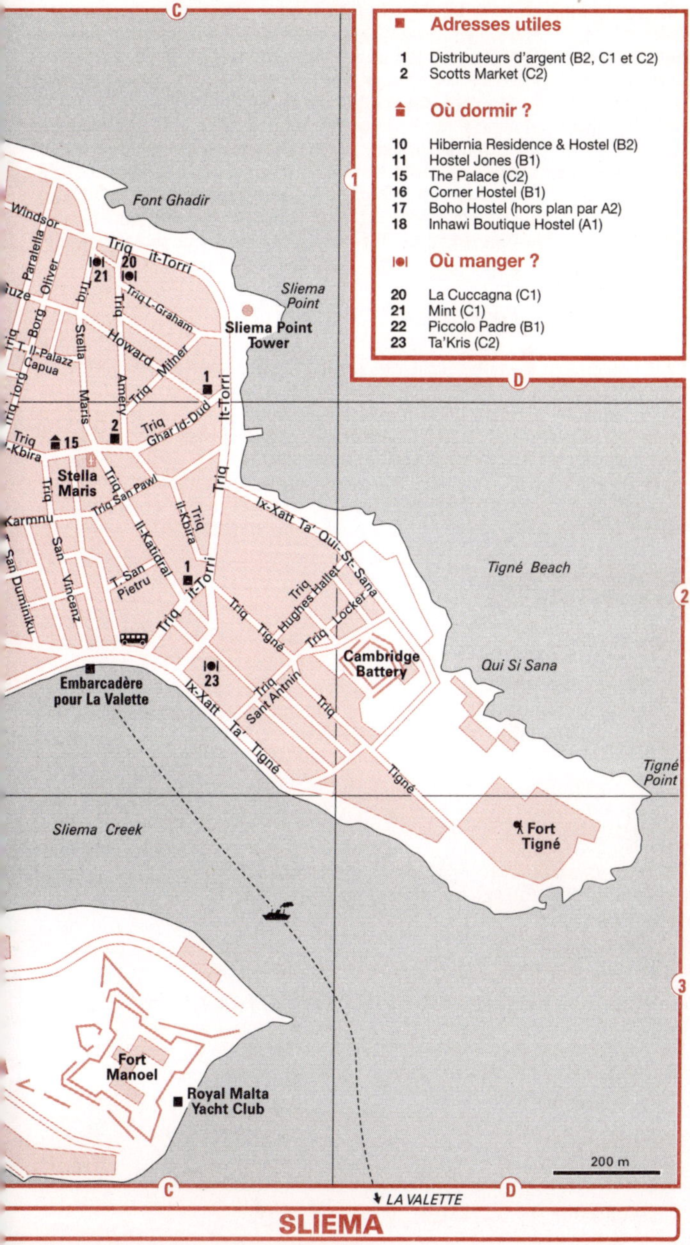

Adresses utiles

1 Distributeurs d'argent (B2, C1 et C2)
2 Scotts Market (C2)

Où dormir ?

10 Hibernia Residence & Hostel (B2)
11 Hostel Jones (B1)
15 The Palace (C2)
16 Corner Hostel (B1)
17 Boho Hostel (hors plan par A2)
18 Inhawi Boutique Hostel (A1)

Où manger ?

20 La Cuccagna (C1)
21 Mint (C1)
22 Piccolo Padre (B1)
23 Ta'Kris (C2)

SLIEMA

Le front de mer, animé et commerçant, est bordé par des rangs d'immeubles modernes, de plus en plus hauts au fil du temps. Derrière cette barrière balnéaire se cache encore un quadrillage de vieilles rues aux charmantes et bourgeoises maisons anciennes authentiquement maltaises, en pierre calcaire avec des heurtoirs aux portes et des *bow-windows*. Grosse concentration autour des rues Howard, Amery, Windsor, Dinglin...
Bien sûr, la visite n'est absolument pas comparable à celle de La Valette, ni à celles de Mdina et Rabat. Mais elle peut faire l'objet d'une balade de 1 ou 2h ou même être un camp de base pour ceux qui ne veulent pas payer les tarifs de La Valette. C'est surtout le point de départ des croisières pour La Valette et les Trois-Cités, que l'on vous recommande tout particulièrement. Et puis on est tout proche de San Ġiljan et Paceville, pour ceux qui veulent faire la fête le soir...

UN PEU D'HISTOIRE

Sliema tient son nom du mot arabe *silem,* qui signifie à la fois « arriver », « revenir après un long moment », « jouir de la paix » et « être sain et sauf ». Ouf ! C'est ce mot de soulagement que les marins maltais prononçaient naguère en entrant dans le port de Marsamxett. Sliema ne fut longtemps qu'un gros village sur une pointe que les chevaliers de l'Ordre fortifièrent en construisant le fort Tigné en 1793. Au XIXe s, la ville de La Valette devenant trop petite pour accueillir l'expansion démographique, Sliema prit de l'importance et devint une cité résidentielle pour les habitants aisés. Des Anglais s'y installèrent, ainsi que de nombreuses familles maltaises.

Arriver – Quitter

En bus

➢ ***La Valette-Sliema :*** bus n°s 13, 13A, 14, 15, 16 et 21. La plupart des arrêts se situent au niveau de l'embarcadère des ferries de Sliema. Compter env 15-25 mn de trajet.

En bateau

➢ ***Pour La Valette :*** avec le ***Marsamxetto Steam Ferry Service*** *(☎ 23-463-862 ; ● vallettaferryservices.com ●).* À l'embarcadère *(plan C2),* départs de Sliema ttes les 30 mn, juin-oct 6h45 (8h45 dim et j. fériés)-23h45 (minuit depuis La Valette), nov-mai 6h45-19h15 (8h45-18h15 dim). Traversée en 10 mn. Billet : 1,50 € ; A/R 2,80 € (réduc), respectivement 1,80 € et 3,30 € à partir de 19h30. Franchement le plus sympa !

Adresses utiles

■ ***Distributeurs de billets*** *(plan B2, C1 et C2,* ***1****) : triq it-Torri.* En plein cœur de la partie commerciale de Sliema. Plusieurs distributeurs à la *Bank of Valletta* (change automatique également) et à *HSBC*.

■ ***Scotts Market*** *(plan C2,* ***2****) : triq Amery, à l'angle de la triq il-Kbira. Lun-sam 7h30-20h.* Supermarché bien pratique.

Où dormir ?

Bon marché (env 20 €/pers)

🏠 ***Hibernia Residence & Hostel*** *(plan B2,* ***10****) : triq Mons G. Depiro. ☎ 25-588-340 ou 370. 📱 79-588-247. ● nsts.org ● Réception le mat seulement (porte fermée le reste du temps, il faut téléphoner !). Compter 13-25 €/pers* *en dortoir, 25-37 €/pers en chambre double et 37-49 € en single, petit déj inclus.* Dans une tranquille rue résidentielle, une AJ affiliée à l'agence de voyages étudiante *NSTS*. Choix entre des dortoirs de 6-8 lits non mixtes avec sanitaires communs et des chambres-studios avec kitchenette (et terrasse pour certaines), le tout globalement bien tenu, sur 6 étages. Laverie, salle à manger et terrasse sur le toit. Petits magasins d'alimentation juste à côté. L'agence *NSTS* possède un autre hébergement à Gzira, le ***Campus Residence,*** à 2 km au sud de Sliema *(dortoirs 4-5 lits 15-27 €/pers et studios pour 2 avec sdb et kitchenette 28-40 €).* Le plus : une piscine.

Hostel Jones *(plan B1,* ***11****) : pjazza Sir Adrian Dingli. 99-320-003. Compter 15-20 €/pers en dortoir 4-8 lits ; une seule double 40-90 €, petit déj inclus. Fermé temporairement, se renseigner avant de se déplacer.* Sur une ravissante place circulaire, une vieille maison maltaise (avec carrelages d'époque) transformée en AJ privée. Meubles de brocante ou à base de matériaux de récup' (sauf les lits), chambres et dortoirs avec des fresques signées de *street artists* locaux. Cool, quoi ! Comme la terrasse-petit jardin sur le toit. Cuisine équipée et laverie.

Corner Hostel *(plan B1,* ***16****) : 6, triq Santa Margarita. ☎ 27-802-780. Ouv 24h/24. Compter 16-21 €/pers en dortoir (4 lits) ; doubles 46-54 €. Pas de petit déj, mais cuisine à dispo.* Dans un quartier tranquille du centre et dans une vieille maison dont subsistent quelques jolis vestiges (carrelages Art nouveau, bow-window pour un des dortoirs). Dortoirs pour femmes, pour hommes ou mixtes, ainsi que des doubles (la plupart avec salle de bains privée). Déco toute simple mais l'ensemble est récent et bien tenu. Salon et grande cuisine (pas mal équipée) à disposition, notamment pour le petit déj.

Inhawi Boutique Hostel *(A1,* ***18****) : triq it-Telghet (à San Ġiljan). ☎ 21-382-554. • inhawi.com • Compter 15-38 €/pers en dortoirs 4-12 lits (mixtes et féminins).* On craque pour cet *hostel* d'un tout nouveau genre. Installée dans un ancien pensionnat rénové pour l'occasion, cette auberge occupe de grands volumes avec une belle hauteur sous plafond. Cela donne beaucoup de cachet à l'ensemble par ailleurs très design. Un peu cher à 1re vue mais tout est compris : clim, salle de bains dans chaque chambre, cuisine à disposition, jusqu'au petit déj servi dans le resto voisin. Sans oublier le joli jardin équipé de hamacs et la petite piscine entourée de transats... Le tout à 5 mn de la plage.

Boho Hostel *(hors plan par A2,* ***17****) : Villa Cycas, triq Dun Guzeppi Xerri. ☎ 27-656-008. • bohohostel.com • ♿ À San Ġiljan en fait ; à 10 mn à pied (mais ça grimpe un peu) de la baie de Balluta où s'arrête le bus depuis l'aéroport. Compter 14-22 €/pers ; une double à 70 €.* AJ privée, installée dans une ancienne villa dont l'agréable jardin fait presque oublier l'incessante circulation de la « rocade » d'à côté. 4 dortoirs de 6 lits superposés (dont 2 mixtes) et une double avec bains, colorés, plaisamment meublés de bric et de broc. Cuisine à dispo (épicerie pas loin). Équipe accueillante et francophone (qui organise régulièrement des barbecues et des sorties en kayak).

Très chic (plus de 120 €)

The Palace *(plan C2,* ***15****) : triq il-Kbira (High St). ☎ 21-333-444. • thepalacemalta.com • Doubles standard en saison 170-220 €. Parking 2 €/j.* Au cœur de Sliema, un beau 5-étoiles dans un immeuble résolument contemporain de 9 étages, avec 160 chambres, dont des suites de différentes catégories. En gros, plus on monte dans les étages, mieux c'est, mais les 1res chambres, aux niveaux inférieurs, sont déjà... parfaites, avec vue néanmoins sur l'intérieur. Resto au rez-de-chaussée *(The Tabloïd)* proposant tous les soirs un buffet à thème. Spa, fitness, sauna et, sur le toit, un autre restaurant (asiatique) et une piscine extérieure à débordement avec vue.

Où manger ?

Bon marché (plats moins de 12 €)

Mint (plan C1, **21**) : *30-39, triq Stella Maris. ☎ 21-337-177. À l'angle de triq Windsor, face au front de mer. Tlj sauf lun 8h-18h.* Ambiance décontractée, un tantinet bohème, pour ce café jeune et coloré qui fait salle comble tous les midis. Le succès s'explique facilement : tous les jours, le présentoir regorge de nouveaux sandwichs originaux, de petits plats (lasagnes, cakes salés...) et de desserts bien caloriques ! Le tout, simple, bon, pas cher, fait maison et servi avec le sourire dans une salle guillerette ou sur la terrasse face à la mer.

Prix moyens (plats 12-18 €)

Piccolo Padre (plan B1, **22**) : *194-195, Main St. ☎ 21-344-875. Tlj 18h15-22h30 (23h w-e), plus dim 12h-15h. Résa conseillée en saison pour être placé en terrasse.* Situé à la limite avec San Ġiljan, un resto italien pour amoureux où l'on s'installera sur une charmante terrasse dominant la baie de Balluta. La salle est tout aussi agréable, avec ses murs en pierre et son éclairage tamisé. Dans l'assiette, de bonnes pâtes, des pizzas cuites au feu de bois et autres salades fraîches, ainsi que des viandes et poissons grillés, le tout pas si cher que ça. Accueil et service un peu routiniers, mais ça reste l'un des bons rapports qualité-prix du coin. Le *Barracuda,* qui partage la même demeure, se veut, lui, plus classe : les vedettes du showbiz y font généralement incursion durant leur séjour maltais... en trustant les plus belles vues.

Ta'Kris (plan C2, **23**) : *80, Fawwara Lane. ☎ 21-337-367. Tlj 12h30-23h. Résa conseillée le soir.* Caché dans une ruelle de poche où ne tiennent que 4 petites tables en terrasse. La salle (climatisée), une ancienne boulangerie, a conservé son cachet d'antan (vieux carrelage et grand four à pain) et ne manque pas de charme. Excellente cuisine familiale maltaise, préparée avec des produits frais et généreusement servie, ce qui explique sans doute le grand nombre d'habitués. Sans oublier le service qui, même débordé, reste souriant.

La Cuccagna (plan C1, **20**) : *47, triq Amery. ☎ 21-346-703. Tlj sauf lun 19h-22h30. Résa conseillée (pas possible sam).* Très sympathique resto familial. Des pâtes, bien sûr, excellentes, des pizzas, des viandes en sauce et du poisson frais, le tout servi avec prestance dans un cadre rustique, agréable et climatisé. Belle sélection de vins. Excellent accueil.

À voir

Le fort Tigné (plan D2-3) : *à la pointe est de Sliema.* Récemment restauré, mais ne se visite pas. On se contentera donc, depuis la passerelle du Tigné Seafront (qui croule sous les cadenas laissés par les amoureux), de la vue sur sa silhouette, fièrement dressée sur le promontoire de Dragut Point, du nom du fameux corsaire turc tué lors du Grand Siège de 1565 par les éclats d'un boulet de canon maltais. Construit en 1793 par le chevalier français de Tigné, ce fort fut le dernier ouvrage militaire des chevaliers. Cette pointe, qui accueille depuis peu le plus grand centre commercial de l'île, est encore sérieusement en travaux : les immeubles y poussent comme des champignons.

La promenade du front de mer : au-delà du fort Tigné, gentille balade à pied en longeant la mer par triq it-Torri. En chemin, on passe devant 2 tours anciennes : *Sliema Point Tower (plan C1)* et *Saint Julian's Tower (plan B1).* Les agréables et contemporains jardins de l'Indépendance conduisent ensuite jusqu'à la baie de Balluta, surplombée par une imposante église néogothique et les non moins imposants (et Art nouveau) *Balluta Buildings.* Les courageux pourront poursuivre jusqu'à la baie de Spinola (voir à San Ġiljan).

Entre Sliema et La Valette

L'île et le fort Manoel *(Manoel Island ; plan B-C3)* **:** sorte de péninsule au cœur du port de Marsamxett reliée par un tout petit pont aux quais de Sliema. Mais il n'y a qu'une partie de l'île (avec le port de plaisance et un inénarrable « village des canards » !) à être accessible pour cause de travaux d'envergure : le fort, très endommagé pendant la Seconde Guerre mondiale, est en cours de complet réaménagement. Il a été construit entre 1723 et 1732, à l'époque du grand maître Manoel de Vilhena (d'où son nom) par les chevaliers français de Tigné et Mondion. Son but était défensif. Il pouvait abriter un demi-millier d'hommes. L'île, quant à elle, servait à l'origine de quarantaine aux équipages des navires qui commerçaient avec l'Orient. Au temps des croisades et au Moyen Âge, c'est de ces contrées orientales que provenaient le plus souvent les épidémies de peste. Pour éviter que cette terrible maladie ne se répande, les marins une fois arrivés au port de Marsamxett devaient attendre 40 jours sur l'île avant de débarquer sur la terre ferme. Ayant vocation hospitalière, les chevaliers de l'Ordre y installèrent le lazaret San Rocco en 1643, qui fut d'autant plus fréquenté qu'il était plus économique que ceux des autres ports. Le lazaret était encore actif au XVIIIe s, notamment pendant l'épidémie de peste qui ravagea Marseille en 1720. Et tout autour s'étendaient pas moins de 6 cimetières : autant dire que les épidémies n'étaient pas rares !

À faire

Balades en mer

■ ***Captain Morgan :*** *Dolphin Court, Ix-Xatt ta'Tigné (sur le front de mer). ☎ 23-463-333. • captainmorgan.com.mt • Embarcadère sur la promenade principale (quai triq Marina), entre triq Manoel Dimech et triq it-Torri, à 2 mn à pied du centre de Sliema.* Balade dans les ports de La Valette et des Trois-Cités *(départs mai-sept 10h-15h30 ; mars-avr et oct-nov 10h30-14h45 ; 16 €, réduc).* Tout le monde n'ayant pas la chance d'avoir un ami milliardaire, beaucoup devront se contenter de cette balade en mer, certes touristique mais vraiment magique ! Elle permet surtout de voir les 2 villes autrement et de pénétrer dans le port de commerce, impressionnant avec ses paquebots, ses cargos, son arsenal et ses raffineries. La compagnie propose aussi des excursions à la journée autour de Malte avec baignade prévue dans le Blue Lagoon de Comino ou un tour en jeep à Gozo.

■ Le long du quai, d'autres compagnies, comme ***Luzzu Cruises*** *(📱 79-064-489 ; • luzzucruises.com •),* proposent le même type d'excursions à des prix similaires. Autre option, plus chic : ***Hera Cruises*** *(☎ 21-330-583 ; • heracruises.com •),* à bord de goélettes ; mais là, les tarifs sont nettement plus élevés.

SAN ĠILJAN (SAINT JULIAN'S) ET LE QUARTIER NOCTURNE DE PACEVILLE

8 100 hab.

• Plan *p. 127*

Au nord-ouest de Sliema, le littoral maltais, rocailleux et très découpé, ne forme qu'une vaste agglomération « les pieds dans l'eau », mais aussi dans le béton. De la baie de Balluta à la baie de Saint-Georges, de la pointe de Spinola à la pointe de Dragonara, on trouve plus d'immeubles que de plages.

Inutile de sortir masque et tuba, les seules sirènes de la côte se trémoussent sur les rythmes endiablés que distillent bars et boîtes de Paceville ! Amateurs de sorties nocturnes, ce secteur a été créé spécialement pour vous.

DU *HILTON* AUX DREADLOCKS DES ÉTUDIANTS EN LANGUES : UN VRAI « MELTING-POTES »...

San Ġiljan est une station balnéaire dont le commerce touristique est la 1re activité. Au pied de la haute tour d'acier et de verre (le plus haut building de l'île) du centre d'affaires Portomaso se trouve l'hôtel *Hilton.* Cet hôtel 5 étoiles résume bien la tendance de la ville : attirer une clientèle internationale haut de gamme. D'ailleurs, plusieurs grandes chaînes hôtelières de luxe sont implantées ici : *Westin, Corinthia, Méridien, Radisson, Intercontinental...* Et les yachts luxueux de millionnaires internationaux font escale dans la Portomaso Marina (où un panneau rappelle que le silence est exigé pour le bien-être des riverains...).

Ce développement ne doit pas faire oublier les origines villageoises de ce secteur, comme en témoignent les petits bateaux de pêcheurs de la baie de Spinola et quelques rues aux maisons basses de Paceville. Ce quartier est parallèlement devenu le haut lieu des écoles d'anglais à Malte. Résultat : une foule jeune et cosmopolite venue des 4 coins d'Europe.

Arriver – Quitter

➢ ***La Valette-San Ġiljan :*** bus nos 13, 13A, 14 et 16.

➢ ***Ċirkewwa-San Pawl il-Bahar-San Ġiljan :*** bus no 222.

➢ ***De l'aéroport :*** bus nos X1 et X2.

Adresse et info utiles

■ **Banques :** *2 agences* ***HSBC,*** *l'une triq Elija Zammit (plan A1,* ***1****), à Paceville, l'autre triq San Ġorġ (angle triq Qaliet ; plan A2,* ***1****), avec distributeur extérieur et bureau de change. 2 agences* ***Bank of Valletta,*** *l'une à l'angle de Dragonera et Paceville (plan A1,* ***1****), l'autre à l'angle de San Ġorġ et triq Ross (plan A2,* ***1****).*

– Attention : circulation et stationnement pas évidents à Paceville dont plusieurs rues sont fermées à la circulation les soirs de week-end. Grand parking découvert pas trop cher (en semaine) en bas de Triq il-Wilga *(plan B1).*

Où dormir ?

Bon marché (env 20 €/pers)

⌂ ***Hostel Malti*** *(hors plan par A2,* ***15****) : 109, Birkirkara Hill St. ☎ 27-302-758. • hostelmalti.org • Bus no 24 de La Valette ou no 110 de Sliema, arrêt « Qieghed Hawn ». Dortoirs (6-14 lits) 15-27 €/pers ; doubles sans ou avec sdb 55-110 €. 2 nuits demandées.* Une vraie AJ à Malte ? Colorée ? Fraternelle ? Avec un authentique esprit routard et toutes les petites choses qui garantissent un séjour convivial (une cuisine équipée, un salon accueillant, une terrasse sur le toit avec banquettes et barbecue) ? Bienvenue au *Malti,* qui remplit tous les critères avec la manière ! Dortoirs simples mais sympa, et sanitaires bien tenus. Quelques chambres doubles également. Un bon plan pour ceux qui feront l'effort de pousser jusque-là, car l'AJ est assez excentrée. Compter 15 mn à pied de Spinola Bay par une rue bien pentue !

⌂ Voir aussi l'***Inhawi Boutique Hostel*** et le ***Boho Hostel,*** plus haut dans le chapitre « Sliema ».

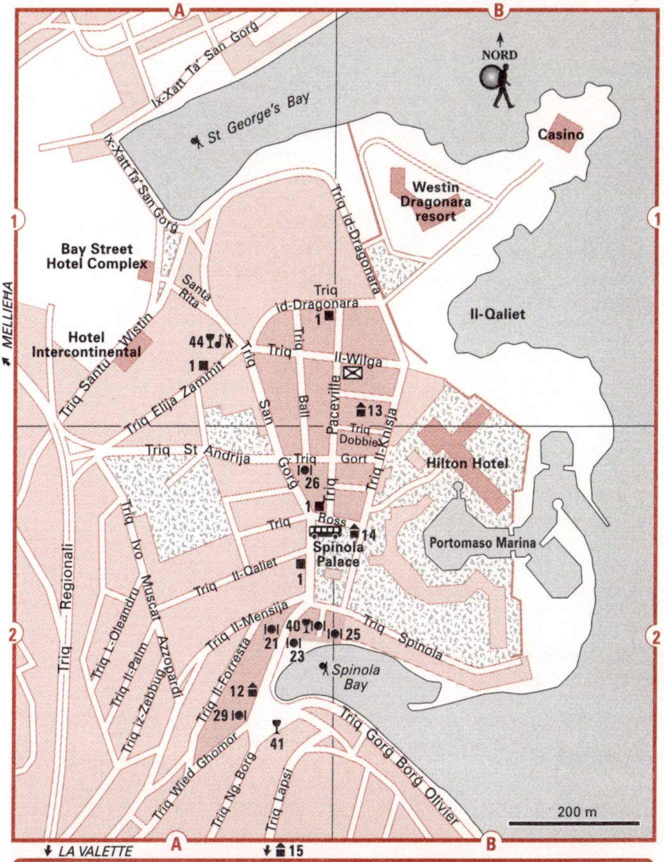

SAN GILJAN ET PACEVILLE

Adresse utile

1 Banques (A1 et A2)

Où dormir ?

12 Hotel Juliani (A2)
13 Hotel Valentina (B1)
14 Ir-Rokna Hotel (B2)
15 Hostel Malti (hors plan par A2)

Où manger ?

21 Peppino's (A2)
23 Cuba (A2)
25 Gululu (A-B2)
26 The Avenue (A2)
29 Badass Burgers (A2)

Où boire un verre ? Où sortir ?

40 Jah Ruulz at Juuls (A2)
41 Saddles (A2)
44 Native Bar, The Qube Vodka Bar, Middle East Muse et Hugo's Lounge (A1)

De prix moyens à chic (40-120 €)

Ir-Rokna Hotel (plan B2, **14**) : *triq il-Knisja. ☎ 21-384-060. Doubles 40-100 €, avec petit déj ; également des apparts pour 4 pers 90-150 €.* À l'ombre de l'hôtel *Hilton,* ce petit hôtel familial propose des chambres un peu désuètes mais bien tenues, confortables et climatisées, avec ou sans balcon, toutes avec frigo, coffre-fort et petite salle de bains nickel. Ambiance bon enfant et accueil souriant. Excellentes pizzas au resto de l'hôtel. Un bon rapport qualité-prix.

De chic à très chic (plus de 80 €)

Hotel Valentina (plan B1, **13**) : *triq Dobbie. ☎ 21-382-232. • hotelvalentina.com • Pour 2, en chambre « economy », compter 85-150 €, avec petit déj-buffet. 10 % de réduc au resto* The Avenue *(voir plus loin « Où manger ? »).* En plein cœur de Paceville mais dans une rue relativement préservée de l'agitation, un hôtel au goût d'aujourd'hui avec ses amples espaces communs au design élégant et coloré. Les chambres sont dans le même esprit, contemporaines et d'un confort optimal, avec de jolies salles de bains. La moitié donne sur la rue, l'autre sur la cour intérieure, et certaines disposent de balcons. Toute petite mais belle piscine sur le toit. Vraiment une très bonne adresse à l'ambiance détendue mais à l'accueil pro. Excellent rapport qualité-prix hors saison.

Hotel Juliani (plan A2, **12**) : *25, triq San Ġorġ. ☎ 21-388-000. • hoteljuliani.com • ♿ Doubles standard 100-180 € ; petit déj 15 €. Parking.* Très joli hôtel : déco contemporaine soignée, chambres élégantes et tout confort, piscine de charme sur le toit, accueil impeccable et toute une gamme de services : spa et salle de sport. Le tout face à la jolie Spinola Bay... et à la très passante triq San Ġorġ. Mieux vaut loger sur l'arrière si on est sensible au bruit. Resto sur place, pas mal du tout, le *Zest,* pour une cuisine fusion.

Où manger ?

Autour de la baie de Spinola

Bon marché (plats moins de 12 €)

Badass Burgers (plan A2, **29**) : *1 triq San Ġorġ. ☎ 21-384-066. En léger retrait du port, à 50 m du McDo ! Lun-sam 18h-23h, dim 12h-23h30.* Bons gros hamburgers originaux : *burger thaï* aux crevettes, le *Obama* au cheddar, le *Maltese* au lapin et à la saucisse... En tout, une douzaine de propositions à agrémenter de la sauce de son choix. Et c'est bon ! Installé sur une terrasse donnant sur le carrefour embouteillé (bienvenue à Malte !). L'occasion d'apercevoir de l'autre côté de la rue les anciennes fortifications. Une adresse dans l'air du temps, à l'accueil fort sympathique.

Cuba (plan A2, **23**) : *triq San Ġorġ. ☎ 20-102-323. Lun-ven 11h30-22h, w-e 9h-22h30.* Malgré la proximité de la rue (très passante), la belle terrasse mérite qu'on s'y installe pour sa jolie vue sur la baie de Spinola. Sinon, il y a aussi une salle climatisée. On y sert à toute heure une cuisine internationale (qui se laisse manger) : sandwichs, pizzas, salades, pâtes, burgers et *ribs.*

De prix moyens à chic (plats 12-25 €)

Gululu (plan A-B2, **25**) : *133, Spinola Bay. ☎ 21-333-431. Tlj 18h-23h, plus w-e 12h-16h. Résa plus que conseillée (notamment pour la terrasse).* C'est sans doute le plus bel emplacement de la baie de Spinola, avec sa romantique terrasse posée à même le quai et sa salle en surplomb. Et comme la cuisine, typiquement maltaise, se révèle d'une goûteuse simplicité (pâtes, fritures, desserts traditionnels), on ne regrette vraiment pas l'attente. Réputé auprès des touristes comme des locaux, l'endroit est souvent bondé.

Peppino's *(plan A2, **21**)* : *31 triq San Ġorġ. ☎ 21-373-200. Tlj 10h-15h, 18h30-23h.* Si ça ressemble à l'une de ces petites adresses que l'on rencontre partout en Italie, c'est l'une des rares recommandables en ville. Réservez, surtout si vous lorgnez sur l'une des tables de la miniterrasse qui domine la route et la baie.

À Paceville

De prix moyens à chic (plats 12-25 €)

The Avenue *(plan A2, **26**)* : *triq Gort. ☎ 21-351-753. Tlj 12h-14h30, 18h-23h30. Fermé dim midi en été.* Peut-être pas une avenue, mais ce « multiresto » n'aligne tout de même pas moins de 4 salles sur toute la longueur de cette rue. Pour la déco, on passe du tout bois blond au bois plus sombre. Les longues terrasses affichent un look résolument plus pop. Pour la cuisine (hormis une des salles, qui ne sert que des pizzas), c'est du classique (pour Malte), avec des plats (pâtes, salades, viandes grillées) bien amenés et plutôt gentiment tarifés. Excellent accueil et service efficace. Souvent plein, malgré sa taille, donc mieux vaut y venir en début de service.

MALTE

Où boire un verre ? Où sortir ?

Autour de la baie de Spinola

Jah Ruulz at Juuls *(plan A2, **40**)* : *triq San Josep. 📱 7710-56-86. Tlj de 12h jusque... tard ! Congés : janv-mars. CB refusées.* L'un des plus authentiques bars reggae de Malte. Murs qui ont évidemment pris les couleurs du drapeau rasta, *positive vibrations* de rigueur et ambiance détendue mais qui déborde vite des 2-3 petites salles sur les amples marches de cet escalier qui descend vers le port. Plats végétariens (et bio) côté resto.

Saddles *(plan A2, **41**)* : *triq il-Kibra. ☎ 21-369-993. Tlj 9h-4h. CB refusées.* Façon pub, avec écrans plus ou moins géants pour les matchs, une institution locale. Les folles soirées qui se terminent à Paceville commencent souvent ici. Petite terrasse et bar à vins (et à cocktails) plus tranquille à l'étage.

À Paceville

Paceville, capitale de la vie nocturne maltaise, concentre surtout son animation autour de Paceville Plazza, notamment dans le passage-escalier qui descend de triq San Ġorġ vers le *Bay Street Hotel Complex,* un centre commercial vieillissant mais toujours florissant. Bars et boîtes s'y empilent (au sens propre du terme, levez les yeux !). Beaucoup, beaucoup de jeunes (16-25 ans) maltais et étrangers sortis des écoles de langue, s'y retrouvent (en fin de semaine surtout, mais l'ambiance commence à s'installer dès le mercredi !). Pour être francs, si les bars sont plus que nombreux, ils se ressemblent presque tous : vastes espaces avec déco au goût du jour et musique (à fond !) plutôt commerciale. On va quand même vous indiquer le ***Native Bar*** ou ***The Qube Vodka Bar*** *(plan A1, **44**)*. Et chichas en terrasse au ***Middle East Muse*** et cocktails au ***Hugo's Lounge*** *(plan A1, **44**)*. En revanche, on oubliera volontiers les nombreux *Gentlemen's Club,* bars à strip-tease peu recommandables, qui ont poussé comme des champignons !

À voir. À faire

Spinola Bay *(baie de Spinola ; plan A-B2)* : cette petite baie très abritée, où mouillent quelques bateaux de pêche, barques et croquignolets *luzzu,* constitue un point névralgique de San Ġiljan, bordé par des dizaines de restaurants et de cafés. Quelques maisons de pierres et hangars à bateaux creusés dans le roc demeurent au milieu des rangées d'immeubles modernes. La baie porte le nom de Rafael Spinola, un chevalier génois, qui s'était fait construire un palais dominant de loin la petite anse. Situé à l'angle de triq Spinola et de triq San Ġorġ, le ***palazzo Spinola*** est une splendide demeure en globigérine (la fameuse pierre calcaire couleur de miel) de 1688 qui servit d'hôpital militaire pendant la Première Guerre mondiale.

Saint George's Bay *(baie de Saint-Georges ; plan A1)* **:** une petite plage de sable artificielle (le sable vient de Jordanie !), bordée par une promenade, souligne le fond de la baie. Elle est dotée d'un système de filtration de l'eau pour assurer une bonne qualité de baignade. Cela ne fait pourtant pas oublier l'urbanisation alentour, d'autant qu'une bonne partie de l'arène est squattée par les chaises longues de l'*Intercontinental.* Noir de monde en été et douche payante (et chère).

L'EST

• Carte *p. 131*

L'est de Malte recèle moins de vestiges culturels et historiques que d'autres coins de l'île et ne présente pas le bord de mer le plus attrayant (entre le port de commerce de Birżebbuġa et l'urbanisation un peu anarchique à Marsaskala). Mais il mérite quand même qu'on y fasse un tour, ne serait-ce que pour le charmant petit port de pêche de Marsaxlokk, clairsemé de *luzzu,* ces petites barques maltaises toutes colorées.

MARSASKALA

11 100 hab.

Au sud-est de l'île, sur les flancs d'une anse profonde exposée au sirocco, ce port de taille moyenne garde un certain charme à condition de faire abstraction de l'urbanisation anarchique et galopante qui l'entoure. Le coin le plus agréable est justement le port avec ses dizaines de *luzzu* colorés. Les cafés et les restos alignés sur les quais accueillent essentiellement un tourisme maltais, très familial. Marsaskala signifie « le port de l'escale ». Disons que celle-ci ne fait pas partie de nos favorites... mais elle n'est pas désagréable pour autant, surtout le soir venu, une fois la chaleur retombée.

Arriver – Quitter

➢ ***De/vers La Valette :*** bus nos 91 et 93.

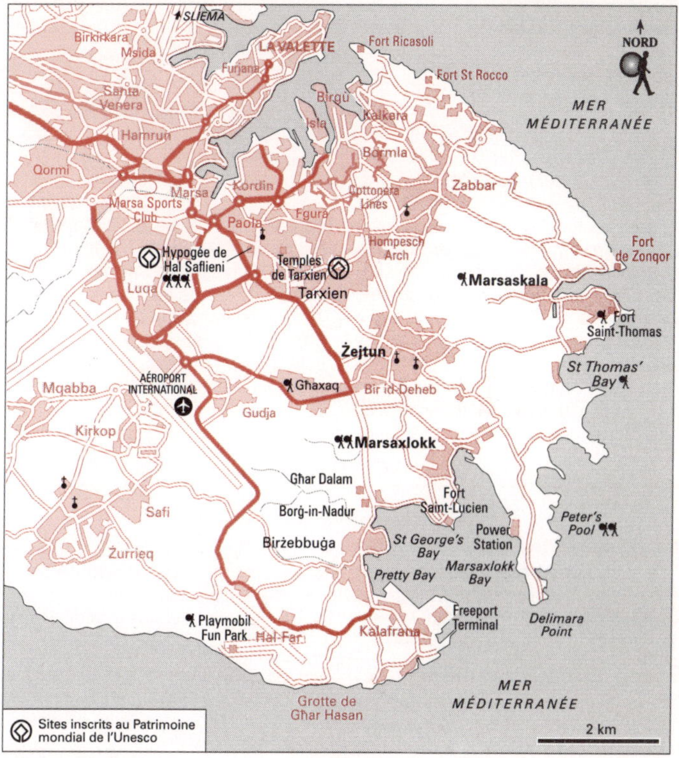

L'EST

Où dormir ?

De bon marché à prix moyens (moins de 60 €)

🏠 |●| ***Summernights Pub and Grill :*** *44, triq ix-Xatt. 📱 99-899-723 (logement). ☎ 21-637-956 (pub). • cutalex@gmail.com • Compter 50 € pour 2 en saison (négociable hors saison selon le nombre de nuits). Réduc de 10 % au pub-grill du rdc pour les résidents (fermé lun ; même proprio).* En surplomb du port, au-dessus du pub-resto du même nom, cette mini résidence propose des chambres simples, des studios avec kitchenette et de beaux appartements à la déco sobre. Certains rénovés, tous équipés d'une douche/w-c, de la clim (avec compteur à pièces) et d'un balcon donnant sur le port. On vous conseille les chambres d'angle pour la vue. Ou alors de loger au 3e étage (il y a un ascenseur), où elles sont plus grandes et dotées de petites terrasses. Entretien correct et bon accueil. Mais le coin n'est pas des plus calme, surtout le week-end en raison des nombreuses terrasses de café qui accueillent les familles en goguette !

Où manger ?

De prix moyens à chic (plats 12-25 €)

Tal Familja : *triq il-Gardiel. ☎ 21-632-161. Tlj sauf lun 11h-15h, 18h-23h. Menus 25-29 €.* Une adresse un peu bourgeoise : salle climatisée, nappes bien repassées, élégants verres à vin et tableaux aux murs. Passez-vous la serviette autour du cou, comme dans le temps, et écoutez le volubile patron, qui saura vous donner envie de déguster ses nombreuses spécialités maltaises. Bon rapport qualité-prix dès le 1er menu. Goûtez donc les escargots, la purée de haricots ou les classiques lapin et *bragioli*. On vous conseille aussi et surtout le poisson, très bien cuisiné. Bref, on aurait bien tort de bouder cette *familja*.

Grabiel : *Mifsud Bonnici Sq. ☎ 21-634-194. Au bord du carrefour, face au port. Tlj 9h-22h30.* Resto bien populaire, fondé en 1953, et fréquenté par les familles du coin. Apprécié pour sa large terrasse (pas spécialement bien située, en plein carrefour, pour la plupart des tables). Mais c'est là qu'il faut s'installer (si le temps le permet) pour une cuisine aussi roborative qu'abordable : pâtes (notamment aux oursins, en saison), poissons, salades, sandwichs, omelettes et pizzas (le soir seulement).

À voir

Les ruines du fort Saint-Thomas : une route côtière longe le rivage sud de la baie et aboutit à un grand complexe hôtelier à l'abandon. Juste devant se dresse le fort Saint-Thomas, restauré il y a quelques années *(pas d'accès)*. Construit sous le grand maître Alof de Wignacourt en 1614 sur les plans de Cassar, l'édifice quadrangulaire est entouré de douves.

La baie de Saint-Thomas : *à env 2 km, au sud-est de la ville.* La plage de Saint-Thomas *(Saint Thomas' Bay)* occupe le fond d'une baie encerclée par quelques modestes bâtiments. Comme souvent à Malte, aucun arbre pour se mettre à l'ombre et beaucoup de monde en été. Au bout de la baie, un chemin mène à une petite crique de rochers calcaires où l'on peut glisser dans une eau limpide. Hélas, très peu de place pour poser sa serviette, et le coin n'est pas toujours bien entretenu.

ŻEJTUN

11 400 hab.

Situé sur le plateau rocailleux entre La Valette et la côte est de l'île, Żejtun signifie « pressoir à huile d'olive » (en arabe, *zeitun* veut dire « olive »). Charmante petite ville organisée autour d'une belle église baroque située sur une place élégante. Dans le centre, de jolies façades et églises témoignent d'une certaine prospérité. Ambiance authentique et (très) paisible, loin de l'agitation des bords de mer...

Arriver – Quitter

➢ ***De/vers La Valette :*** bus nº 84.

Où boire un verre dans les environs ?

Bars du Saint Mary's Musical Club et du Saint Joseph Club : *à Għaxaq, sur la pl. de l'église, triq Santa Marija. Généralement de 16h au dernier client* *(tte la journée dim).* Contrairement à sa façade luxueuse digne d'un palais, l'intérieur du *Saint Mary's Musical Club* présente moins de caractère, malgré quelques remarquables vitraux. Si vous trouvez porte close, vous pourrez vous rabattre sur le *Saint Joseph Club* voisin, très complémentaire du 1er si l'on en croit la lecture de la Bible... Et somme toute encore plus beau à l'intérieur, comme en témoigne son surnom : « Il-Meravilja ». Fondé en 1874, il abrite une très belle cage d'escalier surmontée d'une coupole où sont peints des portraits de quelques grands noms de la musique classique.

À voir

Saint Catherine's Church *(église Sainte-Catherine)* **:** édifiée en 1692, cette église baroque répond au plan habituel (coupole centrale et dômes latéraux). À l'intérieur, plusieurs chapelles abritent des peintures religieuses. Le chœur possède un maître-autel en marbre. Toiles et fresques, ors et tentures framboise, baldaquin à l'identique, lustres en cristal... On n'a pas dit lourd, on l'a juste pensé ! Par le transept de gauche ou par la petite place, on peut accéder à un charmant oratoire du XVIIIe s.

CE N'EST PAS DU PIPEAU !

À Għaxaq, près de Żejtun, les membres du Saint Mary's Musical Club ont bâti un édifice proche des palais de la Renaissance. Tout semble ancien, mais c'est une copie. De 1985 à 2002, le chantier s'est fait avec des outils d'époque. Résultat : une façade digne des papes Borgia, des balcons sculptés comme autrefois, des colonnes torsadées comme en Sicile. Ni ciment ni béton, rien que du marbre et du calcaire acheminés depuis les carrières de l'île.

Saint Gregory's Church (église Saint-Grégoire) **:** *derrière l'église Sainte-Catherine, prendre la triq San Grigor et la suivre jusqu'à l'église du même nom. Attention, ce n'est pas la 1re mais la 2de (à env 300 m) ! Tlj pour la messe, mat (vers 9h) et soir (vers 18h30).* Construite en 1436, remaniée au fil des siècles, elle conserve néanmoins son aspect fortifié. Érigée à un endroit stratégique, elle permettait aux chevaliers de prier tout en surveillant la côte ! En cas d'alerte, un garde adressait des signaux lumineux aux hommes de Mdina, à l'époque capitale de Malte. Pour en faciliter la défense, des passages secrets avaient été creusés dans les murs et débouchaient dans les tours ou sur les toits. L'un d'eux a révélé, en 1969, un étonnant ossuaire, riche d'une vingtaine de squelettes.

MARSAXLOKK

3 280 hab.

Dans une baie où les Phéniciens avaient débarqué au IXe s av. J.-C., un adorable petit port de pêche où flotte une ribambelle de *luzzu,* ces barques colorées qui portent sur leur coque un œil peint à la proue pour chasser le mauvais sort. Jolies photos garanties ! Malgré la centrale électrique, au fond de la baie, qui trouble un peu cette belle image de carte postale, cela reste l'un de nos coins préférés sur l'île.

Son nom plus que riche en consonnes (prononcer « Marsachlok ») signifie « la baie du sirocco ». En effet, quand ce vent torride venu du désert d'Afrique souffle, la baie, orientée au sud-est, est frappée avant le reste de l'île.

Arriver – Quitter

➢ ***De/vers La Valette :*** bus nos 81 et 85.

➢ ***L'aéroport et Marsaskala :*** bus no 119.

Où dormir ?

De prix moyens à un peu plus chic (40-80 €)

Duncan's Guesthouse : *32, Xatt is-Sajjieda. 79-863-105. • duncanguesthouse.com • À l'entrée du port, à droite. Doubles 50-80 €, petit déj inclus ; familiale.* Stratégiquement situé sur le port, un petit établissement propre et moderne qui rassemble une dizaine de chambres et de studios simples et fonctionnels, au rapport qualité-prix indéniable (clim, TV et frigo pour tout le monde, kitchenette avec micro-ondes pour certains ; machine à laver à disposition). Tous (sauf un) possèdent un balcon, mais la grande terrasse sur le toit est parfaite pour observer le retour des pêcheurs ! C'est là qu'est servi le petit déj. Accueil sympathique.

Port View Guesthouse : *18, triq il-Luzzu. 99-07-60-04. • portview.com • Dans une rue perpendiculaire donnant sur le port. Doubles 50-85 €, petit déj inclus ; familiales.* Une adresse au style très contemporain, finalement assez proche de l'hôtel. Les chambres, aux teintes sobres, sont spacieuses, de très bon confort, avec lit *queen* moelleux, salle de bains impeccable, frigo, clim, TV... et balcon ouvert sur le port pour les plus chères. Agréable terrasse sur le toit pour se poser, avec café et thé à dispo. Accueil pro et aux petits soins d'un père et de son fils, qui ont ouvert une 2de *guesthouse (Dun Ġorġ Guest House)* en plein centre et offrant le même genre de prestations.

Où manger ?

Une carte postale... où l'on ne compte plus les bonnes tables sur le port, quotidiennement approvisionnées en poissons frais, LA spécialité de Marsaxlokk, les prix étant le plus souvent déterminés par le standing de l'établissement. Attention, réservation obligatoire le dimanche midi, jour de marché ! À l'inverse, tout est fermé le dimanche soir et le lundi.

De prix moyens à chic (plats 12-25 €)

Haber 16 : *144, Xatt is-Sajjieda. ☎ 21-655-516. Sur le port, côté sud. Tlj sauf lun soir et mar.* Les fruits de mer y sont évidemment à l'honneur : friture de calamars, pâtes à l'encre de seiche, poissons grillés... Mais soyons honnêtes, son principal atout est sa très belle terrasse les pieds dans l'eau et plutôt bien préservée du trafic de la rue. On est aux 1res loges pour profiter du paysage et des *luzzu* multicolores.

Très chic (plats plus de 25 €)

Tartarun : *Xatt is-Sajjieda. ☎ 21-658-089. À l'entrée du port, le 1er resto à gauche. Tlj sauf dim soir et lun.* La table de référence de la ville fait le plein de louanges pour la qualité du service, à la fois pro et souriant, pour son cadre élégant et pour sa cuisine essentiellement tournée vers la mer, fraîche et élaborée avec soin (poisson préparé devant les convives, homards et langoustes provenant du vivier...). Une belle adresse pour se faire plaisir... mais mieux vaut ne pas être trop pressé.

À voir. À faire

Le marché aux poissons : *dim mat seulement (jusqu'à 14h), sur les quais.* Magnifique ! Il s'étire tout le long du port. On y trouve évidemment du poisson, de toutes les sortes, de toutes les formes, de toutes les couleurs, mais aussi des fruits, légumes, vêtements et babioles en tout genre. Beaucoup, beaucoup de monde en saison.

Tout au bout du quai, une petite ***plage de sable*** fréquentée par les locaux permet de faire trempette. Dommage que juste en face se dressent les infrastructures du *free port* de Birżebbuġa...

DANS LES ENVIRONS DE MARSAXLOKK

Peter's Pool : *à env 3 km à l'est. Plusieurs options pour y accéder : depuis Marsaxlokk, prendre la route de Marsaskala, tourner à droite après l'église carmélite, puis toujours à droite au 1er carrefour. S'arrêter au niveau de la haute cheminée de la centrale électrique (parking), parce que le chemin qui conduit 300 m plus loin à un autre petit parking est vraiment cahoteux et très (très !) étroit (2 €). On peut également y aller à pied (compter 30 mn depuis Marsaxlokk), en taxi (ils connaissent le chemin !), et en bateau : plusieurs compagnies le proposent depuis Marsaxlokk. Compter 25 mn de navigation et env 10 €/pers. Se mettre d'accord sur l'heure de retour. Attention, beaucoup de monde,* ***y aller de préférence en sem.*** Dans cette petite crique qui entaille la péninsule de Delimara, la mer a sculpté une vaste plateforme dans une roche d'une blancheur presque immaculée qui souligne le bleu de la mer. Superbe endroit, vraiment, que cette piscine naturelle. Y aller de préférence tôt le matin ou en fin de journée parce qu'il n'y a pas un gramme d'ombre. Salines traditionnelles – de petits bassins simplement creusés dans la roche – au bout de la pointe.

D'autres criques, moins fréquentées, entaillent le littoral plus au sud.

La grotte et le musée de Għar Dalam : *à env 2 km de Marsaxlokk, en direction de Birżebbuġa, puis bifurquer à droite.* ☎ *21-657-419.* ● *heritagemalta.org* ● *Mar et ven-dim 10h-16h30. Fermé 1er janv, Vendredi saint et 25 déc. Entrée : 6,50 € ; réduc.* Extérieurement, on ne voit qu'une maison (musée) dans un joli paysage méditerranéen. Et pourtant, sous la colline s'étire la « caverne des Ténèbres » (Għar Dalam), comme l'ont surnommée les Maltais, formée il y a environ 2,5 millions d'années pour la partie la plus ancienne. C'est une rivière souterraine, typique des reliefs karstiques, qui a peu à peu affouillé la roche, formant une sorte de tunnel souterrain long de 144 m (mais seulement la moitié se visite), où sont alignées quelques stalactites massives. À l'époque glaciaire, davantage pluvieuse, les eaux ont charrié de nombreux cadavres d'animaux, qui se sont déposés sur le site. D'un intérêt secondaire, la visite est néanmoins rafraîchissante.

FROM YALTA TO MALTA !

Ne faites pas un détour exprès, vous seriez déçu. Mais si vous passez devant, au sud de Għar Dalam, entre Saint George's Bay et Pretty Bay, ralentissez devant cette stèle en pierre et en métal, qui porte une inscription à la mémoire de George Bush (père) et de Mikhaïl Gorbatchev. Les 2 présidents se retrouvèrent en effet les 2 et 3 décembre 1989 pour un sommet américano-soviétique au large des côtes maltaises. Mais en raison du mauvais temps, le bateau dut se rapprocher du port de Birżebbuġa, d'où l'érection de ce monument. Les Maltais sont fiers que leur île ait été choisie pour symboliser la fin de la guerre froide.

Plus intéressant, parmi les ossements, exposés à la manière d'un cabinet de curiosités dans le sympathique petit musée à l'ancienne mode, on a retrouvé des restes de daims noirs, d'ours bruns, de renards, de loups de petite taille et, surtout, d'hippopotames et d'éléphants nains. Ces animaux étaient parfois à peine plus grands qu'un gros mouton ! Voir l'amusante collection d'environ 1 000 molaires d'hippopotames !
Ces découvertes prouveraient que l'île de Malte était autrefois rattachée à la Sicile (ou, tout du moins, que le bras de mer les séparant était beaucoup plus étroit) et que ces espèces venues d'Europe auraient abouti à pied sec ou à la nage dans ce « cul-de-sac » maltais, où elles tentèrent de s'adapter avant de disparaître.
Des preuves d'occupation humaine remontant à l'époque néolithique (vers 5400 av. J.-C.), avec l'arrivée d'éleveurs sur l'île, ont parallèlement été mises au jour. Ce sont les plus anciennes de Malte.

Playmobil Fun Park : *zone industrielle de Ħal-Far. ☎ 22-242-445. • playmobilmalta.com • Accès juste après le grand rond-point entre Gudja et Birżebbuġa. De La Valette, bus X4, arrêt « Għar ». Tlj 10h-16h (18h ven-dim). Entrée : enfant 5 € ven-dim (3 € lun-jeu) ; adulte 3 €.* On entre par le magasin ! Paradis des enfants de moins de 10 ans, le parc aux allures de château médiéval a été aménagé contre l'usine *Playmobil* de Malte, en pleine zone industrielle (non fléché). Grandes vitrines avec scènes complètes, 2 aires de jeux : une à l'extérieur avec bateau-pirate, toboggans, canal sur lequel on fait naviguer des bateaux *Playmobil* ; l'autre à l'intérieur qui comprend une section pour les moins de 3 ans et une pour les plus grands qui peuvent profiter de toutes les dernières nouveautés de la marque... Pour les fans, nombreux, ou les jours de pluie (heureusement, beaucoup plus rares !).

LE SUD

Ici, on est « aux antipodes » du nord de l'île, au propre comme au figuré : des sites naturels préservés, même s'ils sont également très fréquentés l'été : la Blue Grotto d'abord, bien agréable (et rafraîchissante !), avec ses eaux translucides, et Għar Lapsi, autre petite crique avec des garages à bateaux creusés dans la paroi rocheuse. Sans oublier les principaux sites protohistoriques de Malte : Ħaġar Qim et Mnajdra, où *Heritage Malta* organise des balades aux solstices et équinoxes.

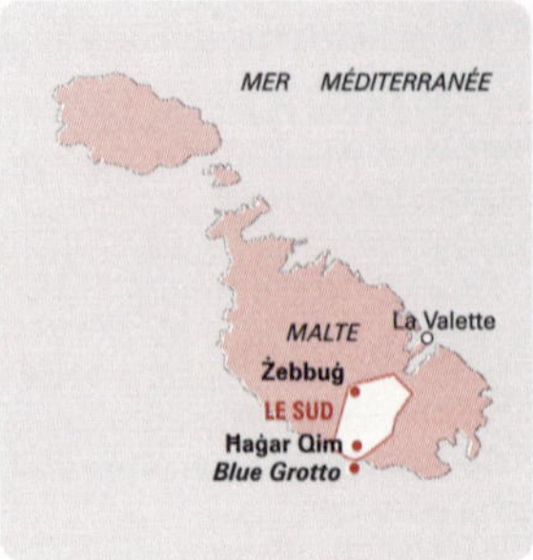

LA BLUE GROTTO (WIED IZ-ŻURRIEQ)

Un must des circuits touristiques, où les cars débarquent par dizaines tout au long de la journée. Toute la panoplie est là : échoppes de souvenirs, marchands de glaces et restos un peu médiocres... Mais bon, les barques colorées gentiment rangées sur les bords du chemin en pente et sous les arcades en pierre, sur 2 étages, sont bien sympa. Et puis, même si on n'est pas seul, c'est quand même l'occasion de se baigner dans une belle crique ou de se

dorer la pilule sur les rochers. Quant à la Grotte bleue, but de l'excursion, elle est vraiment jolie le matin, lorsque le soleil illumine les eaux de la caverne de teintes turquoise. C'est également (vous le constaterez vite !) un des principaux spots de plongée de Malte.

Arriver – Quitter

➢ ***De/vers La Valette :*** bus n° 74.
➢ ***Rabat ou Siġġiewi :*** bus n° 201.
➢ ***En voiture :*** la descente en lacet est plutôt jolie. Le parking du site n'étant pas bien grand, il n'est pas rare, en plein été, d'assister à de formidables bouchons. Le pauvre gardien a bien du mal à débloquer la situation. N'oubliez pas de lui laisser une pièce.

Où manger ?

Step In : *wied iz-Zurrieq. ☎ 21-683-104. Tlj sauf lun 9h-23h ; horaires réduits hors saison. Plats à ts les prix.* Dominant la baie et le joli port, c'est incontestablement la plus belle terrasse du village. Si la grande véranda climatisée peut s'avérer bruyante, les tables dressées tout autour à l'extérieur sont bien plus accueillantes. Très touristique, bien sûr, l'adresse reste correcte et agréable. Cuisine sans complications : pâtes, pizzas, salades, fruits de mer...

À voir

La Blue Grotto *(Grotte bleue)* ***:*** *les tickets s'achètent sur la jetée, au Blue Grotto Boat Service. ☎ 21-640-058. • bluegrottomalta.com.mt • Tlj 9h-17h (15h30 en hiver), si le temps le permet. Départs en continu, dès que le nombre requis de passagers est atteint (8 pers en principe) ; on attend rarement un bateau plus de 20 mn. Tarif : 8 € ; réduc.* Plutôt que de la Grotte bleue, parlons des grottes, puisque la balade en barque à moteur (compter 20-25 mn) mène dans 7 cavernes successives. La Grotte bleue elle-même s'enfonce à plus de 40 m sous la falaise. Attention : le déplacement ne vaut le coup que si la mer est totalement calme, et l'eau, par conséquent, translucide. En effet, la principale attraction est le fond marin, sa flore et ses couleurs chatoyantes. Alors par gros temps, on ne voit évidemment rien. De plus, l'axe de la grotte fait qu'il vaut mieux venir le matin.

DANS LES ENVIRONS DE LA BLUE GROTTO

Les temples de Ħaġar Qim et de Mnajdra : *au sud de Siġġiewi. ☎ 21-424-231. • heritagemalta.org • Bus n° 74 de La Valette ou n° 201 depuis Rabat. Tlj sauf mar 10h-16h30 (tlj en juil) ; dernière admission 30 mn avt. Fermé 1er janv, Vendredi saint et 25 déc. Achat du billet combiné au Visitor Centre : 10 € ; réduc. Audioguide 1 €, essentiel pour comprendre l'importance du site.*
S'il n'y a qu'un ensemble du Néolithique à voir, c'est celui-là. Pour son aspect évocateur, son étonnant état de conservation, mais aussi pour la relative virginité des paysages alentour. Leur découverte et leur construction sont relatées au *Visitor Centre* par un film en 3D bien fait (toutes les 15 mn) complété d'une expo, qui constituent une excellente introduction à la visite. Maquette des temples, histoire des fouilles, objets trouvés sur le site, questions et interprétations quant à leur édification (la datation des temples fait encore débat mais, en gros, on peut avancer la période de 3600 à 3000 av. J.-C. pour les parties les plus anciennes, et 3000-2400 av. J.-C. pour les plus récentes). Intéressante évocation de leur

fonction, notamment astronomique. Signalons que ces 2 temples sont aujourd'hui protégés des intempéries par de gigantesques toiles, dessinées par l'architecte suisse Hunziker et qui, en saison, apportent une ombre bienvenue.

– Le 1er temple, à 100 m du *Visitor Centre,* ***Ħaġar Qim*** (prononcer « Hadjar' Im »), a ceci d'unique qu'il possède 2 portes, de part et d'autre de son arène circulaire. L'entrée principale, enchâssée dans un mur cyclopéen, se compose de 2 grosses pierres verticales surmontées d'un linteau : une entrée typique que l'on nomme trilithon. Comment ces blocs de calcaire tendre, la fameuse globigérine, furent-ils taillés ? Avec du silex en provenance de Sicile ou des îles Lipari, voire de Pantelleria, où l'on trouve de l'obsidienne (un verre volcanique). En revanche, on manque encore d'informations sur les techniques de transport et d'érection de ces blocs massifs, dont le plus gros pèse environ 20 t pour 6,40 m de long. On pense qu'ils ont été déplacés sur de gros boulets de pierre, façon roulement à billes, et relevés grâce à des rampes. Car l'édifice que vous voyez là n'est probablement qu'une partie de la construction d'origine (c'est du moins ce que laissent supposer des plans du site gravés sur la pierre du 2d temple)...

En entrant, remarquer les 2 portes taillées dans la masse et donnant sur 2 absides, qui devaient être closes par une porte de bois maintenue par une barre ou une corde (on voit bien les trous). La forme de la salle suivante laisse supposer l'existence d'un dôme, en tout cas le temple devait être, au moins en partie, couvert d'un toit. Quoi qu'il en soit, l'ensemble de l'édifice, et ce qu'on y a retrouvé permet de jauger les qualités artistiques des Maltais de l'époque : les pierres arboraient spirales et trous décoratifs, et les poteries étaient ornées de dessins géométriques. Précisons que presque toutes les œuvres originales, notamment les magnifiques statuettes représentant la déesse de la Fertilité, reposent au musée national d'Archéologie de La Valette : les autels et blocs poinçonnés que l'on voit sur place ne sont que des copies.

– Pour se rendre ***aux temples de Mnajdra,*** 500 m plus loin, emprunter la voie pavée rectiligne qui descend vers la côte. Paysage reposant et très nature, face à l'îlot sauvage de Filfla. En toile de fond, une tour de guet du XVIIe s. Si le cœur vous en dit, 2 sentiers nature sont balisés de chaque côté (compter 1h-1h30 de marche). Les 3 temples de Mnajdra forment un trèfle à 3 feuilles. Plus ou moins de la même époque que leur voisin, ils semblent mieux conservés : cela est dû au fait que les parois extérieures sont en coralline, du calcaire corallien plus dur que la globigérine de Ħaġar Qim. Ici, seules les parties intérieures sont en globigérine, une pierre plus facile à sculpter. Autre curiosité, le 1er temple est orienté de telle sorte que les rayons du soleil frappent le fond aux équinoxes de printemps et d'automne, tandis qu'ils illuminent les côtés de la porte aux solstices d'été et d'hiver... De cette façon, les 4 saisons étaient signalées... Bien vu, non ?

Dans le temple de gauche, on voit une sorte de fenêtre au pourtour poinçonné qui donne sur un autel (peut-être sacrificiel), tandis que sur la droite on devine un dôme en guise de toiture. Dans l'abside de droite, voir ce trou au niveau du sol, par lequel l'oracle s'adressait peut-être au fidèle tout oreilles. Sur la gauche, juste avant de passer la 2e porte, noter le plan de la façade du temple, gravé dans la roche. Étonnant ! C'est peut-être le plan d'évacuation d'urgence ? Non moins étonnant, le souci esthétique de l'époque : nombreuses perforations décoratives (en plus des trous destinés aux barres de porte), couloirs pavés et, bien sûr, les statuettes retrouvées lors des fouilles.

GĦAR LAPSI

Għar Lapsi n'a plus rien d'un recoin secret connu des seuls initiés, mais il y flotte encore comme une odeur d'exclusivité. Il s'agit d'un minuscule port de

pêche avec ses hangars à bateaux troglodytiques, installé dans une crique dont les parois sont creusées de cavernes, et qui forme comme 2 piscines dans lesquelles on descend par des échelles. Si vous venez par un beau week-end estival, quand les Maltais débarquent en famille, avec armes et bagages, il vous faudra jouer des coudes pour étaler votre serviette sur les quais ou les rochers.

Arriver – Quitter

➢ ***De/vers La Valette :*** bus nº 62, puis nº 109.
➢ ***Rabat :*** bus nº 109.

Où manger ? Où boire un verre ?

De bon marché à prix moyens (plats moins de 18 €)

Lapsi View : *sur la gauche, en arrivant au village. ☎ 21-640-608. Tlj sauf lun, plus le soir mar-ven hors saison.* Un grand bâtiment peint en bleu, pas si désagréable que ça avec sa terrasse en longueur profitant d'une petite vue sur la mer. L'intérieur fait très cafét' des années 1960 avec ses tables et chaises en formica. Très populaire et sans chichis, c'est le rendez-vous des locaux. Au menu : tout, des classiques maltais (le lapin est très bien) au poisson frais en passant par les pizzas, les *ciabatte* et les glaces pour se rafraîchir. Copieux et pas cher du tout.

Carmen's Bar : *à gauche, au pied de l'escalier. ☎ 21-467-305. Tlj sauf mar, midi et soir (mais c'est un peu selon l'humeur du patron !).* Au creux de la crique, un minuscule bistrot (salle climatisée) prolongé d'une terrasse qu'on partage avec les chats semi-sauvages du port mais qui s'avère être l'une des plus belles de l'île. Coup de cœur donc pour le site, on ne peut plus charmant et pittoresque. Cuisine à l'avenant, simple, fraîche et savoureuse, à dominante marine : poisson, calamars, poulpe... Une vraie bonne surprise car les prix restent raisonnables. Accueil bourru mais qui ne demande qu'à se dérider. L'une de nos adresses préférées !

À voir (de loin !)

– ***L'îlot de Filfla :*** émergeant des flots à environ 3 milles marins de la côte, l'îlot, cerné de hautes falaises, a été utilisé comme cible pour des exercices de tirs par l'armée anglaise jusqu'en 1971, avant de devenir réserve naturelle. On y trouve une espèce de lézard endémique à taches rouges, une colonie de pétrels, ainsi que des oiseaux migrateurs de passage, qui ont enfin un coin à eux pour oublier les chasseurs. Une chapelle y avait été construite au Moyen Âge, mais elle a été détruite par un séisme au XIXᵉ s.

LES (FAUSSES) DENTS DE LA MER

À proximité de l'îlot de Filfla, le 17 avril 1987, des pêcheurs attrapent, par hasard, un grand requin blanc. On estime sa longueur à 7,10 m, ce qui en ferait le plus grand spécimen du genre jamais pêché. Mais plusieurs experts estiment que sa taille a été exagérée de 1, voire 2 m. En tout cas, les photos du squale accrochées aux murs du Grotta Bar *au-dessus de la Blue Grotto, ne donnent pas franchement envie de croiser ce genre de bestiole...*

QRENDI

2 670 hab.

Joli bourg rural, bien tranquille, comme oublié du reste de la planète. La grande et ambitieuse *église de l'Assomption,* commencée en 1618 mais remodelée au début du XVIIIe s par Lorenzo Gafà, a fêté ses 400 ans. Tout autour, de belles maisons des XVIIIe et XIXe s. L'occasion d'une balade le nez en l'air, pour admirer balcons, terrasses et belles façades aux portes closes par des stores de bois, comme souvent, afin d'aérer tout en gardant la fraîcheur. Au final, l'atmosphère et la disposition de Qrendi rappellent quelque peu celles d'une médina arabe. Ne venez pas en plein après-midi : rien qu'en éternuant vous réveilleriez tout le village... Au moment de la *festa,* statues, oriflammes, guirlandes et autres calicots débarquent en masse : un vrai festival de couleurs rouge et or.

➢ ***De/vers La Valette :*** bus nos 72 et 74.

SIĠĠIEWI

8 200 hab.

Loin de l'agitation des côtes, oublié des touristes, Siġġiewi est un gros bourg qui a conservé pas mal de son atmosphère maltaise. Autour de l'église paroissiale sinuent quelques ruelles bordées de maisons des XVIIe et XVIIIe s : une unité architecturale à peu près intacte, chose rare à Malte où un bâtiment moderne vient souvent jouer les trouble-fête. Là encore, fête paroissiale particulièrement colorée.

Arriver – Quitter

➢ ***De/vers La Valette :*** bus no 62.
➢ ***Rabat :*** bus no 109.

Où manger ? Où boire un verre ?

Levels Wine Bar : *84, triq San Nikola. 99-031-485. À 2 pas derrière l'église, dans une ruelle à droite de la place. Tlj sauf lun-mar. Fermé en été.* Un tout petit mais très accueillant bar à vins avec, pour accompagner une jolie sélection de bouteilles, quelques généreuses planches à base de produits (fromages, charcuteries) aussi locaux que les vins. Terrasse.

À voir

Saint Nicolas' Parish Church *(église paroissiale Saint-Nicolas)* **:** *tlj 5h-9h, 17h-19h.* Le portique très élégant, dont les colonnes corinthiennes soutiennent des arches ornées de nombreux symboles, est le seul de son genre à Malte. Lorenzo Gafà signe là sa 1re réalisation (fin du XVIIe s), abondamment et brillamment transformée dans les années 1860. À l'arrière de l'église se situe la partie ancienne : comme la façade et le portique ont été ajoutés ultérieurement, les 2 clochers se retrouvent au milieu de l'édifice. Intérieur baroque, bien chargé ; dans le chœur, toile représentant saint Nicolas par Mattia Preti. On retrouve encore le saint sur la place de l'église, en statue cette fois, juste en face d'une chapelle typique.

The Limestone Heritage *(carrière-musée du Calcaire globigérine) : triq Mons. Azzopardi, au pied du centre-ville (sur la route de Żebbuġ). ☎ 21-464-931. • limestoneheritage.com • ♿ Lun-ven 9h-16h, sam 9h-12h ; dernier ticket 30 mn avt. Entrée : 9 € ; réduc moins de 18 ans et si achat en ligne. Visite audioguidée (en français) d'env 30 mn. Plusieurs activités sur place, sur résa.*
La pierre est omniprésente à Malte. Visiter cette ancienne carrière, c'est en quelque sorte découvrir les coulisses de l'architecture, de la culture, voire des mentalités maltaises. Après avoir visionné un film de présentation intéressant de 10 mn, la visite s'effectue *in situ,* en suivant un itinéraire jalonné d'étapes commentées par audioguide : de la coupe des blocs à leur transport en passant par la taille, le polissage et le stockage, tout est évoqué en détail à l'aide de reconstitutions convaincantes. Ici une collection d'outils, là un camion rouge très rétro, décoré à l'image des charrettes d'autrefois, plus loin un puits, une *girna* (cabane traditionnelle) et des arches reconstituées donnant des exemples concrets de l'omniprésence de cette pierre dans la vie quotidienne des habitants de l'île. On apprend que le calcaire globigérine est une variété de couleur claire et tendre (assez facile à sculpter) qui se forma il y a environ 22 millions d'années.
À l'époque, Malte était encore sous la mer, comme le prouvent les fossiles marins incrustés dans la pierre. Vous en verrez quelques exemples dans le petit musée visible en fin de parcours, qui présente également toutes sortes d'outils. Traditionnellement, à la fin de l'exploitation, les carrières étaient converties en vergers d'agrumes : ici, une partie du site abrite un jardin où se baladent quelques animaux.
Enfin, après un détour par une tombe punique (découverte par hasard lors de la construction du musée !), direction l'atelier de taille où ceux qui se rêvent Michel-Ange d'un jour pourront s'essayer à la taille de la pierre sous la conduite d'un spécialiste *(en supplément, à partir de 3 €).*

ŻEBBUĠ

11 600 hab.

Son nom signifie « olive ». Ville de la plaine fertile devenue assez étendue depuis que des résidences cossues ont germé à la périphérie, Żebbuġ n'a toutefois pas rejoint Attard au rang des « ghettos de luxe ». Au contraire, l'atmosphère du centre-ville est restée aussi animée que populaire. Autour de la belle église Saint-Philippe, de nombreux bistrots où l'on a tout intérêt à prendre son temps pour siroter un *Kinnie* ou une *Cisk.* Quelques vénérables immeubles de la 2de moitié du XIXe s survivent autour de la grand-place et abritent les clubs de fanfare et les antennes locales des 2 partis politiques. Jetez un œil par exemple à l'antre de la *Banda San Filippo* (1851), à l'orée de la place de l'église, ou encore à la *Każin San Ġużepp,* à gauche de l'église.
La ville doit son statut de cité au grand maître Emmanuel de Rohan-Polduc (1775-1797), qui se remercia lui-même en érigeant un arc de triomphe à sa propre gloire. Żebbuġ fut dès lors baptisée « *Città de Rohan* ».
➢ ***De/vers La Valette :*** bus nº 61 (voire le 62, mais moins pratique).

À voir

Saint Philip's Parish Church *(église paroissiale Saint-Philippe) : tlj 5h30-9h30, 18h-19h30.* Œuvre d'un Cassar (père ou fils, la question demeure en suspens) datant du XVIIe s, elle présente une façade imposante, dotée d'un portique rappelant celui de la co-cathédrale Saint-Jean de La Valette. À l'intérieur, noter la *Mort de saint Philippe* par Francesco Zahra et l'*Immaculée Conception* d'Antoine de Favray.

L'arc de Rohan : arc de triomphe (de taille tout de même très modeste) construit en 1776 sur ordre d'Emmanuel de Rohan-Polduc à l'entrée de la cité. Son rôle est simplement décoratif ; il commémore l'accession de Żebbuġ au statut de « ville » à part entière.

LE CENTRE

• Carte *p. 143*

Si La Valette et les Trois-Cités rassemblent la plus grosse part du patrimoine culturel de Malte, le centre de l'île, avec les cités contiguës de Mdina et Rabat, en constitue le berceau historique. Fondée par les Phéniciens et occupée successivement par les Grecs, les Romains et les Arabes (et même les Normands, puis, plus tard, les Espagnols), Mdina est un petit bijou sur lequel aucun visiteur, ou presque, ne fait l'impasse. On la surnomme aussi « la cité silencieuse », pour son atmosphère particulièrement tranquille à la nuit tombée, lorsque les touristes l'ont abandonnée et qu'elle s'offre alors tout entière à ceux qui n'ont pu s'en arracher...

RABAT

11 450 hab.

• Plan Rabat et Mdina *p. 145*

Rabat est peuplée depuis l'époque phénicienne. Les Grecs, les Romains, les Arabes et les Normands se sont succédé sur ce plateau naturellement protégé des invasions et cerné de plaines fertiles capables de nourrir une large population. Séparée de sa jumelle, Mdina, par les Arabes à la fin du IXe s, Rabat s'est développée « hors les murs », en ville ouverte, populaire et laborieuse. Riche en histoire, elle offre quelques sites intéressants à visiter, notamment les catacombes où reposent les premiers chrétiens. Généralement, on visite Rabat et Mdina la même journée. En effet, les 2 cités se touchent, et les hébergements quasi inexistants ne permettent guère de séjourner ici. Ce n'est peut-être pas plus mal, car cette virginité a permis à Rabat de conserver son atmosphère authentique, sa nonchalance et son esprit de clocher.

Arriver – Quitter

➢ ***De/vers La Valette :*** bus nos 50, 51, 52, 53 et 56.
➢ ***Aéroport :*** bus nos 201 et X3.
➢ ***Mosta :*** bus nos 186 et 202 (sur la ligne de San Ġiljan et Sliema).

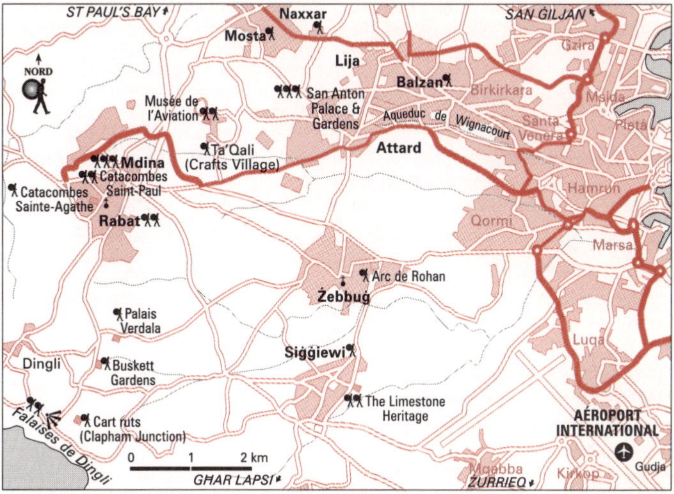

LE CENTRE

Adresses utiles

■ ***Bank of Valletta*** (plan B2, **2**) **:** *face à la station de bus. Lun-ven 8h30-13h30, sam 8h30-12h30.* Distributeur.

■ ***HSBC*** (plan B2, **3**) **:** *12, Saqqajja Sq, juste un peu plus haut que la* Bank of Valletta, *face aux Howard Gardens.* Distributeur.

Où dormir ?

Point de Vue Guesthouse (plan B2, **10**) **:** *2/7, Saqqajja Sq, face aux Howard Gardens.* ☎ *21-454-117.* • *pointdevue-mdina.com* • *Résa impérative. Doubles avec sdb et clim 90-120 €, avec petit déj. Réduc de 20 % aux 2 restos de l'hôtel pour les résidents.* De l'extérieur, on a bien du mal à imaginer le cachet préservé de ce sympathique hôtel, l'un des plus anciens de l'île puisqu'ouvert en 1898 et aménagé dans un bâtiment du XVIIe s. C'est donc avec étonnement et joie que l'on découvre ses belles parties communes hautes de plafond, et ses chambres rénovées dans un style contemporain. La plupart se révèlent spacieuses et de bon confort, ornées parfois de pierres apparentes et carrelage ancien. Beaucoup de caractère dans l'ensemble. D'autres sont plus petites. Évitez celles au-dessus du resto-bar donnant sur le parking au profit de celles à l'arrière qui offrent une belle vue dégagée sur la campagne. C'est d'ailleurs dans ces dernières que, durant la Seconde Guerre mondiale, des personnels de la RAF s'installèrent pour guider les avions atterrissant sur la piste voisine de Ta'Qali ! D'où l'enseigne et les photos dans la salle de petit déj.

Où manger ?

Ta' Doni (plan A2, **20**) **:** *73, triq San Pawl.* ☎ *27-615-270. Tlj 8h-22h (23h w-e).* Avec sa belle terrasse accueillante, un petit bistrot locavore sympathique, qui nous a plu pour ses belles salades (dont celle au poulet fermier !), ses assiettes bien garnies et ses bières maltaises. Les appétissantes pâtisseries ne tiennent, en revanche, pas toutes leurs promesses.

Où déguster une pâtisserie ?

Crystal Palace *(plan A1-2,* ***32****)* ***:*** *triq San Pawl.* L'échoppe ne paye pas de mine (c'est le moins que l'on puisse dire !), mais l'adresse est réputée dans toute l'île pour ses *pastizzi* et autres délicieuses pâtisseries salées ou sucrées : à la ricotta, à la pistache (de Sicile, comme les patrons)... Quelques tables pour grignoter sur place.

Parruċċan *(plan A2,* ***30****)* ***:*** *face à l'église.* *99-471-460. Tlj sauf dim 10h-17h.* Une échoppe spécialisée dans les biscuits secs et nougats maltais, la plupart vendus au poids : des pâtes fourrées aux dattes, aux figues, à la pistache...

Où boire un verre ?

Club du Parti travailliste, Dar il-Haddiem *(plan A2,* ***41****)* ***:*** *près de l'église Saint-Paul. Tlj sauf lun 9h-21h.* À Malte, boire un coup au club local est un passage obligé. Souvent bruyant et animé, c'est le lieu de vie et de réunion par excellence, où les hommes tapent le carton sur des tables en formica, jouent au billard ou regardent les matchs de foot... Au café, moderne et sans cachet, le touriste est toléré et traité avec courtoisie, mais certainement pas intégré. Personne ne vous regarde, mais tout le monde vous voit. Fait aussi resto *(très bon marché).*

Pour faire bonne mesure, on se doit aussi de citer le **club du Parti nationaliste** *(plan A2,* ***42*** *; triq il-Kbira ; généralement ouv vers 18h)* et, en beaucoup plus chic, le café du ***L'Isle Adam Band Club*** *(plan A2,* ***44*** *; tlj 11h-minuit),* situé dans le joli palazzo Xara.

À voir

– Pour ceux que cela intéresserait, il existe un ***petit train touristique*** faisant une balade commentée de 30 mn de Rabat et Marfa (il n'entre pas dans Mdina mais fournit des explications sur la ville). *Infos au* *99-448-805. • maltafuntrains.com • Départ devant la Domus Romana (plan A1), à Rabat : tlj, en été, ttes les heures 10h-16h ; en hiver, jusqu'à 15h. Durée : 30 mn. Tarif : 6 € ; réduc.*
– ***Billet combiné :*** le *Rabat Combo Ticket,* pour 10 €, comprend la visite des catacombes Saint-Paul, de la Domus Romana et du musée d'Histoire naturelle de Mdina.

Wignacourt College Museum *(plan A2)* ***:*** *à 2 pas de la pl. de l'église ; accès par le café. ☎ 27-494-905. • wignacourtmuseum.com • Tlj 9h30-17h (dernière entrée à 16h). Entrée : 5 € ; réduc. Audioguide : 2 €.*
Ce musée consiste en un ensemble comprenant, outre le collège de Wignacourt lui-même (fondé en 1619 par le grand maître qui lui légua son nom) et ses collections d'objets d'art et religieux, la grotte Saint-Paul (où la 1re communauté chrétienne de Malte aurait été fondée), des catacombes romaines et un abri de la Seconde Guerre mondiale. À noter qu'en fin de journée, les différentes sections ferment dans un ordre quasi chronologique : grottes, abri, catacombes et collège. À suivre, donc, si on arrive tardivement (sinon, on commence par où on veut) :
– ***La grotte de Saint-Paul*** *(au sous-sol)* ***:*** selon la légende, c'est dans cette cavité que l'apôtre aurait séjourné lors de son passage à Malte vers l'an 60, après le naufrage de son bateau qui l'emmenait à Rome. Il aurait commencé à y prêcher. La crypte était couverte de fresques, mais il n'en reste plus que des traces colorées, en raison de l'humidité.

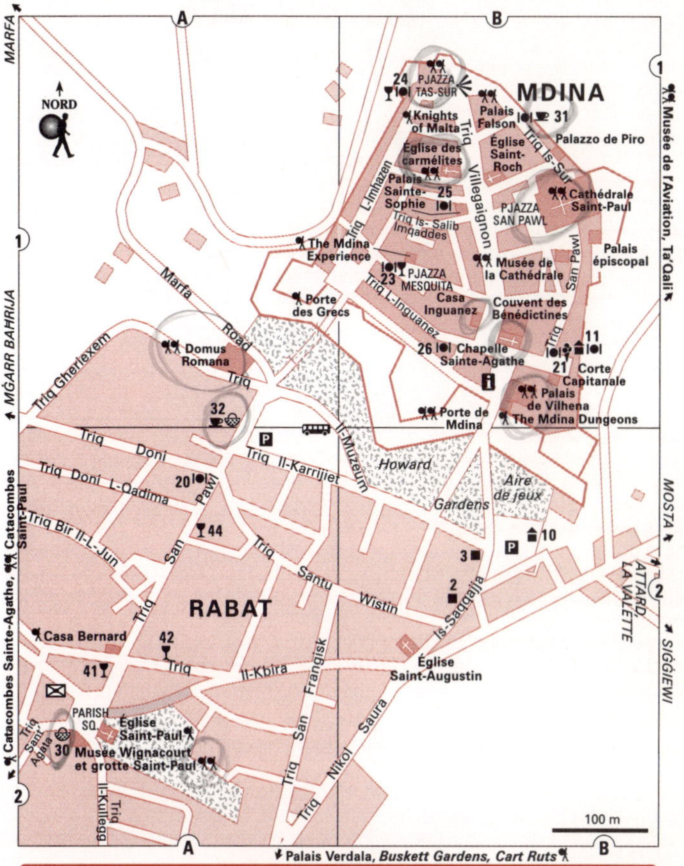

RABAT ET MDINA

Adresses utiles

- Office de tourisme (Mdina ; B1)
- **2** Bank of Valletta (Rabat ; B2)
- **3** HSBC (Rabat ; B2)

Où dormir ?

- **10** Point de Vue Guesthouse (Rabat ; B2)
- **11** Xara Palace (Mdina ; B1)

Où manger ?

- **20** Ta'Doni (Rabat ; A2)
- **21** Trattoria A.D. 1530 (Mdina ; B1)
- **23** Don Mesquita (Mdina ; B1)
- **24** Coogi's (Mdina ; B1)
- **25** The Medina (Mdina ; B1)
- **26** Bacchus (Mdina ; B1)

Où siroter un thé ? Où déguster une pâtisserie ?

- **30** Parruċċan (Rabat ; A2)
- **31** Fontanella (Mdina ; B1)
- **32** Crystal Palace (Rabat ; A1-2)

Où boire un verre ?

- **41** Club du Parti travailliste, Dar il-Haddiem (Rabat ; A2)
- **42** Club du Parti nationaliste (Rabat ; A2)
- **44** L'Isle Adam Band Club (Rabat ; A2)

– On rejoint ensuite l'***abri,*** qui pouvait protéger jusqu'à 400 personnes. À noter que pendant la guerre, le collège servit de boulangerie, d'hôpital, puis d'école.
– Il communique avec les ***catacombes,*** d'origine probablement romaine, encore encombrées des gravats résultant du creusement de l'abri. Voir, dans les tombes, les reposoirs en pierre pour les têtes des défunts.
En remontant au rez-de-chaussée, ne pas manquer d'aller voir, tout au bout du couloir, au fond de la cour, l'Austin Six de 1937 du dernier archevêque de Malte. Pour l'installer dans cette pièce, il a fallu casser puis reconstruire le mur du fond !
– ***Le collège de Wignacourt :*** il regroupe plusieurs salles de part et d'autre d'un couloir aux murs ornés de peintures commandées par Wignacourt, montrant les saints héros de l'Ordre (censés inspirer les chapelains en charge, à l'époque, du collège). Dans la salle XVIe s (à gauche après avoir monté l'escalier), les œuvres les plus anciennes, avec notamment le polyptyque de *Saint Paul...* assis en majesté, prêchant, martyr, mordu par un serpent et, enfin, recevant l'illumination.
Dans la salle suivante, dessins, ébauches et peintures d'artistes maltais et italiens des XIXe et XXe s. Puis vient la salle Mattia Preti, dont on retiendra surtout la *Madonne en pleurs* ou le *Saint Pierre pénitent* au regard humide lui aussi, superbe. Plus loin, la salle archéologique (monnaies, vases, céramiques, cartes anciennes) ; la salle du chapitre où se réunissaient les chevaliers (voir l'urne électorale et le masque mortuaire de Cosmana Navarra, la noble espagnole qui finança la construction de l'église Saint-Paul) ; la salle des vêtements cérémoniels et de l'argenterie (chasubles, dont celle du grand maître Pinto) ; la salle de l'autel (ne pas manquer « l'autel de la galère », portatif, qu'on emportait à bord des navires) ; la salle du reliquaire (avec une réplique du saint suaire de Turin et l'une des seules ceintures de prières de chevalier encore existantes) ; et, enfin, la salle du trésorier, où l'on peut voir le coffre du trésorier au-dessus de son lit, accessible par une petite échelle.
On peut ensuite aller jeter un œil à la chapelle baroque, tout au fond du couloir.
Agréable ***café*** sur place, où boire un bon cappuccino et même grignoter un morceau.

Saint Paul's Church *(église Saint-Paul ; plan A2)* **:** *sur la pl. principale.*
Commandée par une noble espagnole, cette église collégiale d'architecture hautement baroque fut achevée dans les années 1680 par l'omniprésent Lorenzo Gafà. Sa vaste coupole lumineuse contraste avec la nef plongée dans la pénombre. Ors, tentures pourpres, chandeliers en cristal... Riche en peintures, on y trouve des réalisations de Francesco Zahra, de Preti ou d'Erardi (notamment, dans le chœur, *Saint Paul naufragé mordu par une vipère*).

Saint Paul's Catacombs *(hors plan par A2)* **:** *☎ 21-454-562. • heritagemalta.org • Juin-oct, tlj 9h-18h ; nov-mai, tlj 9h-17h. Dernière admission 30 mn avt. Fermé 1er janv, Vendredi saint et 25 déc. Entrée : 5 € ; réduc. Billet combiné : 10 € (voir plus haut). Talons aiguilles interdits ! Durée : 1h30-2h.*
Cette nécropole, à la fois chrétienne et païenne, date des IVe et Ve s apr. J.-C. et occupe plus de 2 000 m², dont une partie seulement est accessible. Elle se trouve à l'emplacement de sépultures phéniciennes antérieures, hors des limites de la vieille ville, car, selon les lois romaines, un cimetière devait toujours rester à l'extérieur de la cité. À Malte – contrairement à Rome –, les Romains ne se rendirent coupables d'aucune persécution religieuse. On a retrouvé ici des tombes de diverses confessions et formes.
La visite commence par le centre d'interprétation qui permet de se faire une idée précise des rites funéraires anciens avant une plongée impressionnante d'abord dans les petites catacombes (noter la pierre gravée avec les outils du médecin), puis dans le réseau dense de boyaux et de salles des grandes catacombes. Vous remarquerez des tables rondes taillées dans la roche. Ce sont des tricliniums funéraires. On y plaçait de la nourriture pendant les funérailles et on festoyait en l'honneur du mort. Les galeries étaient à l'origine décorées, mais

l'humidité n'a laissé que peu de traces des peintures. Des trous creusés un peu partout dans les parois permettaient de loger des lampes à huile, et quelques puits de lumière apportaient un peu d'aération. Le plafond a par endroits été taillé de manière à donner l'impression d'une voûte « à baldaquin », et non d'une vulgaire grotte. Les tombes pouvaient être familiales ou individuelles (le plus souvent), toujours avec un reposoir pour la tête. La plupart du temps, les corps étaient simplement emmaillotés dans un linge. Il y a un siècle à peine, un paysan redécouvrit ces catacombes oubliées. Mais toutes les tombes avaient déjà été pillées. En revanche, tout a été laissé en très bon état : on voit encore par endroits la pierre tombale originale, soit plate, soit « en selle de cheval ». On peut regretter que le site, ultra aménagé, ultra sécurisé, ait un peu perdu de son charme...

Saint Agatha's Catacombs and Museum *(hors plan par A2) : à 200 m des catacombes Saint-Paul (c'est indiqué). ☎ 21-454-419 ou 503. • stagathamalta.com/agatha.html • Lun-ven 10h (9h en hiver)-17h, sam 10h-14h (9h-13h en hiver). Derniers tickets 30 mn avt. Fermé j. fériés. Entrée : 5 € ; réduc. Fiche explicative en français.*

MALTE

La visite est surtout intéressante pour la ***crypte*** du XIIIe s, recouverte de 32 fresques de style byzantin, réalisées par le peintre sicilien Salvo d'Antonio au XVIe s. Elles ont été restaurées (un peu trop ?) il y a une trentaine d'années. Vous verrez notamment une rare représentation de la Vierge allaitante (sa tête a malheureusement disparu...). Sainte Agathe, représentée à 13 reprises, est censée s'être réfugiée ici pour fuir les Romains qui voulaient sa peau sous prétexte qu'elle avait décliné les avances d'un notable sicilien. Retournée en Italie vers 250, elle eut les seins tranchés et devint une martyre célèbre.
Derrière la crypte, les ***catacombes,*** dont l'origine remonterait au IVe s, ressemblent trait pour trait à celles de Saint-Paul, en 2 fois plus grand (4 000 m²), mais la section accessible est très petite et seulement visible lors de visites guidées expédiées en 20 mn. C'est frustrant, sauf si l'on a vu auparavant celles de Saint-Paul. On peut y voir néanmoins des « tables agapes » (pour honorer les morts) en forme d'alpha et d'oméga, symboles du début et de la fin, une chapelle et son autel, où résonnent les sons graves, ainsi que quelques squelettes...
Avant de partir, n'oubliez pas de visiter le ***musée*** à l'étage. Difficile de faire plus hétéroclite ! Statues (dont une très belle représentation en albâtre de sainte Agathe du XVIIe s), peintures religieuses, pierres votives, fossiles, minéraux de tous les pays réunis dans les années 1960, outils, pièces de monnaie, et même un crocodile momifié ou les déjections d'un dinosaure ! Au moins, on ne s'ennuie pas.

Casa Bernard *(plan A2) : 46, triq San Pawl. ☎ 21-451-888. 99-844-343. • casabernard.eu • Visites guidées de 45 mn à chaque heure, lun-sam 10h-16h, ou sur résa. Entrée : 8 € ; réduc.* Cette ancienne tour de guet de l'époque médiévale a peu à peu été transformée pour prendre l'allure d'un palais au XVIe s, celui du médecin personnel de plusieurs grands maîtres successifs, le docteur Bernard. C'est aujourd'hui une noble demeure, encore habitée, où l'on découvre des salons aux meubles d'époque (maltais et anglais), un escalier en colimaçon permettant d'accéder à la tour, l'ancien réfectoire voûté devenu salle à manger, la chapelle dans la cave (d'origine romaine), la cour et le jardin fleuris. Une belle occasion de plonger dans l'histoire de Malte, d'autant que la visite, faite en français par le propriétaire des lieux, est ponctuée de commentaires érudits et non dénués d'humour.

Domus Romana *(« maison romaine » ; plan A1) : près de la porte des Grecs de Mdina. ☎ 21-454-125. • heritagemalta.org • ♿ Tlj 9h-17h (dernière admission à 16h30). Fermé 1er janv, Vendredi saint et 25 déc. Entrée : 6 € ; réduc. Ou billet combiné 10 € (voir plus haut). Fiche en français disponible à l'accueil.* Voici l'occasion d'une incursion dans Melite, ville punique romanisée à partir de 218 av. J.-C.

Car, en poussant les portes de ce tout petit mais intéressant musée, on pénètre en réalité sur le site d'une villa de l'époque de la République (Ier s av. J.-C.), l'édifice romain le plus important jamais découvert à Malte, par hasard en 1881 lors de la plantation d'arbres ! Les principaux vestiges sont des fragments de mosaïques, dont la plus célèbre – magnifique ! – figure 2 colombes s'abreuvant à une fontaine centrale, entourée de labyrinthes symboliques. La collection rassemble également des poteries, amphores, objets de la vie quotidienne, métiers à tisser, éléments architecturaux et quelques statues, l'ensemble même si modeste est bien mis en valeur. Les fouilles ont aussi mis au jour près de 250 sépultures islamiques, témoignages de l'implantation des musulmans au XIe s, avant leur expulsion en 1249 par l'empereur Frédéric II qui les expédia en exil à Lucera (dans le sud de l'Italie)... à l'exception de ceux qui avaient accepté de se convertir au catholicisme.

DANS LES ENVIRONS DE RABAT

Le palais Verdala et les Buskett Gardens *(jardins Buskett ; hors plan par A2)* **:** le palais, qui ne se visite pas, abrite la résidence d'été du président de la République. Si le drapeau bleu avec un écusson blanc et rouge flotte au vent, c'est que le boss est là. Plutôt que d'un palais, on pourrait d'ailleurs parler de demeure fortifiée, construite sur une butte à la fin du XVIe s par l'architecte de La Valette, Girolamo Cassar. Un aspect médiéval allié à certains raffinements et marques de confort, la demeure étant destinée au grand maître provençal Hugues de Loubenx de Verdalle, jouisseur notoire.
Tout autour se dresse la seule « forêt » de Malte – en réalité un grand parc boisé entrecoupé de terrasses. 2 accès, l'un en contrebas du palais, l'autre environ 1 km plus loin. Pas immense, mais tout de même bien rafraîchissant, il est planté de chênes verts, de pins d'Alep, de cyprès et d'oliviers. Bien sûr, cette verdure inattendue est artificielle : elle a été plantée pour la chasse au cerf et au sanglier à l'époque des chevaliers. Les 28 et 29 juin s'y déroule l'*Mnarja* (prononcer « Imnarja »), fête populaire avec musique, poésie et chants traditionnels.

Clapham Junction *(cart ruts ; hors plan par A2)* **:** *après les Buskett Gardens, poursuivre en direction des falaises de Dingli. Au carrefour, dans un hameau, un panneau indique les cart ruts tt droit, puis à gauche. Cela dit, l'accès est parfois fermé par une barrière.* Les *cart ruts* sont des sillons semblables à ceux d'un chemin, creusés dans la roche calcaire à l'âge du bronze (grosso modo vers 1500-1000 av. J.-C.). Larges d'environ 1,20 m, ils sont profonds de 10 à 60 cm. Ils existent en plusieurs endroits sur Malte et Gozo, mais c'est ici qu'ils sont les plus nombreux, se croisant et s'entrecroisant comme des voies ferrées. D'où le nom de *Clapham Junction,* qui fait référence à la gare de triage de Londres, célèbre pour son impressionnant enchevêtrement de rails. On suppose qu'ils ont été tracés par des chariots ou des traîneaux tirés par des bêtes de somme. Toutefois le mystère demeure quant à la substance transportée : les hommes de l'époque auraient pu acheminer des pierres de construction, de la terre, du sel... La présence d'une carrière, juste à côté, donne une possible indication. Mais pourquoi autant de traces et où menaient-elles ? Là aussi, boule de gomme : par endroits, elles vont directement à la falaise, ailleurs, elles disparaissent purement et simplement, pour réapparaître au détour d'une colline : phénomène probablement en rapport avec des changements de topographie consécutifs à un séisme ou dus à l'érosion. Certains, confrontés au mystère, ont même imaginé des rigoles destinées à recueillir les eaux de pluie ou à renforcer les fondations de bâtiments... Au milieu des traces, remarquer la dépression trouée de cavernes. Ces cavités, nommées *Għar il-Kbir* (« la Grande Grotte »), étaient habitées jusqu'au XIXe s par des paysans, qui furent ensuite chassés et sommés de se trouver une maison comme tout le monde. Bon, avouons-le : curiosité mise à part, ce n'est pas super impressionnant !

Les falaises de Dingli : *si vous êtes motorisé, c'est indiqué après les Buskett Gardens ou depuis Dingli. Bus nos 52 et 56 depuis La Valette et Rabat, ou le no 201 depuis Rabat (mais moins fréquent) ; demander au chauffeur l'arrêt le plus proche des falaises.* Avec leurs 250 m d'altitude, les *Dingli Cliffs* gagnent le titre de « point culminant » du pays... Pas si impressionnant que ça, mais toujours est-il que tomber de 250 m ou de 2 500 m, ça fait à peu près pareil, alors ne vous penchez pas trop ! Elles sont plutôt belles, ces falaises, avec leurs couches géologiques bien délimitées formant un feuilleté gris ocre, tandis que les cultures en terrasses dessinent des taches vertes partout où la roche forme un replat. Au loin, on aperçoit généralement la petite île de Filfla. Les plus jolis points de vue se dévoilent au long de la bien nommée triq Panoramika depuis la petite ***chapelle de Sainte-Marie-Madeleine*** (1646) ou le (malheureusement !) immanquable radar maritime (cette espèce de balle de golf géante).

The Cliffs : *triq Panoramika. ☎ 21-455-470. Bâtiment contemporain, au long de la route côtière, non loin du radar. L'été, ouv midi et soir, tlj sauf mar ; l'hiver, ouv ts les midis sauf mar, plus le soir ven-sam.* Bruschette, *salades, pâtes 3-12 € ; viandes et poissons 12-38 €.* L'adresse qu'on ne s'attendait pas vraiment à trouver le long des falaises avec sa salle (et sa terrasse) design, de la musique électronique en fond sonore... Cuisine maltaise (le lapin est servi entier), mais plutôt inventive et à base de produits d'une belle fraîcheur et strictement locaux (dans l'esprit locavore). Jolie présentation des assiettes, personnel aux petits soins (même si, comme souvent à Malte, il prend son temps) et bons vins au verre.

Bobbyland : *triq Panoramika. ☎ 21-452-895. Au long de la route côtière. L'été, tlj sauf dim soir et lun ; l'hiver, ouv le midi sauf lun, plus le soir sur résa. Plats 9-19 €.* Le 1er *Bobbyland,* nommé en souvenir d'un garde anglais affecté à la station de radar voisine, dans les années 1950, occupait à l'origine un simple baraquement de l'armée. C'est toujours aujourd'hui l'un des lieux favoris des Maltais pour venir manger en famille le week-end. Très classique cuisine maltaise (avec ses hauts et ses bas, comme l'accueil et le service). Jolie terrasse.

Balade dans les environs de Rabat

Le sud-ouest de Malte a conservé une grande partie de son charme. Rural, reculé, peu construit. Ses paysages contrastés alternent falaises et pentes douces, et ses couleurs sèches, fauves et brûlées, savent se teinter de vert tendre et de bleu exquis. Cette région, la plus authentique de Malte, réconciliera avec l'île ceux qui ne supportent plus les conurbations polluées et les voitures envahissantes. Que ce soit à pied ou à VTT, prenez le temps de parcourir les sentiers du Sud-Ouest. Évitez les raids en plein après-midi sous le cagnard, et pensez à emporter beaucoup d'eau et éventuellement un casse-croûte.

Baħrija et le Sud-Ouest : *circuit en boucle d'une dizaine de km (sans les variantes) au départ de Fiddien, aux portes de Rabat. Balisage rose. Le descriptif est disponible à l'office de tourisme de La Valette ou téléchargeable sur • visitmalta.com •* Une marche costaude, car les chemins sont rudes. Une bonne carte détaillée est nécessaire, et n'hésitez pas à vous renseigner auprès des habitants. Possibilité de se restaurer sur la place centrale de Baħrija (voir plus loin le texte consacré à ce village dans « La côte nord et nord-ouest »). Au retour, les courageux peuvent descendre jusqu'à *Miġra l-Ferħa* et ses falaises sauvages (beaucoup plus spectaculaires que celles de Dingli).

MDINA

250 hab.

• Plan Rabat et Mdina *p. 145*

Perchée sur son promontoire, à 200 m d'altitude, au cœur de l'île, Mdina s'offre à tous les regards, des lieues à la ronde. Endroit le plus visité de Malte avec La Valette, mais paradoxalement quasi privé d'hébergements, la vieille cité couleur miel est devenue une ville-musée. Prise d'assaut par les visiteurs pendant la journée, il faut rester en fin d'après-midi, lorsque les cars sont partis, que les rues désertées résonnent du miaulement des chats et que de belles couleurs chaudes caressent la pierre fatiguée.

Dans le lacis des ruelles, on tourne, on bifurque sans se lasser, à la recherche d'un joli balcon, d'une respectable façade ornée de beaux heurtoirs de porte (souvent des dauphins censés porter bonheur), d'un coin d'ombre et de calme. Mdina est sans aucun doute l'une des villes les plus passionnantes de Malte.

BON PLAN

Pourquoi donc les ruelles de Mdina sont-elles si tortueuses et si étroites, comme dans la plupart des médinas arabes, d'ailleurs ? 2 raisons. La 1re est d'ordre climatique : en été, le dédale procure de l'ombre et, en hiver, il permet de briser la course du vent. La 2de relève de la stratégie militaire : comme l'ennemi ne voyait jamais le bout de la rue, les habitants étaient hors de portée des flèches. Malin !

UN PEU D'HISTOIRE

Les sœurs jumelles que sont Rabat et Mdina étaient à l'origine une seule et même cité, *Melita* (« ville du miel »), déjà occupée avant notre ère par les Grecs, puis par les Romains. Après la 2e guerre punique, ces derniers agrandissent la ville, qui comprend Mdina, mais aussi une partie de l'actuelle Rabat.

Vers 870, les Arabes, venus d'Afrique du Nord pour conquérir la Sicile et Malte, décident de couper la ville en 2 pour se concentrer sur la fortification de Mdina (de l'arabe *al-Medina,* « la ville »), bientôt faite siège du gouverneur. On connaît leurs talents exceptionnels dans l'art de bâtir les forteresses. Mais le comte normand Roger de Hauteville reconquiert le sud de l'Italie, la Sicile et Malte en 1090 et réintroduit le christianisme. Roger, devenu comte de Sicile, ne se débarrasse pourtant pas des Arabes, qui restent ses vassaux. Ils ne seront chassés qu'en 1224.

Plusieurs propriétaires se succèdent aux XIIe et XIIIe s : Henri VI le Cruel, empereur germanique, le Capétien Charles d'Anjou, puis les rois d'Aragon. Mdina est toujours choisie comme capitale et place forte de l'île. En plein essor, la ville du Silence se dote de palais et d'édifices réussissant la synthèse entre l'architecture méditerranéenne et l'influence normande. Elle est le siège de l'*Università,* organe du gouvernement dirigé par des magistrats au service du roi.

Au cours du XVe s, Mdina est la proie d'incessantes attaques des Barbaresques et perd des habitants. Lorsque le roi Charles Quint offre l'archipel aux chevaliers de Saint-Jean, ceux-ci, après le Grand Siège de 1565, décident de bâtir une nouvelle capitale sur la côte : La Valette. À la fin du XVIe s, Mdina devient donc la *Città Vecchia,* la « vieille ville », honorée et respectée mais... déclinante. Et, pour ne rien arranger, le grand tremblement de terre de 1693 cause de graves dégâts, ravageant notamment les palais et la cathédrale. Heureusement, le grand maître Manoel de Vilhena (1722-1736) a pris soin de reconstruire Mdina, et même de l'embellir.

Arriver – Quitter

Mêmes indications que pour Rabat (voir pages précédentes).

Adresse utile

Office de tourisme (plan B1) **:** *torre dello Stendardo, Saint Publius Sq. 99-439-867. Tte l'année, lun-sam 9h-17h15, dim 9h-13h.* Dans une ancienne tour d'observation datant du XVIIe s. Carte détaillée de la ville avec circuit de visite.

Où dormir très chic ?

Xara Palace (plan B1, **11**) **:** *misraħ il-Kunsill. ☎ 21-450-560. • xarapalace.com.mt • Doubles officiellement à partir de 200 €, et jusqu'à 525 € !* L'un des plus beaux hôtels de Malte, installé dans un palais du XVIIe s... Les chambres sont douillettes, avec des montagnes de coussins, de jolies couleurs pastel, du mobilier ancien (ou de style), mais aussi tout le confort moderne (TV câblée, clim...). Les plus petites (bon, elles font au moins 28 m² !) et les moins chères (si l'on peut dire) sont en duplex. D'autres ont une terrasse privée avec une vue étonnante. C'est aussi le seul *Relais et Châteaux* de Malte. Également un resto étoilé, le *De Mondion,* avec là encore une terrasse panoramique.

Où manger ?

De bon marché à prix moyens (plats moins de 18 €)

Trattoria A.D. 1530 (plan B1, **21**) **:** *au pied du Xara Palace, dont il dépend. ☎ 21-450-560. Tlj 12h-22h. Prix moyens.* Le « petit » resto du *Xara Palace* offre, à prix encore sages, sa belle terrasse ombragée, très romantique le soir lorsque la ville gagne en quiétude. On s'y sustente très simplement de pâtes et pizzas, servies dans un cadre privilégié. Bien aussi pour prendre une glace aux heures chaudes ou un milk-shake.

Don Mesquita (plan B1, **23**) **:** *pjazza Mesquita, près de The Mdina Experience. ☎ 27-026-640. Mer-sam 10h-18h (ouv d'autres j. hors pandémie). Bon marché.* Sur l'agréable place, quelques tables dehors et dedans pour boire un verre, avaler un sandwich ou un wrap sans se ruiner.

Coogi's (plan B1, **24**) **:** *dans une ruelle qui part de la pjazza Tas-Sur. Tlj 10h30-16h, plus soir ven-dim (voire d'autres soirs selon affluence).* On le conseille pour sa jolie cour à l'avant, ombragée par une treille et un palmier, parfaite pour une pause. Côté resto, rapport qualité-prix-quantité moyen. Bon accueil, parfois en français.

Chic (plats 19-25 €)

The Medina (plan B1, **25**) **:** *7, Holy Cross St. ☎ 21-450-560. Ouv seulement à partir de 19h. Fermé dim et j. fériés.* Le chef propose avec une certaine inventivité le meilleur de la cuisine nationale, saupoudrée de quelques touches exotiques. Mais attention, si l'on se tourne vers les plats plus élaborés, l'addition peut vite flamber... Service sous de vénérables voûtes ou dans une très belle cour intérieure agrémentée de plantes grimpantes.

Bacchus (plan B1, **26**) **:** *1, triq L-Inguanez. ☎ 21-454-981. Tlj midi et soir.* Cette institution chic et touristique est logée dans les poudrières construites au XVIIe s par le grand maître aragonais de Redin. Belles salles voûtées qui constituent un décor fort romantique, à moins de préférer dîner en terrasse sur le bastion. Recettes anglo-méditerranéennes raffinées : canard, angus, poulpe..., et quelques pâtes qui permettent de garder une addition raisonnable. Service pro.

Où siroter un thé ? Où déguster une pâtisserie ?

Fontanella (plan B1, **31**) : *1, Bastion St. ☎ 21-454-264. Tlj 10h-minuit. Ne pas confondre avec le resto* Vinum, *plus chic, à la même adresse.* Sur les remparts, derrière le palais Costanzo, voici le repaire des amateurs de bons gâteaux et milk-shakes. Il y a souvent foule en saison et, du coup, le service peut être assez lent. L'idéal est de venir en soirée, une fois les groupes repartis, pour profiter du calme, de la fraîcheur de la terrasse... et surtout de la vue panoramique sur la campagne environnante. Petite restauration aussi (mais très simple et sans génie, du genre soupes et pizzas).

À voir

– Rappel : si ça vous intéresse, un ***petit train touristique*** fait un tour rapide (30 mn) de Rabat, Mdina et Mtarfa. Il existe un ***billet combiné,*** le *Rabat Combo Ticket.* Se reporter à la rubrique « À voir » à Rabat.

Les remparts et la porte principale *(plan B1-2)* **:** entre les XVe et XVIIIe s, les chevaliers de l'ordre de Saint-Jean ont restauré à plusieurs reprises les fortifications. En analysant le rempart extérieur, on voit bien les 2 techniques employées : là où il se tient parfaitement vertical, c'est le style de construction arabe, tandis que les chevaliers, eux, bâtissaient une muraille légèrement inclinée.
La porte principale par laquelle on entre aujourd'hui dans la cité date de 1724, sous le grand maître portugais Manoel de Vilhena. L'ancienne porte voulue par les Arabes se devine encore à droite de l'entrée actuelle. On y accédait par un pont-levis enjambant une douve qui, évidemment, n'a jamais été remplie d'eau, pays sec oblige ! Pourquoi les chevaliers l'ont-ils déplacée ? Oh... simple motif personnel : le grand maître, qui possédait son palais à côté de l'ancienne entrée, souhaitait avoir la cour pour lui tout seul, et transféra donc la porte et le corps de garde un peu plus loin. L'espace, ça se crée...

Vilhena Palace *(palais de Vilhena ; plan B1)* **:** c'est le 1er édifice que l'on voit, à droite après l'entrée. Il fut construit en style baroque français (en 1730) par l'architecte Charles-François de Mondion, sur l'emplacement de l'ancienne université (siège du gouvernement) endommagée par le grand tremblement de terre, pour le grand maître portugais Antonio Manoel de Vilhena (1722-1736). Le palais comporte une impressionnante porte monumentale ouvrant sur une élégante cour carrée avec 2 étages de galeries. Destiné à loger les grands maîtres en visite à Mdina, il abrite aujourd'hui le ***musée d'Histoire naturelle*** d'un côté (dont la visite, bien que faisant partie du billet combiné, n'est pas indispensable), et les bureaux du conseil local de l'autre.

The Mdina Dungeons *(plan B1)* **:** *tt de suite à droite en entrant dans Mdina. ☎ 21-450-267. Tlj 10h-16h (dernière admission). Entrée : 5 € ; réduc. Ts les panneaux sont en français.*
Toute l'histoire de la torture à Malte : un sacré programme ! Plutôt déconseillé aux jeunes enfants... cela va sans dire. Pour les grands, cela pourra aussi être un peu dur à regarder... ou paraître kitsch, voire drôle. Heureusement, à mi-parcours, on pourra prendre l'air dans le patio... parmi les pendus et décapités !
Dans ces anciennes geôles à l'obscurité de circonstance, des mannequins de cire, figés mais bien ensanglantés, illustrent les techniques de supplice employées à

Malte à travers les âges : Romains, Byzantins, Arabes, Normands, chacun avait sa spécialité. Une petite mention particulière pour la conjuration des Esclaves (1749), un événement strictement local. L'histoire raconte que Imselliti et Kara Mahmet, esclaves personnels du grand maître Pinto, complotèrent pour tuer celui-ci. La conjuration découverte, Pinto fit arrêter 38 « meneurs » : ils furent torturés en public, marqués au fer rouge ou écartelés. On peut aussi lire l'histoire de prisonniers célèbres, comme Parisot de La Valette, qui purgea 4 mois de prison à Gozo pour avoir laissé éclater sa colère contre un citoyen.

➢ Tourner à gauche dans la rue Inguanez, puis tout de suite à droite dans la rue Villegaignon. Au coin, petite ***chapelle Sainte-Agathe*** bâtie en 1410 et reconstruite après le séisme de 1693. Juste à côté se dresse l'austère façade du ***couvent des Bénédictines.*** En face, la ***casa Inguanez,*** du début du XXe s pour la façade mais du XVe s à l'intérieur. Les Inguanez sont l'une des grandes familles nobles de Malte, et cette maison compta parmi ses hôtes plusieurs rois d'Espagne. Sa façade donnant sur la ruelle (triq Mesquita) menant à la pjazza Mesquita est percée d'un portail avec un superbe heurtoir de porte. Moins bien conservé, l'***ancien hôtel de ville,*** 50 m après la casa Inguanez, sur la rue Villegaignon, montre une façade qui s'effrite inexorablement. Il est dû à Charles-François de Mondion et abrite aujourd'hui les archives nationales *(régulières expos temporaires ; GRATUIT).* On arrive à la place principale, la ***place Saint-Paul,*** dominée par la cathédrale de Malte. Un seul anachronisme dans le paysage architectural : une maison des années 1930, fleuron du renouveau gothique, qui choque, car elle n'est pas du tout dans le ton. Les autres demeures ont été rénovées au XXe s mais en conservant le style original.

MALTE

Saint Paul's Cathedral *(cathédrale Saint-Paul ; plan B1)* **:** *• metropolitanchapter.com • Lun-sam 9h30-16h45, dim 15h-16h45. La cathédrale peut fermer plus tôt en cas de cérémonie ou messe. Achat du billet combiné au musée de la Cathédrale, juste en face : 10 €.*

L'un des plus beaux exemples d'architecture religieuse baroque à Malte. On la doit à Lorenzo Gafà, qui fut chargé de remplacer l'ancienne église romane rasée par le séisme de 1693. Achevées en 1702, la cathédrale et sa coupole figurent sur toutes les cartes postales comme le symbole de Malte. Sur la façade assez épurée, vous remarquerez l'absence de vitraux, d'où un aspect très sobre. Comme toujours, 2 clochers, 2 horloges : celle de gauche fait office de calendrier, avec les initiales des mois et des jours écrites en italien. Tout en haut, une croix à double barre horizontale indique qu'il s'agit du plus important des édifices religieux de Malte (d'où le titre de « co-cathédrale » dont doit se contenter Saint-Jean, à La Valette). La seule partie primitive est le chœur, qui a survécu au séisme, ainsi que les anciennes portes en chêne (au fond, face à l'entrée). Admirer la peinture du *Naufrage de saint Paul* par Mattia Preti, à demi dissimulée par le baldaquin. Les dalles funéraires en marbre polychrome, dédiées à des évêques et à des messeigneurs (prêtres de 1re classe), sont moins nombreuses et moins impressionnantes que celles de la co-cathédrale de La Valette. On peut néanmoins s'amuser à décrypter les blasons des évêques, des chanoines et des nobles enterrés sur place... Pour info : les grandes familles locales ont toujours le droit d'être inhumées dans la cathédrale !

Le musée de la Cathédrale *(plan B1)* **:** *à côté de la cathédrale, dans l'ancien séminaire. ☎ 21-454-697. Lun-sam 9h30-16h30 (dernière admission au musée). Fermé dim et j. fériés. Billet combiné avec la cathédrale : 10 € ; réduc ; gratuit moins de 12 ans. Panneaux en anglais seulement.*

Installé dans l'ancien séminaire de la cathédrale, un vrai palais dans lequel on déambule agréablement à son rythme. Avant d'entrer, admirer l'élégante façade baroque, avec ses balcons soutenus par des atlantes. À l'intérieur (en cours de rénovation, qui alterne donc muséographie très contemporaine et vitrines un peu poussiéreuses), la collection, très variée, rassemble au rez-de-chaussée des

poteries et monnaies romaines, de l'argenterie aussi bien religieuse (voir la somptueuse série des 12 apôtres en argent du XVIIe s) que pour la table, des vitrines remplies d'objets liturgiques ou rituels, ainsi qu'un carrosse et des vestiges de l'ancienne cathédrale, notamment des panneaux en bois provenant du chœur (XVIe s), parmi lesquels une intéressante allégorie de Malte, un personnage casqué portant sceptre et écu. Noter également les séries de monnaies anciennes (byzantines, grecques, romaines, mais aussi angevines, normandes, anglaises...) qui témoignent des différentes occupations de l'île.
À l'étage, vaste collection de vêtements sacerdotaux, avec des chasubles et des mitres cousues d'or et de pierres précieuses, de superbes manuscrits dont des livres de chœur, le plus ancien remontant au XIIIe s. Également une galerie de peinture rassemblant de belles réalisations de Mattia Preti, notamment *Mocking of Christ* et une *Annonciation* gigantesque (cette dernière étant, en fait, de son école). Également un chef-d'œuvre d'Antoine de Favray : *The Satyr at the Peasant's Table*, et quelques agréables portraits de dames grecques et turques du XVIIIe s.
Plus loin, au fond de la 2de salle, superbe polyptyque de *Saint Paul*, œuvre du début du XVe s tout en relief, qui donne une idée des talents de l'école espagnole. Et puis, un *Sainte Agathe* de l'école sicilienne du XVIe s, la martyre exposant ses seins sur un plat.
La pièce maîtresse du musée est toutefois ailleurs : un ensemble exceptionnel de gravures sur bois et cuivre d'Albrecht Dürer ; *La Vie de la Vierge* de toute beauté, avec de nombreux personnages et une foule de détails, et *La Petite Passion* tout aussi admirable. Noter, dans la galerie tout autour, une surprenante et originale collection de sculptures en bois d'olivier.

Carmelite Church and Priory *(église et prieuré des carmélites ; plan B1) : triq Villegaignon. ☎ 21-454-524. 📱 79-253-316. • carmelitepriory.org • Face au palazzo Costanzo. Visite tlj, sur résa seulement. Entrée : 4 € ; réduc.*
Après s'être implantée à Rabat au XVe s, la communauté carmélite s'installe à Mdina dans les années 1660. Érigée par l'architecte français Médéric Blondel des Croisettes, cette ***église*** baroque fut la 1re conçue selon un plan elliptique à Malte. Elle fut aussi, et surtout, le point de départ de l'insurrection contre les occupants français, qui commirent par la suite l'erreur de brader, voire de voler ses objets sacrés...
L'église n'est pas la partie la plus passionnante de la visite, d'ailleurs. On préfère le joli cloître du ***prieuré,*** attribué une fois de plus à Lorenzo Gafà, malheureusement peu accessible. La pièce maîtresse en est le beau réfectoire, avec son superbe plafond XVIIIe s et sa décoration baroque des XVIIe-XIXe s. Détailler les prophètes de l'Ancien Testament peints par Il Negro (école de Mattia Preti), et les saints siciliens. Et puis repérer le médaillon du Christ entouré de 2 disciples, encastré dans les stalles XVIIIe. Jolie chaire surmontée par Notre-Dame-de-Trapani, du nom de la ville sicilienne. Jusque dans les années 1960, on mangeait encore dans cette salle dans un silence total, si l'on excepte la lecture des textes sacrés. Aujourd'hui, il ne reste que 5 frères carmes...
À noter aussi l'oratoire, où l'on peut admirer une *Sainte Vierge* de Preti ou, dans un autre registre, la cuisine ancienne reconstituée dans la salle voisine. Et puis, dans le désordre, la boîte à voter néogothique de la salle du chapitre, la cellule où le frère Avertanus Fenech, paralytique, vécut 11 années, ou encore la bière à porteurs. Quant à l'*antependium* (devant d'autel en argent, commencé en 1780 et terminé en... 1870), il remplaça celui volé par les Français durant l'occupation napoléonienne.

Palazzo Falson *(plan B1) : Villegaignon St. ☎ 21-454-512. Tlj, sauf lun-mar, 10h-16h (dernière entrée à 15h). Fermé 1er janv, Vendredi saint, Pâques et 25 déc. Entrée : 10 €, audioguide inclus ; réduc. Enfants de moins de 6 ans non admis.*
Si le tarif d'entrée n'est pas ce qu'on appelle donné, la visite vaut la peine pour découvrir un palais caractéristique, l'un des plus vieux de Mdina, et l'intéressant musée privé qu'il abrite. Les parties les plus anciennes de l'édifice remontent au XIIIe s, mais la majeure partie de la construction date des XVe-XVIe s. L'admirable

cour révèle des influences normandes siciliennes, avec une fontaine inspirée de celles du cloître de Monreale, sans oublier les délicieuses odeurs de jasmin... Au XVIe s, le grand maître Villiers de L'Isle-Adam y réside un temps. Racheté en 1927 par le peintre et philanthrope Olof Gollcher (issu d'une famille de marins d'origine suédoise), le palais renferme aujourd'hui ses collections.

Au rez-de-chaussée, l'ancien réfectoire abrite outils, armes, armures médiévales, serrures, rouets, poids et mesures. Très élégante armurerie où l'on nous apprend (rappelle ?) que les femmes aussi portaient des armes... La belle cuisine, que le propriétaire appelait sa « *trattoria* », possède une cheminée ornée de carreaux en majolique. Suit l'atelier de peinture de Gollcher, où l'on pourra se faire une idée de son talent... En montant à l'étage, chambre forte dans laquelle est conservée une partie de la collection d'argenterie. Plus haut, les appartements privés permettent d'exposer des marines (dont le *Swalan,* bateau du grand-père de Gollcher), du beau mobilier (notamment de superbes pièces maltaises), des peintures, bijoux, tapis et antiquités. Voir encore la chambre minuscule du majordome et surtout la *salle des petits objets.* On y trouve une belle collection de pièces de monnaie (carthaginoises, byzantines, romaines), des tabatières, des *vesta* (boîtes d'allumettes) ou encore des pièces en cristal de Venise et de Bohême.

À L'HEURE DE LA RÉVOLUTION

Dans la salle des petits objets du palazzo Falson, vous pourrez admirer une montre à gousset française de 1791, signée Robert Robin. Sa particularité ? Son cadran s'arrête au chiffre X. En effet, rappelons que dans le nouveau calendrier républicain issu de la Révolution française, les journées duraient 10h, chaque heure se subdivisant en 100 mn ! Inutile de préciser que ce découpage métrique de la journée fut bien vite abandonné...

Dans la salle de réception, quelques belles signatures : un portrait d'enfant de Murillo, une scène de la vie paysanne selon Teniers, 4 petits tableaux classiques signés Nicolas Poussin (avec ses chers chérubins traversant les 4 saisons) et *Lucrèce se donnant la mort* de Mattia Preti. Enfin, la bibliothèque et ses 4 500 volumes, et puis la chapelle et ses magnifiques icônes, la chambre avec ses jolis portraits de femmes. Pour finir, une petite salle rassemble quelques curiosités, dont 7 bulles papales.

🍷 Petit *café* sur le toit avec vue géniale sur les environs (jusqu'à la mer) si vous êtes gagné par la soif.

Ensuite, avancer jusqu'à la ***place Tas-Sur,*** d'où l'on jouit d'un ***panorama*** sur une grande partie de l'île. À gauche, sur la colline d'en face, l'hôpital et les anciens baraquements britanniques. En face, la baie de Saint-Paul et l'agglomération de Buġibba. Le très visible dôme de Mosta, avec Naxxar derrière, puis à droite l'ensemble San Ġiljan-Paceville. Au loin, dans les brumes, se cache la capitale.

The Mdina Experience *(plan A-B1)* **:** *7, pjazza Mesquita. ☎ 21-450-055. • themdinaexperience.com • De la rue principale, tourner à gauche après la casa Inguanez et suivre le fléchage. Tlj 10h-16h (ou 17h selon fréquentation). Entrée : 6 € ; réduc. Billet combiné avec l'autre show de Mdina,* The Knights of Malta *: 11,50 €.*

Il s'agit en réalité de 2 attractions spécifiques, présentées dans différents bâtiments de la ville mais gérées par la même compagnie. ***The Mdina Experience*** retrace en 30 mn l'histoire de la ville depuis ses origines. D'ambition pédagogique, le film manque de rythme, les reconstitutions historiques sont un peu kitsch et le commentaire assez soporifique. Pas indispensable pour ceux qui ont vu les spectacles équivalents et un peu plus prenants projetés à La Valette.

Plus ludique, ***The Knights of Malta*** comprend, en plus d'un diaporama historique, un parcours audioguidé dans un tunnel souterrain, jalonné de reconstitutions grandeur nature avec des mannequins en situation pour illustrer les principales étapes de l'histoire des chevaliers de Malte. Une sorte de musée Grévin sanguinolent !

Greeks Gate *(porte des Grecs ; plan A-B1)* **:** pour effectuer une sortie en beauté, passez par cette porte, dont l'arc brisé est l'une des dernières traces subsistant de la période arabe. À la sortie, on peut visiter la Domus Romana toute proche (se reporter plus haut à la rubrique « À voir » à Rabat).

DANS LES ENVIRONS DE MDINA

Malta Aviation Museum *(musée de l'Aviation ; hors plan par B1)* **:** *juste à côté du stade national. ☎ 21-416-095. • maltaaviationmuseum.com • Bus nº 56 de La Valette ou 56 et 186 depuis Rabat. Tlj sauf j. fériés 9h-17h (13h dim l'été) ; dernière entrée 1h plus tôt. Entrée : 7 €.*

ATTACHEZ VOTRE CEINTURE

La route qui mène au musée de l'Aviation depuis le Ta'Qali Crafts Village est d'une qualité et d'une largeur inhabituelles à Malte. Et pour cause, vous roulez sur la piste d'atterrissage de l'ancien aéroport...

Géré par des bénévoles toujours prêts à faire partager leur passion, le musée ne cesse de s'agrandir au fur et à mesure des dons et rachats. Carcasses rouillées trouvées dans les champs, épaves repêchées en mer, fuselages venus de l'étranger, rien ne leur fait peur ! Répartie dans 3 vastes hangars, la collection comprend de nombreux appareils, dont un Hurricane remonté après 54 années passées sous l'eau et qui a demandé 12 années de restauration ! Également un Meteor F8 des années 1950, un Douglas Dakota DC3, un Fiat G91R incarnant la nouvelle génération des avions de chasse d'après-guerre, un Seahawk anglais, aux ailes peintes en jaune et noir, façon abeille (pour ne pas être descendu par les Français lors de la crise de Suez, qui auraient pu les confondre avec les appareils égyptiens, de modèle identique)...
Mais le clou du musée, c'est ce Spitfire de la Royal Air Force qui, parmi bien d'autres, veillait sur le ciel maltais pendant la Seconde Guerre mondiale. Plus comique, le *Pou du ciel* (réplique), un petit aéroplane amateur construit par un allumé français, Henri Mignat, qui volait avec un moteur de 2 CV. La fabrication de cet ancêtre de l'ULM coûtait 10 fois moins que celle d'un avion, mais les accidents furent innombrables ! Des instruments de navigation, un vieux simulateur américain aux airs de jouet pour enfants, un canon de défense antiaérien, une jeep Willis, des moteurs, des caméras de reconnaissance, des kits de survie, un siège éjectable et des uniformes complètent cette belle collection que les passionnés ne feront pas l'erreur de survoler.

Achats

Pitkalija – marché de producteurs : *à Ta'Qali (prononcez : Ta Hali). Mar 9h-19h et sam 6h-14h (voire 15h).* Le mardi, essentiellement fruits et légumes et un peu de poisson ; le samedi, on s'y fournira également en viandes, œufs, volailles... Idéal pour faire le plein de produits frais et de qualité. Pittoresque, populaire et encore authentique.

Ta'Qali Crafts Village : *à 2 pas du musée de l'Aviation (même accès que pour ce dernier) et du stade national, entre Mdina et Mosta. Tlj sauf sam ap-m et dim 9h-16h.* Ce village artisanal est la halte obligatoire de tous les cars de touristes. On y compte une trentaine de magasins et ateliers nichés dans les entrepôts du vieil aéroport : travail sur bois, céramique, orfèvrerie, verre, dentelles... Le plus intéressant se trouve toutefois un peu à l'extérieur du « village ». Il s'agit de **Mdina Glass** *(☎ 21-415-786 ; • mdinaglass.com.mt • ; en été, lun-ven 8h30-18h, sam 9h-15h ; en hiver, lun-ven 9h-16h30, sam 9h-13h),* une fabrique de verre soufflé : vases, calices, cendriers, bibelots, etc., en verre coloré et irisé. Dans l'arrière-boutique, des souffleurs en short et sandales s'affairent autour des fourneaux, pas dérangés le moins du monde par les touristes qui flashent à tout-va. Les articles avec des défauts sont soldés dans un coin, ce qui permet de faire des cadeaux sans se ruiner.

Où faire une dégustation de vins ?

■ ***Meridiana Wine Estate :*** *près du stade national,* ***Ta'Qali.*** *☎ 21-413-550. • meridiana.com.mt • Boutique lun-ven 9h-17h (dernière dégustation à 15h). Pour une visite guidée ou une dégustation, résa impérative (possible par Internet) et payante (env 10 €).* On vous fait visiter les installations et tester les rouges et les blancs de *Meridiana,* l'un des domaines les plus réputés du pays. Les cépages de chardonnay, de syrah, de cabernet et de merlot ont été plantés en 1994 et 1995. Le domaine est arrosé grâce à un réservoir souterrain datant de la dernière guerre.

MOSTA

19 800 hab.

Bien campée à l'intérieur des terres, cette grande ville est l'une des plus importantes de Malte. D'abord en nombre d'habitants, ensuite pour les transports, puisque tous les bus qui relient l'est à l'ouest y passent systématiquement, et enfin pour les visites, grâce à sa fameuse *Rotunda,* un impressionnant dôme dont on dit qu'il est le 4e plus grand au monde. Mosta, dont le nom est dérivé de « centre », a commencé à se développer très tôt au Moyen Âge, forte de cette situation centrale et éloignée des côtes qui en faisait une cité plus facile à protéger, à l'instar de Mdina.

Nulle part où dormir ici, et c'est bien dommage. Mosta se contente d'accueillir les touristes pour 1h ou 2, histoire de jeter un œil au dôme. Pourtant, le vieux centre avec ses ruelles bordées de vieux palais ne manque pas d'intérêt.

Arriver – Quitter

➢ ***De/vers La Valette :*** bus nos 42, 45 et 238.

➢ ***Sliema :*** bus no 203.

➢ ***Mdina et Rabat :*** bus no 186.

➢ ***San Pawl, Mellieħa et l'embarcadère pour Gozo :*** bus no 42.

Adresses et info utiles

■ ***Banques :*** *les agences de la* ***Bank of Valletta*** *et de* ***HSBC*** *se trouvent dans Constitution St, qui longe le dôme.* Distributeurs et change. *Également l'****APS Bank*** *face au dôme.*

– ***Marché :*** *lun sur Constitution St.*

Où manger ?

Bon marché (plats moins de 12 €)

|●| ***Premier :*** *25, triq il-Kostituzzjoni. Dans la rue animée qui longe le flanc gauche de la Rotunda. Tlj jusqu'à 20h, voire plus tard selon l'affluence.* Vente de *pastizzi* et de parts de pizza à emporter.

|●| ***Olympic Bar :*** *47, triq il-Kostituzzjoni. ☎ 21-432-067. Dans la rue qui longe le flanc gauche de la Rotunda. Tlj 4h30-17h30 (déj jusqu'à 14h30), plus sam soir jusqu'à 23h.* Plus populaire, tu meurs ! Cette cafétéria basique est

LE rendez-vous des employés du coin, qui plébiscitent ses omelettes, ses salades ou ses plats de pâtes archi-copieux et préparés à la commande. L'occasion aussi, si vous êtes pressé, de goûter un très bon *ftira biz zejt*. Simple, savoureux et à un tarif imbattable. Une adresse comme on les aime.

Chic (plats 19-25 €)

Ta'Marija : *71, triq il-Kostituzzjoni. ☎ 21-434-444. Dans la rue qui longe le flanc gauche de la Rotunda. Tlj midi et soir. À l'addition, ajouter 1,50 €/pers pour le couvert !* Ta'Marija est un peu à Mosta ce que le Moulin-Rouge est à Paris : un passage obligé où défilent les groupes. La plupart viennent le mercredi et le vendredi soir *(1 fois/sem seulement déc-mars, souvent le ven)* pour assister à un spectacle folklorique de danses et de chants maltais, bien ficelé mais plutôt stéréotypé. On aime ou pas. Ces soirées-là, il est indispensable de réserver. Sinon, nombreux plats traditionnels, depuis les escargots maltais au café de grand-mère avec son anisette ! Le tout servi dans une grande salle rustico-chic.

À voir

***Mosta Dome** (Rotunda) : ☎ 21-433-826. Lun-ven 9h30-17h30, sam 9h30-16h30, dim 12h-16h. Entrée : 5 €.*
C'est l'église la plus vaste de Malte et le 4e plus grand dôme non soutenu du monde : environ 36 m de diamètre pour 55 m de haut (55 et 60 m pour les dimensions extérieures). D'ailleurs, on l'aperçoit à des kilomètres à la ronde : c'est sans doute le monument le plus visible de l'île. Il fut construit entre 1833 et 1860 (et consacré en 1871) avec l'argent de 2 frères maltais émigrés aux États-Unis et celui de la population, qui a également travaillé de manière bénévole sur cet énorme chantier. Tous les habitants ont mis la main à la pâte !
On doit son imposante silhouette néoclassique à l'architecte d'origine française Giorgio Grognet de Vassé, qui s'est inspiré du Panthéon de Rome, en toute simplicité. Vous remarquerez 2 horloges sur la façade. Ici, celle de gauche donne la date, et celle de droite l'heure. Mais sur la plupart des églises maltaises, l'une donne la vraie heure et l'autre une fausse : une astuce destinée à tromper le diable...
À l'intérieur, après avoir évidemment levé les yeux vers la coupole, ne manquez pas les 2 autels d'argent massif et les quelques toiles qui proviennent de l'ancienne église du XVIIe s. Dans la sacristie, petite vidéo en français.

LE MIRACLE DE MOSTA

Le 9 avril 1942, alors que 300 personnes se sont réfugiées sous le dôme pour se protéger des bombardements allemands, une bombe perce la coupole et rebondit sans exploser à l'intérieur de l'église. Tout le monde crie évidemment au miracle. Une copie de cette bombe est exposée dans la sacristie. Et regardez le mot « Assumpta » sur la frise de la coupole ; 5 médaillons au-dessus du « U », une portion rafistolée à la hâte signale encore le passage de la bombe.

Autour du dôme : juste en face du dôme, la triq il-Kurat Feliċ Calleja est l'une des plus charmantes ruelles de Mosta. Baladez-vous entre ses murs couleur de miel, griffés de grands portails autour desquels courent bougainvillées ou rosiers grimpants. Bel alignement de bow-windows récemment rénovés dans la parallèle triq il-Congress Ewkaristiku.

Ta' Bistra Catacombs : *triq il-Missjunarji Maltin, à env 1,5 km au nord-ouest du Dôme, par la rue principale. ☎ 21-421-381. • heritagemalta.org •* ***Actuellement fermé.*** *Si le site rouvrait lors de votre passage, voici les anciens horaires et tarifs : mar, jeu et sam 9h-16h30 (dernière admission). Entrée : 5 € ; réduc.*

Explorées dans les années 1930, les catacombes ont – par la suite – été utilisées comme étables par les paysans qui avaient construit leur ferme juste au-dessus. Pendant la Seconde Guerre mondiale, elles ont servi d'abri antiaérien. Plus tard, des maisons et une portion de route ont fini par recouvrir l'ensemble du site. Il aura fallu attendre le début des années 2000 pour qu'on redécouvre ces catacombes. Elles datent du IVe s av. J.-C. et comprennent 57 tombes disposées dans 16 chambres. Leur importance réside dans l'éclairage, s'il l'on peut dire, qu'elles apportent sur les premiers chrétiens installés sur l'île, leur mode de vie et leurs rites funéraires. Elles font probablement partie d'une nécropole plus vaste, endommagée sans doute par l'exploitation d'une proche carrière au moment d'ériger la Rotonde de Mosta. Quant à l'ancienne ferme, elle a été transformée en *Visitors' Centre.*

DANS LES ENVIRONS DE MOSTA

Mosta Fort et les Victoria Lines : *une promenade sympa et facile à effectuer au départ de Mosta. Du dôme, prendre vers le nord en direction de San Pawl il-Bahar. Après env 1 km, un rond-point ; continuer tt droit. Sur la droite, 100 m après, commencent les fortifications baptisées Victoria Lines. Tourner au niveau de l'indication « Public Garden » et se garer un peu plus loin.*

Ces lignes étaient destinées à empêcher une éventuelle invasion d'infanterie après un débarquement dans les baies de Mellieħa ou de Saint-Paul. Nommées en hommage à la reine d'Angleterre, elles furent achevées en 1897 par les soldats de Sa Majesté. Elles s'étendent des abords de la baie de Fomm ir-Riħ, à l'ouest, à Baħar iċ-Ċagħaq, au nord, en suivant le contour d'une faille géologique, ce qui les rend encore plus raides et imprenables. Sur le tracé, 3 forteresses veillent : Bingemma Fort, Mosta Fort et Madliena Fort. Peine perdue, puisque ces remparts n'ont jamais servi. Mais qui les Anglais craignaient-ils à cette époque ? Ce n'était plus ni les Ottomans ni les pirates, mais... les Italiens. Des Italiens menaçants, avec leurs visées expansionnistes sur l'Europe méditerranéenne. Pour les Britanniques, la protection des 2 bases stratégiques de Malte et Gibraltar faisait figure de priorité absolue.

Cette portion de remparts au nord de Mosta, en très bon état de conservation, permet une balade d'environ 800 m sur le chemin de ronde. Profitez à fond du panorama sur le nord-ouest de Malte : au 1er plan, le village de Burmarrad, qui signifie « endroit insalubre » parce qu'il fut bâti sur des marécages, puis, au fond, les stations balnéaires de Saint-Paul, Buġibba et Qawra. Juste en contrebas, le damier des jardins et des champs. Le chemin de ronde aboutit au Mosta Fort, construit dans les années 1880. Les Anglais le remirent en service pendant la Seconde Guerre mondiale afin d'observer les côtes, et ils y placèrent des batteries antiaériennes. Aujourd'hui, il fait office de dépôt d'armes (accès interdit).

NAXXAR

12 900 hab.

Malgré une population déjà significative et la proximité immédiate avec Mosta, le centre de Naxxar (se prononce « Nachar ») conserve un visage de paisible village. Naxxar n'est fréquenté par les touristes que pour le palazzo Parisio. Une bonne occasion donc pour se perdre dans les quelques ruelles du centre, devant l'église paroissiale et de boire un coup au *Peace Band Club,* un de ces nombreux *band's club* typiquement maltais. Ce bâtiment de la 2de moitié du XIXe s abrite tables en formica, billard (et accueil patibulaire !). Un univers radicalement différent de celui des bars touristiques du bord de mer, qui ravira le routard que vous êtes !

Arriver – Quitter

➢ ***De/vers La Valette :*** bus nos 31, 43, 46, 49, 238 et 260.
➢ ***Sliema :*** bus nos 202 et 203.
➢ ***Mdina et Rabat :*** bus nos 186 et 202.

Adresse utile

■ ***HSBC :*** *agence avec distributeurs à gauche de l'église.*

Où dormir ?

Knights in Malta B & B : *138, triq Santa Lucija. ☎ 21-432-636. Dans la rue qui part juste en face de l'église. Doubles avec sdb 80-100 €, avec petit déj ou clim au choix (sinon en sus). Min 2 ou 3 nuits selon période.* L'entrée dans cette charmante maison vieille de 3 siècles se fait par un joli patio garni de plantes. À l'intérieur, des murs de pierre, des plafonds à poutres, le tout chargé de bibelots. Les chambres, toutes différentes et personnalisées, sont assez kitsch mais plutôt agréables. Solarium et jacuzzi sur le toit, massages en option, riche petit déj continental et, surtout, accueil très prévenant des proprios (anglo-maltais).

Chapel 5 Palazzo Suites : *5, sqaq Nru, triq Santa Lucija. 📱 79-793-721. • bedandbreakfast-malta.com • Double 110 € avec douche ou bains et clim, petit déj compris ; min 5 nuits en saison, 3 nuits le reste de l'année.* Au fond d'une petite impasse bien tranquille, à l'ombre de la petite église adjacente, Malcolm et Alex, d'origine australienne, ont aménagé dans un style... indien cette maison ancienne pleine de charme. Ils ont ainsi créé sur plusieurs niveaux des chambres d'hôtes exotiques et agréables. Pour plus d'intimité, demander celle sur la terrasse. Les autres s'ordonnent autour du patio dans lequel on prend son petit déjeuner continental. Mais vous pouvez aussi vous installer dehors, dans la cour autour de la petite piscine bien agréable, au retour de balades que ne manqueront pas de vous conseiller vos hôtes. Massage, yoga ou soins sur demande.

Où manger ?

Giuseppi's : *Salini Resort, Salina Bay. ☎ 21-574-882. 📱 99-493-579. Sur la côte, à env 5 km du centre-ville. Tlj sauf dim soir 12h-15h, 19h30-22h. Résa conseillée. De chic à très chic.* Au cœur d'un complexe hôtelier dominant la baie, une adresse qui n'inspire pas le routard au 1er abord. Mais la belle et élégante terrasse sait se faire accueillante. Surtout, la cuisine, plutôt italienne, et concoctée par le célèbre chef maltais Michael Diacono, change assurément de l'ordinaire tout en restant simple et abordable... en tout cas le midi. Service impeccable.

Cellini Wine Bar : *2, triq Toni Bajjada St. ☎ 21-433-670. Dans la rue qui longe le côté droit de l'église. Tlj sauf dim 19h-minuit. De prix moyens à chic.* Un peu en retrait de l'église, voici un resto idéal pour passer une soirée en amoureux. Cadre élégant dans une ancienne et discrète maison de maître mise en valeur par les lumières tamisées, musique jazzy, service souriant et une excellente cuisine, avec des plats du jour pleins de saveurs relevés par les épices. On vous conseille tout particulièrement le lapin maltais, parfait, ou le poulet Cellini, délicieux. Enfin, une carte des vins fort bien fournie, allant même jusqu'au Chili et en Afrique du Sud. Seulement 2 tables en terrasse, alors pensez à les réserver.

Ta'Stringi : *A1 Victoria House, triq il-Labour. 99-368-291. Sur la droite, au début de l'avenue qui descend de l'église. Tlj 18h-23h. Prix moyens.* Bonne cuisine avec des pizzas maison à la pâte bien croustillante et des pâtes cuites *al dente.* Sans oublier le service pro et attentionné, et l'addition tout à fait raisonnable. Et, en plus, ils servent tard.

Voir aussi plus bas Le ***Caffe Luna,*** au Palazzo Parisio.

À voir

L'église paroissiale de la Nativité de la Vierge : *en principe, tlj 7h-11h, 17h-19h env.*

Deux en un ! La nouvelle église a été édifiée au XVIIIe s autour de l'ancienne (qui date du XVIIe), l'englobant tout en conservant 2 façades distinctes. Les plans sont l'œuvre de Vittorio Cassar. La façade de la nouvelle église possède la seule porte en bronze de toute l'île. Plus précisément, elle est seulement plaquée de bronze et date de 1913... Admirez encore cette fascinante couleur rosâtre de la globigérine qui a vu le soleil.

Dans le lanternon du dôme, on peut voir la colombe inscrite dans un soleil, symbole du Saint-Esprit. Tout autour de la coupole, les statues des 12 apôtres et, aux coins, les 4 évangélistes. Pas besoin de s'étendre sur la déco, extrêmement riche, pour ne pas dire *too much...* Du tape-à-l'œil, de la dorure en veux-tu en voilà, comme souvent, pour mieux éblouir les paroisses voisines. De part et d'autre de la nef, les bas-côtés sont coiffés de 3 minicoupoles chacun, peintes au XXe s dans un style un rien plus sobre. Cette configuration architecturale, étonnante pour nous, est assez classique dans le baroque maltais.

Palazzo Parisio : *29, Victory Sq, face à l'église paroissiale. ☎ 21-412-461. • palazzoparisio.com • Tlj sauf lun 9h-22h30 (18h30 mar et dim). Entrée : 15 € ; réduc. Jardins seuls : 5 €.*

L'entrée est chère, mais il s'agit d'un des rares palais privés ouverts au public. Il fut bâti en 1733 pour le grand maître portugais Manoel de Vilhena dans une version très simple, bien plus modeste que celle que l'on visite aujourd'hui. Le repreneur, un noble sicilien nommé Parisio, en fit sa résidence d'été en 1737 (sa demeure principale étant le palazzo Parisio de La Valette, à ne pas confondre). Mais c'est surtout au tournant des XIXe et XXe s que le palais fut considérablement embelli et enrichi de tout ce qui se faisait de plus chic en matière de mobilier et d'œuvres d'art. Friqués, les marquis de Scicluna ? Rien de plus normal, ce sont eux qui ont ouvert la 1re banque privée maltaise...

De l'extérieur, façade assez sobre pour mieux révéler un intérieur somptueux. Voici un rapide tour du palais : dans l'entrée, voir les 4 statues en marbre qui symbolisent les 4 saisons. Bien sûr, il faut admirer la balustrade de l'escalier monumental. En haut, la loggia avec, en médaillons, des peintures représentant les grandes dates de l'histoire de Malte, dont le blocus de Napoléon à Malte, le naufrage de saint Paul et l'invasion de l'île par les Turcs en 1565 (noter les chaînes censées empêcher l'ennemi d'entrer dans la ville).

LA CROISIÈRE ÇA M'USE

Ne manquez pas le grand escalier (d'ailleurs immanquable !) du palazzo Parisio, avec son immense balustrade taillée dans une seule pièce de marbre. Sachez qu'il fallut 3 tentatives pour que celle-ci arrive intacte. Le bateau qui transportait la 1re pièce coula. La 2e pièce se brisa net une fois arrivée sur place. Il fallut, enfin, l'aide de l'armée britannique (n'est-ce pas ce qu'on appelle avoir le bras long ?) pour fixer définitivement le plus long bloc de marbre que l'on puisse trouver à Malte.

MALTE

On continue par la salle lombarde, aux murs peints à la main (non, ce n'est pas du papier peint !) ou couverts de tentures, avec 2 œuvres du peintre Zahra, puis la salle à manger de style pompéien, peinte en trompe-l'œil. Grandes toiles représentant la vie romaine, et table parée de dentelle maltaise. Dans le cabinet d'étude, sur la fresque de stuc pour le moins chargée, remarquer ce rigolo clin d'œil : 2 chérubins se passent un coup de fil, sur un paysage de poteaux téléphoniques. C'est en effet à l'époque où elle fut peinte, vers 1900, que le téléphone débarqua à Malte ! Dans la chambre à coucher du marquis, noter les rideaux en soie de Paris, les meubles superbes de Milan et le sol en mosaïque. Sur le plafond de stuc ciselé, une copie de *L'Immaculée Conception* d'Esteban Murillo. Les portes en bois sculpté s'ouvrent pour les unes sur la chapelle, pour les autres sur l'antichambre. Les meubles du salon musical (« salle des femmes ») sont plaqués d'or 24 carats, tandis que le plafond croule sous les dorures. Chaque meuble arbore un instrument de musique, tout comme les 4 angles du plafond. Beau sol de mosaïque figurant la croix de Saint-Jean à 8 pointes (aussi appelée croix maltaise...).

Guère discret, mais ça n'est rien comparé à la salle de bal : pas un centimètre carré n'est épargné par les moulures et les dorures, reflétées dans de grands miroirs, à l'instar de la galerie des Glaces de Versailles. Les bustes représentent les grands maîtres, parmi lesquels Parisot de La Valette. Dans la salle de billard, l'antre des hommes, le plus étonnant reste ce plafond peint en trompe-l'œil et surtout ces murs imitant une fois de plus la tapisserie : la texture est si bien rendue qu'on s'y laisserait prendre. Sur les côtés, les sièges surélevés permettaient à ces messieurs de mieux admirer les prouesses au billard du maître de céans... Et notamment grâce à ces charmants angelots en bronze soutenant l'éclairage du billard.
Par ici la sortie : les beaux jardins, organisés autour d'une charmante fontaine, abritent de nombreuses variétés d'arbres et de fleurs. Le 1er, à la française, est bordé par une orangerie de la fin du XIXe s. Le 2e jardin est paysager, à l'anglaise avec de nombreux arbres fruitiers (mais aujourd'hui inaccessible...).

Dans les jardins, on trouve le séduisant ***Caffe Luna,*** un restaurant très chic de qualité, qui propose des plats à prix « chic », midi et soir. Quelques salades au déjeuner pour limiter les frais. Fait également salon de thé *(tlj 15h30-18h).*

ATTARD, BALZAN ET LIJA

Campés au centre de l'île, ces 3 bourgades imbriquées les unes dans les autres forment le quartier résidentiel le plus chic de Malte : superbes demeures, rues mignonnes et proprettes, quelques églises notables, un calme de rigueur... et le palais du président de la République ainsi que plusieurs ambassades, dont celle des États-Unis.

Arriver – Quitter

➢ ***De/vers La Valette :*** bus nos 54 et 106 pour Lija, Balzan et Attard ; mais aussi les bus nos 50, 51, 52, 53 et 56 pour Attard.
➢ ***Rabat :*** bus nos 50, 51 et 56.

Où dormir ? Où manger ?

University Residence : *29, triq Robert Mifsud Bonnici, à* ***Lija.*** *☎ 21-430-360. • universityresidence.com • Attention, les touristes ne sont* *admis qu'en fonction des places dispo. Compter 20-23 €/pers en apparts de 3-4 lits ; env 29 €/pers pour une twin ; petit déj inclus. Déj et dîner possibles au resto universitaire ; env 7-9 €.* L'hébergement de base consiste en de véritables appartements communautaires, c'est-à-dire différentes chambres organisées autour d'une cuisine que l'on partage avec des étudiants ou des touristes ; les lieux ne sont pas de 1re jeunesse, les éclairages au néon un peu cinglants, et certaines piaules n'ont qu'un lit-placard, mais l'ensemble reste adéquat pour le prix. Au-delà, toutes sortes d'options sont possibles, de la simple chambre privée aux apparts généralement occupés par les profs ou des parents en visite. Au milieu de ce microcosme universitaire bon enfant, il y a même une piscine dans un jardin agréable, un bar avec un billard, une salle TV et vidéo, une laverie, un minimarché, un tennis... Heureux étudiants !

The President's Kitchen Garden : *dans les dépendances du palais présidentiel, aux San Anton Gardens. Tlj 9h-13h, 17h-22h (horaires réduits en hiver). Bon marché.* Étonnant ! Le président a décidé de rendre accessible à tous une partie de son domaine, désormais réaménagé en un espace familial avec toutes sortes de jeux pour les enfants, mais aussi un grand potager et un verger. On y trouve une cafétéria familiale et pimpante, où les sandwichs et salades sont « agrémentés » dans la mesure du possible des produits du jardin ! Service, en revanche, peu aimable. Les gains sont reversés à des fonds de charité.

MALTE

À voir

San Anton Gardens and Palace : *triq Birbal, à* **Attard** *(à 10 mn à pied du centre, accès fléché). Accès également possible par un passage faisant face au President's Kitchen Garden (9h-16h), non loin de la villa Bologna. Entrée libre dans les jardins.*

Ce palais était la demeure du grand maître provençal Antoine de Paule (1623-1636), qui le légua à l'Ordre ; il devint la résidence du gouverneur britannique pendant la période coloniale. Aujourd'hui, il ne se visite pas, à l'exception des cours intérieures, et pour cause : c'est la résidence officielle du président de la République. À droite de l'entrée des jardins se dresse le *Melita Hotel,* un hôtel particulier qui appartenait à la maîtresse du grand maître. Les jardins communiquaient, on peut donc imaginer les folles sérénades des 2 tourtereaux. Rappelons que les chevaliers de l'Ordre avaient fait vœu de chasteté, et pourtant on retrouve aujourd'hui leurs descendants un peu partout dans le monde...

Rare oasis de sérénité et de verdure, ce jardin botanique très agréable regroupe de magnifiques espèces florales, des serres, une pergola et de vénérables arbres exotiques. Bien rafraîchissant, tout ça. Quelques bustes de *royals* anglais et des statues contemporaines dues à des artistes locaux égaient certains parterres. Au fond, face à l'entrée, des volières et derrière un labyrinthe (pas de panique, seuls les enfants peuvent s'y perdre). On y trouve aussi des bassins avec canards, cygnes, paons et tortues. En remontant complètement sur la gauche, on peut voir une partie du palais en pénétrant dans la cour. Et, avec un peu de chance, apercevoir la voiture du président qui rentre du turbin... Bref, une belle promenade à faire.

Les jardins de la villa Bologna : *30, San Anton Rd, à* **Attard.** *☎ 21-417-973. • villabologna.com • Lun-sam 9h-17h. Entrée : 6 € pour les jardins, 10 € avec la villa (iPad compris).* Cette magnifique villa du XVIIIe s fut la propriété de Gerald Strickland, 1er ministre de Malte entre 1927 et 1932. C'est sa 2de épouse qui créa ce bel espace. Au fil des allées ombragées, on découvre une dizaine de jardins thématiques et en terrasses, baroques et charmants ; les amateurs seront comblés. Ils trouveront au cœur de cette verdure parfaitement organisée, une délicieuse enclave de calme et de fraîcheur. Depuis 1950, la villa Bologna abrite la dernière poterie traditionnelle de l'île (ateliers, fours et boutique à l'entrée).

The Veg Box : *99-440-405. • thevegbox.com.mt • Mar et ven 10h30-18h30, mer et sam 10h30-14h.* Vente de fruits et légumes biologiques provenant en partie des vergers et potagers de la villa (le reste étant cultivé dans les environs tout proches).

Saint Mary's Church *(église Sainte-Marie)* **:** *à* ***Attard,*** *sur la pl. centrale.* Date du début du XVIIe s. Belle façade Renaissance, l'un des plus beaux exemples du pays. Jolis palais alentour.

L'église Saint-Sauveur : *à* ***Lija.*** Principale église de ce village, elle est le théâtre d'une *festa* colorée, début août. Construite au XVIe s, elle fut par la suite agrandie et dotée d'une coupole.

Balzan : le vieux bourg est très sympa. La longue rue qui court dans le prolongement de l'église affiche un déchaînement de vieilles façades et de bow-windows de toutes les couleurs. Et il en est de même dans les rues adjacentes : un des plus jolis ensembles qu'on ait vus.

MALTE

LA CÔTE NORD ET NORD-OUEST

• Carte *p. 165*

Front de mer très touristique, donc bétonné, en particulier dans l'entité de la baie de Saint-Paul, Buġibba et Qawra, le nord-ouest de l'île est le royaume des vacanciers à budget serré (pas d'illusions, la qualité du service s'en ressent forcément). C'est aussi le refuge des familles maltaises qui y établissent leurs quartiers en été pour profiter, notamment, des quelques plages lovées au creux de jolies baies, comme celle de Mellieħa et de la Golden Bay. Bref, si les amateurs d'eau salée et de soleil « s'y retrouvent », les fondus de culture ne s'y rendent pas en priorité. En revanche, pour ceux qui cherchent un peu des 2, cette partie de l'île peut constituer, somme toute, une base à peu près honorable.

SAN PAWL IL-BAHAR (SAINT PAUL'S BAY), BUĠIBBA ET QAWRA

• Plan *p. 167*

C'est ici que se trouve la plus forte concentration touristique de l'île. Buġibba et Qawra (prononcer « Boudjibba » et « Aoura »), les 2 autres villes qui, avec San Pawl il-Bahar, enserrent la baie, s'étendent sur le front de mer, sans frontière apparente, et alignent hôtels, restos et bars en pagaille. Ceux qui recherchent la tranquillité ou une forme de charme dépaysant loin des

LA CÔTE NORD ET NORD-OUEST

univers de béton passeront leur chemin... La palme du béton *cheap* revenant sans aucun doute à Qawra. Les autres y apprécieront certains avantages : on déniche toujours un logement, même en plein été, et la concurrence fait baisser les prix. Quant à la situation, elle permet de rayonner facilement dans le reste de l'île. Les bus y passent à longueur de journée pour rejoindre La Valette, Mdina ou encore Mellieħa.

UN PEU D'HISTOIRE

Impossible de parler de San Pawl il-Bahar sans évoquer l'épisode maltais de l'apôtre Paul. Prosélyte acharné, il est emprisonné par les Romains en raison de son activisme religieux (le christianisme est alors une petite secte prohibée !) et envoyé à Rome pour y être jugé. Mais le navire fait naufrage vers 60 apr. J.-C., peut-être au niveau de la petite île (la description qu'en donne la Bible reste floue). Ou bien plus près de la côte car, par gros temps, gagner la terre à la nage de cette distance semble un véritable exploit. Bref, difficile de démêler la vérité historique de la légende. En tout cas, l'apôtre est bien accueilli et ne tarit pas d'éloges sur l'hospitalité des Maltais, qui l'aident à échapper aux troupes de l'Empire. Le jeu de cache-cache dure 3 mois, le temps pour l'évangéliste de fonder une petite communauté chrétienne, qui se développe rapidement au détriment des païens. Paul forme celui que l'on considère comme le 1er leader spirituel chrétien de Malte, le Romain Publius. Cette aventure est relatée en détail dans le chapitre 27 des *Actes des apôtres*.

Arriver – Quitter

➢ ***La Valette – San Pawl il-Bahar :*** bus nos 41, 42, 45 et 48.

➢ ***La Valette – Buġibba et Qawra :*** bus nos 45 et 48.

➢ ***San Pawl il-Bahar – San Ġiljan et Sliema :*** bus nos 222 (qui dessert en plus Buġibba et Qawra) et 225.

➢ ***Ċirkewwa – San Pawl il-Bahar, Buġibba et Qawra :*** bus nos 41, 42, 221 et 222 (sauf Buġibba).

➢ ***Aéroport – Buġibba :*** bus no X3.

Adresses utiles

■ ***Banques :*** ***HSBC*** *et* ***Bank of Valletta*** *à* ***San Pawl il-Bahar,*** *triq San Pawl (plan A2,* ***2****), dans la rue principale.* ***HSBC :*** *lun-jeu 8h30-13h30, ven 8h30-16h30, sam 8h30-12h30.* Distributeur à l'extérieur et change à l'intérieur. *Également une* ***HSBC*** *(plan B1,* ***2****) à* ***Buġibba,*** *misraħ il-Bajja, au centre-ville, et une* ***Bank of Valletta*** *(plan A1,* ***2****) plus loin sur le littoral et une autre triq il-Halel (angle de triq il-Bajja ; plan B1,* ***2****).*

■ ***Ecobikes Malta*** *(plan B1,* ***3****)* ***:*** *8, triq L-Imsell, à* ***Buġibba.*** *☐ 99-471-627. • ecobikesmalta.com • Lun-sam 9h-13h, 15h-17h. Compter 10-20 €/j. selon modèle.* Un bon moyen de visiter l'île sans se fatiguer : le vélo électrique. Loue aussi des VTT, un peu moins chers, et organise des sorties. Attention tout de même à la conduite maltaise.

Où dormir ?

À Buġibba

Quelques adresses à prix raisonnables pour les budgets serrés.

Prix moyens (40-60 €)

⌂ ***Maltese Cross Guesthouse*** *(plan B1,* ***11****)* ***:*** *163, triq Sant' Antnin, dans la zone piétonne, en plein centre de Buġibba. ☎ 21-573-517. • maltesecross@onvol.net • Avr-nov. Double env 40 €, petit déj compris. CB refusées.* Non, il ne s'agit pas de la Croix-Rouge maltaise et, vue de l'extérieur, la façade austère peut donner l'impression que c'est fermé ! Sonnez donc à l'interphone. Vous serez très bien accueilli dans cette petite pension familiale, où la douzaine de chambres, simples et plus très jeunes mais bien tenues, possèdent une salle de bains (parfois de l'autre côté du couloir). Certaines, côté rue, disposent aussi d'un balcon. Cela dit, les nuits du centre-ville sont agitées, alors songez à prendre une chambre à l'arrière.

⌂ |●| ***The Buccaneers Boutique Guesthouse*** *(plan A1,* ***12****)* ***:*** *triq Gulju, dans le centre de Buġibba. ☎ 21-571-671. • buccaneers.com.mt • Tte l'année. Doubles 30-70 €, avec petit déj. Possibilité de ½ pens*

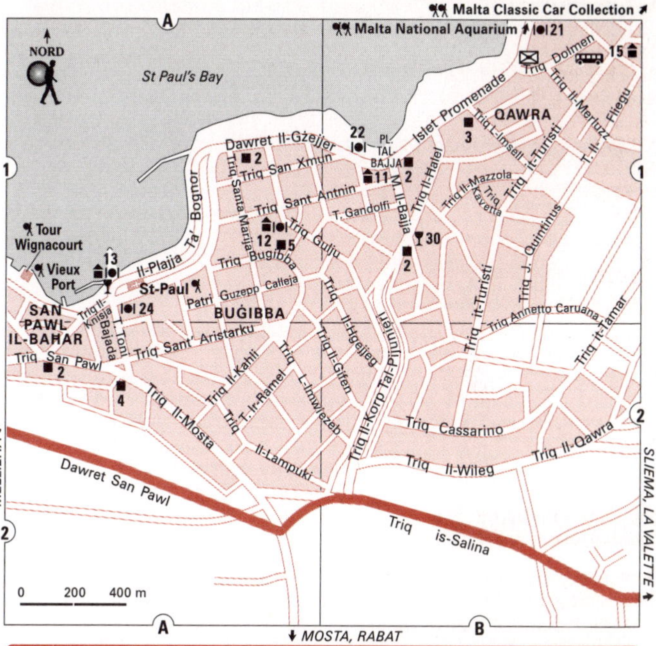

SAN PAWL IL-BAHAR, BUĠIBBA ET QAWRA

Adresses utiles

- **2** HSBC et Bank of Valletta (Buġibba ; A1 et B1 et San Pawl il-Bahar ; A2)
- **3** Ecobikes Malta (Buġibba ; B1)
- **4** Strand Diving Services (San Pawl il-Bahar ; A2)
- **5** Plongée Malte (San Pawl il-Bahar ; A1)

Où dormir ?

- **11** Maltese Cross Guesthouse (Buġibba ; B1)
- **12** The Buccaneers Guesthouse (Buġibba ; A1)
- **13** Gillieru Harbour Hotel (San Pawl il-Bahar ; A1)
- **15** Parklane Aparthotel (Qawra ; B1)

Où manger ?

- **13** Gillieru Restaurant (San Pawl il-Bahar ; A1)
- **21** Ocean Basket (Qawra ; hors plan par B1)
- **22** George's (Buġibba ; B1)
- **24** Ristorante Da Rosi (San Pawl il-Bahar ; A1)

Où boire un verre ?

- **30** O'Reilly's Irish Pub (Buġibba ; B1)

pour seulement + 10 €/pers ! Chambres climatisées (sans supplément) avec TV, frigo, bouilloire, coffre, douche et w-c. Rénovée dans l'air du temps, cette adresse reste un bon plan, assez bon marché pour le coin. Quelques familiales spacieuses. Balcons côté rue. Petite piscine hors-sol posée sur le toit-terrasse. Beaucoup d'habitués. Fait aussi bar et resto honorable. Un excellent rapport qualité-prix pour cette bonne petite adresse familiale.

À San Pawl il-Bahar

De prix moyens à un peu plus chic (40-80 €)

Gillieru Harbour Hotel *(plan A1, **13**) : Church Sq. ☎ 21-572-720. • gillieru.com • Doubles 80-190 €, avec petit déj.* Au bord de l'eau, surplombant le petit port, c'est incontestablement l'hôtel le mieux situé de la baie de Saint-Paul. Cette vue et cette situation privilégiées expliquent en grande partie le prix un peu plus élevé qu'ailleurs. Les 85 chambres sont sobres, consensuelles et fonctionnelles (avec clim et TV) ; quitte à payer le prix, on préférera donc le côté mer (d'autant que l'insonorisation est moyenne). Piscine. Resto au bord de l'eau derrière l'hôtel (voir « Où manger ? »).

À Qawra

De bon marché à chic (30-100 €)

Parklane Aparthotel *(plan B1, **15**) : Maskli St. ☎ 21-577-319. • parklanemalta.com • Compter 50-130 € pour 2 ; petit déj en sus.* Réception très élégante avec son petit bar, ses canapés et son coin bibliothèque. Dans les étages, une trentaine d'appartements tout équipés et nickel. Certains peuvent accueillir jusqu'à 5 personnes. Également une petite piscine sur le toit. Un rapport qualité-prix particulièrement intéressant hors saison.

Où manger ?

La plupart des restos de Buġibba, de Qawra et de San Pawl il-Bahar sont à vocation touristique. Menu convenu, cuisine souvent médiocre, chaises et tables en plastique sur une terrasse bondée, service routinier, bref ça n'est ni le moment ni l'endroit pour faire votre demande en mariage. Voici néanmoins quelques adresses pour survivre.

De bon marché à prix moyens (plats moins de 18 €)

Dans le centre de Buġibba, entre la misraħ il-Bajja, triq Sant' Antnin et triq il-Ħalel *(plan B1)*, on trouve une concentration de ***sandwicheries, kebabs*** et ***bars.*** Les fauchés viennent ici grignoter sur le pouce.

Ocean Basket *(hors plan par B1, **21**) : Qawra Rd, sur le front de mer de **Qwara.** ☎ 22-235-000. Tlj 12h-22h.* Face à la mer, une grande et belle terrasse et une carte 100 % marine qui ravira les amateurs de poissons et de fruits de mer. Frits, grillés ou crus, il y en a pour tous les goûts, tous les appétits et tous les budgets. Service attentif et efficace. Une franchise sud-africaine (avec plus de 200 restaurants dans le monde !) tout à fait recommandable.

George's *(plan B1, **22**) : sur le front de mer de **Buġibba.** ☎ 21-522-467. Tlj 8h30-23h.* Une grande terrasse couverte qui domine la mer. Rien de bien compliqué dans l'assiette, mais au moins les prix sont vraiment serrés et il y a à la carte de quoi contenter tout le monde. En prime, une piscine en contrebas, accessible aux clients du resto pour une somme modique, chaise longue comprise !

Ristorante Da Rosi *(plan A1, **24**) : 96, Church St, face au Vieux Port, à **San Pawl il-Bahar.** ☎ 21-571-411. Mar-sam 18h-23h, dim 12h-18h. Fermé lun. Résa conseillée pour la terrasse. De prix moyens à chic.* On fuira la salle triste et surclimatisée pour s'installer sur la petite terrasse (très convoitée bien que sans vue particulière). Sans justifier le détour, voici une très honnête trattoria à l'italienne, proposant pâtes, risottos et divers plats de poissons. Service gentil et efficace.

Chic (plats 19-25 €)

Gillieru Restaurant *(plan A1, **13**) : sur le Vieux Port, attenant à l'hôtel* *du même nom, à **San Pawl il-Bahar.** ☎ 21-572-720. Tlj midi et soir. Chic, voire très chic.* Resto élégant en forme de paquebot. On s'installe derrière la grande baie vitrée ou sur la belle terrasse donnant directement sur la mer. C'est son principal atout et il n'est pas négligeable. Un peu cher, forcément avec une carte qui mise essentiellement sur le poisson et les fruits de mer, mais le lapin ou les pâtes permettent de contraindre le budget. Accueil un peu blasé. On peut aussi venir juste pour y boire un verre.

Où boire un verre ?

À Buġibba

Le soir, Saint-Paul est mort, paix à son âme. Toute l'animation se concentre sur la façade orientale de Qawra et dans le centre de Buġibba, sur la misraħ il-Bajja et dans les rues environnantes – qui ne sont qu'une succession de restos ouverts tard, de bars et de boîtes. Ça bouge pas mal en été et le week-end, et parfois un DJ fait péter la sono dans l'un des bistrots du quartier. C'est à qui mettra le son le plus fort... Sinon, on trouve des pubs britanniques un peu partout.

🍷 ***O'Reilly's Irish Pub*** *(plan B1, **30**) : triq il-Halel, angle de triq il-Bajja (Pioneer Rd). Tlj 9h (12h sam-dim, 14h lun)-1h (2h ven, 3h sam).* Le bon vieux pub irlandais transféré dans un climat un peu moins bruineux, avec sa collection de bières à la pression et son immanquable bar en bois chaleureux. Propose aussi des cocktails dans des verres de 1 l ! Les retransmissions de foot attirent, immanquablement, une foule de supporters.

À voir

À San Pawl il-Bahar

Le Vieux Port *(plan A1)* : quelques dizaines de barques et de *luzzu* protégés par une digue, voilà résumé ce modeste port. Du milieu du XIXe s, il était entouré à l'époque d'une poignée de maisons dont on peut voir quelques survivantes. L'une est située juste en face des bateaux, une autre vers la droite quand on tourne le dos à la mer. La plus belle se trouve cependant derrière l'église Saint-Paul, dans la direction de Qawra. Aujourd'hui, le style architectural des années 1970 a pris le dessus. Le week-end, les familles se retrouvent à bronzer ou à pêcher sur les quais.

Saint Paul's Church *(plan A1)* : petite chapelle dominant le port, au centre du vieux village (enfin, ce qu'il en reste). L'église, datant du XVIe s, fut restaurée à maintes reprises, notamment après la dernière guerre.

Wignacourt Tower *(tour Wignacourt ; plan A1)* : *dominant le port. ☎ 21-22-59-52. Lun-sam (et le 1er dim du mois) 10h-13h, mais vérifier les horaires affichés sur la porte car les permanences sont assurées par des bénévoles. Entrée : 2 €.* Érigée en 1610, cette tour fait partie de la 1re série de fortifications voulue par le grand maître français Alof de Wignacourt. À cette époque, 13 tours ont été bâties entre Mellieħa et le sud de l'île, pour pallier les lacunes du système défensif. En effet, les Arabes n'avaient appliqué leurs extraordinaires techniques de défense que dans la ville de Mdina. La tour Wignacourt est aujourd'hui la plus ancienne des tours de garde de Malte. Son importance stratégique était grande, puisque la baie de Saint-Paul, large et plate, était l'un des endroits les plus exposés à un éventuel débarquement de l'armée turque. À l'intérieur, exposition sur les fortifications maltaises et les techniques défensives de l'époque. Du toit, vue globale sur la baie et l'île Saint-Paul.

L'île Saint-Paul : ou plutôt les îles, puisqu'il y en a 2. On y trouve une statue en marbre blanc (érigée en 1845) de Paul, censé avoir fait naufrage dans les parages.

Le bâtiment juste à gauche de la statue n'est qu'un abri abandonné utilisé par les chasseurs. C'est du fort Campbell, après le Selmun Palace (voir « Dans les environs de Mellieħa »), que l'on a la meilleure vue sur les îlots. Des excursions en embarcation traditionnelle y mènent depuis le port de Buġibba, avec *Sea Horse* *(tlj à 11h, 13h30, 15h et 17h30 ; env 10 €).*

À Qawra

Malta Classic Car Collection *(hors plan par B1)* **:** *triq it-Turisti. ☎ 21-578-885. • classiccarsmalta.com • Lun-ven 9h-16h, sam et j. fériés 9h-13h. Entrée : 10 € ; réduc.* Une impressionnante collection privée de voitures anciennes, rassemblée pendant près de 40 ans par un passionné infatigable. Elle regroupe principalement des modèles des années 1950-1960, plus quelques-uns des années 1930, présentés dans un contexte qui plaira aux nostalgiques de l'époque : juke-box, distributeurs et autres pompes à essence vintage garantissent une déco pleine de réjouissants clins d'œil. En tout, selon les périodes (car il continue à vendre et à acheter, le bougre), on peut y voir en moyenne 80 à 90 véhicules : Alfa, Triumph, Fiat, MG, Austin, Cortina, Jaguar... beaucoup de belles anglaises, et même une Trabant venue de Brno (République tchèque) sur ses 4 roues. Demandez qu'on vous montre comment s'ouvre l'étrange Isetta BMW de 1957, ça vaut le coup ! Un musée bien fait, avec également 2 espaces vidéo proposant des films d'archives.

Malta National Aquarium *(hors plan par B1)* **:** *tt au nord de Qawra, sur la pointe, en bord de mer. ☎ 22-588-100. • aquarium.com.mt • Tlj 10h-20h (18h en hiver) ; dernière admission 30 mn avt. Entrée (chère) : 14 € ; réduc ; compris dans le* Heritage Multisite Pass *(voir en début de guide « Malte utile », la rubrique « Budget, visites »). Voir aussi les promos sur leur site.* Dans le sous-sol d'un vaste complexe moderne en forme d'étoile de mer, une petite trentaine d'aquariums mettant en scène des poissons originaires des eaux maltaises (bien pour ceux qui ne font pas de plongée) et de la mer Rouge, dont 2 espèces de requins. Le tout au milieu de répliques d'objets historiques trouvés au fond de la mer. Un tunnel vitré permet de les observer sous toutes les coutures. Resto sur place.

Salt pans *(salines)* **:** *à Qawra, au fond de Salina Bay.* En usage depuis le XVIe s au moins, elles se présentent sous la forme de carrés creusés à même la roche. Sur la berge, côté ouest, grosse collection de cabanons qui rappelleront des souvenirs d'enfance aux Marseillais.

À faire

Plongée

■ **Plongée Malte** *(plan A1, 5)* **:** *triq it-Tempesta, à* **San Pawl.** *99-988-876. • plongee-malte.fr • Baptême 50-70 €, forfaits 2-10 plongées 85-325 € (équipement inclus).* Club de plongée 100 % francophone, affilié à la Fédération française (les instructeurs sont tous diplômés FFESSM, PADI et SSI). Propose quotidiennement des baptêmes pour les débutants, mais également des plongées et des formations pour les plus chevronnés dans différents spots de Malte ou de Gozo. Très bonne ambiance.

■ **Strand Diving Services** *(plan A2, 4)* **:** *triq Ramon Perellos, à* **San Pawl.** *☎ 21-574-502. • stranddivers.com • baptême seul 45 € ; baptême suivi d'une plongée 85 € ; plongée 60 € (avec équipement) ; tarifs dégressifs.* Ce centre très sérieux effectue des plongées côtières *(shore dives)* ou en bateau autour de Comino. Cours PADI et SSI tous niveaux, du baptême au diplôme d'instructeur.

– De nombreux autres centres de plongée, un peu partout, offrent plus ou moins les mêmes prestations, à des prix similaires.

Parcs d'attractions

■ 🚸 ***Mediterraneo Marine Park :*** *Coast Rd, Baħar iċ-Cagħaq, à 5 km à l'est de Qawra. ☎ 21-372-218. ● mediterraneopark.com ● Avr-sept, tlj 9h-17h ; oct-mars, tlj 9h-15h. Plusieurs spectacles/j., à partir de 10h30. Entrée : 16 € ; réduc. Possibilité d'interactions avec les animaux moyennant des suppléments élevés.* Un *Marineland* assez classique.

■ 🚸 ***Splash & Fun Water Park :*** *attenant au Mediterraneo Marine Park. ☎ 21-374-283. ● splashandfunmalta.com ● Ouv mai-oct, tlj 10h-18h (horaires habituellement plus étendus hors crise sanitaire). Entrée : en hte saison, 18 € la ½ journée (à partir de 15h) et 25 € la journée entière ; réduc et tarifs dégressifs pour plusieurs j. et à la mi-saison.* Ce parc à thème aquatique est l'attraction familiale par excellence. On y trouve une piscine à vagues, des toboggans et une « rivière » sur laquelle on se laisse dériver dans de grosses bouées. Cela dit, les installations sont plutôt vieillissantes avec un monde fou, fou, fou...

XEMXIJA

Située entre San Pawl il-Bahar et Mellieħa, la station de Xemxija (ça se prononce « Chemchia ») fait la jointure entre ses 2 grandes sœurs, sans posséder grand intérêt. La route très passante qui traverse la ville ainsi que l'offre hôtelière plutôt restreinte et située sur cette même route n'incitent pas particulièrement à séjourner ici ! Toutefois, la plage de Mellieħa Bay n'est pas loin.

Arriver – Quitter

➢ ***De/vers La Valette :*** bus n°s 42, 49 ou 250.

➢ ***Ċirkewwa :*** bus n°s 221, 42 et X1.

➢ ***San Pawl :*** bus n°s 42, 221 et 222.

➢ ***Sliema et San Ġiljan :*** bus nº 222.

➢ ***Aéroport :*** bus nº X1.

Où dormir ?

🏠 ***Porto Azzurro Aparthotel :*** *Ridott St. ☎ 21-585-171. ● portoazzurro.com.mt ● De la route principale, grimper la rue en pente raide, derrière le* Porto del Sol. *Doubles 25-90 € ; studios 2-4 pers 30-140 € ; apparts 6 pers 55-220 €. Min 3 nuits (5 nuits en été), sauf en dernière minute selon dispo.* Une grande résidence hôtelière avec des studios et des appartements correctement équipés (kitchenette, clim et TV satellite). Au choix, vue sur mer ou sur l'arrière. Ensemble fonctionnel, avec de bonnes infrastructures : 2 piscines (celle à l'extérieur est plus belle et plus grande), jacuzzi, sauna, salle de fitness, resto et supérette. Attention, si c'est complet, on vous mettra d'office au *Porto del Sol,* très bruyant. Accueil routinier et vraiment peu chaleureux.

Où manger ?

|●| ☂ ***The Fortress Wine & Dine :*** *dans l'immanquable bastion, sur la rue principale, après le pont. ☎ 21-579-852. Mer-dim, le soir seulement à partir de 19h. Bon marché.* Belle terrasse dans la cour du bastion et petits salons cosy à l'étage pour un repas romantique aux douces lumières de photophores. L'originalité de ce bar à vins est le choix d'un plat unique à base de produits phares et représentatifs de la cuisine d'une dizaine de pays différents (Italie, Chine, États-Unis, Sicile, Grèce, Mexique... et Malte,

bien sûr !). Rien de transcendant mais plutôt sympathique pour accompagner un bon vin, à choisir parmi près de 170 références du monde entier (hélas, peu de choix au verre). Atmosphère calme et service attentif.

DANS LES ENVIRONS DE XEMXIJA

Mistra Bay : *on accède à cette crique populaire par une petite route qui descend après la colline de Xemxija, en allant vers Mellieħa.* La plage elle-même se résume à 100 m de sable parsemé de cailloux. Cela dit, on y trouve encore quelques bateaux et barques amarrés, et c'est l'une des seules baies encore vierges d'infrastructures touristiques (mais pas de détritus, dommage). Beaucoup moins de monde que sur la plage surchauffée de Golden Bay... Prévoir des provisions. Au bout d'une des anses, après le fortin, jolie vue sur les îles Saint-Paul, toutes proches.

MELLIEĦA

8 700 hab.

Ville perchée à plus de 100 m au-dessus de la mer, Mellieħa a pour principaux atouts d'être située à proximité de la plus grande plage de Malte. Elle possède aussi une histoire, des lieux saints, quelques jolis bâtiments et surtout une situation pittoresque. Bref, elle peut se targuer d'avoir une identité. Juchée sur le rebord d'un plateau tombant dans la mer, dominant les paysages du Nord-Ouest maltais, l'église paroissiale veille sur son petit monde, ses vergers nichés au creux du village et ses maisons de globigérine (la pierre locale, couleur miel).

Arriver – Quitter

➢ ***De/vers La Valette :*** bus nos 42, 49 ou 250.
➢ ***Ċirkewwa :*** bus nos 42, 221, et 222.
➢ ***San Pawl :*** bus nos 42, 49, 221, 222 et 250.
➢ ***Sliema et San Ġiljan :*** bus no 222.
➢ ***Aéroport :*** bus no X1.

Adresses utiles

Office de tourisme : *à côté du commissariat de police, en bas de la rue principale, un peu avt l'entrée du sanctuaire. ☎ 22-915-511. Lun-sam 9h-13h.*

HSBC : *6, Ġorġ Borġ Olivier St, dans la rue principale, là où elle forme un coude.* Distributeur.

Bank of Valletta : *rue principale, un peu plus bas que HSBC.* Distributeur également.

Où dormir ?

De chic à très chic (plus de 80 €)

Pergola Club Hotel & Spa : *triq Adenau. ☎ 21-523-912 ou 913. • pergolahotel.com.mt • Un panneau indique l'hôtel au début de la descente, sur la rue principale. Doubles 35-150 € ; studios 60-130 € ; apparts 2-5 pers (voire 7 avec les couchages d'appoint) 100-180 €. Petit déj en sus.* Un établissement de très bonne tenue, qui propose des chambres fonctionnelles sans surprise mais confortables, et des studios et appartements bien équipés : balcon ou terrasse, cuisine et tous les ustensiles qui vont avec. Côté confort général, resto sur place, un bar (dans une grotte !), une piscine intérieure et 2 extérieures, ainsi qu'un sauna et un jacuzzi. S'y prendre à l'avance car il y a du monde, surtout pour avoir un appartement avec vue sur la mer et l'église de Mellieħa (un supplément pour la vue est demandé). Accueil pro et souriant. Une bonne adresse.

Maritim Antonine Hotel & Spa : *Ġorġ Borġ Olivier St. ☎ 22-892-201. • maritim.com.mt • Dans la rue principale. Doubles 80-240 €, avec petit déj. Voir promos sur leur site. Min 2 nuits à certaines dates.* Un bel hôtel 4 étoiles, décoré avec goût, organisé autour d'espaces épurés et élégants. En été, on peut prendre le petit déj dans le charmant jardin, presque luxuriant pour Malte. S'y trouvent aussi une belle et paisible piscine (il y en a 2 autres, l'une sur le toit, la 3e à l'intérieur) et un espace fitness, spa et jacuzzi. Les chambres, avec vue sur mer, ville ou jardin, sont à la fois sobres, confortables et esthétiques, y compris les salles de bains.

Où manger ? Où prendre son petit déjeuner ?

De bon marché à chic (plats moins de 25 €)

Freds Pies & More : *66, triq il-Kbira. ☎ 21-523-593. Tlj 9h-21h. Bon marché.* Les anciens chefs de l'excellent *Bouquet Garni* ont ouvert cette adresse à l'accent britannique qui propose aussi bien des *scones* au petit déjeuner que des tourtes *(pies)* au bœuf, au canard, végétariennes ou vegan, mais aussi quelques incursions plus lointaines avec des salades tendance vietnamienne ou marocaine. À prix tout doux.

The Hilltop : *triq Ġorġ Borġ Oliver, en face de HSBC. ☎ 21-521-101. Ouv ts les soirs, plus midi ven-lun. Prix moyens.* Jolie terrasse et accueil sympathique pour ce resto qui s'efforce de bien faire : rien d'inoubliable, mais des pizzas croustillantes, des pâtes bien cuites et goûteuses et des poissons convenables.

Il-Mitħna : *58, triq il-Kbira. ☎ 21-520-404. À l'entrée du village en arrivant de San Pawl, au bord de la route principale, sur la gauche. Lun-sam, le soir seulement, plus dim midi. Plats chic, pâtes et burgers à prix moyens.* Ce moulin (*Il-Mitħna* en maltais) du XVIIe s est le dernier des 3 que la commune comptait jadis. Terrasse sous une pergola (un peu bruyante car surplombant la rue), généralement prise d'assaut, et longue salle sous une voûte de pierre à arcades. À la carte, une savoureuse cuisine maltaise, tout à la fois traditionnelle et originale, qui a le mérite de suivre les saisons. Et le service assure, avec le sourire.

Où boire un verre ?

Imperial Band Club : *pjazza Tal-Parroċċa (Parrish Sq). Tlj jusqu'à 1h.* Sur la place de l'église, encore un de ces traditionnels *band's clubs* locaux. Terrasse de poche avec quelques tables pour boire un café en contemplant l'église tôt le matin... Sinon, à partir de 16h, également le *Vittoria Band Club* un peu plus bas vers l'église.

Sea View Bar : *derrière l'église. Tlj 9h-21h.* Un kiosque qui abrite une buvette toute simple avec une jolie vue sur la baie de Mellieħa, Gozo et Comino. Idéal à l'heure de l'apéro. Aire de jeux pour les bambins.

À voir. À faire

L'église paroissiale Notre-Dame-de-la-Victoire : *ouv pour les messes, lun-ven 6h-8h30, 18h-19h30, w-e et fêtes 6h-12h, 16h30-18h.* Elle trône au sommet du village, donnant tout son charme au tableau. Datant de la fin du XIXe s, elle ne recèle rien d'exceptionnel. Mais on ne peut s'empêcher d'admirer ce décor théâtral, cousu main par des amoureux de la pierre locale et bichonné si soigneusement qu'il brille comme un sou neuf. L'extérieur, vu de l'arrière, impressionne par sa rectitude digne d'une forteresse. Une dureté qui se marie bien avec la vision de ces falaises tombant dans la grande bleue.

Le sanctuaire Notre-Dame : *tlj 8h-12h, 15h-19h (16h-18h en hiver).* Une volée de marches descend de l'église vers une belle place. Le « sanctuaire » (*shrine* en anglais) vaut le coup d'œil pour la fresque naïve de son abside, peinte à même la pierre, que la légende attribue à saint Luc. Cette représentation de la Vierge portant Jésus n'est pas de lui (elle date probablement du XIIe ou du XIIIe s), mais les mythes sont tenaces et ce sanctuaire est un lieu sacré vénéré avec ferveur. Jean-Paul II y fit un saut en 1990. Nombreux ex-voto dans la sacristie.

La grotte de la Vierge : *du sanctuaire, descendre les marches et traverser la route. En été, tlj 8h-19h ; en hiver, tlj 8h-18h.* Un portail marque le début de l'escalier descendant jusqu'à cette grotte où jaillit une eau prétendue miraculeuse – en particulier pour soigner les enfants. En remerciement, les parents ont accroché de touchants ex-voto sur les parois : grenouillères et autres vêtements de bébé parfois encadrés, photos de famille, lettres griffonnées sur du papier à carreaux... Des témoignages émouvants faiblement éclairés par la lueur des bougies, avec comme seul bruit le flic-floc des gouttes qui s'écrasent aux pieds de la statue...

Balade en ville : tourner à gauche derrière l'église, en direction de l'*Hotel Panorama,* et continuer jusqu'au bout de la rue. Devant s'ouvre une mini vallée striée de vieux murets de pierre entre des parois creusées de cavernes. Ces grottes étaient habitées par des paysans jusqu'au début du XXe s, lorsqu'on les a priés de trouver un autre toit. Au fond, des bassins d'irrigation entretiennent une végétation presque luxuriante. On peut descendre visiter les grottes ou revenir au centre-ville par l'arrière. Il est aussi possible de marcher jusqu'à la plage de Għadira (en d'autres termes, Mellieħa Bay).

DANS LES ENVIRONS DE MELLIEĦA

Selmun Palace : *en haut d'une colline située entre Mellieħa et Xemxija. Pour s'y rendre, prendre la route qui démarre au rond-point à l'entrée de Mellieħa ; env 2 km à partir de là.* Bâti à la fin du XVIIIe s sur le modèle du Verdala Palace, le bâtiment appartenait à une congrégation religieuse nommée *Monte di Redenzione degli Schiavi* (« montagne de la rédemption des esclaves »). Wignacourt fonda cette congrégation afin de racheter les esclaves tombés aux mains des Turcs. D'où le nom de la mini chapelle, Notre-Dame-du-Rachat, située devant, et ce « *R* » sculpté dans le médaillon de la superbe façade. Le domaine collectait de l'argent en louant ses terres.

– En prenant le chemin à droite du Selmun Palace, on atteint le ***fort Campbell*** (1,5 km environ), construit par les Britanniques, qui offre le meilleur point de vue sur les îles de Saint-Paul.

La ***balade jusqu'à Selmun Bay*** *(Mgiebah)* vaut aussi le coup. Avant d'arriver au palais, face à la chapelle, prendre à gauche le mince ruban de bitume déconfit qui serpente entre des murets de pierre rongés par les figuiers de Barbarie (fléché *Dog Friendly Bay*). Environ 1,5 km de marche à travers les champs en terrasses (ça passe en voiture mais c'est étroit, surtout vers la fin), et la route s'arrête sur un petit parking. De là, un sentier descend en quelques minutes jusqu'à une plage ratissée, au bord de l'eau turquoise. Location de transats et de parasols. Au-dessus, une vieille tour de guet perchée sur un surplomb. À faire de préférence le matin ou en fin d'après-midi, car le terrain est assez sec et sans ombre.

MELLIEĦA BAY

Après Mellieħa, la route descend en quelques virages vers la mer. Au creux des épingles à cheveux s'épanouissent des patchworks de verdure où règne une douce fraîcheur. Cela est dû à la présence de plusieurs sources. Puis on arrive dans la baie de Għadira, la « Malibu Beach » maltaise, plus connue sous le nom de Mellieħa Bay. Plus longue plage de sable fin de l'île et, avec celle de Golden Bay, la plus fréquentée. Durant la haute saison touristique, difficile d'échapper aux transats payants ! Elle se transforme alors en un vaste champ de parasols, mais reste agréable hors saison. Elle est particulièrement idéale pour les enfants, car on a pied très longtemps. Des jeux flottants sont même installés en mer. Paradoxalement, c'est ici que se trouve la plus grande réserve naturelle du pays.

Arriver – Quitter

La plupart des bus qui assurent la liaison avec Mellieħa (voir pages précédentes) desservent la plage et la réserve.

Où dormir ?

De prix moyens à un peu plus chic (40-80 €)

■ ***Luna Holiday Complex :*** *Marfa Rd.* ☎ *21-521-645.* • *lhcmalta.com* • *Fermé de début janv à mi-mars. Studios 50-120 € pour 2 ; également des apparts pour 4 avec 1 ou 2 chambres.* Grand bâtiment fonctionnel au bord de la route, en entrant dans Mellieħa Bay. Il abrite des studios assez spacieux et bien équipés (avec kitchenette), un peu vieillissants (mais corrects et propres) pour les moins chers, récents et nickel (style design, avec chambre à coucher climatisée) pour d'autres. Le calme n'est en revanche pas assuré, notamment pour les studios dont le balcon donne directement sur la route... Pour le reste, 2 piscines, dont une sympa sur le toit avec une belle vue sur la mer. À proximité immédiate, restos, supérette, club de plongée et animations l'été.

D'un peu plus chic à très chic (de 60 à plus de 120 €)

■ ***Mellieħa Holiday Centre :*** *en surplomb de la plage, vers son milieu.* ☎ *22-893-000.* • *mhc.com.mt* • *Pour 2 pers, studios 60-90 € et bungalows 80-120 €, sans ou avec petit déj.* À une encablure de la plage et dans un luxuriant jardin, ce village de vacances appartient à une compagnie danoise. Il propose 180 « bungalows » en pierre maltaise (6 personnes maximum) au design sobre, cosy et très confortables (grande cuisine, salon, 2 chambres, salle de bains, cour fermée et *rooftop*). Également une poignée de petits studios dans le même style pour 2 personnes (avec kitchenette). Plusieurs bars et restos (chinois, italien...), supérette (approvisionnée en produits danois !), tennis, 3 belles piscines (dont une intérieure), laverie et bureau de location de voitures. Accès à la plage par un tunnel sous la route. Bonne ambiance et cadre plus verdoyant et reposant qu'ailleurs.

■ ***Mellieħa Bay Hotel :*** *au fond de la baie, en allant vers Marfa.* ☎ *23-573-004.* • *melliehabayhotel.com* • *Fermé pour travaux ; devrait rouvrir prochainement. Anciens tarifs : doubles 60-180 €, avec petit déj. ½ pens intéressante. Tarif négociable, surtout en passant par des agences.* Ne pas se fier à l'aspect extérieur très bétonné de cet immense hôtel de plus de 300 chambres. La réception et les salons ont été redécorés de couleurs vives, gentiment design. Quant aux chambres, plus classiques, elles sont plutôt agréables, bien que vieillissantes, mais parfaitement équipées (clim, TV satellite, coffre et minibar) et toutes face à la mer (balcon ou petite terrasse). L'hôtel (une vraie petite ville largement fréquentée par les groupes) possède par ailleurs des avantages indiscutables : une situation parfaite en bord de plage privée, 3 piscines, un club de plongée *(Aquaventure)*, bowling, night-club, etc. Également une agence de location de voitures.

Où manger ?

Westreme : *Marfa Rd. ☎ 21-521-126. Tlj 10h-23h.* Resto de plage, typique des bords de mer, sans prétentions ni complications. Juste une belle terrasse accueillante et une cuisine variée tout à fait correcte : burgers, grillades, salades, pâtes, pizzas... Pour Malte, c'est déjà pas si mal ! Pour la petite histoire, Westreme est le nom de la batterie située juste au coin de la rue, construite par l'ordre de Saint-Jean en 1715, pour se défendre des Français.

Sinon, on trouve de nombreux ***snack-bars*** sur la plage et quelques restos sans intérêt particulier le long de la route, notamment près du *Luna Holiday Complex.* On recommande aussi le *Zeffirino,* très honorable si l'on fait abstraction de la vue, vraiment glauque...

À voir

La réserve naturelle de Għadira : *vers le milieu de la plage, de l'autre côté de la route. 79-55-43-47. • birdlifemalta.org • Bus nos 37, 41, 42, 221, 222 et X1. La courte période de migration et les horaires d'ouverture restreints de la réserve en limitent l'intérêt : ouv sept-mai, lun, mar, jeu et ven 14h-19h, sam-dim 10h-16h (fermé dim sept-oct) ; les autres j., on peut accéder au poste d'observation par un petit chemin contournant la réserve par l'arrière. Fermé juin-août. GRATUIT (donation bienvenue).* Cette toute petite zone de marais salins est une étape pour certaines espèces migratoires. On y rencontre, en hiver, canards, hérons, aigrettes, pluviers, flamants et spatules à l'occasion. En été, le marais est à sec et il n'y a pas âme qui vive.

DANS LES ENVIRONS DE MELLIEĦA BAY

Popeye Village (Sweethaven) : *dans* ***Anchor Bay,*** *jolie petite baie dessinée telle une encoche dans la côte nord-ouest. ☎ 21-524-782. • popeyemalta.com • Arrêt du bus n° 101 au Seabank Resort, à Mellieħa Bay. Nov-mars, tlj 10h30-16h30 ; avr-juin et sept-oct, tlj 10h30-17h30 ; juil-août, tlj 10h-18h. Entrée : 18 € (12 € l'hiver) ; petite réduc enfants. Une balade en bateau est incluse dans le prix d'entrée (ttes les heures en été), mais est annulée s'il y a trop de vent.* Le village, créé de toutes pièces par la compagnie Disney pour le tournage du film éponyme en 1980,

DU BEURRE DANS LES ÉPINARDS

En 1979, le réalisateur Robert Altman choisit Anchor Bay pour tourner l'adaptation cinématographique de Popeye, le célèbre marin bagarreur né aux États-Unis dans les années 1920. Pour incarner le mangeur d'épinards, il choisit un illustre inconnu dont ce sera le 1er grand rôle : Robin Williams. Adapter l'univers de la B.D. au cinéma n'étant jamais chose facile, le film fait un bide retentissant... Peu importe. Une bande de passionnés reprend le décor laissé à l'abandon et le retape entièrement pour en faire un parc d'attractions, ouvert depuis 2002 !

consiste en une vingtaine de baraques très marrantes au look de B.D., avec une poste, un cinéma, un bistrot, etc. Certaines sont meublées. Tout est resté en l'état, soigneusement entretenu. Des acteurs amateurs se déguisent en Popeye, Olive et Brutus, et font participer les visiteurs. Certaines scènes sont même filmées (pour mieux vous vendre la vidéo...). Petite projection sur la construction du village et le tournage du film, balade en bateau de 20 mn sur Anchor Bay, piscine avec jeux (en été), structures gonflables dans la mer (plage sur le site), etc. Bref, très sympa et de quoi passer un bon moment en famille même si la visite ne présente pas d'intérêt majeur. Vu le prix, on peut toujours se contenter de le découvrir depuis les falaises encadrant Anchor Bay.

LA PÉNINSULE DE MARFA

À l'extrémité nord-ouest de l'île. La péninsule mesure environ 6 km de long sur 2 km de large et ne comporte aucun village digne de ce nom. Pas très spectaculaire sur le plan du relief, très aride, elle offre pourtant, pour les plus courageux, l'occasion de jolies promenades à pied ou à vélo. De loin en loin, des hameaux de cabanons occupent les nombreuses anses, où les Maltais se retrouvent en famille, l'été et le week-end, entre un bout de plage pas très propre, des tas d'algues et un barbecue les pieds dans l'eau.
C'est également d'ici que l'on prend le bateau pour Gozo, toute proche. Ċirkewwa est un embarcadère classique avec ses files de voitures et de piétons qui attendent de monter, son resto-bar de circonstance et ses dalles de béton. Mais c'est aussi un échantillon de station balnéaire, avec l'énorme et moche *Paradise Bay Hotel,* un club de plongée, des transats et parasols...

Comment aller au terminal des ferries ?

En bus

➢ ***De/vers La Valette :*** bus n°s 42 et 49.
➢ ***San Pawl, Buġibba et/ou Qawra :*** bus n°s 221 et 222.
➢ ***San Ġiljan et Sliema :*** bus n° 222.
➢ ***Ċirkewwa :*** bus n° 221, 222 et X1.
➢ ***Aéroport :*** bus n° X1.

En taxi

La course va chercher dans les 35 € depuis l'aéroport.

– Pour plus de détails sur la traversée, se reporter plus loin à la rubrique « Arriver – Quitter » à Gozo.

Où camper ?

Adventure Campsite Malta : *à Aħrax Point, près de la Tour blanche. 📱 99-496-707. • maltacampsite.com • Arrêt du bus n° 42 « Aħrax » à env 3 km du camping, au niveau de la bifurcation pour la Red Tower ou, un peu plus proche, le n° 49 (arrêt « Armier Bay »). Mieux vaut être motorisé. Ouv tte l'année. Empl. tentes env 9 €/pers. Loc de mobile homes pour 4 pers 70-80 €/nuit (+ 10 €/pers supplémentaire, jusqu'à 6 pers). Également des chalets pour 4 à 50-60 €, ainsi que des dortoirs (6-10 lits) 15 €/pers, réduc à partir de 3 nuits.* Ce « camping » est situé au diable vauvert, au bout d'une route défoncée, dans un espace clos peu engageant, voire assez glauque (et pas super bien entretenu). On vous l'indique par principe : mobile homes plus tout jeunes et à touche-touche, terrain caillouteux sans ombre, équipements basiques (sanitaires récents mais déjà dégradés), bar, épicerie, petite piscine hors-sol bien triste et accueil peu amène.

Les irréductibles iront plutôt faire du camping sauvage sur la pointe nord-est de la péninsule, près de la *statue de la Madone* (voir plus loin la balade au départ d'Armier Bay). Une demande d'autorisation à la mairie est exigée, à obtenir au moins 1 mois avant sur leur site • *mellieha.gov.mt* •, puis cliquer sur « Council » et « Online Permit System », puis remplir le formulaire *(plus d'infos par téléphone ou par e-mail : ☎ 21-521-333 ; • customercare.mellieha.lc@gov.mt •).*

MALTE

À voir

Red Tower *(ou tour Sainte-Agathe) : à la sortie de Mellieħa Bay en allant vers Ċirkewwa. ☎ 21-225-952. • dinlarthelwa.org • En principe, tlj 10h-17h (16h hors saison) mais, le site étant géré par des bénévoles, il peut fermer sans prévenir. Entrée : 2,50 € ; gratuit moins de 12 ans. Documentation en français. Mar et jeu en été, visite « sunset » à 19h30 pour assister au coucher du soleil : 5 €, verre de vin compris.* Ce donjon crénelé flanqué de 4 tourelles d'angle d'un beau rouge domine tout le paysage. On le voit même depuis Gozo. Quelques panneaux d'information et un film en DVD retracent l'histoire de cette tour, bâtie en 1648 pour communiquer aisément avec La Valette. Son importance stratégique s'explique par la configuration de la baie de Mellieħa, large, plate, et donc particulièrement exposée aux débarquements, rendant les navires de commerce, qui croisaient dans le détroit, très vulnérables. Avec ses 2 salles voûtées, elle pouvait loger une garnison de 50 hommes (bien tassés). La plupart du temps, il n'y avait cependant que 3 hommes d'armes et un canonnier. Les Anglais l'utilisèrent encore pendant la Seconde Guerre mondiale. Du toit, panorama grandiose sur Gozo et Comino.

Armier Bay : *bus n° 49 de La Valette.* Au nord de la péninsule, Armier Bay n'est en fait qu'un regroupement de quelques baraquements de bric et de broc, genre cabanons, et de caravanes qui semblent installées à vie. L'un des lieux favoris pour les week-ends à la plage, même si la propreté laisse parfois à désirer, c'est *Little Armier Bay,* 2 petites plages bondées, avec leur poignée de snack-bars et de clubs de plage aux parasols de toutes les couleurs. Atmosphère populaire et bon enfant plutôt sympa pour qui ne craint pas la foule estivale. Location de jeux nautiques.

Jolie balade à faire jusqu'à la ***chapelle*** et la ***statue de la Madone,*** perchées sur les falaises, à la pointe est de la péninsule. Environ 2 km de marche depuis Armier Bay. On peut s'y rendre en voiture par la petite route goudronnée qui traverse la péninsule d'ouest en est. Tout au bout, sur son piédestal bleu, la Vierge contemple la baie de Mellieħa et le grand large. C'est dans les parages, cachés entre les jeunes pins et les figuiers de Barbarie, que les campeurs viennent planter leur tente (voir plus haut « Où dormir ? »). En revanche, l'approche de certaines falaises est interdite pour éviter de déranger les puffins de Yelkouan, espèce rare d'oiseaux marins, qui nichent dans les environs. On y retrouve chaque année environ 1 000 couples sur les 1 600 qui fréquentent Malte et Gozo (entre 5 et 10 % de leur population mondiale).

À faire

Paradise Bay : *située à env 1 km de l'arrêt de bus de Ċirkewwa. Bus n°s 41 et 42. On s'y rend par une route avt le* Paradise Bay Hotel *(panneau).* Une petite plage dont le joli tapis de sable, baigné par des eaux claires aux reflets turquoise, se serre dans une minicrique, avec quelques potagers en retrait. On y descend par une volée de marches. Sympa, mais la vue sur le terminal des ferries l'est moins... Évidemment bondée en été. Grand snack-bar et location de transats et de parasols.

Plongée

■ ***Paradise Diving School and Water Sports :*** *à* ***Ċirkewwa.*** *☎ 77-77-66-65. • paradisediving.com • En face du* Paradise Bay Hotel, *dont il dépend. Baptême 75 € ; plongée 43-56 € (avec l'équipement), à partir du bateau (mai-oct) ou du rivage.* La proximité de Comino en fait le spot privilégié du club. Pour ceux qui ne sont pas motorisés, navettes gratuites depuis toutes les stations du littoral nord. Fait aussi location de canoës. Également des excursions en *speed boat* au Blue Lagoon. Accueil inégal.

GĦAJN TUFFIEĦA ET GOLDEN BAY

2 sœurs séparées par une langue de roche. Għajn Tuffieħa (prononcer « Aïn Touffieha », qui signifie « la source des pommes ») est une belle plage au pied d'une végétation encore intacte, épargnée par les promoteurs. On y a même vu de gentils caméléons. Sa chance, c'est cette lande friable, fragile, qui ne tolère aucune construction. On avait bien construit un hôtel, à l'extrémité nord de la baie, mais il ne ressemble plus aujourd'hui qu'à une carcasse disgracieuse. Désormais protégé officiellement, ce site de toute beauté attire tous les baigneurs et « bronzeurs » adeptes de calme (bien qu'en été la tranquillité soit toute relative). Pente douce, idéale pour les jeunes enfants quand la mer est paisible. Attention toutefois aux courants ; lorsque le drapeau orange est levé (ce qui arrive souvent), les familles auront intérêt à choisir une plage plus sûre. Golden Bay, c'est la plage la plus populaire de Malte, avec celle de Mellieħa Bay. Noire de monde à partir de 10-11h, donc, avec des snacks de plage, des loueurs de chaises longues et de parasols, un glacier... Son nom ne vient pas de la couleur du sable, mais du *Golden Sands Hotel.* En faillite, démoli, abattu, il a été remplacé par un complexe de luxe qui dénature sans vergogne le paysage... dommage !

Arriver – Quitter

En voiture

Une route y mène depuis Mosta, une autre depuis San Pawl il-Bahar. De Mellieħa, passer par le village de Manikata. Accès facile, mais pas évident de trouver une place malgré le vaste parking, surtout le week-end. Attention, le parking est payant à Għajn Tuffieħa et pour les emplacements les plus proches de la mer à Golden Bay (gratuit plus haut).

En bus

➢ ***De/vers La Valette :*** bus nº 44.
➢ ***Buġibba/Qawra et San Pawl il-Bahar :*** bus nºs 223 et 225.
➢ ***Sliema :*** bus nº 225.
➢ ***Marfa et Ċirkewwa :*** bus nº 101.

Où dormir ? Où manger ?

⛺ ***Għajn Tuffieħa Scout Campsite :*** *Misrah il-Bajja. ☎ 20-991-526. • campsite.mt • Arrêt de bus juste à côté. Sur la droite, juste avt d'arriver à Golden Bay (à l'ombre du Radisson !). Ouv tte l'année. Pour 2 avec tente, compter env 15 € ; en option, loc de tente (3 pers) 5 € et utilisation de la cuisine 5 €.* Le 2ᵉ camping de l'île, géré, comme son nom l'indique, par les scouts maltais (ils y plantent donc parfois également leurs tentes !). Une vingtaine d'emplacements sur un terrain un peu pelé du fait de la végétation endémique de cette terre aride ; c'est aussi ce qui fait son charme et l'on y trouve un soupçon d'ombre quand même ! 2 blocs sanitaires. La plage est à 5 mn.

Apple's Eye : *triq Għajn Tuffieħa. ☎ 21-573-359. Sur la gauche, juste avt la descente vers Golden Bay. Tlj 9h-22h en été (18h en hiver). Salades, pâtes et pizzas et plats à ts les prix.* Dans la même famille depuis le début des années 1920, quand le grand-oncle rassasiait la garnison anglaise de plats typiquement maltais. Le *fenkata* (lapin) est toujours à la carte aux côtés de plus internationaux burgers, pizzas et autres salades. Salle sans vraiment de charme mais grande terrasse avec vue où il peut également être agréable de boire un verre. Accueil très amical.

À faire

Il-Majjistral Nature and History Park : c'est le 1er parc naturel maltais, créé en 2007. Avec ses 6 km de côtes vraiment préservées, il offre l'occasion de quelques jolies balades, en particulier au départ de Golden Bay, en prenant le petit chemin derrière l'hôtel *Radisson,* le long de la clôture (fléché). Environ 30 mn de marche jusqu'aux falaises, superbe point de vue notamment sur Gozo. Pas beaucoup d'ombre l'été, et attention, ici aussi (eh oui, même dans un parc naturel !) il y a des chasseurs... Le parc organise également des randonnées guidées *(rens sur • majjistral.org •).*

➢ On pourra également rejoindre la belle **Ġnejna Bay** en 30-40 mn, au départ du parking de la **Għajn Tuffieħa Tower.**

Équitation

■ **Golden Bay Horse Riding :** *☎ 21-573-360. 99-856-862. • goldenbayhorseriding.com • Pour s'y rendre, emprunter la route sur la droite, 300 m avt d'arriver à la plage en venant de Xemxija. Ouv tte l'année. Réserver au moins la veille en été, de préférence par e-mail : • mfrendo1119@gmail.com • À partir de 25 €/h, 40 € pour une belle balade au coucher du soleil (transferts possibles).* Un centre équestre au look d'hacienda plutôt croquignolet. Propose des tours accompagnés de 1h ou de 2h (le plus sympa est le *sunset ride,* quand il fait moins chaud).

MĠARR

3 500 hab.

Un bourg rural paisible, bien représentatif de la vie traditionnelle maltaise. On y vient surtout pour admirer le dôme argenté qui fait la fierté du village. Et aussi parce que Mġarr est la porte d'accès à de nombreux sites, notamment les baies de la côte ouest.

Arriver – Quitter

➢ ***De/vers La Valette et Mosta :*** bus nos 44 et 238.

➢ ***Ċirkewwa :*** bus no 101.

➢ ***Għajn Tuffieħa et Golden Bay :*** bus no 44.

Adresse utile

■ ***HSBC :*** *distributeur et agence dans la rue face à l'église.*

Où manger ?

De bon marché à prix moyens (plats moins de 18 €)

United Bar & Restaurant : *derrière l'église.* ☎ *21-574-630. Ouv seulement le soir en sem, midi et soir le w-e. Fermé lun.* Un resto-bar populaire fréquenté par les autochtones. Le lapin en sauce est la raison de vivre de *United...* avec le club de foot de Manchester, qui lui a donné son nom. Ambiance très animée et cuisine franche qui va droit au but. Les Maltais le savent : pour un vrai bon lapin, c'est ici qu'il faut venir ! Également du cheval (c'est aussi la spécialité du coin...) et des snacks.

Il-Barri : *pl. de l'église.* ☎ *21-573-235 ou 21-574-054. Tlj sauf lun, midi et soir.* Grande spécialité de la maison : le *fenkata,* le civet de lapin. Mais toutes les viandes ont leur place au menu, même le cheval. On peut également se contenter d'une salade, d'un *burger* ou, le soir, d'une pizza. Cuisine goûteuse, copieuse et fraîche. Fréquentation assez touristique dans cette grande salle climatisée rénovée dans un style très contemporain, dont le plafond ondoyant est censé rappeler les collines environnantes. Bien aussi pour un petit déj impromptu (bon cappuccino et excellentes torsades au chocolat). Profitez-en pour descendre... aux abris, en visitant *The Mġarr Shelter* situé sous le resto (lire la rubrique « À voir »).

MALTE

À voir

L'église paroissiale, « Egg Church » : c'est le « phare » de l'ouest de Malte. Où que l'on soit, impossible de rater son dôme argenté pourvu d'un mamelon. Architecturalement, c'est – à notre humble avis – l'une des églises les plus réussies de l'île. Est-ce dû à son curieux dôme en ellipse, aux courbes parfaites lorsque l'on se place juste en dessous ? Ou bien à la chaleur mielleuse de la globigérine, ce calcaire local qui jaunit avec le temps ? Ou à son portique massif supportant un fronton strict, auquel répond un parvis ovoïde ? Ou encore au dépouillement de son intérieur, dénué de fioritures et de dorures baroques, qui met tellement en valeur la pureté des lignes ?
Commencée dans les années 1910, cette église ne fut complètement achevée qu'en 1948. Financée par les fermiers du coin, notamment grâce à la production d'œufs, on la surnomme « Egg Church », l'église de l'œuf. Clin d'œil, au passage, à la forme du dôme... Elle imite le style de la Rotunda de Mosta, même si les proportions sont moins impressionnantes. De fait, l'architecte John Mary Camileri est l'auteur des 2 églises.
L'intérieur frappe par la couleur crème de la pierre, encore toute jeune, et le dallage tricolore en marbre. Très lumineux et spacieux, il tranche radicalement avec le baroque surchargé des autres églises paroissiales. Dans la sacristie, au fond, à droite de l'autel, quelques belles peintures, notamment une *Mort de saint Joseph* réalisée par un élève d'Antoine de Favray et, dans 22 médaillons, de minuscules reliques de saints. Demandez au gardien de vous y conduire s'il est dans le coin.

The Mġarr Shelter : *dans le centre, au sous-sol du resto* Il-Barri *(voir plus haut « Où manger ? »).* ☎ *21-573-235. Mar-sam 9h-13h, dim 10h-11h30. Entrée : 3 €.*
On peut facilement imaginer la surprise et l'excitation du propriétaire de ce restaurant quand il découvrit, en faisant des travaux dans son sous-sol à la fin des années 1990, ces abris antiaériens de la Seconde Guerre mondiale ! Pas moins de 225 m de tunnels creusés à 12 m de profondeur. Attaché à la transmission de l'histoire aux nouvelles générations, il a patiemment remis les lieux en état, bien avant que le *Malta at War Museum* n'ouvre à Birgù.

La visite commence par une projection (en anglais) d'une dizaine de minutes relatant l'histoire du conflit à Malte, avec images et commentaires d'époque intéressants. Puis on s'engouffre dans ces abris humides qui semblent ne jamais vouloir s'arrêter, accompagné d'une bande-son (en français sur demande) très réaliste nous immergeant dans cet univers impressionnant où pouvaient se réfugier jusqu'à 200 personnes. C'était l'un des plus grands abris de l'île, creusé, comme la plupart, à la main. Chapelle, école, hôpital, chambres... une ville souterraine reconstituée avec des mannequins, objets et mobilier qui aident à réaliser ce que devait être le quotidien des réfugiés. Une visite assez bouleversante, à déconseiller aux plus sensibles.

ABRI DE FORTUNE

N'imaginez pas que les abris de guerre étaient de simples couloirs souterrains. On y creusa à la main de minuscules cellules qui faisaient office d'école, de chapelle, de maternité, ou encore d'infirmerie. Et puis, moyennant finances, on y creusait des chambres privées pour les familles qui en avaient les moyens... Même sous terre, les classes sociales refaisaient surface !

Les temples de Ta'Ħaġrat : *à l'entrée de Mġarr quand on vient de Mosta, au fond de l'impasse de la triq San Pietru. ☎ 21-586-264. • heritagemalta.org • Tlj sauf mar 10h-16h30. Entrée : 3,50 €. Billet combiné avec les temples de Skorba : 6 €. Visite limitée à 15 pers. Les billets s'achètent en ligne, à l'un des sites gérés par Heritage Malta ou à la mairie de Mġarr, sur la pl. principale (lun-sam).* Les 2 temples datent, respectivement, de 3600 et 3200 av. J.-C. et figurent parmi les plus anciens de l'île. Malgré les ravages du temps, les vestiges permettent encore de se faire une idée de l'architecture du site (en trèfle, avec des absides). Pour les initiés seulement, car, hormis la porte, il ne reste pas grand-chose sinon ces petits vestiges d'à peine 300 m².

DANS LES ENVIRONS DE MĠARR

Les temples de Skorba : *dans le village de* ***Zebbiegħ,*** *2 km avt Mġarr en venant de Mosta. ☎ 21-580-590. • heritagemalta.org • Mêmes horaires, prix et conditions d'achat que pour les temples de Ta'Ħaġrat. Sinon, on voit bien les temples du grillage qui clôt le site.* Pour archéologues avertis, car là encore les vestiges de ce temple du IVe millénaire av. J.-C. se résument à 3 pierres levées et un malheureux pan de mur. En effet, les figurines, poteries et ossements découverts lors des fouilles reposent désormais au musée de La Valette.

Ġnejna Bay : *cette jolie baie agrémentée d'une plage de sable peut faire l'objet d'une agréable balade à pied. De Mġarr, compter 30 mn de descente... En revanche, au retour, il faudra remonter la pente. On peut aussi y aller en voiture par une bonne route (mais parking payant le w-e et en hte saison) ou en bus (nº 101 de Mġarr ou Ċirkewwa).* Les parois de Ġnejna Bay abritent des garages à bateaux, creusés directement dans la roche, comme souvent sur les côtes maltaises. Quelques snacks-buvettes et des locations de canoës en font un endroit très prisé des familles maltaises. Certaines y ont installé leur caravane à demeure. Quand la mer est agitée, baignade déconseillée. Mais, en temps normal, on peut profiter de cette portion de sable rosé pour se dorer la pilule et faire trempette en évitant, non pas le monde, mais au moins la surpopulation de Golden Bay. On peut aussi tenter sa chance un peu plus loin en longeant, depuis la baie, la mer sur la droite. En 15 mn, on arrive sur une crique délimitée par une langue rocheuse, où la baignade est vraiment délicieuse, dans une eau translucide. Jolis paysages côtiers.

Bingemma Gap et les Dwejra Lines : *env 3 km au sud de Mġarr. À pied, mieux vaut avoir une bonne carte avec les chemins de rando... ou accepter de se perdre un peu.* Voici la continuation de ces remparts, appelés *Victoria Lines,* toutefois moins impressionnants que vers le Mosta Fort ; c'est pourquoi on en parle plus longuement dans la partie consacrée à Mosta. Au cours de la balade, belles vues plongeantes sur Mġarr et son dôme argenté. Même si l'on est en voiture, le *Bingemma Gap* (trou ou faille) mérite un arrêt : dans la paroi, on aperçoit des grottes naturelles, utilisées comme nécropoles à l'époque romaine. Un court sentier permet d'y accéder depuis la vieille chapelle (1680) dressée en bord de route. On aime bien la petite vallée qui y mène, avec son ruban de goudron cabossé, son hameau tranquille et ses terrasses bien entretenues, presque verdoyantes.

Balade dans les baies de la côte ouest : des abords de Golden Bay, suivre à pied le chemin côtier vers le nord, en direction d'Anchor Bay et du *Popeye Village.* Pas toujours évident à repérer, mais une bonne carte devrait vous y aider. La majeure partie de la balade se fait dans les terres, en retrait des falaises. Passé la tour Ghajn Znuber, on emprunte une vieille route défoncée. Un des derniers coins déserts de Malte. Pas un poil d'ombre, venir équipé. D'Anchor Bay, marche jusqu'à Mellieħa Bay (à 2 km), puis retour par la côte nord.

BAĦRIJA

Nous voilà au fin fond de Malte. Le calme et la beauté des panoramas alentour ont attiré les Maltais désireux de renouer avec la nature. Mais un certain nombre de ces demeures modernes ne sont pas terminées ou déjà à l'abandon. Pour peu que l'on arrive l'après-midi, à l'heure de la sieste, on a le sentiment d'être la seule âme qui vive dans un village fantôme. On vient ici surtout pour enfiler ses chaussures de marche afin de battre la campagne : nous vous indiquons quelques itinéraires sympas. Mais évitez de partir à la mi-journée entre juin et août, ou alors avec des hectolitres d'eau, un sombrero et de la crème solaire...

Arriver – Quitter

➢ ***En voiture,*** une bonne route y mène.

➢ S'il ne fait pas trop chaud, on peut également y aller ***à pied depuis Mġarr*** : compter environ 1h30 de marche (6 km) par le même itinéraire qu'en voiture. Prendre la direction de Ġnejna Bay et, juste après l'élégant castello Zammitello, tourner à gauche. Si, après 1 km, la route devient minable, c'est que vous êtes sur le bon chemin ! Traverser le village de Santi et, au croisement suivant, tourner à droite. En arrivant sur une meilleure route, prendre à nouveau à droite et suivre le panneau. Ouf ! Vous y voilà !

Où manger ?

New Life Bar : *sur la pl. centrale de Baħrija. ☎ 21-456-730. Ouv le soir seulement, plus dim midi. Fermé lun. Prix moyens. CB refusées.* Bar-resto de village proposant des plats de lapin et de cheval. On ne vient pas exprès, mais ça dépanne au retour de la rando. Petite salle rustique climatisée ou terrasse écrasée de chaleur.

Juste à côté, petite ***supérette*** *(tlj sauf dim et mar ap-m 6h-12h, 16h-19h),* bien pratique pour l'eau fraîche et le casse-croûte.

DANS LES ENVIRONS DE BAĦRIJA

🏛 Ⓟ ⇚ ***Kunċizzjoni :*** hameau complètement isolé du monde, un chouia au nord de Baħrija, assez charmant. Jolie chapelle du XVIIIe s. Au-dessus de la porte, les armoiries des grands maîtres de Vilhena et de Paule. À environ 400 m, par l'impasse qui part sur la droite, on longe un beau point de vue : sous vos yeux ébahis s'étendent tout le nord-ouest de Malte, le dôme de Mġarr (tout à fait à droite) et le patchwork des petits champs, Gozo et Comino.

🏛🏛 ***Belle balade à pied :*** une route mène de Baħrija à ***Fomm ir-Riħ*** (2 km environ), baie sauvage à l'eau limpide, dotée d'une petite plage et bordée de falaises. Attention, la descente peut être périlleuse. On y accède aussi depuis Ġnejna Bay, un peu plus au nord, après avoir escaladé le cap Pellegrin, ou, plus aisément, par une piste partant sur la gauche, grosso modo à mi-distance de Baħrija et de Mġarr.

COMINO ET GOZO

• Carte p. 186-187

COMINO

Îlot de 3 km² coincé entre Malte et Gozo, Comino attirera ceux qui, pétris de temps et curieux de tout, voudront arpenter les terres arides de ce bout de terre nommé Comino en référence au cumin, dont une variante y était cultivée autrefois.
En été, on peut se baigner dans le fabuleux Blue Lagoon, une véritable piscine aux eaux d'une étonnante limpidité. Quant aux plongeurs, ils auront l'occasion de découvrir les charmes des spots de Comino, avec leurs fenêtres sous-marines par lesquelles filtre une lumière turquoise.
Côté histoire, on trouve sur ce caillou brûlé par le soleil quelques maisons abandonnées, une chapelle du XVIe s et une tour de garde, la tour Sainte-Marie. En tout cas, l'isolement et le mode de vie rustique de l'îlot devaient convenir à merveille à Abraham ben Samuel Aboulafia, un mystique juif exilé ici à la fin du XIIIe s, qui se disait prophète et qui, en fuyant les autorités judaïques, trouva refuge à Comino. Il y rédigea son *Livre des signes.*
Aujourd'hui, seuls 2 irréductibles continuent de vivre sur Comino. Les cultures et l'élevage leur permettent de subvenir partiellement à leurs besoins, complétés par des allers-retours sur le « continent ».

Arriver – Quitter

Quel que soit votre point de départ, la traversée n'est pas recommandée par mauvais temps, vents forts et forte houle, c'est une évidence !
➢ ***Mġarr** (sur Gozo)-**Comino :*** nombreux départs avr-oct, tlj 8h-18h. Les compagnies se sont regroupées en coopérative et proposent désormais un service unique (📱 *79-999-951 ;* • *gozocominoferriescoop@gmail.com* •).
– Compter env 10 €/pers le billet A/R (un peu plus cher en basse saison si le bateau n'est pas plein ; + 5 € pour voir les grottes). Retour au choix env ttes les heures ou ttes les 2h à la mi-saison.
– Excursions autour des îles : 25-40 €/pers le billet « croisière » (3-4h30 de balade) avec tour de Comino ou de Gozo, ponctué ou non de pauses baignade au Blue Lagoon, de passage par les grottes marines et d'un déjeuner. Excursion également possible à la journée sur Gozo et Comino. Demander au *Tourist Services,* bureau près des ferries, qui peut, en principe, négocier des tarifs un peu plus bas et même organiser lui-même des sorties.
➢ Également des bateaux depuis ***Ċirkewwa*** (Malte), qui proposent des tours de l'île avec une pause baignade dans le Blue Lagoon. On peut aussi coupler l'excursion avec une plongée. Par exemple, avec *Paradise Diving* (☎ *21-574-116 ;* • *paradisediving.com* •).
➢ Pour venir tôt et profiter de l'île avant l'arrivée des bateaux, possibilité de faire la traversée en moins de 10 mn au départ de ***Ħondoq Bay*** (Gozo) en bateau taxi pour 10 € l'A/R (définir l'heure pour le retour), 5 € de plus pour les grottes. Départ dès 8h30 avec *Joy Ride Water Sports* (📱 *99-249-251 ou 79-331-835).* Pratique !

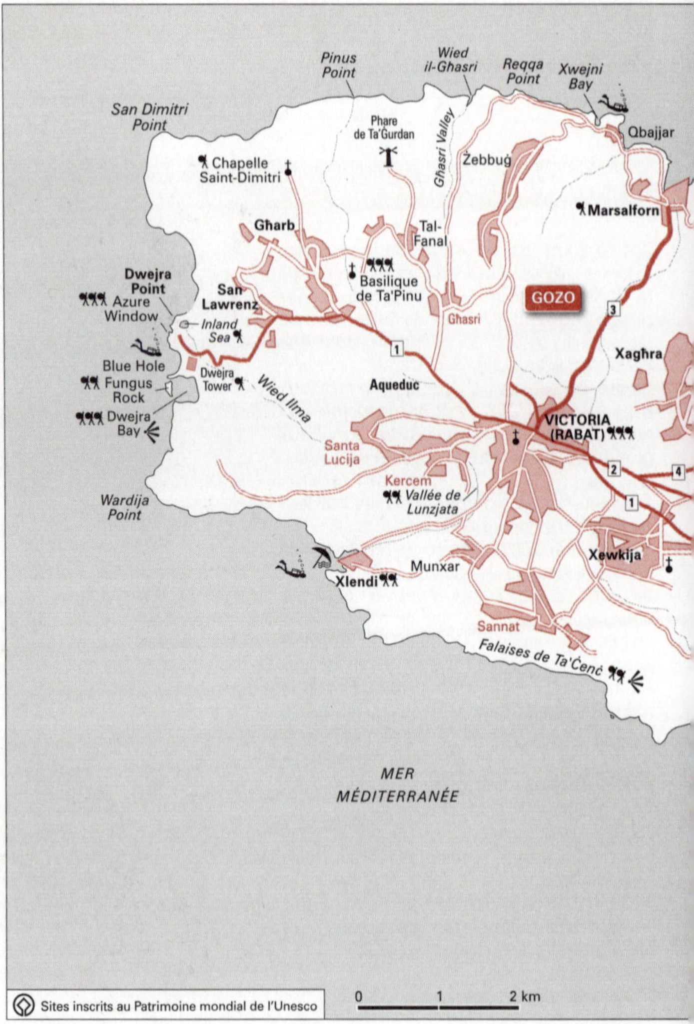

Où dormir ? Où manger ?

L'unique hôtel de Comino a fermé en 2020. il va être détruit et remplacé par un nouveau projet hôtelier qui s'inscrira dans une démarche de développement durable.

Il existe un ***camping public*** non loin du Blue Lagoon *(gratuit)*. Attention toutefois aux rongeurs la nuit…

Pour casser la croûte pour

COMINO ET GOZO

presque rien et surtout s'hydrater, on se contente des ***baraques à frites*** posées en surplomb du Blue Lagoon, ainsi qu'à Santa Marija Bay, dont le kiosque propose de savoureux snacks et smoothies sous des airs de reggae. On peut aussi prévoir son propre pique-nique. Tandis que le bateau-glacier rouge, qui se balade dans le lagon et autour, fait bien l'affaire.

À voir. À faire

Le Blue Lagoon : certes, il y a foule, pas d'ombre, et il est devenu quasi impossible de s'installer sans louer un transat et un parasol *(min 20 €/pers !),* qui colonisent non seulement la plage microscopique, mais aussi la moindre parcelle de rocher, même trouée par l'érosion. C'est assez agaçant ! D'un autre côté, il serait dommage de se priver de cet étonnant lagon aux paisibles eaux émeraude translucides avec, par endroits, des grottes, failles, trous d'eau d'un bleu profond et autres cratères creusés par le sel. Du coup, pour profiter au mieux de cet environnement tout à fait exceptionnel, si l'on n'a pas la possibilité de venir hors saison, il faut arriver le plus tôt possible en saison (jusqu'en octobre) ou carrément après 16h, mais même à ces moments-là, vous n'êtes pas assuré de trouver de la place. Du coup, n'hésitez pas à explorer le reste de l'île, assez grande toutefois à parcourir à pied et sans ombre. Prévoir eau et couvre-chef. La ***plage de Santa Marija,*** au nord de l'île, est par exemple bien moins fréquentée que le lagon ; un peu après, une petite crique permet de se poser au bord d'une eau translucide.
– Au-dessus du Blue Lagoon, on trouve toilettes et douches (propres).

Santa Marija Tower *(tour Sainte-Marie)* **:** *compter env 40 mn à pied du Blue Lagoon. ☎ 21-225-952 (siège de l'ONG qui gère le site). • dinlarthelwa.org • Visite avr-oct, selon météo, mer et ven-dim en principe 10h30-15h, si le drapeau flotte à son sommet. Fermé en hiver. Entrée : 2 € ; gratuit moins de 12 ans.*
Plantée au sommet de majestueuses falaises, la plus importante tour de garde côtière de l'archipel fut construite en 1618 par Vittorio Cassar, le fils de Girolamo, le co-architecte de La Valette. Elle fait partie du système de communication et de défense de la côte, mis en place par l'Ordre entre Mdina (sur Malte) et la citadelle de Gozo. Flanquée à l'origine de 4 tourelles, la tour principale fut la seule à résister. Il faut dire que ses murs ne mesurent pas moins de 6 m d'épaisseur. Elle fut transformée en hôpital de quarantaine par les Britanniques, tandis que la partie basse (à laquelle on accède par des escaliers particulièrement raides) servit d'étable. L'armée maltaise l'occupa ensuite jusque dans les années 1990. Sa restauration au début des années 2000 lui a redonné tout son panache.
Au rez-de-chaussée, quelques panneaux évoquent à la fois les travaux et l'histoire des tours défensives de Gozo et Comino. On grimpe ensuite sur le toit-terrasse, en passant devant ce qui fut sans doute une petite chapelle, avant de profiter d'une vue grandiose à 360° sur le Blue Lagoon, la petite île de Cominotto, la côte sud de Gozo, Malte et les parcs à poissons qui forment de curieux ronds dans l'eau. On comprend tout l'intérêt d'une tour à cet emplacement on ne peut plus stratégique.

Santa Marija Gun Battery *(batterie d'artillerie Sainte-Marie)* **:** *à 20 mn de marche de la tour.* Il s'agit d'une des 3 batteries encore debout sur la côte. Elle fut construite en 1715 pour protéger le canal sud de Comino contre les invasions. On y voit encore 6 canons.

➢ ***Le tour de l'île :*** *compter 2-3h de marche par un chemin caillouteux.* Il passe par la tour Sainte-Marie, la batterie, la plage Sainte-Marie et l'hôtel de Comino. N'oubliez pas : nulle ombre et grosse chaleur en été ; prévoir donc un chapeau et de l'eau en conséquence.

GOZO

Très différente de l'île de Malte, Gozo permet d'approcher le mode de vie de l'archipel au plus près. Les quelque 31 000 habitants, aussi serviables que souriants, sont fiers de cette différence, se revendiquant gozitains (ou gozitans) avant de se dire maltais. Ils ont d'ailleurs leur propre dialecte. Et

c'est vrai qu'ils peuvent s'enorgueillir de la beauté de leur île, de son tempérament rural et de sa nature encore préservée (pour combien de temps ?). Au programme : balades, farniente à la campagne ou en bord de mer, plongée et visites historiques. Bien des Maltais viennent ici se ressourcer et retrouver leurs racines. Bon nombre d'étrangers aussi, qui connaissent déjà l'archipel, débarquent directement à Gozo pour y passer leur séjour entier. Il y a tant de choses à faire sur cette si petite île ! En revanche, les visiteurs qui viennent à Malte pour la 1re fois ne prévoient en général qu'un saut de puce rapide à Gozo. Certains font même l'aller-retour dans la journée. C'est vraiment dommage. Gozo vaut bien mieux qu'un passage éclair, tenez-vous-le pour dit.

OPÉRATION PORTES OUVERTES

Vous connaissez beaucoup d'endroits où les gens laissent leur clé sur la porte ? Eh bien, à Gozo, c'est chose courante. Cette habitude viendrait des années 1950 et 1960, pendant la grande vague d'émigration vers l'Australie et l'Amérique. Les femmes laissaient les clés sur les portes au cas où leur mari reviendrait à l'improviste pour retrouver leur famille. On peut aussi y voir une marque de sérénité et de confiance : à Gozo, on ne ferme pas non plus sa voiture, même si les choses changent petit à petit.

LES *FARMHOUSES* ET LES APPARTEMENTS À LOUER

Les fermes

Spécialité locale, les *farmhouses* sont des fermes du XVIIIe s bien restaurées qui, pour la plupart, se trouvent au nord-ouest de Gozo, dans la région de Għarb et Għasri. Certaines possèdent une piscine. Charmant et idéal pour ceux qui aiment s'isoler et qui rêvent de vacances en milieu rural à 2 pas de la mer. Si certaines sont réellement des fermes, restaurées et reconverties, la plupart de ces prétendues *farmhouses* ne sont en fait que de simples villas modernes construites pour le business touristique. Rien à voir, au point de vue du cachet. Mais le style n'est pas à négliger pour autant. En effet, Gozo est la destination naturelle des Maltais en vacances, qui aiment louer l'une de ces spacieuses et luxueuses villas. Ces nouvelles constructions respectent souvent le style des anciennes. Arcades, porches, balcons ouvragés, le tout façonné dans la pierre locale, la globigérine, si bien qu'après seulement quelques années d'existence une maison gozitaine semble se tenir là depuis des siècles. Cette formule n'est pas particulièrement économique, mais elle reste moins chère que le même type de produit en Provence ou sur les côtes italiennes. Plusieurs tour-opérateurs français proposent des villas à Gozo et à Malte. Voir les organismes de voyages en début de guide et les sites indiqués ci-après.

Les appartements

Pour un vacancier étranger qui souhaite rester un peu, il est plus simple et plus économique de trouver un appartement à louer à la semaine. Tout équipés, comprenant 1, 2, 3 chambres ou plus, ils permettent d'allier confort et indépendance, et s'avèrent l'idéal pour une famille ou un groupe d'amis. Souvent groupés dans des résidences des années 1970, ils se révèlent moins onéreux que l'hôtel, surtout si l'on vient à 4 ou plus. Que ce soit en activité principale ou secondaire, la plupart des Gozitains possèdent des appartements à louer. Ils ont bien compris qu'il ne fallait pas rater le coche. Retraités, professeurs, pompistes ou chauffeurs de bus, tout le monde est susceptible de vous proposer une location. La plupart de nos adresses, que ce soit des hôtels ou des *guesthouses*, possèdent aussi des appartements : adressez-vous directement à eux !

SITES INTERNET

• *islandofgozo.org* • Le site est très bien conçu. On y trouve, entre autres, une liste des hôtels, ainsi que des locations d'appartements et de fermes avec toutes les coordonnées. Également un lien vers le site météo.
Le site • *visitgozo.com* • apporte des infos générales et historiques, recense les centres d'intérêt (musées, sites archéologiques, plages...), fournit des explications sur les fêtes et les coutumes, et propose un calendrier des événements culturels et religieux.

Quand y aller ?

De préférence en semaine, car beaucoup de Maltais passent le week-end sur Gozo, et vous risquez alors d'attendre longtemps avant de pouvoir embarquer. Bien sûr, beaucoup de monde en été. L'île est plus charmante le reste de l'année. On vous conseille le printemps, moins chaud, plus vert et plus tranquille, la période idéale pour pédaler ou randonner ; ou le début de l'automne pour profiter encore de la baignade dans une mer turquoise.

Arriver – Quitter

➢ **Ċirkewwa** *(au nord-ouest de Malte)* **:** liaisons en ferry avec la *Gozo Channel Company.*
– Pour rejoindre Ċirkewwa, bus n° X1 de l'aéroport : tlj 5h20-22h50, ttes les 45 mn en principe, parfois ttes les heures. Compter env 1h de trajet. Également les bus n° 41 de La Valette, et n° 222 de Sliema. *(rens sur les bus sur • publictransport.com.mt •).*
– Des dépliants sur les horaires de ferry *(timetable)* sont disponibles un peu partout (offices de tourisme, hôtels, etc.) ou par téléphone *(☎ 22-109-000 ; • gozochannel.com •).* Service 24h/24. De mi-juin à début nov, départs ttes les 45 mn en journée ; depuis Gozo, 4h45-21h (et 9 départs de nuit 21h45-3h30) ; depuis Malte, 4h45-21h45 (et 8 départs de nuit 22h30-4h). Le reste de l'année, même fréquence en journée, mais un peu moins de liaisons le soir. Le trajet dure 25 mn. Tarifs A/R : env 5 €/pers (réduc) ; env 21 € pour une voiture, le chauffeur et un passager. On paie au retour. L'embarquement des véhicules s'effectue par ordre d'arrivée (pas de système de résa). Bien retenir l'emplacement du véhicule (les véhicules de location se ressemblent tous).
➢ ***La Valette :*** liaisons rapides en catamaran avec les compagnies *Gozo Fast Ferry (• gozofastferry.com •)* et *Virtu Gozo (• virtugozo.com •).*
– À La Valette, l'embarcadère se situe au pied des Upper Barrakka Gardens, près de l'embarcadère pour les Trois-Cités (prendre l'ascenseur ; *plan La Valette B3,* **2**). Pour piétons et cyclistes uniquement. En saison, s'asseoir de préférence à l'arrière, à l'avant on se prend l'air froid de la clim poussée à fond ! Env 10 trajets/j., 7h-22h la sem, 8h-minuit le w-e. Traversée : 45 mn. Prix : 10 € avec *Gozo Fast Ferry* ; 12 € avec *Virtu Gozo.*

Circuler à Gozo

Gozo est une petite île, les distances ne sont donc jamais bien longues. Toutefois, si l'on souhaite tout visiter en peu de temps, il faudra s'organiser.

En bus

La compagnie de bus *Malta Public Transport (☎ 21-222-000 ; • publictransport.com.mt •)* opère une quinzaine de lignes sur Gozo, en moyenne ttes les heures 5h-22h, parfois jusqu'à 23h (sauf le n° 301 vers le ferry, ttes les 20-45 mn), tlj, tte l'année. Les billets achetés sur Malte sont valables sur Gozo, et inversement ! Voici les différentes lignes :
– n° 301 : Victoria-Mġarr (via Xewkija) ;

– nº 302 : Victoria-Nadur-Ramla ;
– nº 303 : Victoria-Mġarr (via Xewkija, Nadur et Qala) ;
– nº 305 : Victoria-Ta'Ċenċ-Munxar ;
– nº 306 : Victoria-Munxar-Xlendi ;
– nº 307 : Victoria-Xagħra ;
– nº 308 : Victoria-Ta'Pinu-Għasri ;
– nº 309 : Victoria-Żebbuġ ;
– nº 310 : V ictoria-Marsalforn ;
– nº 311 : Victoria-Dwejra (via San Lawrenz) ;
– nº 312 : Victoria-Għarb (via San Lawrenz) ;
– nº 313 : Victoria-Santa Lucija-Kercem ;
– nº 322 : Marsalforn-Mġarr (via Xagħra et Nadur) ;
– nº 323 : Victoria-Xewkija-Mġarr ;
– nº 330 : Victoria-Xlendi.

En voiture

Pour la liberté et le confort, on peut louer une voiture. Si on passe peu de temps à Gozo, c'est le seul moyen de voir tout ce qu'on veut. Ceux qui ont loué un véhicule à Malte peuvent venir par le ferry. Attention, certaines agences ne louent pas de véhicules pour moins de 3 jours en haute saison.

En scooter

La location de scooters est aussi possible, mais des problèmes d'assurance rendent les loueurs frileux. On en trouve donc peu. Bien dommage, car même si les routes peuvent se révéler franchement tape-cul, les courtes distances laissent un certain répit. La prudence s'impose toutefois, car les dépassements intempestifs, l'absence de clignotant (sans doute en option !) et la vitesse excessive des locaux obligent à une vigilance plus qu'accrue. Dans tous les cas, vérifiez bien l'état du véhicule et n'hésitez pas à appeler le loueur en cas de panne, il viendra vous chercher.
La limitation de vitesse est de 50 km/h en ville (ou village) et de 80 km/h sur la route.
Les stations d'essence sont peu nombreuses : on en trouve à l'entrée et à la sortie de Victoria, au port de Mġarr, sur la route principale à hauteur de Xewkija et sur la place centrale de Xagħra.
Possibilité de louer des scooters électriques sur • *goto.com.mt* • On crée son compte en téléchargeant pièce d'identité et permis de conduire, avant d'installer l'appli sur son téléphone ; et • *whizascoot.mt* • (loue aussi des trottinettes électriques).

En taxi et minibus

Les taxis sont garés à la sortie du ferry. Quand on n'a qu'une journée à consacrer à Gozo, cette solution peut se révéler pratique.

■ ***Tourist Services :*** *à la sortie des ferries pour les piétons, sur la gauche, sous la rampe (grand panneau). ☎ 21-553-678. 📱 79-064-532 (Sylvia), 99-829-141 (Daniel) et 99-826-320 (Paul). • mtsgozo@gmail.com • Lun-sam 9h-17h, dim 9h-14h.* Agence de voyages sérieuse qui peut organiser des trajets en taxi et proposer des visites guidées de Gozo en minibus (en anglais), dont un passage par la belle région des salines, près de Marsalforn. Elle loue également des voitures (avec remise possible tard le soir, voire le lendemain matin), scooters, vélos standard et électriques. Le tout à prix compétitifs. Voir aussi plus loin, à Mġarr.

– Voir aussi l'application de taxi ***Bolt*** : • *bolt.eu* •

En bus à impériale

2 sociétés se partagent le concept, *Hello Malta* (☎ *21-694-967 ;* • *hellomaltatours.com* •) et *City Sightseeing Gozo* (☎ *21-569-996 ;* • *city-sightseeing.com* •). Des bus découverts à l'étage (vert pour l'une, rouge pour l'autre)

permettent soit de faire le tour de l'île en une seule fois (durée : env 2h45), soit de monter et descendre à certains arrêts *(hop on-hop off)*. En tout, 15-18 arrêts aux principaux centres d'intérêt de l'île (les temples de Ġgantija, Marsalforn, Dwejra, Xlendi, Victoria... mais seul *City Sightseeing Gozo* passe à Qala). Achat possible auprès de l'agence *Tourist Services* (voir plus haut).

– *Hello Malta : départ de Mġarr, terminal des ferries, tlj à 9h40, puis 10h30 et ttes les 45 mn jusqu'à 15h. Prix pour la journée : 30 € ; réduc.*

– *City Sightseeing Gozo : départ de Mġarr, terminal des ferries, tlj (sauf 1er janv et 25 déc), 9h45-15h45, ttes les 45 mn. Prix pour la journée : 18 € ; réduc.*

À vélo

Gozo se donne avant tout aux as de la petite reine, même si, en été, la chaleur écrasante et le relief peuvent rendre le pédalage pénible. Mieux vaut être entraîné. Prévoir chapeau et eau en quantité. Et attention, une fois de plus, à la conduite énergique des locaux. Plusieurs loueurs de vélos, notamment à Mġarr (voir page précédente « *Tourist Services* ») et à Xewkija.

En stop ou à pied

Le stop marche très bien sur l'île.
À pied : avec du temps et l'amour de la marche, on découvre Gozo mieux que personne. Et puis les gambettes, ça dépanne bien quand on rate le dernier bus pour rentrer à l'hôtel. Cependant, au risque de se répéter, sachez que l'été est brûlant. Partez équipés et aux heures les moins chaudes.

En kayak

Kayak Gozo (☎ 99-004-696 ; ● kayakgozo.com ●) propose des balades en kayak de mer, accompagnées d'un guide très sympa, pour découvrir Gozo depuis les flots, en explorant ses nombreuses grottes et arches le long de la côte. Sortie à la journée ou demi-journée.
Autre option, le *paddle board* au coucher du soleil, avec *Gozo Fun* (☎ 99-815-857 ; ● gozofun.com ●). Donne aussi des cours. Rassurant avant de se lancer !

Planifier ses visites

– ***Heritage Malta*** (● heritagemalta.org ●) propose le *Multisite Pass*, valable à Malte et à Gozo, pendant 30 jours, dans tous les sites gérés par *Heritage Malta*, pour 50 € (réduc ; demi-tarif pendant la pandémie, se renseigner). Pour plus d'infos, se reporter à la rubrique « À voir » de La Valette.

VICTORIA (RABAT)

6 300 hab.

● Plan *p. 195*

Capitale et ville la plus peuplée de Gozo, Victoria a tout pour plaire : une citadelle riche en musées qui domine toute l'île, une ambiance commerçante gentiment animée, un centre ancien qui ne manque pas de cachet, une circulation presque paisible (sauf aux heures de pointe) et des zones piétonnes, avec des vitrines à lécher.
La ville fut rebaptisée Victoria en 1897, en l'honneur de la reine pour fêter ses 60 ans de règne, mais les Gozitains l'appellent encore parfois par son ancien nom, Rabat. Dans nos textes, vous trouverez alternativement les 2 noms. Et puis le nom de Rabat introduit une parenté avec la Rabat de Malte, ce qui n'est pas sans arrière-pensée : une fois au pied de la citadelle, vous aurez

certainement une impression de déjà-vu... Rappelez-vous Mdina, la cité du Silence, la cité des nobles ! D'ailleurs, de nombreux villages gozitains comptent un homonyme sur Malte.
Plantée au cœur de Gozo, la capitale est le passage obligé pour rallier les différents centres d'intérêt de l'île. Mais, paradoxalement, pour les touristes, ce centre névralgique de l'île n'est pas un endroit où l'on dort (peu d'adresses, dommage). Les heures d'affluence (de 10h à 16h) voient le gros des visiteurs faire un petit tour dans le centre, converger en direction de la citadelle et s'en retourner à Xlendi ou à Marsalforn. En dehors de ces heures, Victoria appartient entièrement à ses habitants. C'est l'heure de sortir les chaises dans la rue.

Arriver – Quitter

➢ ***De/vers le débarcadère de Mġarr :*** bus nos 301 (plus direct ; ttes les 25-30 mn, 5h30-23h) et 303 (ttes les 45 mn-1h, 5h-22h45).

Adresses et infos utiles

■ ***Office de tourisme*** *(plan A-B1)* **:** *17, pjazza Indipendenza.* ☎ *22-915-452 ou 453.* • *visitmalta.com* • *Tlj 9h-17h20 (12h50 dim). Fermé 1er janv, Vendredi saint, Pâques et 25 déc.* Utile pour les quelques brochures en français, un livret sur les sentiers de randonnée (en anglais), ainsi que des renseignements sur les sites, les dates de fêtes et diverses célébrations.
■ ***Banques :*** ***HSBC*** *(plan B2,* ***1****) et* ***Bank of Valletta*** *(plan B1,* ***2****) sur la triq ir-Repubblika, aux nos 90 et 102.* Distributeurs 24h/24.

Urgences

■ ***Gozo General Hospital :*** *Ghajn Qatet St, à l'entrée de Victoria.* ☎ *22-106-000.*
■ ***Police*** *(plan B1,* ***3****)* **:** *91, triq ir-Repubblika.* ☎ *21-562-040.*
– Voir également la rubrique « Urgences » dans « Malte utile » en début de guide.

Transports

■ ***Saint Lucy's Garage :*** *triq Bir-Rix, à* ***Santa Lucija,*** *à 3 km à l'ouest de Victoria.* 📱 *99-826-320 ou 99-829-141.* Contacter Paul ou Daniel. Service de taxis (transferts aéroport, excursions) 24h/24 à bord de minibus, moins cher qu'un taxi classique et intéressant à plusieurs. Loue également des vélos, scooters, jeeps et bateaux (voir aussi plus loin l'agence *Tourist Services,* dans les « Adresses et infos utiles » à Mġarr ; mêmes proprios).

Divers

■ ***Castle Pharmacy*** *(plan A1,* ***6****)* **:** *pjazza Indipendenza. Lun-sam 7h30-21h (la porte ferme à 19h mais les pharmaciens sont encore présents pdt 2h, ainsi que dim 13h30-21h ; n'hésitez pas à frapper).*
■ ***Librairie Bookworm*** *(plan B1,* ***7****)* **:** *triq ir-Repubblika, entre la Bank of Valletta et la police. Lun-ven 7h30-19h, sam 7h30-13h.* On peut y trouver *Le Monde.* Quelques livres sur Gozo, ainsi que de jolies gravures et cartes postales. Vend aussi des cartes téléphoniques *Go* et *Vodaphone.* Accueil sympa.

Où dormir ?

Encore peu d'hébergements à Victoria.

D'un peu plus chic à très chic (de 60 à plus de 120 €)

Provicario (*plan A1*, **20**) : *4, triq Sir Mikelang Refalo.* ☎ *27-480-962.* • *provicario.com* • *Au pied de la citadelle. Doubles 90-110 €, petit déj compris.* Très belle maison ancienne restaurée par un couple de Français, où toute la modernité a été soigneusement réfléchie pour mettre en valeur les matériaux anciens de la maison. Les 6 chambres décorées avec un goût exquis possèdent un charme fou, la plupart avec un balcon ou une terrasse. Le petit déjeuner est servi sur la jolie terrasse de toit et profite d'une vue superbe sur la citadelle.

Casa Gemelli Boutique Guesthouse (*plan B1*, **21**) : *21, Republic St.* ☎ *21-559-067 ou 21-553-630.* • *tamariagozo.com* • *Au pied de la citadelle. Doubles 60-150 € petit déj compris.* Les propriétaires de *Maria Giovanna* à Marsalforn ont restauré cette très belle maison gozitaine avec élégance, au cœur de la ville. On entre dans cette très belle maison ancienne, restaurée avec élégance. Déco cossue, couleurs pimpantes et chaudes, meubles anciens créent l'ambiance des chambres, toutes avec salle de bains moderne. Seules 2 d'entre elles n'ont pas de balcon, et la plupart ont vue sur la citadelle. Le petit déj est servi au rez-de-chaussée dans un adorable patio.

The Duke Boutique Hotel (*plan B2*, **22**) : *Republic St, à côté des Villa Rundle Gardens.* ☎ *27-799-100.* • *thedukehotelgozo.com* • *Doubles standard 130-160 € selon vue, plus des suites.* Hôtel moderne et très bien équipé (bonne literie notamment). Les chambres, à la déco standard aseptisée, sont spacieuses et possèdent pour certaines un balcon donnant sur les jardins. Et pour tous, vue sur la citadelle depuis la salle de petit déj. Les 30 chambres constituent tout de même une bonne alternative quand les *B & B* sont complets, même si l'accès par le centre commercial est assez peu glamour ! Accueil pro.

Où manger ? Où prendre le petit déj ?

Sur le pouce

Bonnes salades à base d'olives, de haricots, de tomates séchées et de fromage en vente chez les ***primeurs de la place de l'Indépendance*** (*plan A-B1*) et plus généralement dans les petites épiceries de l'île qui proposent en général un service traiteur (fromages, charcuterie, *antipasti*...).

Capitan Spriss (*plan B1*, **30**) : *66, Main Gate St.* ☎ *21-569-112. Tlj 8h-19h.* Troquet bleu et blanc à l'ambiance marine, délivrant une saine petite cuisine. Un comptoir, peu de tables (mais on peut réserver, si, si !). Excellents burgers, *focacce* et salades. Belles propositions de pâtisseries napolitaines également. Côté liquides, bon choix de cafés, milk-shakes et curieusement de nombreux cocktails. Populaire pour le petit déj également. En prime, accueil souriant et relax.

MOJO's (*hors plan par B1-2*, **31**) : *triq Fortunato Mizzi.* ☎ *21-569-596. Tlj 8h-16h (18h en hiver).* Certes, le quartier est assez banal, mais voilà un petit snack-bar sympathique fréquenté par les étudiants des écoles du coin. On se rassasie d'une bonne et copieuse *pizzoto* (entre la pizza et la crêpe) pour quelques euros. Propose également de copieux burgers et des sandwichs

COMINO ET GOZO

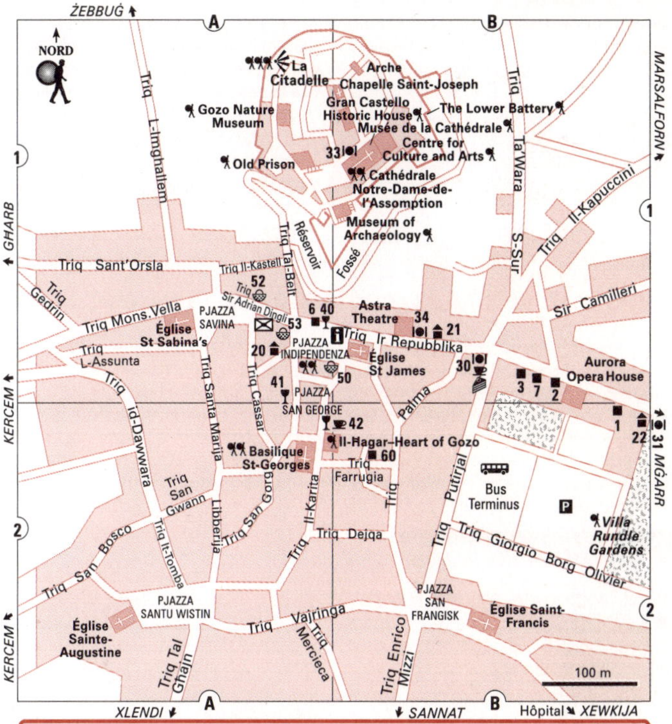

VICTORIA (RABAT)

Adresses utiles

- Office de tourisme (A-B1)
- **1** HSBC (B2)
- **2** Bank of Valletta (B1)
- **3** Police (B1)
- **6** Castle Pharmacy (A1)
- **7** Librairie Bookworm (B1)

Où dormir ?

- **20** Provicario (A1)
- **21** Casa Gemelli Boutique Guesthouse (B1)
- **22** The Duke Boutique Hotel (B2)

Où manger ? Où prendre le petit déj ?

- **30** Capitan Spriss (B1)
- **31** MOJO's (hors plan par B1-2)
- **33** Ta-Rikardu (A-B1)
- **34** Ottavo Senso (B1)

Où boire un verre ?

- **40** Café Jubilee (A-B1)
- **41** Tepie's (A1-2)
- **42** Kafé San Ġorġ (A-B2)

Achats

- **50** Organika (A-B1)
- **52** Portelli (A1)
- **53** House of Gozo (A1)

Galerie d'art

- **60** Lazuli Art Gallery (B2)

(avec du bon pain), wraps, *ciabatta* et salades originales au quinoa. Miniterrasse sur rue.

De bon marché à prix moyens (plats moins de 18 €)

|●| ***Ta-Rikardu*** *(plan A-B1,* ***33****)* **:** *triq il-Fosos (dans la citadelle), la ruelle qui longe la cathédrale par la gauche. ☎ 21-555-653. Tlj 10h (12h pour la cuisine)-18h (un peu plus tard en été et s'il y a du monde).* Curieux mélange : dans cette vieille maison en pierre, quelques tables sont dressées, façon taverne, au milieu d'un magasin de souvenirs. Les touristes viennent grignoter les spécialités gozitaines, dont beaucoup sont faites maison, le tout arrosé d'un cru du patron. Excellents raviolis qu'on aimerait voir en plus grand nombre ; le lapin tient la route, et le ragoût d'agneau ne déçoit pas. Par un bel escalier de marbre et pierre, accès à une salle à l'étage (grandes tablées surtout réservées aux groupes). Choisir plutôt la petite terrasse qui livre une belle vue sur la ville. Bon accueil et plats globalement corrects pour une adresse pourtant très touristique. Si vous êtes conquis, possibilité d'acheter des produits sur place.

|●| ***Ottavo Senso*** *(plan B1,* ***34****)* **:** *Republic St, près de Capitan Spriss. ☎ 21-550-544. Ouv en principe tlj sauf lun et mar midi. « Bon marché », mais viandes et fruits de mer à « Prix moyens ».* On y vient surtout pour les pizzas, tournées et cuites au feu de bois comme à Naples ! Les salades et les pâtes ne sont pas mal non plus.

Où boire un verre ?

Si, les soirs d'été, les stations balnéaires de Xlendi et Marsalforn font le plein, dès le mois d'octobre les jeunes migrent volontiers vers la capitale pour boire un coup.

🍷 Quelques ***terrasses*** en journée sur la place de l'Indépendance, dont celle du *Café Jubilee* (voir ci-après). C'est l'endroit le plus animé de Victoria : on voit défiler toute la population dans ce véritable centre névralgique de l'île (ainsi que leurs voitures). Nous, on lui préfère nettement la place Saint-Georges, juste derrière, dans le quartier piéton, plus charmante et surtout moins bruyante.

🍷 ***Café Jubilee*** *(plan A-B1,* ***40****)* **:** *pjazza Indipendenza. ☎ 21-558-921. Tlj 8h-1h (cuisine jusqu'à 23h).* Un joli café, fruit des amours coupables entre le vieux bistrot parisien et le vieux pub anglais. Murs couverts d'anciennes réclames, bric-à-brac sur les étagères, vieux tonneaux et serveurs décontractés. Musique des années 1960-1970 et jazz en journée, plus actuelle le soir. Possibilité de se restaurer. Vins au verre. Terrasse sur la place.

🍷 ⛱ ***Tepie's*** *(plan A1-2,* ***41****)* **:** *pjazza San George. ☎ 21-560-093. Tlj midi et soir.* Idéal pour boire un verre de vin local ou de gin distillé au Japon, à l'heure de l'apéro. Confortablement installé à l'une des 2 belles terrasses sur l'adorable et romantique petite place de la basilique Saint-Georges. Le resto, en revanche, nous a beaucoup moins convaincus.

🍷 ☕ ***Kafé San Ġorġ*** *(plan A-B2,* ***42****)* **:** *sur la pl. du même nom ; jouxte le Pjazza Cafe. ☎ 21-565-432. Tlj 7h30-13h30 et de 17h au dernier client.* Clientèle plus maltaise que ses voisins, plus âgée aussi. On y vient pour prendre un *pastizz* et boire un cappuccino à prix très raisonnables. Pour les amateurs, carte de whiskies incroyable ! Super petit déjeuner également. Service relax.

🍷 |●| ***Aurora Opera House et Astra Theatre*** *(plan B1-2)* **:** les 2 théâtres de Victoria font également office de bars *(tlj 6h-19h).* L'*Aurora* abrite un bistrot superbe, de style Art déco, orné de belles fresques aux plafonds. Il propose des snacks, burgers, pizzas et salades, sur place ou à emporter, le tout bon marché (pratique quand on part ensuite en balade, l'arrêt de bus est juste devant !). L'*Astra Theatre* était en rénovation lors de notre passage. Il devrait rouvrir prochainement.

Achats

Organika *(plan A-B1,* ***50****) : 21, pjazza Indipendenza.* ☎ *27-015-548. Avr-oct, tlj sauf dim 10h-18h (16h sam) ; nov-mars, tlj sauf dim 10h-14h30 (16h sam). Fermé en janv.* Petite boutique bio et équitable, qui propose aussi bien des souvenirs du bout du monde que des créations d'artisans de l'île, produits bio, locaux (confiture de Gozo, sel naturel des salines) et d'ailleurs.

Portelli *(plan A1,* ***52****) : triq Sir Adrian Dingli St, sur la droite, juste avt d'arriver sur la pjazza Savina. Tlj 8h30-13h, 17h30-21h.* Derrière cette épicerie, marchand de tabac et de journaux, difficile d'imaginer une pâtisserie à la production familiale et artisanale (leur fabrique se trouve plus bas, dans une ruelle de la vieille ville). Voilà plus de 3 générations qu'on y prépare les mêmes gâteaux, et ce n'est pas près de changer ! Les Maltais s'y pressent le dimanche matin pour acheter le journal et un bon gâteau à la crème. Mais, entre nous, on préfère leurs cakes aux amandes *(kasatelli)* ou aux raisins *(pudina tazzbib),* les palets aux amandes *(bonkoncini),* dont le goût s'apparente un peu à nos macarons, ou leurs *krustini,* gâteaux secs dorés au four traditionnel. Pour une tranche de vie gozitaine. Attention tout de même à bien vérifier sa monnaie !

House of Gozo *(plan A1,* ***53****) : 28, triq Sir Mikelang Refalo (derrière la mairie ronde, pjazza Indipendenza).* 📱 *77-699-88. Tlj sauf dim 11h-17h (18h en juil-août).* Adorable petite boutique qui décline des imprimés à la thématique gozitaine sur des cartes, carnets, marque-pages, ainsi que des sacs aux designs originaux.

À voir. À faire

– *Heritage Malta (● heritagemalta.org ●)* propose le ***Citadella Ticket,*** un billet combiné pour les 5 musées de la citadelle (*Citadel Visitor Centre, Gran Castello Historic House, Old Prison, Museum of Archaeology* et *Gozo Nature Museum*) : 5 €.

Dans la citadelle

À l'instar de l'autre Rabat, celle de la grande île de Malte, la fière capitale gozitaine est dominée par une ville fortifiée que l'on appelle *Gran Castello.* Perchée à 140 m d'altitude, elle était destinée à protéger l'île contre les invasions barbares et, jusqu'au milieu du XVIIe s, les habitants venaient chaque soir y dormir sur leurs 2 oreilles, se croyant à l'abri derrière les remparts. Mais la citadelle a connu des heures sombres : en 1551, le Turc Sinan Pacha, associé au corsaire turc Dragut Reïs, débarque à Gozo et s'empare de Rabat. Les 7 000 habitants sont déportés en Libye et réduits à l'esclavage, malgré la résistance héroïque de la population. Aujourd'hui, le *Gran Castello* est la cible des touristes, enchantés par ses musées, ses ruelles tranquilles et un panorama extraordinaire sur toute l'île.

Au terme d'une petite grimpette depuis le centre-ville, on atteint la citadelle dont l'accès a été totalement restructuré, ainsi que l'esplanade de la cathédrale. La longue rampe mène désormais à un monumental portail de style contemporain. Les architectes ont soigneusement veillé à ce qu'il s'intègre harmonieusement à l'ensemble. Bien sûr, maintenant, il faut que ça se patine un peu. Au passage, on est invité à visiter le centre d'interprétation.

– ***Citadel Visitor Centre*** *(centre d'interprétation)* **:** *en contrebas de l'entrée principale, dans 2 anciennes citernes. Tlj 9h-17h (dernière entrée à 16h30). Billet combiné* (Citadella Ticket) *: 5 € ; réduc.* Spectaculaire audiovisuel narrant, sur 360°, les différentes étapes de l'histoire de la citadelle. Une excellente introduction.

La cathédrale Notre-Dame-de-l'Assomption (plan B1) : *lun-sam 10h-17h (9h30-16h en hiver). Fermé dim et certains j. fériés. Entrée combinée avec le musée de la Cathédrale : 5 € ; gratuit moins de 10 ans. Les dames penseront à se couvrir les épaules, quitte à emprunter un châle à l'entrée.*
Encore un édifice baroque signé Lorenzo Gafà. Construite entre 1697 et 1711 sur les ruines de l'ancienne église détruite par le grand séisme, cette cathédrale possède une façade aussi simple que ravissante. On note, au-dessus de la porte, les armoiries de l'évêché (en couleurs), celles des chevaliers (avec la croix) et celles de l'évêque Cocco Palmeri (le palmier). À l'intérieur, 2 grands baptistères en onyx encadrent l'entrée. Comme dans la cathédrale de Mdina et dans celle de La Valette, le sol se compose de dalles de marbre recouvrant les tombes de prêtres et d'évêques. Enfermée dans une niche vitrée sur la gauche, la statue de la Vierge bras au ciel, sur un piédestal recouvert d'argent, est portée en triomphe par les fidèles à l'occasion de la grande fête du 15 août. De même, la statue du Christ, à droite de l'entrée, est promenée lors du Vendredi saint. Un dôme était initialement prévu, mais, faute de moyens, on a fait appel à un peintre italien spécialiste du trompe-l'œil : travail très habile puisque, de l'entrée, on a vraiment l'impression de voir une coupole au-dessus de l'autel.
À noter encore, à droite de l'autel, des reliquaires dans une vitrine : os du bras de sainte Ursule, la sainte patronne de Gozo, et sternum ouvert sur des ossements de sainte Lucie (âmes sensibles, s'abstenir). Également de superbes lustres en cristal, parfois couverts d'une housse, que l'on dévoile à l'approche des fêtes estivales, et aussi cette toile de *L'Assomption* où la couronne de la Vierge est plaquée d'or. La lanterne de style oriental, devant l'autel, est tout en argent. Elle fut rapportée de Rhodes par les chevaliers. Un ensemble très fastueux, comme il se doit.

COMINO ET GOZO

Le musée de la Cathédrale (plan B1) : *longer la cathédrale et entrer par la petite porte. Mêmes horaires que la cathédrale et billet combiné : 5 €, réduc.*
Évidemment, beaucoup moins impressionnant que son homonyme de Mdina, et même assez vieillot. Il regroupe quelques vestiges lapidaires, objets rituels, reliquaires et des œuvres qui ornaient soit la cathédrale, soit les églises de « province ». Une carriole d'évêque, des mitres et bibelots kitsch du XIXe s sont présentés au rez-de-chaussée. Le plus intéressant se découvre au sous-sol : coffre de voyage d'un évêque, riche collection d'orfèvrerie religieuse, calices, lanternes, énormes chandeliers allemands en argent, médailles, précieux devant d'autel illustré par les pèlerins d'Emmaüs, mais curieusement pas d'ostensoirs... Ça donne une petite idée de la richesse de l'église. D'ailleurs, jusqu'à récemment, il arrivait qu'elle reçoive en legs un vrai pactole (de l'argent, bien sûr, mais parfois aussi des propriétés...). À l'étage, toiles et quelques peintures sur bois en mauvais état. À part un *Saint Jérôme* de bonne facture et une pathétique *Sainte Agathe* qui ne sait plus à quel saint se vouer, rien de bien palpitant.

Le panorama depuis les remparts : en continuant tout droit après la cathédrale, on découvre la citadelle telle qu'elle était après le séisme de 1693. À savoir un quadrillage de fondations éboulées et dévorées par les figuiers de Barbarie. On dirait une cité romaine antique. De là, vue épatante : tout au fond à l'est (sur la droite... pour les doués en orientation !), l'île de Malte. En faisant glisser le regard vers l'ouest (la gauche, donc) apparaît le grand dôme en cloche de Xewkija, puis, perchée sur le plateau, la ville de Nadur avec son église à dôme blanc. Encore plus loin, la ville de Xagħra et, dans la vallée, derrière le piton rocheux portant une statue du Christ, la station balnéaire de Marsalforn. Cette statue, qui fait songer au Christ rédempteur de Rio de Janeiro, a été édifiée afin de protéger l'île des éruptions de l'Etna, qui se trouve à un peu moins de 100 km de distance, séparé par la mer ! Mieux vaut trop de précautions que pas assez, c'est sûr ! Tout à gauche, le village de Żebbuġ, et encore plus loin le phare de Ta'Ġurdan, le seul phare de l'île.

Vous l'aurez remarqué : ici, au contraire de Malte, on différencie parfaitement les villages les uns des autres, car ils sont séparés par des champs délimités par des haies. Les cultures en terrasses, introduites par les Arabes, permettent de garder la terre au même niveau, tandis que les haies de figuiers de Barbarie protègent les cultures du vent. Savez-vous comment les Maltais nomment les cactus ? Des « langues de belle-mère » !
De cet observatoire, on voit aussi des piscines privées, ce qui peut étonner dans un pays aussi sec : rassurez-vous, elles sont alimentées par l'eau traitée à l'usine de désalinisation. N'hésitez pas à faire le tour des remparts pour changer d'angle de vue.

Gran Castello Historic House *(plan B1)* **:** *☎ 21-562-034. • heritagemalta.org • Tlj 9h-17h (dernière admission à 16h30). Fermé 1er janv, Vendredi saint et 25 déc. Billet combiné (Citadella Ticket) : 5 € ; réduc.* Cette maison anglo-normande de la fin du XVe s appartenait à une famille noble et servit de magasin au XVIIe s, avant d'être transformée en musée ethnographique. Un dédale labyrinthique de salles présente une collection d'outils agricoles, de matériel de pêche, de machines de tissage, d'instruments de musique ou encore d'armes de chasse, qui a certes le mérite d'exister, mais qui manque d'informations sur leur usage. Noter les puits (7 dans le musée) qui permettaient à l'origine de tenir suffisamment longtemps en cas de siège.

Gozo Nature Museum *(musée d'Histoire naturelle ; plan A1)* **:** *au pied des remparts ouest. ☎ 21-556-153. • heritagemalta.org • Mêmes horaires et prix que le Gran Castello Historic House.*
Au programme des réjouissances, une collection géologique comprenant de nombreux fossiles marins figés dans la roche (qui montrent bien que Malte a surgi de la mer récemment, voilà 30 millions à 7 millions d'années), minéraux, stalactites et -gmites, poissons et coquillages. À l'étage, une galerie d'oiseaux naturalisés (espèces chassées ou protégées), quelques plantes et une belle (et modeste) collection d'insectes. Au passage, on remarquera un authentique fragment de Lune, rapporté lors de la 1re expédition lunaire de 1969. Bon, ce n'est pas l'extase, mais la modestie de la présentation en est presque attendrissante.
En revanche, avant d'aller à Dwejra Bay, sur la côte est, ne manquez pas de jeter un œil au modèle de *cynomorium écarlate,* la fameuse plante qui donna naissance à la légende de Fungus Rock : ressemblant à une longue morille noirâtre (d'ailleurs, on la présente parfois comme un champignon), on lui prêtait toutes sortes de vertus curatives, et même aphrodisiaques. Tant et si bien que cette espèce rare fut protégée par une tour de guet spéciale, et que les cueilleurs sauvages pouvaient écoper de 3 ans de galère. Par la suite, il fut démontré que la plante n'avait strictement rien de magique. On en trouva d'autres sur les falaises de Ta'Ċenċ et de Dingli.

Old Prison *(vieille prison ; plan A1)* **:** *pratiquement sur la pl. de la cathédrale, entre la cour de justice et le musée d'Histoire naturelle. ☎ 21-565-988. • heritagemalta.org • Mêmes horaires et prix que le Gran Castello Historic House.* En usage de 1548 à 1904, ces 6 cellules individuelles étaient réservées aux personnages importants et/ou politiques. En 1538, Jean Parisot de La Valette (qui deviendra

QUARTIER VIP

Derrière la lourde porte, une cellule individuelle, avec toilettes dans un coin, bain tous les jours, accès aux soins ; les conditions de détention dans la vieille prison de la citadelle étaient à l'époque parmi les meilleures en Europe. Il faut dire que l'on n'y enfermait que les chevaliers, le commun des mortels étant, lui, condamné aux galères. En 1798, égalité oblige, Napoléon mettra fin à cette différence de traitement. Il fallut alors agrandir la prison et ajouter un détenu, par terre, dans chaque cellule. Surpopulation et graffitis, les prisons d'aujourd'hui n'ont pas tant évolué.

grand maître de l'Ordre) resta 4 mois entre ces murs. Murs qui portent toujours la trace des détenus : des vaisseaux à 3 mâts synonymes de liberté, des noms, des jeux, des croix pour prier, des galères-calendriers dont chaque rame représente 1 jour, 1 semaine, 1 mois ou 1 an de captivité... allez savoir. Certains prisonniers y restèrent plus de 10 ans. Les poissons n'ont pas été gravés par les prisonniers mais par les maçons, qui marquaient ainsi leurs pierres (on les payait à la quantité). Explications détaillées intéressantes (en anglais) sur les conditions de vie.

Museum of Archaeology *(musée d'Archéologie ; plan B1)* **:** *dans le bastion sud. ☎ 21-556-144. • heritagemalta.org • Mêmes horaires et prix que la Old Prison.* Petit musée présentant les résultats des fouilles menées à Gozo. Poteries de la période néolithique, informations détaillées sur l'architecture des 1ers temples découverts dans l'île, ainsi que sur les différents types de pierres ayant servi à leur construction, pressoirs à huile, bijoux puniques (Ve s av. J.-C.). Salle consacrée au Moyen Âge avec des pierres tombales de chevaliers. Une des pièces les plus intéressantes est la stèle de marbre de Maymunah, datant de 1174, dont on peut lire l'épitaphe écrite en arabe (et traduite en anglais), longue et très poétique envolée en hommage à la « fille de Hassan ». Bien vue, la fresque chronologique qui court le long des salles. À l'étage, une série d'ancres romaines en plomb et des amphores utilisées pour le transport du vin et de l'huile d'olive, des coffres de crémation, une très belle urne funéraire en verre, une statue de la période impériale au beau drapé, quelques vestiges d'une villa romaine découverte à Ramla, des bijoux, etc.

The Lower Battery *(plan B1)* **:** *dans le bastion nord-est. 📱 79-771-981. • wirtghawdex.org • En principe, lun et ven 10h-13h, mar-jeu et sam-dim 11h-14h (13h30 mer), mais ouverture aléatoire (le site est géré par des bénévoles de l'association Wirt Għawdex). GRATUIT. On vous donnera une fiche explicative en français dans le magasin des poudres.* Voir tout d'abord les 3 énormes silos creusés par les chevaliers de Malte lorsqu'ils entreprirent de consolider la défense de Gozo. À l'origine, ils étaient utilisés pour stocker des grains, puis furent transformés en citernes par les Anglais. Très impressionnant et bien mis en valeur. L'autre tunnel, qui a servi d'abri durant la Seconde Guerre mondiale, mène à la terrasse de la batterie basse avec ses canons.

Centre for Culture and Arts *(Centre pour la culture et les arts ; plan B1)* **:** *dans le bastion est ; derrière la cathédrale. En principe, lun-ven 10h-16h, w-e 11h-15h. GRATUIT.* Le bâtiment, intéressant en lui-même, date de 1600 environ et fut utilisé comme entrepôt par les chevaliers, puis comme prison jusque dans les années 1960. On peut encore voir des gravures sur les parois, notamment de voiliers. Il abrite aujourd'hui des expos temporaires d'art contemporain, d'artistes locaux et étrangers.

À l'extérieur de la citadelle

Au pied de la citadelle bat le cœur de la ville. La ***place de l'Indépendance*** *(pjazza Indipendenza ; plan A-B1),* que l'on appelle communément « It-Tokk », est le véritable lieu de rendez-vous des Gozitains. Tout autour (ou presque), des cafés et encore des cafés. Leurs terrasses occupent quasi tout l'espace. Elles sont cernées d'un côté par des marchands de babioles en tout genre, de l'autre par des échoppes typiques où s'étalent figues et tomates séchées, légumes, fromages de chèvre, miel et autres huiles d'olive, de quoi confectionner un beau panier pique-nique et des souvenirs culinaires pour le retour ! De la *pjazza,* on accède ensuite au dédale de la vieille ville.

Balade dans la vieille ville : entre les places Saint-Georges, Savina et Saint-Augustin se trouve la partie ancienne de Rabat. Du côté de la pjazza Savina, non loin de la place de l'Indépendance, se tient chaque matin un petit marché d'antiquités. Pas donné, mais cela intéressera les chineurs. On peut remonter l'Archipriest Cassar Street (ou triq Cassar), qui rappelle un peu une médina arabe : impasses de-ci de-là, ruelles étroites ornées de jolies portes et fenêtres ouvragées, entre *bow-windows* et moucharabiehs. En tournant à droite, voir la taverne *Id-Dverna tal-Mewta* où, en hiver, des cercles de poètes se réunissent parfois pour donner des lectures. Sur de nombreuses façades, vous remarquerez le carreau de céramique à l'effigie de saint Georges (en train d'occire le dragon) ou de la Vierge, accompagné d'un nom de maison *ad hoc* (*Georgius* ou *Ave Maria,* par exemple). C'est le signe d'appartenance à l'une ou à l'autre des communautés.

La basilique Saint-Georges *(plan A2)* **:** *pjazza San George. Tlj 5h-12h, 15h-19h30 ; messe ttes les heures (relâche 12h-17h).* Très touché par le tremblement de terre de 1693, l'édifice fut reconstruit laborieusement pour être achevé au cours du XXe s. Placée au début des années 2000, la monumentale porte en bronze sculptée de scènes bibliques est une pièce unique. À l'intérieur, la déco s'enrichit sans cesse, en partie grâce aux dons des Maltais expatriés en Amérique du Nord ou en Australie. Les toiles de l'école de maîtres, comme Mattia Preti, rendent la visite intéressante : voir, dans le chœur, saint Georges sur son cheval et la sculpture sur bois signée Paolo Azzopardi. Noter le monumental baldaquin de l'autel. Dommage que les torsades, colonnes ondulantes et dorures à foison finissent par surcharger l'ensemble. Coupole centrale ornée de scènes de l'Apocalypse. Belles stalles ciselées. Dans les nefs de côté, délicates mosaïques dans les coupoles. Noter que la basilique possède des vitraux, une chose rare à Malte.

Il-Ħagar – Heart of Gozo *(plan A-B2)* **:** *pjazza San George, à gauche de la basilique. ☎ 21-557-504. • heartofgozo.org.mt • Tlj 9h-17h (dernière entrée à 16h30). GRATUIT.* Derrière cet intitulé se cache tout simplement le musée de la basilique. En partie installé dans une maison de l'époque médiévale entièrement relookée, le musée se veut moderne dans sa conception grâce à des bornes interactives et à des vidéos. La religion occupe la place principale et s'illustre autant par les peintures et sculptures que par des objets de culte et des vêtements cérémoniels. Dans le hall d'entrée, expositions temporaires gratuites.

Villa Rundle Gardens *(plan B2)* **:** *le long de la triq ir-Repubbklika. Avr-oct, tlj 7h-22h30 ; nov-mars, 7h30-20h30. Toilettes près de l'entrée principale.* Il y a beaucoup de choses à Gozo, mais il faut bien avouer que les arbres ne sont pas la spécialité maison. Pins, palmiers et divers feuillus ombragent ces jardins construits sur ordre du général Leslie Rundle, gouverneur au début du XXe s. Ils sont aujourd'hui agrémentés d'un petit amphithéâtre, d'une volière, d'une sculpture de l'artiste gozitain Joe Xuereb (on en parle dans la partie consacrée aux environs de Mġarr), etc. Plaisant.

Galerie d'art

■ **_Lazuli Art Gallery_** *(plan B2,* ***60****)* **:** *26, triq Mons. Guzeppi Farrugia. 99-436-443. • lazuliart.com • Lun-sam 10h-13h. Fermé dim et janv-mars.* Dans cet agréable quartier piéton, une galerie d'art tenue par une Française très sympa présentant des œuvres du monde entier, dans une dynamique de commerce équitable, de diversité et de confrontation culturelles. Expose aussi ponctuellement des artistes locaux de renom.

DANS LES ENVIRONS DE VICTORIA (RABAT)

Tal-Lunzjata **:** *prendre la direction de Kercem/Lunzjata. Juste avt d'arriver au village, la vallée de Lunzjata se trouve sur la gauche après la porte. Balade à faire aussi à partir de Rabat (à peine 1 km de marche) ou de Xlendi (env 2 km).*

La promenade dans la vallée proprement dite est très courte, mais permet de découvrir un autre visage de Gozo. Elle débute en passant sous une vénérable arche en pierre et se termine à la fontaine. Des maisons de pierre s'accrochent sur les rebords de cette vallée verdoyante, au fond de laquelle sont ordonnés de petits champs de maïs, de choux et de tomates, gardés par de fiers figuiers et citronniers. Cette végétation doit son existence à la source naturelle nommée Għajn el-Kbira (« grande source »), que l'on voit couler dans une fontaine de pierre à la fin du petit chemin. Le système d'irrigation, vieux comme le monde, est toujours efficace : des canalisations de pierre dont le débit est géré manuellement, à l'aide de cailloux ou de plaques que l'on pose ou enlève. Gozo a toujours été autosuffisante en fruits et légumes. Se balader ici est une bonne occasion d'observer la vie agricole de l'île.
Pour revenir sur Victoria depuis Tal-Lunzjata, on peut emprunter les escaliers de pierre, sur la gauche quand on a la vallée dans le dos. Ils permettent de rejoindre le paisible village de Kercem. L'occasion de croiser, aux beaux jours, quelques habitants réfugiés à l'ombre des maisons sur des chaises pliantes, à l'affût d'un brin d'air.

MARSALFORN

• Plan *p. 203*

C'est, avec Xlendi, la seule station balnéaire de l'île. Ce qui était auparavant un petit port de pêche et de commerce (le principal de Gozo ; d'ailleurs, étymologiquement, *marsal* signifie « port », comme dans « Marseille ») a vu germer hôtels, *guesthouses,* restaurants et bars autour de sa marina. Tant et si bien que le front de mer de Marsalforn assure à lui seul les deux tiers de la capacité d'accueil de toute l'île. Il s'agit surtout de locations (chambres et appartements). Quant aux petits hôtels abordables, ils attirent une clientèle jeune, avide de faire la fête. Du coup, en été, la ville bouge pas mal – il s'y installe même une mini fête foraine – et on ne trouve pas forcément le calme escompté. Bon, on ne veut pas vous faire peur non plus : nous sommes à Gozo et tout cela reste très bon enfant et familial. Précisons que la baie, surplombée de sa statue de Jésus-Christ, qui lui vaut le surnom de « Rio gozitan », n'a pas été trop défigurée. Même si les immeubles modernes ne sont pas du plus bel effet, elle garde un certain charme.
Marsalforn possède bien un morceau de plage, mais rien de très engageant pour la baignade. Les moins exigeants s'étendront sur les cailloux ; sur la droite de la baie, un ponton de ciment permet de plonger sans passer par la case « plage ». Pour dénicher de jolis coins tranquilles, il suffit de longer la côte vers l'ouest (vers les marais salants) et de s'écarter un peu du centre.

Arriver – Quitter

➢ ***De/vers Victoria :*** bus n° 310.

➢ ***Mġarr :*** bus n° 322. Arrêt à Nadur et Xagħra.

Adresses utiles

■ ***Bank of Valletta*** *(plan B2,* **1***) : sur le front de mer.* Distributeur *Visa* et *MasterCard.* Pas de guichet.

■ ***Xlendi Pleasure Cruises*** *(plan B1-2,* **2***) : triq Għar, à droite du port.* ☎ *21-551-909.* • *xlendicruises.com* •

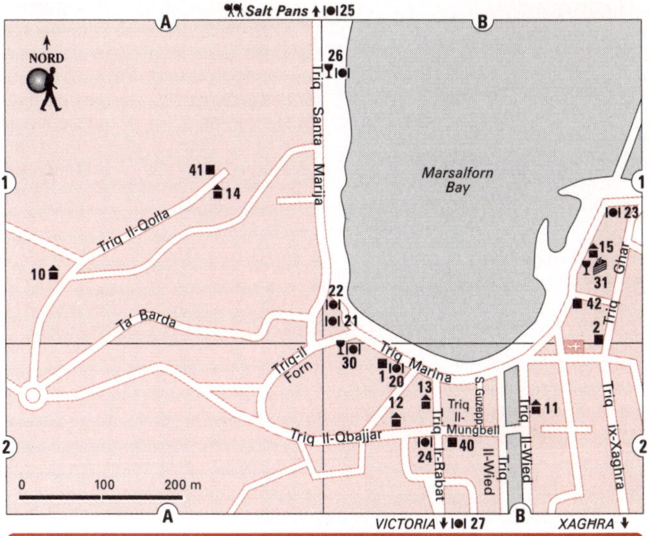

MARSALFORN

Adresses utiles

1 Bank of Valletta (B2)
2 Xlendi Pleasure Cruises (B1-2)

Où dormir ?

10 Santa Martha Hostel (A1)
11 Electra Guesthouse (B2)
12 Lantern Guesthouse (B2)
13 Maria Giovanna Guesthouse (B2)
14 Atlantis Lodge (A1)
15 Calypso Hotel (B1)

Où manger ?

20 Ta Pennellu (B2)
21 Il-Kartell (B1)
22 Pierre's (B1)
23 Arzella (B1)
24 Alive Bistrot (B2)
25 Qbajjar (hors plan par A-B1)
26 Bistro Otters Lido (B1)
27 Ta'Frenċ (hors plan par B2)

Où boire un verre ? Où déguster une bonne pâtisserie ?

30 Unwined (B1-2)
31 Candy Cafe (B1)

À faire

40 Nautic Team (B2)
41 Atlantis Diving Centre (A1)
42 Calypso Diving Centre (B1)

Juin-août, tlj 9h (ou 10h)-23h ; mi-saison, tlj 9h-14h, 17h-20h. Fermé nov-mars. Compter 25-60 € selon circuit choisi ; réduc. Cet organisateur de minicroisières propose des tours de Comino, Gozo ou les 2, avec pauses snorkelling et baignade au Blue Lagoon... Possibilité également de privatiser un bateau, prix sur demande. Accueil pas franchement agréable.

Où dormir ?

Plusieurs options, des hôtels aux *guesthouses* en passant par les appartements à la semaine. Attention : certaines *guesthouses* n'ouvrent que pour la saison touristique ; hors saison, téléphoner pour être sûr de trouver quelqu'un, et en saison, pour être sûr d'avoir de la place.

Bon marché (moins de 20 €/pers)

☗ ***Santa Martha Hostel*** *(plan A1,* ***10****) : Qolla St.* ☎ *21-551-263.* 📱 *79-277-022. En voiture, remonter la rue principale qui grimpe sur la gauche du port ; dès qu'elle tourne et suit la longue balustrade dominant la mer, c'est la 1re à gauche, puis en haut à gauche à nouveau (seul moyen d'y parvenir). À pied, suivre les panneaux « Atlantis Diving Centre ». Petit dortoir env 19 €/pers ; double avec sdb commune env 38 €, petit déj compris.* À l'écart du centre, dans une rue résidentielle, une élégante demeure en pierre abritant une tranquille auberge à la déco très sobre (beau calcaire blanc et carrelage). Des chambres nues mais à la bonne literie et des salles de bains communes à la propreté impeccable. Ventilos. Cuisine à dispo, plusieurs salles communes et ambiance autogérée à la manière des auberges de jeunesse. Tout cela bien tenu et aéré. Et même un ascenseur pour le 1er étage. Terrasse sur le toit pour faire sécher son linge. De plus, Maria, la proprio, parle le français.

Prix moyens (40-60 €)

☗ ***Electra Guesthouse*** *(plan B2,* ***11****) : triq il-Wied.* ☎ *21-556-196 ou 21-555-666.* • *electraguesthouse.com* • *Doubles 53-70 € selon vue (clim en sus), avec petit déj.* À l'étage d'un bar-resto, des chambres très simples, mais propres et fonctionnelles, toutes avec une salle de douches moderne et la clim. Certaines possèdent un balcon avec vue sur la mer (de côté). Fort bien placé, mais accueil indifférent.

☗ ***Lantern Guesthouse*** *(plan B2,* ***12****) : triq il-Qbajjar.* ☎ *21-556-285.* 📱 *79-566-271.* • *lanterngozo.com* • *Doubles 55-85 € en hte saison (clim en sus), petit déj compris.* Un petit hôtel familial assez sympa, aux chambres carrelées, impeccables et lumineuses, même si la déco est un peu kitsch. Elles sont équipées d'un frigo, d'une TV, de la clim et se prolongent par un petit balcon. Également un studio pour 2 à 4 personnes. Resto-pizzeria bon marché en bas (avec joueuses de bingo l'après-midi). Possède également une annexe dans le village avec 5 chambres et 2 studios (1-4 personnes), loués séparément ou ensemble. Sinon, appartements à prix attractifs pour 4-6 personnes à Marsalforn, à Qbajjar, à Xewkija et à Victoria. Un bon rapport qualité-prix.

Un peu plus chic (60-80 €)

☗ ***Maria Giovanna Guesthouse*** *(plan B2,* ***13****) : 41, triq ir-Rabat, en plein centre.* ☎ *21-553-630.* 📱 *99-821-790.* • *tamariagozo.com* • *Tte l'année. Doubles avec sdb et clim 50-95 €.* Cette maison de ville propose des chambres de bon volume avec salle de bains privée, clim et ventilo. Meublées de magnifiques lits gozitains, elles sont à la fois charmantes et sobres, et s'ouvrent sur un petit balcon. Salle à manger commune. Copieux petit déj (bon pain et confitures maison). Une adresse intéressante pour ceux que l'impersonnalité des hôtels rebute. Cette famille possède également un *B & B* près de Għasri (voir « Où dormir ? Où manger à Għarb et dans les environs ? » plus loin) et un autre à Victoria, *Casa Gemelli* (voir « Où dormir ? » à cette ville).

☗ ***Atlantis Lodge*** *(plan A1,* ***14****) : Qolla St.* ☎ *22-190-000.* 📱 *79-710-390.* • *atlantisgozo.com* • ♿ *Voir les indications pour le* Santa Martha Hostel. *Doubles avec sdb 60-90 €, petit déj inclus ; apparts 30-60 € pour 2.* Quasi en face de l'*Atlantis Diving Centre* (mêmes proprios), dans une zone tranquille aux immeubles modernes qui tranchent avec la pierre locale. C'est dans un de ces nouveaux bâtiments que se trouvent les chambres du *lodge*. Tons blancs et gris, déco contemporaine claire et épurée. Les chambres et les salles de bains ne sont pas très grandes, mais l'espace est optimisé, et toutes possèdent un balcon. TV sat', clim. Une chambre pour handicapés à l'entresol. On apprécie la terrasse au dernier étage pour prendre le petit déj ou pour « farnienter » sur quelques transats. Propose également 4 appartements dans la même rue, de facture moins moderne mais très spacieux, et à prix d'amis. D'autres devaient prochainement être construits. De quoi satisfaire la demande dans cette station balnéaire bondée l'été ! Excellent accueil de la famille et en français, s'il vous plaît !

Calypso Hotel (plan B1, **15**) : *sur le front de mer, surplombant le petit port à droite. ☎ 21-562-000. • hotelcalypsogozo.com • Prévoir 90-200 € pour 2 selon saison et vue, petit déj inclus. ½ pens possible (bon repas).* Une centaine de chambres d'excellent confort, égayées par le bois blanc et les tissus rayés bleu et blanc. Terrasse sur le toit pour profiter du soleil. On y trouve un des 2 restos (salle également à l'intérieur) et une petite piscine (belle vue sur la mer et la campagne).

Où manger ?

Attention, tous ces restaurants proposent des pizzas et plats de pâtes à prix « bon marché et moyens », mais passent vite à la catégorie « chic » dès qu'il s'agit de plats de viande ou de poisson.

Bon marché (moins de 20 €)

Alive Bistrot (plan B2, **24**) : *sur les bords de la rivière qui se jette dans la mer. 79-563-270. Mer-jeu 12h-20h, ven-dim 10h-21h30. Fermé lun-mar.* L'un des rares petits restos végétariens et végétaliens de l'île, qui propose des sandwichs, de goûteuses salades (on adore la salade lentilles, feta et betteraves), et toute une carte de smoothies aux fruits de saison. Sert également des plats du jour.

Prix moyens (plats 12-18 €)

Ta Pennellu (plan B2, **20**) : *face à la baie, l'un des 1ers restos avec terrasse. ☎ 21-559-9730. Tlj midi et soir (sauf en cas de mauvais temps, car pas de salle).* Ce n'est pas le resto le plus tape-à-l'œil, cadre de la terrasse banal même, mais la qualité de la cuisine est indéniable. Le chef sait choisir ses produits. C'est de famille, d'ailleurs : son grand-père marin rapportait des recettes, et sa grand-mère les mettait en musique. Cuisine faite à la demande, soyez indulgent si ça met un peu de temps ! Et n'oubliez pas de demander le prix du poisson frais avant de le faire préparer, ça évitera les mauvaises surprises...

Il-Kartell (plan B1, **21**) : *face à la mer. ☎ 21-556-918. Fermé jeu. Résa conseillée pour une place à l'extérieur. Congés : généralement 15 j. entre mi-nov et mi-déc.* Belle terrasse sur le quai aux beaux jours, qui attire autant que la qualité de la cuisine. Sinon, grandes salles voûtées, murs de grosses pierres, élégantes et cosy. Une bonne table, donc, spécialisée dans les produits de la mer, le lapin et les raviolis maison. Attention, le poisson entier et les vins sont particulièrement chers ; la cuvée du patron ne nous a pas emballés, et quelques cafouillages au niveau du service.

Pierre's (plan B1, **22**) : *à l'ouest de la baie (sur la gauche). ☎ 21-565-727. Tlj midi et soir. Fermé le soir en basse saison.* Sur une agréable terrasse plantée sur la digue, les pieds dans l'eau. Qualité régulière. Salades, pizzas, mais aussi des steaks. On choisit son poisson selon la pêche du jour qui patiente à l'entrée. Également du lapin (ici sauce au cherry), des pâtes, comme partout.

Arzella (plan B1, **23**) : *au bout de la baie, côté droit, après l'hôtel Calypso. ☎ 21-554-662. Tlj sauf mar ; déc-fév, ouv le midi seulement en sem, plus le sam soir. Fermé en janv.* Belle terrasse abritée et salle avec baies vitrées, en surplomb de la mer, à l'écart des autres restos. Beau plateau de poissons, ragoût de poulpe ou quelques plats italiens comme ce risotto servi copieusement. Bonnes spécialités qui changent toutes les semaines. Accueil jeune et sympa de surcroît ; ce qui en fait une des tables les plus chouettes de Marsalforn à notre avis.

Bistro Otters Lido (plan B1, **26**) : *triq Santa Marija, sur la gauche de la baie, en allant vers Qbajjar, en* *surplomb de l'eau. ☎ 21-556-606. Tlj 11h-22h30. Fermé quand la mer est trop agitée.* Un bistrot-terrasse qui permet de manger ou de boire un coup dans un cadre paisible et calme, au bord de l'eau... ce qui explique que les jours de fermeture suivent l'humeur de la mer ! Mention spéciale pour les moules, délicieuses.

Où manger dans les environs ?

Prix moyens (plats 12-18 €)

Qbajjar *(hors plan par A-B1,* ***25****) : à* ***Qbajjar,*** *modeste extension de Marsalforn, à 1 km à l'ouest (longer la côte vers la gauche). ☎ 21-551-124. Tlj sauf mar 10h30-15h30, 17h30-22h30 (non-stop le w-e). Résa conseillée le w-e.* À l'écart du flot touristique, une carte appétissante, un cadre contemporain, une bien agréable salle avec baies vitrées ouvertes sur la mer pour déguster du poisson, le lapin frit à l'ail, ou tout simplement de bonnes pâtes fraîches maison. Prix raisonnables et portions généreuses.

Très chic (plats plus de 25 €)

Ta'Frenċ *(hors plan par B2,* ***27****) : Għajn Damma, à mi-chemin de Victoria et Marsalforn, à 2 km sur la gauche en allant vers la capitale. 79-454-794. Mer-sam 18h30-21h30, plus dim 12h-15h. Résa conseillée. Menus 45 € au déj et 60-85 € le soir ; plats 25-40 €.* Collectionne les *awards*. Évidemment, pour piocher sans retenue dans la rubrique gastronomique, mieux vaut avoir les moyens. Une cuisine copieuse, plutôt bourgeoise et goûteuse, et qui sait innover, à déguster dans le magnifique cadre champêtre d'une ferme ancienne entourée d'un jardin luxuriant. Le chef y cueille d'ailleurs ses herbes aromatiques. Cave à vins impressionnante (elle se visite). Service guindé, atmosphère pas vraiment routarde et souvent des mariages le week-end.

Où déguster une bonne pâtisserie ?
Où boire un verre ?

Unwined *(plan B1-2,* ***30****) : rue du Littoral. Mai-oct, lun-ven de 16h jusque tard, le w-e à partir de 13h ; en hiver, ouv seulement le soir ven-dim.* Un bar à vins sympa face à la baie avec terrasse. On peut aussi y manger, mais c'est pas donné.

Candy Cafe *(plan B1,* ***31****) : juste à côté de l'hôtel* Calypso, *en face du glacier* Granola. *En hte saison, tlj 9h30-23h ; en hiver, 9h30-18h (22h le w-e).* Idéalement placé près du petit port de pêche, un endroit où siroter un bon café, accompagné d'un *imqaret,* un petit beignet aux dattes, un des meilleurs desserts maltais !

À voir. À faire

Salt pans *(salines ; hors plan par A-B1) : à la sortie de Qbajjar en allant vers Xwejni Bay. De Marsalforn, longer la côte vers la gauche (l'ouest, quoi !). On peut s'y rendre à pied, en profitant de la promenade aménagée en bord de mer.* Certaines salines datent carrément de l'époque romaine, et pourtant elles sont toujours exploitées. Certes, un seul saunier parvient à vivre de leur exploitation, et encore, à temps partiel (petit stand en bord de route)... En tout cas, ne sous-estimez pas l'attrait esthétique de ces salines, il y a de quoi faire de superbes photos, surtout en fin de journée et au coucher du soleil. Une roche friable quadrillée de trous où l'eau s'évapore lentement dévoile un camaïeu bleu complet, et parfois, au fond, ne reste qu'un scintillement violent : celui des cristaux de sel nus sur la pierre. Cela se prolonge sur des kilomètres, et l'on admire le travail bien léché de l'érosion sur la paroi calcaire.

Plongée

■ ***Nautic Team*** *(plan B2,* ***40****) : Volcano St, face à l'Hostel Maria Giovanna. ☎ 21-558-507. • nauticteam.com • ♿ Mars-déc, lun-sam 8h30-17h30. Fermé dim. Résa conseillée en saison. Compter 50 € pour un baptême et 38 € pour une plongée (équipement 18 € en sus). Bateau inclus (rare à Gozo).* Club éminemment sérieux, tenu par des Allemands. Formations CMAS et PADI. Initiation pour les enfants à partir de 9 ans, ainsi que pour les personnes handicapées. Également des plongées au « nitrox », des *tech diving* (jusqu'à « trimix 100 ») et des cours de photos sous-marines. Certains instructeurs parlent le français. Peuvent aussi vous trouver un appartement. Transfert depuis le ferry.

■ ***Atlantis Diving Centre*** *(plan A1,* ***41****) : Qolla St, dans le haut du village. 📱 79-710-390 et 79-562-888. • atlantisgozo.com • Tte l'année, tlj 7h30-17h30. Compter 45 € pour un baptême et 30 € pour une plongée (équipement en sus env 10 €).* Formation PADI et CMAS. Nombreuses formules, dont des plongées techniques. Enfants acceptés à partir de 8 ans. On y parle le français. Équipe sérieuse et bon matériel. Possèdent également *Atlantis Lodge,* voir plus haut « Où dormir ? ».

■ ***Calypso Diving Centre*** *(plan B1,* ***42****) : sur le front de mer. ☎ 21-561-757. • calypsodivers.com • Tlj 8h-12h, 13h-17h en été ; horaires réduits l'hiver, téléphoner avt. Prévoir 55 € pour un baptême et 38 € pour une plongée (équipement 18 € en sus). Supplément si départ en bateau.* Formations PADI, plongée de nuit, au « nitrox » (au même tarif qu'une plongée classique), etc. Certains instructeurs parlent le français.

DANS LES ENVIRONS DE MARSALFORN

⚲⚲⚲ Après les salines de Qbajjar, on peut pousser la marche jusqu'au ***phare de Ta'Ġurdan,*** bâti dans les années 1850. Une très agréable promenade à faire à pied ou à vélo. En chemin, faites un détour fraîcheur par la baie de ***Wied il-Għasri,*** en prenant la route cahoteuse qui part sur la droite, juste après la fin des salines (accessible aussi depuis Żebbuġ, fléché). Un étroit bras de mer s'enfonce alors entre 2 falaises rocheuses, formant des gorges tranquilles aux eaux émeraude. Elles se terminent par une petite plage de galets, à laquelle on accède par un escalier accroché à flanc de rocher. Pas un chat à l'horizon...
En longeant sur environ 2 km de plus cette côte aride et inhabitée, on atteint ***Ras ta'Pinu*** *(Pinus Point),* une immense arche de roche ***Wied il-Mielaħ Window,*** dans laquelle s'engouffre la mer. En voiture ou à pied, une piste (très) caillouteuse permet de rejoindre ensuite Għarb (prendre à gauche à *Pinus Point*). Voir aussi plus loin « Dans les environs de Għarb ».

⚲ ***L'église Santa Marija de Żebbuġ :*** *longer la côte par Qbajjar et Xwejni Bay, et remonter par une petite route jusqu'à Żebbuġ. Bus n° 309 de Victoria. Ouv le mat et en début de soirée.* Gardé par 2 canons, l'édifice présente une jolie façade baroque décorée de volutes, avec 2 élégantes tourelles à clochetons. L'intérieur, de style néoclassique assez sobre, a la particularité d'être construit presque entièrement en onyx, le tout rehaussé de teintes rouges un peu théâtrales. Sol en marbre marqueté et belle coupole ajourée laissant bien passer la lumière. La pierre semi-précieuse provient de la région. De Żebbuġ, splendide panorama sur Marsalforn à l'est (à droite quand on est face à l'église), sur le phare de Ta'Ġurdan à l'ouest (à gauche) et sur la citadelle au sud (derrière vous).

XAGĦRA

4 000 hab.

• Plan *p. 209*

Perché sur une colline face à Victoria et à Marsaforn, Xagħra (se prononce « Cha'hra ») semble vivre au ralenti. Il suffit de lézarder un moment sur l'une des terrasses de la place centrale pour prendre le pouls reposant mais bien vivant de ce village coquet. La majorité des touristes vient ici pour visiter les temples de Ġgantija, qui figurent parmi les ensembles néolithiques les plus intéressants de l'île. Toutefois, il serait dommage de ne pas profiter de votre passage pour goûter aux charmes alanguis de ce village de l'intérieur. Une atmosphère chaleureuse et vivante s'en dégage. Le week-end, il n'est pas rare que des groupes locaux se produisent ici.

Arriver – Quitter

➢ ***De/vers Victoria :*** bus nº 307.

➢ ***Mġarr et Marsalforn :*** bus nº 322.

Adresses et infos utiles

■ ***Banques*** *(plan A1-2,* ***1****) : sur la pl. principale, face à l'église.* ***HSBC :*** distributeur 24h/24 *Visa* et *MasterCard.* ***Bank of Valletta :*** pas de distributeur extérieur.

■ On trouve une ***pompe à essence*** (c'est suffisamment rare à Gozo pour être signalé) dans un recoin de la place centrale et des ***toilettes*** dans la rue principale, à 100 m de la place, sur la gauche.

Où dormir ?

D'un peu plus chic à chic (60-120 €)

Ellie Boo B & B *(plan A1,* ***11****) : Elizabeth House, 104b Bullara St. 79-033-620. • bbgozo.com • Près de Xerri's Grotto. Ouv de mi-mars à mi-déc. Doubles 70-120 €, petit déj inclus ; clim en sus. Min 2 nuits.* De l'extérieur, difficile d'imaginer que ces 2 anciennes demeures scrutent la mer depuis son salon, à travers de larges baies vitrées. Un atout indéniable en plus de ses 6 chambres joliment mises en valeur, alliant la pierre et les tissus colorés et ses 2 piscines. Les plus agréables ouvrent sur une terrasse avec vue sur le large, au loin, et sur les piscines au 1er plan. À dispo, belle cuisine, vaste salon, TV grand écran et lave-linge. Accueil souriant de John et Tina, un couple charmant.

Il Loġġa Hotel *(hors plan par A2,* ***12****) : Church St. ☎ 21-551-210. 79-944-738. • illogga.com • Doubles 75-135 €. Réduc de 10 % au resto de l'hôtel pour les résidents.* Boutique-hôtel au bout du village (mais à peine 10 mn à pied du centre !) dans une belle demeure vieille de 4 siècles et totalement restaurée. Chambres d'excellent confort à la déco soignée, toutes avec balcon ou terrasse. Les standards se révèlent déjà très bien. Pour les plus chères, sur le toit, terrasse privée, vue superbe et accès direct à la mini piscine. Atmosphère familiale et service attentif. Un bon rapport qualité-prix, idéal en amoureux. Restaurant au rez-de-chaussée.

Hotel Cornucopia *(plan A1,* ***13****) : 10, Ġniem Imriek St. ☎ 21-556-486. • cornucopiahotel.com • Suivre les panneaux depuis le centre du village,*

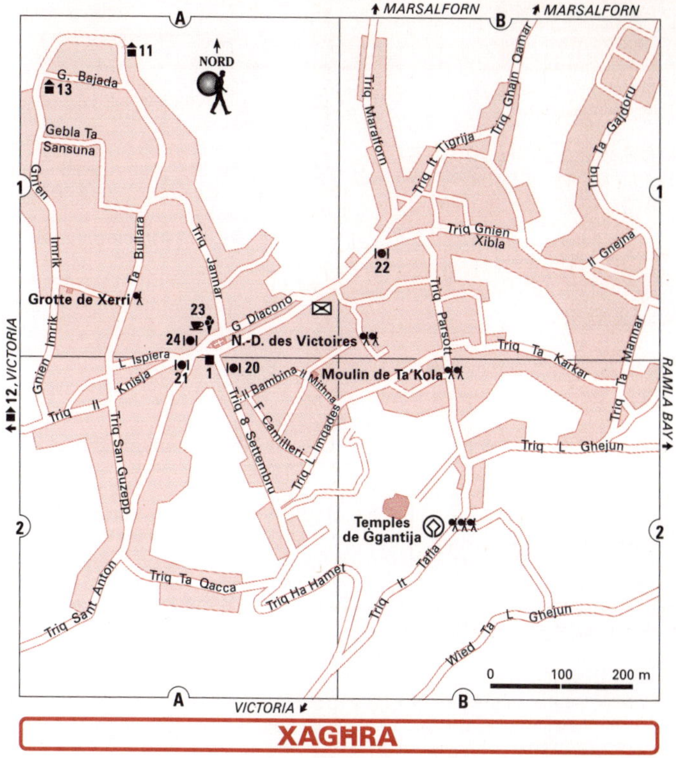

Adresse utile	**Où manger ? Où déguster de bonnes pâtisseries et glaces ?**
1 HSBC et Bank of Valletta (A1-2)	20 D Snack (A2)
Où dormir ?	21 Latini (A2)
11 Ellie Boo B & B (A1)	22 Tal Furnar (B1)
12 Il Loġġa Hotel (hors plan par A2)	23 Cafe Reale (A1)
13 Hotel Cornucopia (A1)	24 Oleander (A1)

en direction de Xerri's Grotto ; bien indiqué. Doubles 70-160 € selon saison, confort et vue (sur la vallée ou sur la piscine), petit déj inclus ; bungalows 95-175 € pour 2-4 pers. Beau complexe aux faux airs d'hacienda, installé face à une superbe vallée entrecoupée de jardins et bordée à droite par la station de Marsalforn. L'ensemble n'a malheureusement pas le cachet de la bâtisse qui abrite la réception, mais les chambres sont spacieuses, confortables et entourent l'indispensable piscine (2 en fait, plus un bassin pour enfants). Des bungalows, la plupart pour 4 personnes, sont accrochés en terrasses à flanc de colline, de l'autre côté de la rue avec vue sur Marsalforn et le « corcovado » (pic) local. Ils disposent également de leur propre piscine. Personnel charmant. Tarifs assez raisonnables compte tenu des prestations. Loue aussi une *farmhouse*.

Où manger ?
Où déguster de bonnes pâtisseries et glaces ?

Sur le pouce

D Snack (plan A2, **20**) : *à 2 pas de la pl. principale, presque en face de la banque HSBC. ☎ 21-552-442. Lun-sam 6h-19h ; dim 7h-12h, 15h30-21h (fermé dim midi, donc).* Pour un *pastizz* fondant, un friand, un beignet fourré ou une pâtisserie à croquer en flânant dans les ruelles.

De prix moyens à chic (plats 12-25 €)

Latini (plan A2, **21**) : *Victory Sq. ☎ 21-550-950. Tlj sauf mar 11h30-14h30, 18h30-22h. Résa impérative le w-e.* Agréable terrasse sur la place, face à l'église. A rapidement conquis une clientèle extatique et accro à la fraîcheur des produits, aux cuissons millimétrées, aux recettes pleines d'inspiration et de nouvelles saveurs... Goûter au canard de Barbarie (femelle est-il précisé !) aux mûres et porto, aux cailles sauce gingembre et sherry confiture, au ragoût de poulpe tomates, coco et câpres... Et une addition toute douce. Le week-end, réserver impérativement.

Tal Furnar (plan B1, **22**) : *136, Ġnien Xibla St. ☎ 21-556-372. 99-429-333. De la pl. de l'église, suivre la direction du musée du Jouet, le resto est pile en face. Ouv le soir, plus le midi jeu-dim. Fermé mer. Résa fortement conseillée.* Dans son ancienne boulangerie, la famille a aménagé un resto traditionnel, chaleureux et convivial, où les Maltais aiment s'attabler devant un plat préparé comme à la maison (lapin, agneau, poulet ou poisson). Et puisque le recyclage a du bon, certains plats mijotent dans le vieux four en pierre des années 1930, d'où sortent aussi des pizzas bien garnies et croustillantes.

Cafe Reale (plan A1, **23**) : *sur la pl. de l'église. ☎ 21-553-887. Tlj sauf lun 8h-18h.* Bon choix de pâtisseries, et même des glaces maison, à accompagner d'un expresso, cappuccino ou café glacé. Voici, en outre, un endroit stratégique pour admirer l'église... de la grande terrasse. Bien également pour un petit déj.

Oleander (plan A1, **24**) : *sur la pl. de l'église. ☎ 21-557-230. Tlj sauf lun, midi et soir jusqu'à 22h.* Stratégiquement situé sur la charmante place de l'église, que l'on admire de la grande terrasse. Une très bonne adresse pour goûter à la cuisine maltaise. Le ragoût de lapin est fameux et les raviolis gozitains très réussis. Également des plats de pâtes et risotto. Jolie petite salle climatisée, agréable par grosse chaleur ou quand il fait froid... Accueil agréable.

À voir

Ġgantija's Temples (temples de Ġgantija ; plan B2) : *dans le centre de Xagħra. ☎ 21-553-194. • heritagemalta.org • Tlj 10h-16h30. Billet combiné avec le moulin de Ta'Kola : 10 € ; réduc.*

Le Visitor Centre

À l'entrée du site, le tout nouveau *Visitor Centre,* un étrange bâtiment contemporain en métal, présente une expo permanente bien faite sur la période néolithique à Gozo et à Malte et plus largement dans le Bassin méditerranéen, qui constitue une bonne introduction au site. La 1re salle évoque les temples (leur architecture, le choix du lieu) et expose des éléments décoratifs trouvés sur le site, mais aussi la vie de la communauté locale et leurs rituels, notamment funéraires. On voit ainsi l'importance de la nécropole de Xagħra Stone Circle, découverte non loin d'ici. Plusieurs objets accompagnaient les morts dans leur sépulture, des bols, des bijoux et des statuettes sculptées dans la globigérine qui représentaient sans doute les ancêtres. La 2e salle est consacrée aux Gozitains du Néolithique, leur nourriture, leurs vêtements, outils et bijoux et même leurs petits soucis de santé, pas si différents des nôtres. Dans le couloir conduisant au site, on en apprend un peu plus sur l'histoire de Ġgantija et son influence sur l'art et la culture à Malte, que ce soit en littérature, poésie ou musique.

Le site

Les 2 temples, accolés à l'origine derrière une façade commune, sont bordés de palmiers dattiers et d'un champ planté d'oliviers, de vignes, de grenadiers et de caroubiers, sur fond de panorama gozitain grandiose. Le temple de gauche est le plus vieux : on l'a daté d'environ 3600 av. J.-C., tandis que celui de droite date des années 3200 av. J.-C., période que l'on connaît sous le nom de « phase de Ġgantija ». Par leur âge (ce sont les plus vieux temples non encastrés du monde) et leur excellent état de conservation, ces 2 temples, inscrits au Patrimoine mondial de l'Unesco, constituent un témoignage essentiel des croyances des premiers Maltais.

Les proportions sont impressionnantes : à l'origine, ils dépassaient probablement 15 m de hauteur. Certains monolithes sont si énormes qu'en voyant l'amas de pierres qu'étaient devenus les temples au fil des siècles les Gozitains pensaient qu'il s'agissait des ruines d'une tour de défense construite par une race de géants : d'où le nom, qui se prononce « Giganti-ya » (« la Géante »). D'ailleurs la plus grosse pierre mesure 6 m de haut sur 4 m de large ! D'après les experts, l'ensemble était sans doute couvert d'enduit et coloré en rouge.

Le temple de gauche, soutenu par des échafaudages, comporte 5 absides connectées à un couloir central : les 3 du fond, qui forment un trèfle caractéristique des temples néolithiques, sont a priori plus anciennes que les 2 de l'entrée, ajoutées par la suite. La plus longue mesure 23 m. Les fouilles ont livré des figurines féminines et des symboles phalliques, toujours en rapport avec le culte de la fertilité, ainsi que des ossements d'animaux (il semble qu'on n'y pratiquait pas de sacrifices humains). Les murs et le sol, fait intéressant, étaient décorés de différents symboles : petits trous, spirales ou serpents. Certains autels étaient joliment sculptés. Quant au temple de droite, il obéit aux mêmes critères que son voisin, mais dans des proportions moindres.

Enfin, on estime que la grotte mise au jour en 1949 près des oliviers servit d'abord de tombe avant d'être utilisée comme poubelle des temples vers 3000 av. J.-C. On y a découvert des tessons de poteries et des fragments de crânes humains et d'os d'animaux.

Ta'Kola's Windmill *(moulin de Ta'Kola ; plan B2) : près du centre du village, face aux temples de Ġgantija (fléché). ☎ 21-561-071. • heritagemalta.org • Tlj 10h-16h30. Ticket combiné avec les temples de Ġgantija : 10 € ; réduc.* C'est à l'époque des chevaliers et principalement sous le règne de Manoel de Vilhena que furent construits de nombreux moulins un peu partout à Malte pour répondre aux besoins d'une population grandissante. La philanthropie avait ses limites : il s'agissait à l'époque d'un monopole de l'Ordre, qui louait ensuite ses moulins pour en tirer un revenu. Les Britanniques cassèrent ce monopole en 1838 et encouragèrent les habitants à poursuivre les constructions. Dans les années 1880, on en comptait jusqu'à 15 à Gozo, mais leur technique vieillissante conduisit peu à peu à leur abandon. Le moulin à vent de Ta'Kola date de 1725 et comportait 6 pales. Restauré, il abrite aujourd'hui un musée : petite collection d'outils de toutes les corporations et, à l'étage, les quartiers privés du meunier (salle à manger, cuisine, 2 chambres, le tout accessoirisé). Panneaux explicatifs en anglais. On peut grimper jusqu'au faîte pour voir le mécanisme du moulin (endommagé lors d'une tempête il y a quelques années, mais réparé depuis peu, bien que toujours sans ses pales). Une modeste visite qui ne mange pas de pain.

L'église Notre-Dame-des-Victoires *(plan A1) : sur la pl. du village.* Même style que celle de Nadur. Ravissante façade en pur baroque maltais. Elle commémore la victoire contre les Ottomans lors du Grand Siège de 1565. La fête a lieu le 8 septembre, le *Victory Day.* L'église a été agrandie au XIXe s, le dôme rouge est plus tardif, et ses fresques intérieures furent peintes au début du XXe s par un artiste italien nommé Virginio Monti. Nombreux marbres et dorures (en particulier la voûte en berceau), comme de coutume. Festival de lustres en cristal.

Xerri's Grotto *(grotte de Xerri ; plan A1)* **:** *à 200 m de la place (fléché), sous une maison particulière. ☎ 21-552-733. Tlj 10h-16h30. Entrée : 2,50 €. Visite guidée obligatoire, sonnez pour qu'on vienne vous ouvrir.* En 1923, le grand-père cherchait à creuser un puits, et il est tombé sur cette longue et assez belle grotte remplie de concrétions rocheuses à 8 m de profondeur (accès par un étroit escalier à vis). Elle servit pendant la Seconde Guerre mondiale de refuge. Amusante visite guidée par la propriétaire qui voit la forme d'un animal dans chaque concrétion (tortue, vautour, girafe...).

NADUR

4 000 hab.

• Plan *p. 213*

2e ville de Gozo, Nadur occupe un haut plateau qui domine tout l'est de l'île. C'est de cette position que lui vint son nom, *Nadur* signifiant en arabe « vigie, poste d'observation ». En fait, lorsque l'on scrute Gozo depuis la péninsule de Marfa, à Malte, c'est Nadur que l'on voit le mieux, surtout grâce au dôme blanc ivoire de l'église paroissiale Saint-Pierre-et-Saint-Paul. La ville est essentiellement résidentielle, plutôt bourgeoise et assez étendue. Beaucoup de Maltais revenus des États-Unis se sont installés ici, à tel point qu'on surnomme Nadur « L'Amerikani ». D'ailleurs, les maisons très cossues portent souvent des noms *made in USA,* tout comme certains bars et magasins. À part ça, il semble ne pas se passer grand-chose ici, et peu de touristes poussent la curiosité jusqu'à visiter Nadur. Mais quand on a du temps... Marché très animé le mercredi matin.

– On trouve un distributeur de billets sur la place de l'église.

Arriver – Quitter

➢ ***De/vers Victoria, Ramla, Xewkija :*** bus no 302.

➢ ***Victoria, Mġarr, Qala, Xewkija :*** bus no 303.

➢ ***Mġarr, Ramla, Xagħra, Marsalforn :*** bus no 322.

Où dormir ?

De prix moyens à chic (40-120 €)

Tas Sunnaru Guesthouse *(hors plan par B1,* ***10****)* **:** *14, triq Wield Ir-Rihan. 📱 79-069-414. • sunnarulodging.com • Du centre, suivre le fléchage San Blas, puis prendre à droite à la fourche avt la descente sur la baie. Pas de panneau, c'est la porte verte à droite. Joseph, le proprio, n'habite pas sur place, mais comme il n'est jamais loin, il arrive vite quand on l'appelle. Doubles avec sdb 45-60 €, petit déj inclus.* À 10-15 mn à pied de la baie de San Blas et à 20-25 mn du centre du village, la *guesthouse* se cache dans une ruelle tranquille. Vénérable demeure de caractère, tout en pierre. Les chambres, fraîches

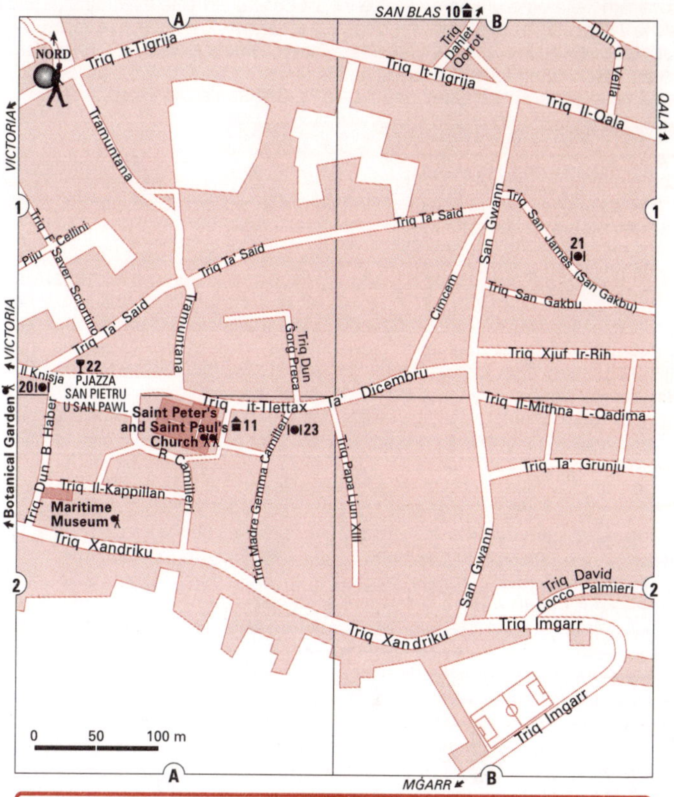

NADUR

Où dormir ?	Où manger ? Où boire un verre ?
10 Tas Sunnaru Guesthouse (hors plan par B1)	**20** Rabbokk Pizzeria (A1)
11 Quaint Boutique Hotel (A2)	**21** Maxokk Bakery (B1)
	22 Gebuba Wine Bar (A1)
	23 Osteria Scottadito (A2)

et voûtées pour la plupart, sont simples mais chaleureuses. Elles s'étagent autour du petit patio. L'une d'entre elles cependant est au sous-sol, très voûtée, assez sombre, avec salle de bains en dehors de la chambre. Mais il paraît que certains hôtes l'aiment bien pour son côté médiéval. Une adorable mini piscine sur le toit et une grande cuisine bien équipée attenante à une terrasse avec barbecue offrent un plus non négligeable. Le partage des lieux en quasi-autogestion avec une clientèle internationale confère à cette adresse une ambiance auberge espagnole sympathique.

Quaint Boutique Hotel *(plan A2,* ***11****) : pjazza Arc. Martin Camilleri (la petite place derrière l'église).* ☎ *22-108-500.* • *quainthotelsgozo.com* • *Doubles 75-160 €, petit déj inclus.* Chambres de grand confort dans une belle demeure patricienne en pierre (avec statues dans des niches), fort bien mise en valeur. L'une des chambres, tout en longueur, possède une vaste terrasse avec jacuzzi privé. Accueil pro. En revanche, resto banal au rez-de-chaussée.

Où manger ? Où boire un verre ?

Bon marché (plats moins de 12 €)

Rabbokk Pizzeria *(plan A1,* ***20****)* **:** *Nadur Sq. (la pl. de l'église). ☎ 21-558-337. Tlj, en principe 18h-22h.* Grand bistrot de village, atmosphère familiale et animée. Encore plus les jours de matchs de foot (2 écrans géants, plus la télé normale). Bon, ça reste supportable et ne gâchera point votre plaisir de déguster parmi les meilleures pizzas de l'île ! Elles croulent sous les ingrédients, la *marinara* se révélant une tuerie. Quelques burgers et salades aussi. Un très bon rapport qualité-prix-quantité. Belle terrasse sur la place.

Maxokk Bakery *(plan B1,* ***21****)* **:** *triq San James. ☎ 21-550-014. Tlj, en principe 10h30 (13h dim)-19h.* Ancienne boulangerie qui s'est superbement reconvertie dans la pizza à emporter. Vous pensez si la pâte se révèle croustillante à souhait. Les lieux sont restés dans leur jus. Pizzas cuites dans un vieux four à bois comme jadis. Une bonne douzaine de choix, mon tout confectionné qu'avec les bons produits locaux. Souvent beaucoup d'attente, soyez patient !

Osteria Scottadito *(plan A2,* ***23****)* **:** *20, triq Madre Gemma Camilleri (la petite place derrière l'église). ☎ 27-333-000. 77-330-009. Tlj sauf lun 19h-23h, plus dim midi. Résa indispensable pour avoir une place. Certains plats sont en catégorie « chic ».* Un couple d'Italiens à la manœuvre et ici, une fois n'est pas coutume, le chef, c'est Madame, Monsieur est en salle. Cadre simple et soigné, mais on privilégiera l'agréable terrasse sur cette petite place adorable. Dans l'assiette, on se régale d'une bonne cuisine italienne, à base de bons produits, bien travaillés, avec des propositions parfois originales et créatives. On choisit à la carte ou parmi les « *special* » qui changent au gré du marché et de l'humeur de la cheffe. Quelques plats très créatifs, mais aussi des plats de pâtes comme les « *passatelli amarcord* » délicieuses. Bon choix de vins et service attentionné. Une très belle surprise.

Gebuba Wine Bar *(plan A1,* ***22****)* **:** *pl. de l'église. 79-470-141. Mar-sam 18h-2h (plus tôt s'il n'y a personne) ; dim 9h-13h, 18h-1h.* Un des meilleurs et des plus conviviaux bars à vins de l'île. Minisalle, mais, la nuit, c'est la terrasse sur cette place charmante qui remporte tous les suffrages. Sélection de vins pointue et à prix fort raisonnables. Patron sympathique comme tout et qui a trouvé la bonne alchimie pour fusionner locaux et touristes autour de flacons de qualité...

COMINO ET GOZO

À voir

Saint Peter's and Saint Paul's Church *(église Saint-Pierre-et-Saint-Paul, plan A2)* **:** commencée au XVIIe s, elle présente une ravissante façade style baroque maltais, une silhouette effilée, légère, devancée par des ailes et un portique tardifs (début XXe s). Le tout coiffé d'une élégante coupole blanche, elle aussi ajoutée tardivement. À l'intérieur, décor surchargé de dorures, c'est vraiment du lourd. Nefs de côté agrémentées de plusieurs petites coupoles. Celle du centre, en berceau, est couverte de fresques. Chaire originale portée par un Adam et une Ève totalement habillés. Chapelle à droite du chœur, superbe châsse en argent de saint Koronatu. Les vitraux furent importés de France en 1951. Le dimanche de la mi-septembre, grande procession religieuse dans toute la ville.

Kelinn Grima Maritime Museum *(plan A2)* **:** *Parish Priest St. ☎ 21-565-226. Face à l'église, petite rue qui part totalement à droite (c'est à 200 m). Mar et sam 10h-13h30. Entrée : 3 € ; réduc.* Petit musée, patiemment constitué pendant des dizaines d'années par Mickael Kelinn Grima, un passionné de la mer. Tenu aujourd'hui uniquement par des bénévoles. De petites salles pleines de souvenirs, objets, vestiges des grands bateaux de guerre (dont quelques-uns mythiques comme le *USS Constellation* et le *Nimitz*) et de leurs équipages. Quelques héroïques sagas et anecdotes, dont l'odyssée du *Santa Maria Convoy*. Intéressant surtout pour les passionnés du sujet.

L'INCROYABLE HÉROÏSME DE L'*OHIO* ET DU *SANTA MARIA CONVOY* !

Bizarrement, Hitler refusa d'envahir Malte (pour ne pas disperser son armée sans doute). Cependant, il imposa à l'île un blocus total. Résultat : au bout de quelques mois, une population à bout, affamée, prête à capituler. C'est alors que, le 15 août 1942, plusieurs dizaines de bateaux anglais tentèrent de forcer le blocus pour ravitailler l'archipel. 5 seulement survécurent aux bombardements aériens et aux torpilles des U-boot. Le transporteur de fuel Ohio*, quasi coupé en 2 (avec de nombreuses victimes) put livrer son carburant et 32 000 tonnes de vivres à la population. L'île était sauvée ! Ce fut un des grands tournants de la guerre en Méditerranée.*

Botanical Garden *(jardin botanique ; hors plan par A2)* **:** *sous la Ta'Kenuna Tower, tt en haut du village. Accessible par une route en épingle à cheveux, tt de suite à droite avt l'entrée dans Nadur depuis Victoria (fléché « Ta'Kenuna Tower »).* Modeste jardin, ensemble dallé garni de quelques plantes endémiques, mais remarquable belvédère pour embrasser tout Gozo, Comino et Malte.

DANS LES ENVIRONS DE NADUR

Ramla Bay : *à un peu plus de 3 km de Nadur. Une bonne route y mène ; sinon, prendre les bus n°s 302 ou 322 de Nadur, Marsalforn ou Victoria. Pour env 2 €, on peut garer sa voiture dans un parking privé au plus près de la plage, s'il reste de la place. Sinon, il faudra marcher un peu. Loc de parasols et de transats. Plage surveillée.*

Il s'agit (pour l'instant) de la seule plage de l'île à arborer un pavillon bleu, un écolabel international qui garantit la qualité de l'environnement. D'ailleurs, à l'entrée de la plage, sur la droite, la fondation Gaïa explique sur un panneau les particularités de ce littoral protégé (faune, flore). En 2020, 2 tortues ont profité du calme pour pondre leurs œufs sur la plage. Les nids ont été surveillés jour et nuit pour assurer la survie des petits, qui devraient revenir pondre sur la même plage une fois adultes.

Sur la plage, au bout des caillebotis, des cendriers en carton sont à dispo des visiteurs en été, pour éviter que celle-ci ne soit jonchée de mégots (bonne initiative !) mais, hors saison, elle redevient vite sale... dommage ! Le cadre est superbe : sable ocre rouge, environnement sauvage, vivifiant et non construit... si ce n'est une incongrue statue de la Vierge qui trône en plein milieu. C'est la plus grande plage de l'île. On y trouve 2 restos et des camions-buvette. De juin à septembre, à moins d'y venir très tôt le matin, sans s'attarder, on fait du coude à coude avec ses voisins. Malgré la taille de la plage, ne pas s'attendre à jouer au Robinson !

Il Kċina tar-Ramla : *c'est le 2e resto sur la gauche en arrivant à la plage. ☎ 21-561-806. Avr-oct seulement, tlj 11h-20h.* Un snack de plage qui dépanne si vous avez un p'tit creux (ils proposent des pizzas et pâtes correctes). Bon accueil.

Calypso's Cave (grotte de Calypso) : *au-dessus de Ramla Bay (fléché).* ***Plus d'accès à la grotte ; on vient juste pour la vue.*** Selon les Gozitains, c'est de cette grotte dont se serait inspiré Homère pour son *Odyssée*. Rappelons l'histoire : la nymphe Calypso, vivant seule sur une île baptisée Ogygie, accueille le héros Ulysse, naufragé au retour de la guerre de Troie, en tombe amoureuse et le retient contre son gré pendant 7 ans avant de le laisser repartir sur ordre de Zeus et de mourir de chagrin. Sur les dépliants touristiques, Gozo s'arroge le qualificatif d'« île de Calypso », tout comme une douzaine d'autres îles de la Méditerranée. Précisons que Calypso n'a jamais existé, et Ulysse non plus. Alors la grotte... Joli point de vue sur Ramla Bay depuis le belvédère, c'est le moment de sortir votre appareil.

San Blas Bay : *entre les baies de Ramla et de Daħlet Qorrot (fléché depuis Nadur). À 15 mn à pied de l'arrêt de bus nº 303. Laisser la voiture en bout de chemin, le long de la route étroite et en pente, puis descendre à pied sur env 300 m (attention, la remontée est raide). Le proprio du snack propose des remontées en jeep (5 €/adulte).* Crique sauvage, plantée seulement d'un snack. De quoi être tranquille, donc, sauf en été, comme ailleurs. Coin vraiment superbe avec une petite plage de galets (le sable ocre qui recouvrait auparavant les galets n'a pas résisté à la tempête de 2019) et quelques rochers. Attention, chaussures nécessaires pour la baignade, par ailleurs dangereuse pour les enfants. L'effort de la descente, et surtout de la remontée, en rebute plus d'un, d'où une fréquentation modérée du lieu. Les Maltais y viennent en famille.

COMINO ET GOZO

Snack : *sur place. Fin mai-fin sept, jusqu'à la nuit tombée.* Hamburgers, hot-dogs, *scampi*. Bien aussi juste pour boire un coup. Sympathique proprio.

Daħlet Qorrot : *à env 3,5 km au nord-est de Nadur, accessible par une petite route depuis le centre-ville ; fléché.*
Une crique lovée entre les falaises, avec, dans la paroi, quelques garages à bateaux aux portes colorées. Parfois, des algues sèches jonchent la plage... pas terrible, dans ce cas, pour la bronzette ; ce qui n'empêche pas le coin d'être pris d'assaut le week-end. Les familles s'y donnent rendez-vous, les garages à bateaux servant de baraques de plage.
De part et d'autre de cette baie, la côte abrite entre ses rochers éboulés de nombreuses espèces florales endémiques, comme l'orchidée pyramidale maltaise (au printemps). On apercevra la tour de Ta'Sopu (ou tour de Daħlet-Qorrot), chargée de défendre l'entrée du chenal de Comino et de prévenir les invasions par la côte nord. C'est pourtant dans ce coin (entre la tour et Ramla Bay) que les troupes de Napoléon parvinrent à accoster et à prendre Gozo d'assaut en 1798. Accessible à pied depuis Nadur, la tour se visite si un drapeau flotte à son sommet.
Ne pas hésiter non plus à longer la côte vers la droite. Après les garages à bateaux, grimper les escaliers. Roche ocre, façonnée par les assauts de la mer qui vient se fracasser contre le littoral. Autant être correctement chaussé.

Snack : *sur place. Fin mai-fin sept, jusqu'à la nuit tombée.* De quoi grignoter et boire un verre si vous n'aviez rien prévu.

Race Track : *à la sortie de Nadur, après le jardin botanique, sur la droite en allant vers Victoria. Courses 1 sam/2, de fin sept à fin mai.* La passion des Gozitains pour les courses hippiques remonte aux chevaliers. Pour la vivre et sentir la ferveur des habitants, rendez-vous à l'hippodrome. Il y règne une ambiance incroyable ! Ne pas manquer non plus les courses de trot qui se déroulent dans les rues des villes et villages à l'occasion de certaines fêtes. La plus célèbre est celle de Victoria, le 15 août, qui attire une belle foule. Et puis, il n'est pas rare de croiser les sulkys un peu partout sur les routes de l'île, tirés ici par un cheval, là par... un âne !

QALA

1 800 hab.

Le village le plus à l'est de Gozo est aussi le plus proche de Comino et de Malte. Sur ce plateau aride, véritable belvédère tourné vers le large, on vient autant pour le plaisir des yeux en journée, que pour les sensations gustatives le soir. C'est autour de l'église du XIXe s que la plupart des restos se sont installés. Des adresses plébiscitées par les Gozitains qui n'hésitent pas à traverser l'île pour venir s'encanailler dans l'ultime repaire de Gozo. D'autant que des groupes locaux de musique s'y produisent en fin de semaine.

Arriver – Quitter

➢ ***De/vers Mġarr, Nadur ou Xewkija :*** bus no 303.

Où dormir ?

De chic à très chic (plus de 80 €)

☗ ***Il-Wileġ :*** *33, triq il-Wileġ. ☎ 21-560-750. 📱 99-885-482. • ilwileg.com • S'adresser au resto du même nom (même proprio). Doubles 70-125 € (min 3 nuits en hte saison, 2 sinon), petit déj inclus.* Belles *farmhouses* anciennes réunies, des vraies ! Des chambres voûtées et fraîches, d'autres plus simples, des passages secrets et des alcôves (qui plairont aux enfants), 2 piscines avec jacuzzi pour chacune d'elles (qui plairont à tous) et pour ceux qui ont l'œil, des dessins de bateaux aux murs datant du XVIIe s. Du bleu, du jaune, du rouge, c'est gai, un air de vacances. Loue également une maison avec 3 chambres et une piscine à 2 pas, si vous êtes nombreux ou en quête d'indépendance. Une bonne étape.

☗ ***Dar Ta'Zeppi :*** *39, triq it-28 t'April. ☎ 21-555-051. 📱 99-297-553. • dartazeppi.com • À 200 m de l'église, vers Mġarr, à gauche. Fermé 3 sem en déc. Doubles 120-200 € selon saison et taille ; prix dégressifs dès 2 nuits. Dîner sur demande.* Dans cette vieille demeure du début XXe s, un couple belgo-maltais, très avenant, propose 5 chambres immenses (certaines dans des maisonnettes dans le jardin), toutes différentes et originales. Ensemble très coloré, notamment grâce aux peintures de madame, mais pas que. 2 chambres familiales avec kitchenette peuvent accueillir 4-5 personnes, avec coin parents séparé. Belle piscine bordée de bougainvillées. Terrasse pour prendre le petit déj. Grande table commune pour se rencontrer. Prêt de livres et de DVD (lecteur dans toutes les chambres). Cours de peinture, céramique et bijouterie. Pas donné tout de même.

☗ ***Ferrieha B & B :*** *triq Tac Cawl. 📱 77-621-479. • ferriehafarmhouse.com • Sur le chemin de Dar Ta'Zeppi ; suivre triq Belvedère, au dernier croisement avt le point de vue, au fond de l'impasse à gauche. Doubles 65-120 €, petit déj inclus.* Au fond d'une impasse, calme assuré. Une élégante et imposante maison en pierre, un cadre plein de charme, des chambres cosy comme tout et des points de vue fantastiques sur l'île, qu'on admire notamment depuis la chambre perchée tout en haut avec 2 terrasses. Les moins chères ont une salle de bains privée, mais sont extérieures et une se trouve au rez-de-chaussée, donc plus sombre. Superbe piscine. Accueil affable, beau petit déjeuner et bucoliques balades sur la sauvage colline en contrebas...

Où manger ? Où boire un verre ?

Prix moyens (plats 12-18 €)

D-Bar : *sur la pl. de l'église. ☎ 21-556-242. Tlj sauf lun, le soir seulement 18h-22h30, plus 11h30-14h30 le w-e.* Cadre de bistrot de village, une vraie institution dans le coin (pour manger en terrasse, mieux vaut réserver). Carte très variée proposant une cuisine familiale, comme à la maison. Réputé pour sa viande de bœuf très tendre, mais beau choix de poissons également. Portions généreuses et bon accueil. On peut aussi juste y boire un coup pour l'ambiance.

Ta' Vestru : *pl. de l'église. ☎ 21-559-090. Tlj 11h30-14h, 19h-22h30. De prix moyens à chic.* Au pied d'une belle demeure de pierre. Quelques tables façon bistrot près du bar et sur le minuscule trottoir. Pas mal d'habitués venus boire un verre avant d'enchaîner sur une cuisine traditionnelle copieuse et bien tournée. Juste à côté, ils ont ouvert ***Charly's Wine'N Dine,*** même menu issu de la même cuisine. Bon rapport qualité-prix et service attentionné dans les 2 cas.

Zeppi's : *pl. de l'église. 99-242-138. Tlj sauf lun mat 8h-15h, 18h-2h30. Concerts ts les ven soir, parfois sam.* Clientèle jeune. Quelques tables à l'intérieur, d'autres posées à l'extérieur sur le trottoir étroit, mais on s'y presse en soirée, surtout les jours de concert. L'occasion d'écouter des groupes maltais ou, parfois, étrangers, et du bon jazz, tous capables de mettre une chaude ambiance dans ce bistrot de poche.

Ite ad Joseph Bar : *pl. de l'église, à côté de Ta' Vestru.* Les habitués de longue date s'y rendent après la messe (c'est un signe !).

Xerri-il-Bukket : *Zewwieqa Rd. ☎ 21-553-500. 99-490-679. De l'église, prendre la rue du 28-Avril (triq it-28 t'April) vers le port ; au rond-point, tourner à gauche, puis tt droit au 2e rond-point ; enfin, longer une route de crête (longue rambarde), c'est un peu plus loin sur la gauche. Tlj sauf mar, midi et soir.* Un bar de jour (et de soir si affinités), car quelle situation ! Passé l'étonnant terrain de pétanque à l'entrée, investi une bonne partie du temps par les habitués, on se précipite vers cette vue dantesque sur Comino et Malte. Il serait dommage de ne pas en profiter depuis l'une des 2 belles terrasses, observatoire idéal ; ou même depuis la salle à droite, époustouflant. Fait également resto, cuisine simple et familiale, un peu riche. C'est aussi le rendez-vous pour les matchs de foot ou les parties de billard le week-end.

À voir. À faire

L'église Saint-Joseph : *pl. de l'église.* Construite en 1882. Jolie façade. C'est là qu'on s'aperçoit que nombre d'églises bâties au XIXe s adoptèrent le ravissant style baroque maltais et se copièrent les unes les autres, ce qui donne partout une homogénéité architecturale et un véritable charme aux centres-villes. Intérieur dont le décor assez chargé (comme toujours) est atténué par la blancheur des parois et la lumière jaillissant de la coupole ajourée. Voûte en berceau richement ornementée de fresques.

– **Fête patronale :** *1er dim d'août.*

Santwarju Tal-Madonna Tal-Qala *(sanctuaire de la Madone de Qala) : suivre la direction de Ħondoq Bay, le sanctuaire de pierre blanche est face à la route, près du cimetière, avt la grande descente vers la baie.* La 1re mention du sanctuaire remonte au XIIe s. Il fut agrandi fin du XVIe-début du XVIIe s. Sur le côté, on peut remarquer des graffitis de bateaux, probablement des XVIIe et XVIIIe s ; il s'agit sans doute d'ex-voto de la part de naufragés ou en remerciement de traversées sans encombre. L'édifice, à la façade très sobre, étonne par sa richesse intérieure. Malgré des dimensions modestes, admirer le beau plafond à caissons dans le chœur, par ailleurs entièrement peint. Il contraste avec les dorures du plafond de la nef ! Mention aussi du superbe retable, œuvre de Federico Barocci di Urbino. On raconte que san Kerrew, un ermite ayant vécu au XVe s, aurait franchi le bras de mer depuis Malte en marchant sur son manteau qui flotta miraculeusement. Il aurait vécu de nombreuses années dans une grotte au pied du sanctuaire avant d'être enterré dans la crypte, aujourd'hui lieu de pèlerinage.

Plongée

■ ***Blue Waters Dive Cove :*** *Kuncizzjoni St. ☎ 21-565-626. 📱 79-536-874. • divebluewaters.com • Suivre la direction de Ħondoq Bay, le club se trouve sur la gauche, juste avt le sanctuaire de la Madone de Qala. Tlj 8h-12h, 13h-17h. Baptême 50 € ; plongée 30 € (équipement env 20 € en sus).* Club PADI et BSAC sérieux, avec parfois des instructeurs parlant le français. Enfants à partir de 8 ans. Journée en bateau possible avec 2 plongées autour de Comino. Également des plongées de nuit. Propose aussi plusieurs formules d'hébergement.

DANS LES ENVIRONS DE QALA

Ħondoq Bay : *fléché depuis Qala.* En dévalant le plateau gozitain au sud-est de l'île, on débouche face à Comino, sur cette baie dotée d'une petite plage très populaire et d'un ponton bétonné d'où les jeunes plongent dans une eau turquoise. Kayaks, canoës, *paddles* et petits bateaux sont à louer chez *Joy Ride Watersports (📱 99-249-251).* Ils assurent une liaison rapide avec Comino en *taxi speedboat* dès 8h (pratique pour arriver avant tout le monde).

Le ***snack*** de la plage est très populaire et bon marché. Goûtez leur *ftira,* pain bagnat au thon délicieux *(☎ 21-550-231 ; en saison, tlj 9h-23h).*

MĠARR

Votre 1er contact avec Gozo, c'est Mġarr (on dit « Mjarr », avec un *j* bien mouillé, c'est le cas de le dire !), un petit port affairé, sans charme et dominé par la masse impressionnante des ferries à l'ombre desquels s'étend une marina de plus en plus prisée qui dispute ses emplacements aux traditionnelles barques de pêcheurs. Il est surmonté à gauche par la chapelle de Lourdes, au centre par le *Grand Hotel* et à droite par la forteresse rouge du *L-Mġarr Hotel,* aujourd'hui à l'abandon. Les plaisanciers y font halte, les autres ne font qu'y arriver... et en repartir. Pourtant, il y a de quoi s'encanailler dans le secteur : en hiver, les jeunes prennent d'assaut les bars du coin, les pêcheurs jettent l'ancre dans le leur, et les touristes naviguent de l'un à l'autre entre 2 plongées culinaires fort intéressantes. Le vrai village, *Għajnsielem,* se situe en hauteur, sur le rebord de la falaise et le long de la route qui mène à Victoria.

Arriver – Quitter

➢ ***De/vers Victoria et Xewkija :*** bus nos 301 et 303 (également de Nadur).

➢ ***Marsalforn, Nadur et Xagħra :*** bus no 322.

Adresses et infos utiles à Mġarr et dans les environs proches

■ ***Tourist Services :*** *à la sortie des ferries pour les piétons, sur la gauche, sous la rampe ; grand panneau. ☎ 21-553-678. 79-064-532 (Sylvia), 99-829-141 (Daniel) et 99-826-320 (Paul). • gozomgarrtouristservice.com • Lun-sam 9h-17h, dim 9h-14h.* Agence de voyages sérieuse, fiable et sympa qui peut se charger pour un prix intéressant du transfert aéroport, de louer un vélo, un bateau, une voiture, une jeep ou un scooter qui vous attendra au port. Ils peuvent aussi vous trouver un trip en bateau, organiser des sorties pêche et des excursions sur Gozo et Malte en minibus, réserver une place sur le catamaran pour La Valette ou sur un ferry pour la Sicile, etc.

■ Les ***toilettes*** sont situées dans le long bâtiment de la compagnie des ferries.

■ ***Station d'essence :*** *à* ***Għajnsielem,*** *le village qui surplombe Mġarr.*

Où dormir ?

Grand Hotel : *dans la montée, au-dessus du port. ☎ 21-563-840. • grandhotelmalta.com • Chambres standard avec vue sur mer 100-170 € ; nombreux tarifs, de la chambre sans vue à la suite avec vue sur mer, en passant par les doubles sur l'arrière et les suites familiales pour 4.* Ce bel hôtel 4 étoiles orangé, perché sur les hauteurs de Mġarr, profite d'une situation privilégiée. Chambres confortables et bien équipées, à la déco élégante, réparties autour d'une courette intérieure et le long d'un dédale de couloirs voûtés. Atmosphère reposante. Bar et restos, dont un sur le toit *(ouv juin-sept),* belle piscine avec vue et une autre petite intérieure. Salle de gym, de billard et de cinéma. Même un ATM dans le hall. Accueil pro. Un petit chemin permet de rejoindre le port en moins de 10 mn.

Où manger à Mġarr et dans les environs proches ?

Ce ne sont pas les restos qui manquent sur le port de Mġarr, en rang d'oignons pour accueillir les marins fraîchement débarqués ou en escale prolongée.

– Attention, certains restos n'ouvrent que le soir.

Prix moyens (plats 12-18 €)

Sammy's Il-Kċina tal-Barrakka : *triq Manoel de Vilhena, sur le port, dans la ruelle qui monte à droite du Gleneagles Bar, la 2e terrasse sur la gauche en partant du bas. 79-592-952. Avr-nov (parfois déc), lun et ven-dim pour le déj, et ts les soirs sauf mer.* Une taverne de pêcheurs revisitée à la sauce touristique, dont le menu varie selon la pêche du jour. Le pain aillé et les crudités sont apportés d'office en guise d'amuse-bouche avant de voir débarquer, par exemple, une belle soupe de poisson, du poisson mariné, de copieux gnocchis ou des moules bien parfumées. Des efforts de présentation, des produits indéniablement frais et bien cuisinés en font une des bonnes adresses du secteur. Seul petit bémol, en cas d'affluence, le service peut être rapidement dépassé !

Ta'Tona : *16/17, triq Manoel de Vilhena, dans la ruelle qui remonte du port de pêche (plus haut que le Sicilia Bella). ☎ 21-561-967. Tlj sauf mar, seulement le soir, plus dim dès 11h30. Résa conseillée. Congés : de mi-déc à mi-mars.* Dehors, sur la terrasse couverte en bois, ou dans la grande salle, plats classiques et goûteux. Un resto familial, de qualité régulière. Service qui peut être un rien obséquieux.

Sicilia Bella : *triq Manoel de Vilhena, à l'angle du port et de la ruelle qui monte. ☎ 21-563-588. Tlj sauf lun,* *midi et soir. Résa conseillée. Congés : fin nov-fin fév.* Cadre intérieur poutre et pierre sèche. Cette famille de Syracuse sait recevoir : cuisine typiquement sicilienne de qualité, que ce soit les raviolis farcis au poisson, les *agnolotti* sauce à la pistache ou les moules aux câpres. Passez sur les desserts, ça n'est pas leur spécialité. Le service est très efficace et aimable à la fois. Le dimanche, les familles font le plein. Un bon rapport qualité-prix-accueil.

Chic (plats 19-25 €)

🍴 ***Rexy Restaurant :*** *100, Mġarr Rd,* ***Għajnsielem.*** *☎ 21-560-873. Remonter le port vers Victoria, c'est le resto à gauche à l'entrée du village. Ouv le midi lun et mer, midi et soir jeu-dim. Fermé mar.* L'atmosphère est loin d'être chic, mais la majorité des plats entrent dans cette catégorie. C'est la cantine des locaux (notamment le dimanche midi), une adresse populaire et une référence pour les raviolis au fromage de Gozo (faits maison, bien sûr). Le resto ne paie pas de mine, la salle climatisée à la déco « moderne » avec mezzanine, mêlant bois, métal et verre, se donne des airs faussement chics. Mais les plats de raviolis et pâtes, délicieux et très copieux, peuvent être pris au format entrée, la serveuse ne s'en offusquera pas. Accueil gentil comme tout.

🍴 ***It Tmun :*** *après la ruelle des restos-bars, sur le quai, un peu caché, en retrait, avec un parking à bateaux devant. ☎ 21-566-276. Tlj sauf mar-mer 18h30-22h, plus lun et ven-dim 12h-14h. Fermé dim soir hors saison. Congés : de janv à mi-fév.* Une institution de la gastronomie gozitaine, réputée, à juste titre, pour être le meilleur resto de l'île. Déco résolument marine et plutôt chic, avec sa cuisine semi-ouverte. Tables bien séparées. La spécialité, c'est le poisson, bien sûr, d'une grande fraîcheur et cuisiné avec inventivité. Goûter notamment au carpaccio d'espadon ou de gambas, délicieux. Quelques desserts sophistiqués pour finir en apothéose. Certains plats ont même été conçus sans gluten ou sans lactose. Épaisse carte des vins. Service un peu guindé mais très pro. Une valeur sûre.

🍴 ***Ta' Philip :*** *Saint Anthony St,* ***Għajnsielem,*** *dans la montée, au-dessus du port. ☎ 21-561-965. Tlj sauf lun, seulement le soir, plus sam-dim midi.* Le cadre n'a pas vraiment de charme, préférez les tables qui donnent sur le patio à l'arrière. Mais les produits de la région servent à concocter des recettes élaborées, délicieuses, dans la cuisine à demi ouverte sur la salle. L'hiver, on se réchauffe près du poêle à bois. Bon rapport qualité-prix et service à la hauteur.

🍴 ☕ ⛱ ***One80 :*** *au milieu de la marina. ☎ 21-563-317. Tlj 8h30-22h30.* Un des meilleurs restaurants de l'île, qui cuisine magnifiquement poissons et fruits de mer. Essayez le poulpe aux herbes et le thon au sésame. Formules tapas en entrée pour goûter de tout, et desserts à tomber. Sert aussi de très beaux petits déjeuners sur sa belle terrasse avec vue sur le port et Comino. Service impeccable. Pas donné mais justifié !

Où boire un verre à Mġarr et dans les environs proches ?

🍸 ***Gleneagles Bar :*** *accès par l'arrière, en montant sur la droite la ruelle perpendiculaire aux quais. Lun-ven à partir de 15h, le w-e 11h (10h dim)-2h. En hiver, ferme quand il n'y a plus de clients.* Du nom du 1er ferry à avoir fait la traversée entre Malte et Gozo en 1885, cette grosse maison blanche qui domine le port, avec son balcon qui offre un chouette point de vue, est une institution. Les autochtones, c'est toujours bon signe, mais aussi les gens de passage et les touristes s'y croisent pour un verre à l'heure de l'apéro. Il faut dire aussi que l'intérieur vaut à lui seul un petit coup d'œil : vieilles photos, filet de pêche, homards empaillés, mâchoires de requins et tout un tas de souvenirs accrochés aux murs... On raconte que Hemingway y aurait fait escale...

Vous y croyez, vous ? Une légende qui, en tout cas, sied bien au lieu.

Horatio's Upper Deck : *triq Manoel de Vilhena, dans la ruelle qui monte en partant du quai, tt en haut, un peu à l'écart des autres. Tlj sauf mar, en principe 21h-4h (3h en hiver).* Tout petit pub sympa au style british, fréquenté par les jeunes. Tonneau au plafond, souvenirs et photos aux murs. Possibilité de grignoter burgers maison, pizzas, snacks... Bon choix de cocktails. Quelques tables dehors. Bon accueil.

Giuseppe Café : *pjazza Madonna Ta'Loreto,* ***Għajnsielem.*** *☎ 21-563-592. Remonter vers Victoria ; au niveau du resto Rexy, tourner à droite. Tlj midi et soir.* Situé en face de l'église et à l'intérieur du Għaqda Mužikali San Ġuzepp, l'élégant bâtiment de l'école de Musique de la ville... Populaire café-restaurant. On y vient surtout pour boire un verre sur la vaste terrasse et jouir de la vue et de la quiétude du village. Salle banale, mais climatisée. Pour grignoter, des plats classiques pas chers, pizzas, risotto, bons gâteaux...

Il Luzzu Bar : *sur les quais, au pied du Gleneagles Bar. Tlj dès 10h.* Ce qui ressemblerait le plus à un bistrot de pêcheurs, plus brut de décoffrage que son grand voisin, avec une minuscule terrasse agréable en journée. Belle ambiance tout au long de la journée.

À voir. À faire à Mġarr et dans les environs

La chapelle de Lourdes : elle s'accroche sur le rebord de la falaise, au-dessus du port, et semble lutter pour ne pas tomber. Cette petite église néogothique aux lignes aériennes fut bâtie à la fin du XIXe s.

Chambray's Fort (fort Chambray) **:** *en surplomb de Mġarr, sur la gauche, dos à la mer. • fortchambray.com • Ne se visite pas.* Voilà le prototype même du projet tellement ambitieux qu'il n'a jamais abouti : cette impressionnante citadelle fut commencée au début du XVIIIe s à l'instigation des chevaliers, afin de défendre l'approche de Gozo. Cela faisait un bout de temps que les Gozitains réclamaient cette protection maritime. Le fort devait comprendre des habitations et des rues, une église, etc. Bref, une ville fortifiée construite de toutes pièces... à une époque où les pauvres chevaliers étaient déjà fauchés comme les blés et en plein déclin. L'idée fit donc long feu et l'endroit, assailli par les troupes napoléoniennes (ce fut le seul fort à opposer une réelle résistance), servit de garnison pour les troupes anglaises, puis... d'hôpital psychiatrique ! Resté à l'abandon pendant longtemps, il a été transformé en résidence de luxe.

➢ **Comino :** c'est de Mġarr que partent la plupart des embarcations pour la petite île. Lire plus haut la partie consacrée à Comino.

À Għajnsielem

L'atelier de Joe Xuereb : *Bahhara St. ☎ 21-553-559. • joexuereb.com • Sur les hauteurs de Mġarr, à 100 m de la grande église, sur son flanc droit. Demander dans le village, tt le monde connaît. Lun-sam 9h-19h (dim sur rdv).* Son nom ne vous dit peut-être rien, pourtant c'est un sculpteur reconnu qui a exposé à plusieurs reprises en Europe et à New York. Son matériau : la globigérine. Cette pierre locale qui donna corps à la plupart des demeures et églises maltaises a la particularité de changer de couleur. Joe traite donc ses œuvres à la silicone pour les rendre imperméables, ainsi, la teinte ne change pas quand on les met dans son jardin (par exemple). Certains feront le rapprochement avec le sculpteur anglais Henry Moore, ou l'artiste colombien Fernando Botero, dont les formes gonflées rappellent le travail de l'artiste maltais. Une vraie coïncidence qui prouve, si nécessaire, combien des cultures si éloignées peuvent être rapprochées, puisque Joe puise essentiellement son inspiration dans les formes généreuses de l'art néolithique de son pays (souvenez-vous : la Fat Lady, une déesse de la Fertilité que vous aurez sûrement admirée au musée national d'Archéologie de La Valette). Sculpteur autodidacte, haut en couleur, très sympa et francophone, il fait visiter son atelier, présente ses œuvres et montre comment il utilise l'outil traditionnel (une sorte de hachette) pour travailler comme autrefois. Jetez un œil à son « livre » de modèles : des esquisses sur des fragments de globigérine, dessinées à la hâte quand lui vient une idée, puis disposées dans son atelier. Et, bien sûr, on peut acheter...

L'église Notre-Dame-de-Lorette : *tlj 6h-9h30, 17h-19h30.* Sur la place centrale du village, cette imposante et majestueuse église de style gothique soutenue par des contreforts élégants lance sa flèche vers le ciel. L'intérieur n'est que marbre et colonnades jusqu'à atteindre la nef surplombée d'une rotonde.

En face de l'église, un élégant édifice blanc immaculé, à la fine architecture. Il abrite le *band's club* ***Għaqda Mużikali San Ġużepp*** et son agréable terrasse pour prendre le pouls du village (café et bon resto populaire aussi, voir « Où manger ? »). C'est le siège de l'école de Musique et de l'une des plus populaires fanfares de l'île (50 participants).

XEWKIJA

3 200 hab.

Située entre Mġarr et Victoria. On vient ici pour le dôme, le dôme, le dôme... Qu'il est vaste, qu'il en impose ! Vous irez sûrement l'observer de près au cours de votre séjour. Rien d'autre à signaler sur Xewkija, si ce n'est qu'on prononce « Cheoki-ya ».

Arriver – Quitter

➢ ***De/vers Victoria et Mġarr :*** les bus n°s 301 et 303 reliant Mġarr à Victoria s'arrêtent à Xewkija.

➢ ***Victoria et Nadur :*** bus n° 302.

Adresse utile

■ ***Location de VTT électrique, segways et excursions :*** *pjazza San Gwann Battista (la place principale).* *99-448-901.* • *gozosegway.com/e-bikes/* • *Compter env 30 €/j. Livraison possible à votre hébergement (+ 5 €). Présenter un passeport ou une carte d'identité, ainsi qu'une carte de paiement.* Outre la location, organise aussi des excursions à VTT (1-5h), *segways* (aussi appelés gyropodes ; 3-5h) et à pied (2h).

Où dormir ? Où manger ?

Quaint Boutique Hotel : *pjazza San Gwann Battista.* ☎ *21-569-858.* *99-846-615.* • *quainthotelsgozo.com* • *Doubles 65-145 €, petit déj inclus.* Fort bien situé sur la place principale. Dans un noble édifice de pierre à l'harmonieuse façade, charme, intimité et des chambres de grand confort, au design très moderne et épuré. Quelques-unes avec balcon donnant sur la place. Jacuzzi dans les supérieures. Personnel sympa et accueil pro (attention, vérifier quand même les heures de réception en fonction des départs/arrivées).

Rendez-Vous : *1, pjazza San Gwann Battista.* ☎ *99-742-201. Tlj sauf mar 18h30-22h, plus dim midi.*

Belle terrasse extérieure à l'étage. Ce spécialiste des viandes concocte des plats raffinés et inventifs, avec un menu qui change régulièrement. Délicieux desserts. Seul bémol, la carte des vins chère et pas très variée.

Vini e Capricci : *Gozitano Agricultural Village, Mġarr Rd. ☎ 21-563-231. Dans une zone commerciale sans charme, à la sortie de Xewkija ; au carrefour de la route de Victoria, c'est juste en face (autre entrée devant le cimetière). Tlj 18h30-21h30.* Restaurant chic à l'intérieur de l'épicerie fine (voir ci-après). Service et plats de grande qualité. On choisit son vin dans la cave attenante, moyennant un droit de bouchon de 6 €. Un bon plan ! Une adresse qui séduira les amateurs de vin.

Où acheter de bons produits, du vin et de la bière de Gozo ?

Vini e Capricci : *voir ci-dessus « Où dormir ? Où manger ? ». ☎ 21-563-231. • abrahams.com.mt • Tlj sauf dim 9h-18h (19h ven-sam).* Cette belle épicerie fine est faite pour les gourmets et les amateurs de vin. À l'inverse de certaines boutiques qui proposent des produits prétendus « locaux », ici on trouvera un peu de tout ce qui se produit réellement sur l'île : fromage, miel, confiture, huile... mais surtout une grande sélection de produits importés, majoritairement italiens. Côté liquides, très belle cave à vins et liqueurs (bon choix de vins italiens également). De quoi rapporter plein de bonnes choses à la famille et aux amis sans se ruiner (quoique !).

Brasserie Lord Chambray : *Gozitano Agricultural Village, Mġarr Rd. ☎ 21-554-324. • lordchambrayshop.com • Dans la même zone industrielle que Vini e Capricci, à droite en entrant. Lun-sam 14h-18h. Visite et dégustation, sur demande, env 3 €.* Une curiosité : la seule brasserie de l'île, créée en 2014. *Lord Chambray* brasse 3 bières, la *Golden Bay*, la *Blue Lagoon* et la *San Blas*, issues d'un mélange (étrange et secret !) de malt belge et de houblon anglais, américain, allemand et même venant du Japon et de Nouvelle-Zélande. Il en ressort une bière légère, plutôt bonne, mais qui nécessite un peu de vieillissement. Visite possible du laboratoire hyper moderne, avec explication du processus de brassage entièrement mécanisé, version 2.0 ! Pour info, leur vitesse de production est de 1 600 bouteilles/h ! Vente sur place autour de 3 € la bouteille, mais on trouvera ces bières un peu partout dans l'île.

À voir. À faire

Rotunda (*église Saint-Jean-le-Baptiste*) **:** *accessible tlj 5h-12h, 15h-20h.* On la voit de loin, cette église bâtie entre 1951 et 1971 sur les restes d'un site mégalithique. Avec ses 75 m de haut et 25 m de diamètre, le vaste dôme en cloche fait la fierté des Gozitains. Il nécessita 4 500 tonnes de béton. Ce sont les villageois, à l'aide de charrettes à bœufs, qui allèrent chercher les pierres des fondations et des murs. Façade dans un style baroque à peine modernisé ce qui permet à l'église de s'intégrer harmonieusement au village. Si le dôme étonne par son ampleur, en revanche à l'intérieur, il déçoit par son style, sa pauvreté décorative et, surtout, par le manque d'émotion provoqué par l'ensemble, malgré un très beau sol en marbre polychrome. Dans l'ancienne chapelle, à gauche du chœur (suivre les panneaux « Musée de la Sculpture » ; entrée libre, mais petite contribution), c'est une tout autre histoire : aux murs et au plafond apparaissent des sculptures tricentenaires à peine chargées... Chapelle présentant un charmant décor floral et, surtout, une ravissante conque ornée d'un agneau et d'angelots dodus. Admirer la grande toile de *Saint Jean le baptiste* par Mattia Preti et la reproduction du chef-d'œuvre du

Caravage, la *Décollation de saint Jean-Baptiste.* Pour cette dernière, on tentera de l'admirer car insaisissable, située quasi totalement dans la pénombre ! Dans 2 vitrines latérales sont regroupés les cadeaux faits à l'église : les chaussures servaient aux processionnaires, au cours du siècle dernier. Des femmes vendent quelques productions artisanales, notamment des lainages et des dentelles. Elles gèrent également l'ascenseur qui permet de grimper tout en haut du dôme *(tlj sauf quand il y a une messe, sinon s'adresser au curé ; donation 3 €).* Panorama à couper le souffle, mais ascension pas indispensable si on est déjà monté sur les remparts de la citadelle.

Le cimetière Santa Marija : *à la sortie de la ville, au rond-point pour Victoria, juste après le centre commercial* Agricultural Village, *prendre à droite en direction de Xaghra.* Typiquement maltais. Avec des caractéristiques révélant le fort attachement aux morts et le profond sentiment familial des habitants. Un style très particulier également. Marbres uniquement noir et blanc, souvent en alternance, provoquant un étonnant chromatisme graphique. Sur les tombeaux, tous les membres de la famille en médaillons polychromes pour démontrer les liens familiaux incassables. Enfin, plus de la moitié des tombes sont ornées de la même pietà (apparemment celle de Michel-Ange), semblant toutes venir de chez le même fournisseur ! Force des traditions latines... Jadis, les cimetières étrusques présentaient les mêmes couples, dans la même attitude, de différentes tailles et semblant avoir été produits par le même atelier...

DANS LES ENVIRONS DE XEWKIJA

Ta'Ċenċ Cliffs (falaises de Ta'Ċenċ) **:** *se rendre à Sannat. Bus n° 305 depuis Victoria (bien se renseigner sur les horaires de retour). Depuis Xlendi, une petite route y mène en 3 km, ainsi qu'un chemin côtier pédestre. Il suffit de suivre la direction « Ta'Ċenċ ». Avt l'hôtel* Ta'Ċenċ *(que l'on cite pour repère, car on n'a pas les moyens d'y dormir), un panneau au niveau de la fourche indique les falaises* (cliffs) *sur la gauche. L'asphalte cède alors temporairement le pas à une piste caillouteuse. Se garer juste après l'hôtel, sur la droite (pas vraiment de parking), et emprunter le chemin qui part à droite.*
Sur ce plateau dénudé, on aperçoit encore quelques dolmens, anciens monuments funéraires et maisonnettes de pierre.
Les falaises de Ta'Ċenċ sont les plus hautes de Gozo, à 140 m au-dessus de la mer. On peut prolonger la balade en les longeant (le chemin fait une boucle). Un lieu pour méditer, humer l'air du large et se ressourcer.
En continuant la piste caillouteuse qui redevient goudron, on dévale la falaise par une route en lacet qui offre de magnifiques points de vue sur Comino et Malte. Elle finit en cul-de-sac, au-dessus de l'embouchure de Mġarr ix-Xini.

Ta'Ċenċ Il-Kantra : *79-873-787. Mars-nov, tlj sauf dim soir et lun soir, 12h-15h, 19h-21h30. Plats à prix « Chic ».* C'est le bar de l'hôtel haut de gamme qui surplombe la baie de Mġarr ix-Xini, sur les falaises de Ta'Ċenċ. Un site superbe et bucolique pour un déjeuner ou dîner en amoureux, avec une vue à couper le souffle.

Mġarr ix-Xini's Bay (baie de Mġarr ix-Xini) **:** *de la pl. centrale de Xewkija, prendre la route à droite de l'église (Rotunda), c'est fléché. Au niveau des fermes, prendre à gauche à l'intersection. Une jolie route étroite (on ne passe qu'à une voiture, quelques passages pour se croiser) et raide descend jusqu'à la merveilleuse baie de Mġarr ix-Xini.* C'est un des paysages naturels les plus enchanteurs de Gozo. La tour de Mġarr ix-Xini garde vaillamment l'entrée de ce « fjord » gozitain, avec en arrière-plan l'îlot de Comino et l'ouest de Malte (son ouverture, en principe le samedi de 11h à 13h30, est confirmée lorsqu'un drapeau est hissé). De belles résidences secondaires accrochées de-ci de-là et quelques yachts ancrés dans la ria rappellent que Gozo est le lieu de villégiature privilégié des Maltais. Au fond de cette baie, une petite plage caillouteuse et une eau limpide permettent aux familles, baigneurs et plongeurs de jouir pleinement du site. Depuis qu'Angelina Jolie et Brad Pitt ont passé leur lune de miel à Gozo et que Madame en a profité pour y réaliser son 3e film *By the Sea,* avec son mari dans le rôle principal (tant qu'à faire !), le site est carrément surpeuplé en saison. Mais il n'en reste pas moins superbe. À savourer hors saison si possible.

Resto sur la plage : *79-854-007. Mars-nov, tlj mais ferme parfois sans prévenir. Résa conseillée. Plats à prix moyens.* À l'ombre des pins, un barbecue, des fruits de mer et des poissons pêchés du jour. Mais le rapport qualité-prix n'est pas top pour des préparations fort simples (peut-être se contenter d'un verre). Mais quelle situation ! Sinon, une alternative, les petits snacks sur le côté droit en regardant la mer.

XLENDI

Il faudrait pouvoir arriver sur Xlendi par la mer pour admirer cette baie comme seule la nature sait en façonner ; passer l'étroit goulet gardé par une tour du XVIIe s et se mirer dans l'eau indigo qui vire calmement au bleu-vert de la crique (un peu moins vrai en été à cause du nombre important de baigneurs). Cette merveilleuse bande maritime s'enfonce dans la roche jusqu'à rencontrer la digue. Mais voilà, le plus souvent, la découverte de Xlendi se fait par la terre ; les immeubles de locations estivales, qui se montent les uns sur les autres d'un côté de la baie, gâchent un peu le paysage. C'est au bout de la promenade cimentée longeant le bord de mer que l'on retrouve la sérénité, au cœur d'un environnement aussi sauvage que splendide (voir plus loin la rubrique « À faire. Balades »). Au final, cet ancien village de pêcheurs et de dentellières, reconverti en station balnéaire, dévoilera bien des charmes à qui prendra le temps de les découvrir.

Arriver – Quitter

➢ ***De/vers Victoria :*** bus no 306.
➢ ***À pied :*** entre ***Xlendi*** et ***Victoria,*** la marche est tout à fait envisageable, vu les faibles distances. Mais attention aux panneaux qui vous font passer par le chemin des écoliers (direction Sannat). Pour économiser vos gambettes, prenez plutôt la route rapide qui part de la place Saint-Augustin (3 km de marche).

Adresses utiles

■ ***HSBC :*** *sur la pl. principale.* Distributeur seulement, pas de guichet.
■ ***Xlendi Watersports :*** *de Pâques à Noël, ils installent une table sous un parasol devant la mer. 99-427-917 ou 99-693-747. ● gozoboathire.com ●* Cette agence propose des balades en bateau (tour des îles), des sorties de pêche, des sorties privées avec skipper ou locations de bateau seul, de kayaks, d'embarcations à pédales, etc.

Où dormir ?

Vous trouverez sûrement un logement à votre convenance. Mais attention au bruit : sur la vaste place faisant office de parking, mobylettes et scooters vrombissent et résonnent fort dans cette vallée encaissée.

De prix moyens à chic (40-120 €)

San Antonio Guesthouse : *triq it-Torri (Tower St).* ☎ *21-563-555.* *99-496-807.* • *clubgozo.com.mt* • *Du centre de Xlendi, grimper par la route qui longe la baie vers la gauche ; après le resto* Iċ Ċima, *tourner à gauche, monter et prendre la 1re à droite, c'est la maison qui fait l'angle à droite. En bus, descendre à l'arrêt « Xmun ». Réception tlj 8h30-13h ; le reste du temps, les proprios sont joignables grâce à un tél posé sur le comptoir avec leurs numéros préenregistrés ! Doubles avec sdb 70-110 € (les plus chères avec vue), petit déj compris ; également des familiales.* Pas du tout une *guesthouse.* Il s'agit plutôt d'un petit hôtel vraiment sympa et calme, entouré d'un paisible jardin, réparti sur 2 grosses villas voisines, rassemblées en une seule, avec 2 piscines et un bassin pour les petits. Chambres classiques avec mobilier en pin et dessus de lit à fleurs, sans grand charme, mais plutôt spacieuses et confortables. La plupart possèdent un balcon. Elles entourent une belle piscine et un bain pour les pitchouns. Grande salle vitrée pour prendre le petit déj, petite bibliothèque à disposition des hôtes. Autant dire qu'on est aux anges, perché comme dans un douillet nid d'aigle. Accueil très aimable, voire adorable... quand il y a quelqu'un.

Villa Bronja : *triq it-Torri.* ☎ *21-551-954.* *99-462-897.* • *cometogozo.com* • *Dans la même rue que la* San Antonio Guesthouse, *à 100 m ; repérer le gros palmier devant. Doubles 55-90 €. En hte saison, min 3 nuits demandé.* Studios et appartements avec kitchenette et TV sat'. Jolie villa où habitent les proprios. Accueil affable. Chambres spacieuses et nickel. Pas de vue, mais c'est compensé par le calme des lieux et l'agréable petite piscine sur le toit *(mai-sept).* Possède également la *Villa Xemxija* à 150 m, à l'angle opposé de la *San Antonio Guesthouse.* Grosse villa avec plusieurs studios de même facture et une plus grande piscine dans le jardin accessible aux hôtes des 2 villas.

Saint-Patrick : *sur la pl. centrale.* ☎ *21-562-951 ou 952.* • *stpatrickshotel.com* • *Selon saison, doubles (résa en direct) 35-50 € sur le patio intérieur, 45-60 € avec balcon et vue sur la vallée, 55-90 € avec balcon et vue sur la mer.* Un hôtel 4 étoiles assez surévalué. Les chambres sont de confort standard avec une déco vieillotte pour ce genre d'établissement. En outre, les salles de bains ne sont plus de 1re fraîcheur. Quant aux chambres situées autour de l'étrange patio intérieur, avec vue sur le dedans, elles ne conviendront qu'aux petits budgets. Il reste néanmoins sa situation enviable face à la baie et sa terrasse avec mini piscine sur le toit. Dans le hall, une photo de Xlendi avant qu'elle ne soit transformée en station balnéaire : gardez l'église, rasez 99 % du reste, vous y êtes ! Resto dont la terrasse sert au petit déj... on est récompensé par la vue.

Où dormir très chic dans les environs ?

Thirtyseven et Thirtyseven.Two : *37, Munxar Rd, à* ***Munxar.*** ☎ *27-200-069.* *79-373-707 ou 773-777.* • *thirtysevengozo.com* • *Le village se trouve juste au-dessus de Xlendi. Le plus simple est de prendre la route à gauche avt les discothèques en venant de Victoria, c'est une maison à droite dans le bourg (repérer les plantes et le panneau 37). Fermé nov-Pâques. Doubles 190-210 €, suite 350 €, petit déj compris.* C'est dans sa ferme entièrement restaurée que Patricia, l'adorable propriétaire franco-chinoise, reçoit avec son mari, en toute simplicité, dans l'élégance et le luxe. Une équation que le couple manie à merveille. Les chambres spacieuses et toutes différentes occupent les anciens corps de ferme, dont l'architecture a été respectée. Pièce commune pour se réunir ou jardin privatif pour profiter de son intimité : à chacun son repos. Également une salle de yoga et de massages (sur demande) dans ce lieu exceptionnel. Patti et Giuseppe ont également rénové la maison voisine, composée de suites et de chambres doubles d'un goût, là encore, très raffiné, faisant cohabiter l'art moderne et les murs vieux de 4 siècles. La *Garden suite,* tout en grosse pierre calcaire, affiche même une belle arche, la *Shanghaï junior* vous plonge dans le *Lotus bleu.* Quant à la *Għawdex* (l'ancien moulin), avec sa triple arche de pierre, elle plaira aux âmes romantiques... La structure bénéficie de 2 jolies piscines et de ravissants petits jardins méditerranéens. Entre le 37 et le 37.2, à n'en pas douter, le compte est bon ! Un vrai coup de cœur.

Où manger ?

Xlendi abrite pléthore de restaurants. Un nombre impressionnant pour une si petite station.

Bon marché (plats moins de 12 €)

🍴 ☂ ***Ta'Nona Bar :*** *sur le front de mer, à gauche, à côté de Zafiro. ☎ 21-550-869. En été, tlj 10h-1h ; en hiver, tlj 10h-19h.* Ce sympathique bar, bien connu des plongeurs, propose d'excellentes et copieuses pizzas à déguster en terrasse au bord de l'eau. Quelques petits plats également, à prix raisonnables. Service gentil et efficace.

🍴 ***Sapana :*** *dans la rue perpendiculaire au front de mer. ☎ 21-562-100. Ts les soirs en saison dès 18h30 ; fermé lun oct-mars. Congés : de janv à mi-fév. Résa conseillée.* Un resto indien qui s'appelle « rêve » (en hindi) et marche fort ! Pourquoi pas, ça change un peu. Bon, le chef est plus pakistanais qu'indien, et ses plats sont très occidentalisés, bien qu'épicés comme il se doit. Le *lamb rogan josh* est fort convaincant, de même que le *chicken korma.* Bon choix de plats végétariens. Bon rapport qualité-prix et le service est aimable.

🍴 ***Valley View :*** *sur la droite juste après l'église, en entrant dans le village. ☎ 21-560-283. Tlj dès 19h, plus dim midi. Congés : en principe fin nov-veille de Noël.* C'est pas cher, à l'écart, et c'est bon. Que dire de plus ? Que viandes et poissons aux accents italiens fondent délicieusement dans la bouche ? Que l'accueil familial est plus qu'aimable ? Que pour les anglophobes la carte est en français ? Et que les locaux s'y attablent ? N'en jetez plus, et faites comme eux dans cette salle qui ne paie pas de mine. Vous ne le regretterez pas.

🍴 Voir aussi ***Front*** pour ses burgers du soir. Lire plus loin « Où déguster une glace ? Où prendre un bon petit déj ? Où boire un verre ? ».

De prix moyens à chic (plats 12-25 €)

🍴 ☂ ***Ta'Karolina :*** *à droite de la baie, au bout ; c'est le dernier resto avt les escaliers menant à la grotte. ☎ 21-559-675. Tlj midi et soir en saison ; nov-fin mars, le midi seulement, plus le soir ven-sam. Congés : janv. Pour une table en terrasse, résa conseillée au moins 1 j. avt.* Resto posé au bord de l'eau où l'on choisit volontiers la pêche du jour. Cadre agréable, salle joliment décorée et belle terrasse au pied de la falaise, au bord de l'eau. Quelques spécialités gozitaines, du poisson fraîchement pêché, de la viande, le tout plutôt réussi. Pour conclure, la maison offre la liqueur de citron. Le nom du resto, comme celui de la grotte où se baignaient les nonnes, située 150 m plus haut (lire plus loin « À faire. Balades »), fait référence à Karolina Cauchi, fondatrice du couvent d'été de Xlendi.

🍴 ☂ ***Iċ Ċima :*** *Saint Simon St. ☎ 21-558-407. Prendre la route qui monte vers la gauche du port ; le resto est au niveau du virage. De Pâques à mi-nov, tlj sauf mar, midi et soir (en été, mieux vaut réserver) ; en hiver, seulement ven-dim. Fermé pdt les fêtes de fin d'année.* Cuisine d'inspiration italo-maltaise. Salle vitrée aux murs blanc immaculé. Mais on dîne surtout sur la belle terrasse de toit (on y monte en ascenseur !) surplombant l'embouchure de la baie. Spécialité de *livernese* *seafood stew* (délicieux assemblage de poissons et fruits de mer, au vin blanc, ail et tomate).

Da Manuel : *triq il-Kantra. ☎ 21-561-022. Prendre la route qui monte vers la gauche, c'est après Iċ Ċima. Avr-oct, ts les soirs ; nov-Pâques, le soir ven-dim.* Un brin à l'écart de ses concurrents du port ; on s'installe au choix dans la salle un peu chic, près du long bar en brique, dans la véranda ou sur la petite terrasse avec une vue superbe. Indéniablement une des meilleures cuisines du coin. Familiale et authentique, elle est plébiscitée par les Maltais : lapin à la gozitaine, raviolis au lapin... et que du frais ! Carte des vins très étendue. Service efficace et superbe coucher de soleil sur cette portion de baie vierge de béton !

The Boat House : *le 1er resto sur la droite, quand on fait face à la baie. ☎ 27-567-207. Tlj sauf mer 12h-15h30, 18h-23h avr-oct ; en hiver, fermé parfois en raison du temps (pas de salle intérieure). Menu à prix « Chic ».* Belle carte de plats régionaux, cuisinés avec saveur et servis copieusement. Accueil aimable mais toujours beaucoup de monde ici, d'où un temps d'attente un peu long. *Bruschetta* pour patienter. Beaux desserts.

Où déguster une glace ? Où prendre un bon petit déj ? Où boire un verre ?

Gelateria Granola : *sur la pl. principale.* Pour une pause gourmande, ce glacier artisanal vous met en boule avec une cinquantaine de parfums et des queues interminables, surtout en plein été et fin de semaine.

Ta'Nona Bar : *sur le front de mer, à côté de Zafiro. En été, tlj 10h-1h (ou plus si affluence) ; en hiver, tlj 10h-19h.* Petit bar où les plongeurs ont leurs habitudes et les habitués... aussi. Voir plus haut « Où manger ? ».

Terrazzo : *prendre la route qui monte vers la gauche du port, c'est sur la droite, en contrebas de la route, face au resto Iċ Ċima.* Cadre agréable pour boire un verre au coucher du soleil, ou à n'importe quelle heure, pour la vue plongeante sur la baie. Fait aussi resto, mais on déconseille.

Front : *dans une rue parallèle au front de mer, côté falaise. Tlj 7h30-minuit.* Superbe ambiance pour ce bar à la déco vintage et chaleureuse. De petits concerts au moins une fois par semaine, un petit déj (servi jusqu'à 14h) très original et goûteux. Pour le soir, de délicieux burgers à composer pour un prix dérisoire.

Où danser ?

La Grotta : *sur la route de Xlendi, sur la gauche en venant de Victoria. ☎ 21-551-149. 99-007-070 ou 938-545. • lagrottaleisure.com • En fév pour le Carnaval, puis de début juin à mi-oct, seulement ven-dim 22h30-4h. Entrée : env 10 € (plus s'il y a des soirées spéciales) ; gratuit certains soirs avt 0h30.* Perché sur la falaise. La partie en plein air passe les tubes internationaux ; l'autre, dans la grotte (d'où son nom), est plutôt orientée techno et house. Elle accueille les meilleurs DJs maltais et même étrangers (David Guetta, Mr C, Richie Hawtin...).

À faire

Balades

Le long de la baie, escaliers et échelles descendent vers la mer. Les enfants sautent des rochers, les familles étendent leurs serviettes où elles le peuvent. Au bout de cette promenade, côté gauche en regardant la mer, des

tables de pique-nique ont été aménagées pour grignoter *pastizzi* et autres snacks devant le spectacle grandiose de la baie.
En poursuivant encore, un petit pont enjambe la vallée, puis des escaliers taillés dans la roche permettent de remonter de l'autre côté. On débouche alors sur un plateau aride avec, à l'extrémité, une tour de garde du XVIIe s. Sur le côté droit de la tour, un étroit passage (prudence) descend sur un autre plateau de globigérine (la pierre blonde de Malte) d'un jaune crémeux, façonné par le vent en courbes et bulbes. En contrebas, des salines luisent au soleil. De l'autre côté du chenal, les falaises, blanches celles-ci, striées tel un immense millefeuille, plongent vers les eaux. Les Maltais viennent ici pour pêcher et même se baigner, s'ils ne se contentent pas d'étaler leurs serviettes au milieu de ce patchwork salé. Paysage lunaire et impression de bout du monde, appuyée par le ressac de la mer. Un des plus beaux endroits pour admirer le coucher de soleil.

Le côté droit de la baie (quand on est face à la mer) a gardé sa virginité. Inviolable, inconstructible. On emprunte l'escalier à flanc de falaise, qui grimpe brièvement puis redescend jusqu'à la *grotte Caroline,* où les flots s'engouffrent rageusement, ce qui n'effrayait sans doute pas les nonnes qui venaient autrefois s'y baigner !

Plongée

Xlendi est l'endroit idéal pour commencer la plongée : baie facile et déjà intéressante à moins de 5 m de profondeur.

■ ***Saint Andrew's Divers Cove :*** *Saint Simon St, face au San Andrea Hotel. ☎ 21-551-301. ● gozodive.com ● Baptême 50 € (équipement compris) ; plongée 35 € (équipement en sus env 10 €), tarifs dégressifs. Enfants à partir de 8 ans.* Ici, vous êtes entre de bonnes mains ! Ce club (CMAS, PADI et FFESSM) est réputé dans l'île pour son professionnalisme et son sérieux. Au programme : baptêmes, formations et de chouettes explorations guidées par des instructeurs, dont plusieurs parlent le français. Belles plongées accessibles en bateau en été (avec supplément). Plongée au « nitrox » et plongée de nuit. Hébergement et transfert aéroport sur demande. Loue aussi des voitures.

SAN LAWRENZ

620 hab.

Village le plus à l'ouest de Gozo, San Lawrenz se situe sur la route de la baie de Dwejra. On peut flâner avec plaisir sur la mignonnette place centrale et profiter du flegme imperturbable de ce tout petit village pour faire une pause, avant ou après la visite de Dwejra. Gentille église, avec une élégante série de dômes à oculus sur les flancs, surmontés de lanternons.

Arriver – Quitter

➢ ***De/vers Victoria et Dwejra :*** bus nº 311.

➢ ***Victoria et Għarb :*** bus nº 312.

Où manger ?

Tatitas by Verve : *San Lawrenz Sq. 79-245-763. Fermé mar. Résa conseillée le w-e. Congés : vers janv-fév. Prix chic.* Sur cette place charmante, à l'ombre (façon de parler, car, en journée, on est en plein cagnard !) d'une ravissante église, voilà une accueillante terrasse pour une cuisine italienne raffinée, des recettes inspirées, s'appuyant essentiellement sur les poissons (goûtez le thon en croustade de pistache) et les fruits de mer (poulpe délicieux). Salle un peu chic, nappée et meublée de blanc, très agréable et climatisée (murs de pierre, larges arcades). Service rapide et affable.

À voir

Ta'Dbiegi Crafts Village : *triq San Lawrenz. ☎ 21-553-377. Tlj sauf dim 10h30 (6h pour les souffleurs de verre)-16h env, car chaque atelier suit ses propres horaires. GRATUIT.* Un mélange de boutiques de souvenirs et de centre artisanal composé de maisonnettes de pierre, plus modeste que celui de Ta'Qali à Malte. On y trouve de la dentelle *(lace),* de la poterie, des bijoux, du fer forgé, des bougies, du cuir, mais aussi malheureusement quelques produits *made in...* pas Gozo (à vous de les débusquer). L'atelier le plus intéressant reste le *Gozo Glass,* avec ses souffleurs de verre. On peut les voir au travail *(lun-ven 6h-14h ; fermé quelques périodes en hiver)* et acheter leurs créations uniques de verre irisé (très cher).
Snack sur place, comme partout. Et un ATM.

DWEJRA

Aujourd'hui classé réserve naturelle par l'Union européenne, le site de Dwejra a été miraculeusement préservé de la fièvre bâtisseuse (ouf !) ; seule une drôle de chapelle a résisté aux assauts du temps. Environ 7 km à l'ouest de Victoria, il semble « terminer Gozo ». Les touristes ne manquaient jamais de venir jeter un œil dans le coin, à l'origine pour admirer l'Azure Window, une arche naturelle, encerclée d'une mer d'un bleu profond. Seulement, en mars 2017, sous l'assaut des vagues, l'érosion a fini par ronger sa base, provoquant son effondrement.
Alors, voici ce qu'on vous conseille : entreprendre une randonnée sur la côte ouest de Gozo, magique, elle ravira les marcheurs chevronnés. Les occasionnels pourront se contenter d'arpenter la plate étendue trouée comme du gruyère par des *salt pans* et des flaques couleur de miel. Il est préférable d'y aller tôt le matin ou pour le coucher du soleil : d'abord, les couleurs sont plus belles et moins écrasées par le soleil, ensuite on est moins assommé par la chaleur (pas d'ombre) et, enfin, il y a beaucoup moins de monde.

Arriver – Quitter

➢ ***De/vers Victoria et San Lawrenz :*** bus nº 311. Renseignez-vous bien sur les horaires de retour si vous ne voulez pas revenir à pied.

Où manger ?

Azure Window Restaurant : *en contrebas du parking, avt la descente qui mène à la « mer intérieure »* (inland sea). *79-067-196. Tlj midi et soir ; nov-fév, ouv seulement le w-e (téléphoner avt). De prix moyens à chic, sauf pour les pizzas et pâtes de bon marché à prix moyens.* Heureusement que le resto n'était pas situé face à l'Azure Window, son argument en aurait pris un coup. La terrasse regarde en fait la « mer intérieure », pas mal non plus. Mais parfois difficile de la distinguer en été, tellement il y a de monde. Carte très classique et poisson pas donné, mais les plats sont plutôt bons (pizzas plus moyennes, en revanche). Service gentil, mais il ne faut vraiment pas être pressé.

À voir

Inland sea *(« mer intérieure »)* **:** *en contrebas du parking, côté « terre ». Pour une balade en bateau de 15 mn (au programme : grottes et coraux), prévoir env 4 €/pers pour 15 mn de bateau. Attention, interdit aux moins de 3 ans, même accompagnés.* Cette « mer intérieure » est une sorte de petit lac entouré de quelques baraques et relié à la mer par un tunnel d'une centaine de mètres passant sous la falaise. Les pêcheurs d'ici gagnent sans doute plus d'argent avec les touristes qu'avec les autres poissons... En été, c'est vraiment la cohue, et l'eau n'est plus d'une transparence extraordinaire. Si le cœur vous en dit, vous pouvez vous dorer la pilule sur les galets ou prendre un verre ou un sandwich à la terrasse du petit snack-bar.

Dwejra Tower *(tour de Dwejra)* **:** *visite possible quand un drapeau flotte à son sommet, en principe lun-ven 9h-15h, dim et j. fériés 10h30-15h15 (selon dispo des bénévoles). Plus d'infos sur • dinlarthelwa.org • Donation bienvenue.* La tour de Dwejra fut érigée en 1652, à l'époque des chevaliers, à la fois pour surveiller le *Fungus Rock* et pour assurer la récolte du fameux « champignon » (voir encadré) grâce à un système de funiculaire : une corde tendue entre la tour et le rocher permettait au ramasseur officiel, monté dans une cabine, d'aller cueillir la plante. De là, on jouit du meilleur point de vue sur les environs. Les férus d'histoire descendront au sous-sol voir le film de 20 mn qui retrace l'inutilité de la tour lors des invasions, notamment françaises, de par sa situation, du mauvais côté de l'île !

QUESTION POUR UN CHAMPIGNON

Au XVIIe s poussait sur le rocher une plante rare, souvent prise pour un champignon en raison de sa forme et à laquelle on prêtait de nombreuses vertus médicinales. Pour préserver le précieux « champignon », les chevaliers avaient limé la base des parois rocheuses afin qu'aucun voleur ne puisse y grimper ! Seul un ramasseur officiel y avait accès. Les grands maîtres s'étaient arrogé l'exclusivité de sa vente (à prix d'or) aux souverains et aux grands d'Europe. Et patatras, de récentes analyses ont montré que la fameuse plante, nommée cynomorium écarlate, n'avait en réalité aucun pouvoir médicinal. Tout ça pour ça !

Dwejra Bay *(baie de Dwejra)* **:** *env 400 m au sud du parking. Facilement accessible par un chemin qui passe au pied de la Dwejra Tower.* Magnifique anse qui semble avoir été croquée dans la côte par la gueule géante d'un monstre marin. C'est l'un des spectacles naturels les plus saisissants de Malte. Des eaux d'un bleu sombre, des côtes abruptes, comme un goût d'avant l'humanité. En fait, cette baie résulte de l'effondrement d'une caverne. Une rampe, aujourd'hui abandonnée, plonge doucement dans la baie. Là, un coin assez paradisiaque pour les amoureux de belles baignades et de snorkelling. Pas un chat hors saison et encore relativement peu de nageurs en été. Pourtant, on peut s'y baigner sans crainte. C'est ici que certaines scènes de la célèbre série *Game of Thrones* furent tournées.

***Fungus Rock* :** un brin de marche facile au sud de la baie vous mènera au plus près du *Fungus Rock*, le « rocher du Champignon », également appelé « rocher du Général » (voir l'encadré plus haut). C'est un bloc rocheux massif cerné par des eaux d'un bleu-noir si intense qu'elles donnent envie d'y plonger sans fin. Ce rocher ferme presque entièrement la baie de Dwejra. De plus de 50 m de haut, sa paroi abrupte est creusée en son centre et le dessus est saupoudré de plantes rases, de mousses et de lichens.

GĦARB

1 200 hab.

Dans son quart nord-ouest, Għarb semble isolé, à l'écart du monde et du reste de l'île. Même le dialecte y est spécial : un Maltais « métropolitain » aura du mal à le comprendre... Għarb est le point de départ des plus belles randonnées gozitaines, mais ne manquez pas de visiter auparavant l'intéressant musée *Grand Castello Historic House,* au centre du village. Fort belle arrivée depuis la basilique Ta'Pinu par le nouveau pont. Une p'tite pause : somptueux panorama sur son chevet et la riante vallée. Puis, à l'entrée de la bourgade, adorable placette avec une fontaine au milieu. Noter le joli travail sur les balcons et leurs consoles sculptées.
Côté hébergement, Għarb accueille plus de « fermes » (certaines authentiques, d'autres modernes) que n'importe quelle autre commune de l'île.

Arriver – Quitter

➢ ***De/vers Victoria et San Lawrenz :*** bus n°s 311 et 312.

Où dormir ? Où manger à Għarb et dans les environs ?

🏠 ***Maria's B & B :*** *31, Muxrabija St. ☎ 21-553-630. ● tamariagozo.com ● Entre Victoria et Għarb, prendre la petite route de campagne à droite, fléchée « Villaġġ* ***Tal-Fanal*** *», puis l'impasse à droite dans le hameau. Mieux vaut être véhiculé (sinon bus n° 308 de Victoria jusqu'à Tal-Fanal, puis 7 mn à pied ou transfert payant). Réception seulement le mat, mais mieux vaut téléphoner avt de venir. Fermé nov-mai. Doubles avec sdb 50-90 € selon saison, petit déj compris ; également une familiale et des triples. De préférence min 2 nuits. CB refusées.* Une vieille bâtisse en pierre et une annexe plus récente, situées dans une ruelle charmante. Elles abritent en tout 8 chambres très spacieuses, à la déco gozitaine sobre et de bon goût. Elles encadrent une jolie piscine. Cheminée dans le chaleureux salon et des tas de coins pour se poser. Cuisine et machine à laver à dispo. Un lieu tranquille et propice à de belles randos dans les environs. Une belle adresse de charme au rapport qualité-prix exceptionnel. Maria et Sonia possèdent 2 autres *guesthouses* (à Marsalforn et Victoria ; lire plus haut).

🍽 ***Għarb Rangers Football Club Bar :*** *118, Church St, dans la rue principale, à 100 m de l'église. ☎ 21-565-666. Tlj à partir de 18h. Pizzas bon marché et plats à prix moyens.* Le resto du club de foot local sert de bonnes pizzas, pâtes, salades et quelques plats pas chers dans une salle voûtée en pierre de taille ou, mieux, en terrasse, prise d'assaut aux beaux jours (ne pas arriver trop tard). Il faut dire que de là-haut la vue est divine : au milieu de la campagne, la basilique de Ta'Pinu, qui s'embrase au coucher du soleil, avec la mer en arrière-plan. Quel tableau ! Un décor complété par un accueil et un service particulièrement aimables. On vote pour !

🍽 ***Grazie Mille :*** *10, triq l-Gharb, à l'entrée du village, à gauche (venant* *de Victoria). ☎ 21-553-855. Tlj sauf lun, midi et soir. Résa conseillée (peu de tables). Repas env 35-45 €.* Gentille courette protégée, entourée de murs de pierre sèche végétalisés. Tables bien séparées, atmosphère intime, l'idéal pour déguster une excellente cuisine italienne concoctée par un jeune chef talentueux. Plats faits à la demande, mais ils peuvent parfois se laisser désirer.

À voir

L'église paroissiale : *au centre du village. Ouv pour les messes lun-sam 6h-9h, 18h-20h ; dim 5h30-10h30 et 17h.* Bâtie au tournant des XVIIe et XVIIIe s, elle étonne par sa très élégante façade baroque, ornée notamment par les sculptures allégoriques des 3 vertus religieuses que sont, de gauche à droite, la Charité, la Foi et l'Espérance. Noter l'horloge de droite (celle qui, sur chaque église maltaise, donne la mauvaise heure) ; il y est écrit : « Profite du temps qui passe. »

VOIR MIDI À 14 HEURES

Comme sur chaque église de Malte, la façade de celle de Għarb possède 2 horloges dont l'une avec une heure erronée. C'est pour mieux duper le diable afin qu'il ne dérange pas les fidèles pendant la messe.

Grand Castello Historic House *(ex-Folklore Museum)* **:** *sur la pl. de l'église. ☎ 21-562-034. 📱 79-943-676. Tte l'année, lun-sam 9h-17h, dim 9h-13h ; si les charmants proprios ne sont pas là, téléphoner, ils habitent à côté. Entrée : env 5 € ; réduc.*

Ce musée, installé dans une superbe demeure comtale du XVIIIe s, est le fruit de la passion d'un seul homme, qui amasse et entasse des objets depuis de nombreuses années.

Au rez-de-chaussée, par exemple, on trouve la 1re presse maltaise (fabriquée en France), avec laquelle étaient imprimés les journaux au XVIIIe s. Éditées sous forme de *faxikle* (fascicules), à raison d'une page par semaine, à l'instar des romans de chez nous à la même époque, les histoires étaient collectionnées puis reliées à l'aide d'une machine comme celle exposée dans la même pièce. Salle suivante, une superbe carriole de marchand de pain, en usage jusque dans les années 1960. Puis des objets agricoles, une forge, une meule, une presse à vin, une boulangerie équipée d'un four à pain et de bacs en pierre pour pétrir la pâte, l'atelier du charpentier, un bateau de pêche, un drôle de bowling en bois et un corbillard pour enfants enrichissent la collection. Il a également aménagé une salle en bar à l'ancienne.

À l'étage, dans les anciens appartements de la famille, nombreux objets de la vie courante : nécessaire de toilette et pharmacie, métier à tisser, petite chapelle avec crèche musicale (génial !), une chaise à porteurs, un petit atelier de cordonnier, un autre de fabrique de bougies avec des moules en forme de saints... Bref, un musée d'une grande richesse, à ne pas manquer si vous passez à Għarb.

DANS LES ENVIRONS DE GĦARB

Basilica of Ta'Pinu *(basilique de Ta'Pinu)* **:** *avt l'entrée dans Għarb, suivre le panneau ; c'est à 1 petit km. Bus nº 308 de Victoria et Għasri. Lun-sam 6h45-19h ; dim et j. fériés 6h-12h15, 13h30-19h.*

À pied depuis le village, voilà une très belle virée dans les paysages du Nord-Ouest. Certes, on se demande ce que cette imposante basilique presque neuve peut bien faire là, plantée au milieu de nulle part.

Petit flash-back historique : la chapelle d'autrefois, derrière l'église actuelle, était déjà un lieu de pèlerinage important au Moyen Âge. En 1883, une paysanne nommée Carmela Grima entendit la voix de la Vierge venir de la chapelle. Son voisin l'entendit aussi, ce qui corrobora les faits. L'année suivante, Gozo fut miraculeusement épargnée par la peste. Les habitants n'avaient pas besoin de plus de preuves. Ils se cotisèrent et, en 1920, commencèrent la construction d'une plus grande église, accolée à l'ancienne chapelle. La basilique fut consacrée en 1932 par le pape Pie XI ; Jean-Paul II est, quant à lui, venu en 1990, ainsi que Benoît XVI en 2010. Son style néoroman strict étonne, et on peut admirer la teinte miel doré de la pierre locale, la globigérine.
L'intérieur (attention : tout le monde doit se couvrir les jambes et les épaules) est lumineux grâce à la coupole ajourée, tout ici est épuré, avec des frises en arabesques et entrelacs de plâtre qui ne sont pas sans rappeler l'art musulman. Pas de toiles aux murs, mais des mosaïques, excepté la peinture du chœur considérée comme miraculeuse et devant laquelle les gens viennent prier. À gauche, chaire de marbre soutenue par 4 colonnes couvertes de marbre et d'or dont la base est un lion. Elle rappelle les ambons (tribunes) des premières églises. Vous remarquerez l'absence de bougies en cire ; elles sont électriques pour ne pas noircir la pierre. Aujourd'hui encore, tout Maltais se doit d'y venir en pèlerinage au moins une fois dans sa vie, pour demander la guérison d'un proche ou d'un enfant, par exemple. De chaque côté du chœur, puis à l'arrière, on découvre 2 impressionnantes galeries d'ex-voto, chacun d'eux racontant l'histoire d'une vie : photos, textes, vêtements de bébé, casques de moto, prothèses ou béquilles... Très émouvant.

La chapelle Saint-Dimitri : *du centre de Għarb, prendre la route qui part à gauche de l'église paroissiale et suivre les panneaux pdt 2 km. Le joli chemin se rétrécit sur encore 1 km, cerné de murs de pierre et de figuiers de Barbarie. Compter env 30 mn à pied.* Au terme de cette jolie balade au milieu des champs, on atteint la petite chapelle complètement isolée, près de la mer. L'endroit est lié à une touchante légende (voir encadré). Tout autour, paysage enchanteur dominé par le phare. Face à la chapelle, on aperçoit la basilique de Ta'Pinu entre les villages de Għasri à gauche et de Għarb à droite. Au 1er plan, une ancienne carrière de globigérine, impressionnante de rectitude.

UNE LUEUR D'ESPOIR

Au XVIIe s, pour retrouver son fils unique enlevé par des pirates, une mère promit que, s'il lui était rendu, elle entretiendrait jusqu'à sa mort la flamme d'une lampe à huile sur l'autel de la chapelle Saint-Dimitri. Sur ce, saint Dimitri alla, dit-on, chercher le fiston. La femme tint sa promesse. Quelques années plus tard, la chapelle fut engloutie par les eaux. Aujourd'hui, par nuit claire, on dit que les pêcheurs peuvent apercevoir une flamme scintiller au fond de la mer. Et on arrête la gnôle...

Une longue et belle ***randonnée*** à faire à partir de Għarb : aller jusqu'à la chapelle Saint-Dimitri, puis longer la côte jusqu'au phare de Ta'Ġurdan et revenir par Għasri, la basilique de Ta'Pinu et enfin Għarb. En tout, 12 km dans le Gozo rural. Le parcours et des infos historiques sont décrits dans *Gozo : 10 Great Walks* (édité par le ministère du Tourisme), disponible à l'office de tourisme ou à télécharger sur ● *visitgozo.com* ● Pour agrémenter cette rando, lire aussi plus haut « Dans les environs de Marsalforn ».

HOMMES, CULTURE, ENVIRONNEMENT

ACHATS

– ***Le nougat :*** succulent, il est souvent accompagné de *bajtra,* la liqueur de figue de barbarie élaborée avec du miel. On en trouve par exemple à Rabat.
– ***Le miel :*** onctueux, ensoleillé, il est aussi vieux que l'île. Ses origines se perdent dans la nuit des temps. Le nom même de Malte provient du mot *melita,* dérivé de l'adjectif latin *mellitus,* qui signifie : « de miel », « sucré avec du miel ». Et au sens figuré : « doux, suave, charmant » (un vrai poème !). Malheureusement, de plus en plus de pots contiennent du sirop de glucose en quantité variable. Ces cas d'arnaque sont régulièrement dénoncés. Les amateurs préféreront s'en procurer sur les marchés et veilleront à ce qu'il soit bien indiqué *Pure Maltese Honey.*
– ***L'huile d'olive :*** aussi bien Malte que Gozo en produisent en faible quantité, mais rien que de la qualité. Goûtez la *Wardija,* réalisée de façon artisanale et sans ajout chimique.
– ***La liqueur aux herbes :*** appelée *madliena.* Concoctée à base d'herbes de la garrigue maltaise (certaines auraient des vertus médicinales).
– ***Les vins de Malte :*** plusieurs bons crus de vin blanc et de rouge, élaborés par de célèbres maisons comme *Emmanuel Delicata, Meridiana* ou *Marsovin.* Pour plus de détails, voir plus loin la rubrique « Boissons ».
– ***Les maquettes de voiliers et de luzzu :*** ces bateaux de pêche aux couleurs chatoyantes peuvent faire des petits cadeaux sympa.
– ***La bijouterie :*** les orfèvres et bijoutiers maltais sont réputés pour leurs réalisations en filigrane d'or et d'argent. Également de jolies croix de l'ordre de Malte.
– ***Les objets en verre soufflé :*** les artisans verriers sont capables de rivaliser par leur dextérité avec leurs confrères de Murano, à Venise. Très cher.
– ***Les dentelles :*** Gozo est réputée pour ses dentelles traditionnelles en soie ou en coton (aux fuseaux ou au crochet). Essentiellement des nappes et napperons. On en trouve sur la plupart des marchés (notamment celui de Marsaxlokk) et dans les centres artisanaux. Aujourd'hui, seules les femmes âgées jouent encore du crochet. Demandant trop de temps, la confection n'est pas assez rentable.
– ***Un heurtoir en laiton :*** pas une vieille porte maltaise sur laquelle ne soit fixé un marteau en laiton imitant la silhouette d'un dauphin, d'un lion ou d'un visage humain. Des magasins en vendent des copies. Demandez un *genuine brass door knocker* (ça en jette, non ?).

ARTS ET ARCHITECTURE

Le paradis des vieilles pierres

L'héritage architectural – le plus immédiatement visible et le plus grandiose – provient essentiellement de la préhistoire et de l'époque de l'Ordre.
De la préhistoire, les grands temples sont des monuments incontournables. Bâtis entre le IVe et le IIIe millénaire av. J.-C., soit avant les pyramides d'Égypte, ce sont les plus importants monuments mégalithiques d'Europe. Si Malte est connue pour être l'île des chevaliers, elle devrait l'être aussi pour ces géants de pierre qu'une population infime a construits en l'honneur de sa déesse de la Fertilité. Gigantisme

d'autant plus impressionnant qu'il a pour cadre 2 minuscules îles. Près de 30 sites ont été répertoriés, mais seuls quelques-uns peuvent donner une idée de ce que furent ces forteresses de la foi : le double temple de Ġgantija, à Gozo, avec son enceinte extérieure de dalles monolithes pesant plus de 200 t chacune ; les temples de Ħaġar Qim et de Mnajdra, montant la garde sur le rebord des falaises de Malte, désormais abrités du soleil par de gigantesques toiles modernes ; ou encore ce temple-palais de Tarxien, pas forcément le plus spectaculaire, mais où a été mise au jour la statue partielle d'une impressionnante et énigmatique déesse-mère. Et puis il y a l'hypogée de Hal Saflièni, qui permet au visiteur, à condition d'avoir réservé suffisamment tôt, de descendre dans les entrailles d'un fascinant temple-cimetière et de remonter le temps jusqu'à 2 000 ou 3 000 ans av. J.-C.

À la fin de cette civilisation des temples, Malte cesse d'avoir une identité culturelle propre et vit au rythme des maîtres de la Sicile ou de l'Afrique du Nord jusqu'à l'installation des Hospitaliers de Saint-Jean de Jérusalem en 1530. Avant-garde européenne contre l'avancée ottomane, l'île est dotée des plus impressionnantes fortifications de Méditerranée, au point qu'un auteur français l'a qualifiée de « Carcassonne maritime ». Voir le Grand Port, mieux, arriver par la mer face à La Valette, donne ainsi une idée de ce vaste vaisseau de pierre qui arrête définitivement l'expansion ottomane, un été de 1565.

La paix revenue, Malte est intégrée dans le concert économique des nations européennes de Méditerranée, et l'enrichissement de l'Ordre comme des Maltais couvre l'île de palais et d'églises. Au maniérisme romain des 1res constructions succède très rapidement le baroque qui fait de Malte un des conservatoires les plus impressionnants de ce style de la Contre-Réforme. L'église conventuelle Saint-Jean de La Valette, aujourd'hui co-cathédrale, en est la meilleure illustration, avec ses piliers de pierre sculptée et ses dalles funéraires en mosaïque de marbre qui recensent les armoiries de toute l'Europe. Quant au grand maître de l'Ordre, un rien mégalo, il se veut souverain et se dote d'un palais dont tapisseries et meubles suivent le goût versaillais. Les chevaliers et les riches Maltais, à leur tour, l'imitent, et La Valette comme Mdina abritent des trésors d'architecture. Dans cette recherche de grandeur et d'esthétisme, les chevaliers font appel aux artistes européens, et notamment à de célèbres peintres venus apporter un ornement essentiel à ce luxe architectural.

De grands peintres

Grâce au mécénat de l'Ordre, des peintres comme le Caravage, Favray et Preti laissent à Malte des œuvres de 1re importance.

Le bref passage en clair-obscur du Caravage

Le plus connu est sans aucun doute le Caravage, de son vrai nom Michelangelo Merisi (vers 1571-1610). Forte personnalité, buveur, querelleur, violent et coureur de tous bords, cet élève de Raphaël a (excusez du peu !) révolutionné la peinture de son époque : alors que la Renaissance a poussé à l'extrême l'art de peindre le décor des arrière-plans, faisant ainsi se détacher le sujet principal traité en teintes sombres, sur un fond lumineux traité en teintes claires, le Caravage inverse les données. Il peint ses sujets comme s'ils étaient

PAS L'OMBRE D'UN DOUTE ?

Le Caravage aurait peut-être été le 1er à utiliser le principe de la chambre noire de Léonard de Vinci, technique reprise plus tard par de nombreux peintres, comme Vermeer. Éclairant ses modèles sous une lumière zénithale (d'où son goût du clair-obscur...), il aurait projeté leur image à travers une lentille sur une toile enduite d'éléments sensibles, le temps de les peindre à grands traits. Le grand nombre de gauchers dans ses œuvres indique que le maître utilisait sans doute une lentille qui inversait l'image !

placés sous une violente lumière provenant de celui qui contemple le tableau, ne laissant qu'un clair-obscur à l'arrière-plan au rôle anecdotique. Certains pensent qu'il avait peut-être déjà mis au point les grands principes de la photographie !
Son génie est aussi grand que sa réputation est mauvaise... Coupable de meurtre en Italie, il est condamné à mort. Le grand maître français Alof de Wignacourt propose de le sauver des griffes de la justice en le faisant chevalier de Grâce – à condition qu'il ne peigne plus que pour l'Ordre. Il laisse à Malte 4 tableaux : une *Marie Madeleine* (aujourd'hui disparue) ; le portrait en pied, plein de vie, d'Alof de Wignacourt, en armure, avec un de ses pages (aujourd'hui au Louvre) ; *Saint Jérôme* (à l'oratoire de la co-cathédrale Saint-Jean de La Valette), vieillard décharné, dépouillé de sa pourpre et qui contemple les vanités de la vie ; et, surtout, la *Décollation de saint Jean-Baptiste,* le chef-d'œuvre du Caravage, placé au-dessus de l'autel dudit oratoire.
Mais les vieux démons de l'artiste refont surface : une histoire affirme qu'il se bat à nouveau en duel contre un officier de haut rang. Une autre qu'il séduit le fils d'un dignitaire de l'Ordre... Le Caravage, à l'apogée de son art, est arrêté et chassé de l'Ordre. Il s'échappe et vogue vers la Sicile, puis Naples, où il se bat encore. Blessé, il meurt l'année suivante de la malaria, avant d'avoir reçu du pape l'absolution qui lui était promise.

Les peintres officiels font régner l'Ordre

Beaucoup plus rangé, le Français Antoine de Favray devient le peintre officiel des 4 derniers grands maîtres de l'Ordre au XVIIIe s. Peintre de cour, il exécute des commandes : portraits officiels et tableaux d'église, notamment le *Saint Cataldus* de la petite église du même nom à Rabat (demander la clé au gardien de la grotte Saint-Paul, en face). Les portraits de cour sont nombreux, et beaucoup se trouvent au musée des Beaux-Arts de La Valette. Le plus beau et le plus impressionnant est le *Pinto* du musée de la co-cathédrale Saint-Jean, à La Valette. Le Portugais Pinto, qui régna 32 ans sur l'Ordre (1741-1773), avait entrepris de « monarchiser » son pouvoir. Pour ce faire, il voulait davantage apparaître comme un prince souverain que comme un supérieur d'ordre religieux. Il commande à Favray un grand portrait en pied, à la versaillaise, et se fait représenter en soutane de cour. D'une main impérieuse, il désigne une couronne fermée de souverain dont aucun de ses prédécesseurs n'a jusqu'alors osé se parer. Favray réussit là une « affiche » politique digne du style Louis XIV, et le visage impérieux du grand maître, sa morgue et son regard hautain sont une merveilleuse étude psychologique.
De Mattia Preti (1613-1699), dit « il Cavaliere Calabrese », on peut admirer la décoration picturale de la co-cathédrale Saint-Jean, dont les toiles recouvrent la longue voûte de la nef. Elles représentent, de façon vive et colorée, les *Scènes de la vie de saint Jean-Baptiste,* le saint patron des Hospitaliers, et se terminent par le triomphe de l'Ordre. Mais la plus importante collection de ses œuvres se trouve au musée des Beaux-Arts de La Valette.
Parmi les peintres contemporains, citons Anton Inglott, mort trop tôt et trop jeune, en 1947, qui a laissé des œuvres aux teintes délicates, très influencées par le précurseur du symbolisme, Pierre Puvis de Chavannes (XIXe s), ou par Maurice Denis, cofondateur du mouvement nabi qui s'attache à redonner un caractère spirituel à la peinture. Le chef-d'œuvre d'Anton Inglott est, sans nul doute, la *Mort de saint Joseph* de l'église de Msida.

Architecture

Un des charmes de Malte est son homogénéité architecturale qui provient de l'utilisation de la globigérine. Cette pierre calcaire typique de Malte, d'aspect blond et doré, durcit au contact de l'air et change de couleur, pour devenir plus foncée, presque rougeâtre, sous le soleil, comme sous la pluie. Elle sert à bâtir les églises, les palais et les maisons.

Dans toutes les villes et bourgs, impossible d'échapper aux bow-windows (fenêtres en encorbellement), de bois souvent (de pierre plus rarement), typiques de l'architecture victorienne anglaise, mais qui rappellent également les fameux moucharabiehs arabes. Ils font tant partie du patrimoine architectural maltais que le gouvernement subventionne leurs propriétaires pour qu'ils les maintiennent en état.

Un studio de tournage à ciel ouvert

La production cinématographique à Malte est très modeste : essentiellement des courts et moyens métrages. Néanmoins, Malte a servi de cadre de tournage à de nombreux films (plus de 200 ; à tel point que l'île est surnommée le Hollywood de la Méditerranée) : le cultissime *Midnight Express, L'Espion qui m'aimait* (un *Bond, James Bond*) et une parodie du célèbre agent secret : *Casino Royale* (version 1967, avec David Niven). *Astérix mission spéciale Cléopâtre* a fait tomber une goutte de sa potion dans la timbale de *Gladiator* de Ridley Scott (vraiment très fort !) et sur le nez de ce pauvre *Pinocchio.* Heureusement, le capitaine Nemo et sa *Ligue des Gentlemen extraordinaires* sont venus à bout de la baleine et du sous-marin *U-571* qui croisait par là. Quant à Robert Altman, le génial réalisateur de *Short Cuts,* il a reconstitué à Malte un petit port américain pour y tourner son *Popeye,* un bide retentissant dont les décors ont été transformés en parc d'attractions. Et puisqu'on parle d'eau, l'histoire ne dit pas si Gérard Depardieu, en tournage pour *Le Comte de Monte-Cristo,* a apprécié les vignobles maltais...
Brad Pitt a tourné à Malte, en 2003, des scènes de *Troie,* libre interprétation de l'*Iliade,* en 2013 *World War Z,* et il y est revenu en 2014 avec Angelina Jolie qui y réalisait son 3e film *By the Sea.* L'île a de nouveau inspiré un cinéaste, et non des moindres, pour figurer le Proche-Orient, puisqu'en 2005 Steven Spielberg y a tourné en partie *Munich.* La même année, Ron Howard y est venu pour le *Da Vinci Code.* Enfin, l'île a également servi de décor aux aventures de *Largo Winch,* réalisé par le Français Jérôme Salle.
Plus récemment, ce sont Tom Hanks pour *Capitaine Philipps* (2013), puis Marion Cotillard et Michael Fassbender qui ont évolué à Malte pour les besoins du film *Assassin's Creed* (2016), inspiré du jeu vidéo du même nom.
Malte a également servi de décor à la série culte *Game of Thrones* pour King's Landing et le pays des Dothrakis. Les amateurs reconnaîtront les portes de Mdina qui figurent l'entrée dans la capitale de Westeros. À Gozo, c'est sur le promontoire de Dwejra, à la pointe de l'île, qu'est célébré le mariage de Khal Drogo et de la Khaleesi. Quant au Donjon rouge qui abrite les Lannister, il a été filmé en partie au fort de Ricasoli à l'est de Malte.

BOISSONS

Boissons non alcoolisées

– L'***eau du robinet*** est dessalée et donc potable, mais elle a un petit goût saumâtre pas très agréable. On peut donc l'utiliser sans problème pour la toilette (y compris buccale) mais, pour la boisson, mieux vaut de l'eau minérale, de préférence locale, qu'on trouve partout. Certains restaurateurs n'hésitent pas en effet à proposer une marque étrangère, qu'ils facturent beaucoup plus cher. Côté eau gazeuse, on trouve surtout de la San Pellegrino.
– Le ***thé,*** vestige de l'héritage anglais, et le ***café*** à l'italienne sont abondamment servis dans les bars et cafés de l'île. Cappuccinos souvent réussis, quoique pas toujours égaux à leur homologue italien. Et le café (au lait et de la cafetière !) est de rigueur dans les *band's club.*
– Le ***Kinnie*** est une boisson locale à base d'herbes aromatiques, d'épices et d'oranges amères, très populaire à Malte. On la trouve partout, jusque dans les distributeurs automatiques, et il en existe une version *light.*

Boissons alcoolisées

– La ***bière locale*** la plus connue est la *Cisk,* une bonne blonde pas chère, vendue le plus souvent en canettes métalliques jaunes. Sinon, il existe aussi la *Hopeleaf,* légèrement rousse en canettes rouges, et la *Blue Label,* côté brune. À Gozo, la *brasserie Lord Chambray* brasse une bière artisanale (mais de façon industrielle) à base de malt et houblon importés de plusieurs pays de l'Union européenne : la *Golden Bay,* la *Blue Lagoon* et la *San Blas* sont disponibles dans certaines supérettes, grandes surfaces et dans les boutiques de l'aéroport.
– ***Les vins maltais :*** rouges, rosés et blancs, issus d'une longue tradition : les 1res vignes sont plantées par les Romains. Mis en sommeil par l'occupation musulmane, le vignoble se développe à nouveau avec l'arrivée des chevaliers de l'ordre de Saint-Jean de Jérusalem. Mais les Britanniques font arracher la vigne pour y substituer du coton. Au début du XXe s, *Emmanuel Delicata* et *Marsovin* fondent leurs caves, suivis quelques années plus tard par *Meridiana.* Tous font un vin correct avec des cépages français (chardonnay, merlot, syrah, cabernet franc et cabernet sauvignon), auxquels ils assemblent des cépages endémiques de l'île, le *gellewza* (raisin noir) et le *girgentina* (raisin blanc). Mais étant donné le manque d'espace, et donc de terre, pour cultiver le vignoble (800 ha seulement), la production est faible et consommée à 95 % sur place. Les cuvées les plus réputées sont le *Nexus* de *Meridiana,* le *Primus,* le *Grand Maître* et l'*Antonin Blanc* de *Marsovin,* ainsi que le *Malta Grown Chardonnay's* blanc d'*Emmanuel Delicata.* En outre, *Marsovin* produit également une méthode champenoise, le *Cassar de Malte.*
Les vignes se situent au nord, à l'est et autour du port de Marsaxlokk. L'île de Gozo produit un bon vin rouge et un rosé à base de syrah. À la campagne, de nombreuses familles fabriquent leur propre vin pour leur consommation personnelle. On peut visiter les caves de *Marsovin* et de *Meridiana.*
– Les Maltais consomment parfois la *Madlien* (Madliena), une ***liqueur*** aux herbes aromatiques, produite à Naxxar. La *bajtra* est une autre liqueur concoctée à base de figue de barbarie. Tandis que *Leila* est un nouveau digestif à base de caroube (un fruit assez répandu à Malte), produit par *Meridiana.*

CUISINE

La gastronomie maltaise est essentiellement méditerranéenne et influencée par la toute proche Sicile. Dans les restaurants, on sert donc beaucoup de pâtes, de pizzas et de pâtisseries au sucre et aux amandes. L'influence britannique se fait sentir aussi dans les viandes rôties, grillées, et les sauces *(gravy).* Et, bien sûr, la mer apporte son lot de poissons et fruits de mer. Enfin, ne quittez pas l'île sans avoir goûté au lapin en sauce *(fenkata),* le plat ultra-typique de Malte : un délice quand il est bien fait !

Les kiosques, les snacks

Beaucoup de kiosques, installés au bord des routes et sur le littoral, proposent des snacks, des burgers, des *fish and chips* et des salades. Dans ces kiosques comme dans les *pastizzeriji,* vous pouvez également vous caler avec des *pastizzi* (friands), pas chers et ô combien nourrissants. Essayez aussi le sandwich typique, la ***ftira,*** sorte de pan-bagnat garni de tomate, de câpres, d'olives, de thon ou d'anchois.

Les restaurants

L'un des avantages de l'île : on peut manger à toute heure ou presque. Malte étant une destination prisée par les Anglais et les Allemands, on peut déjeuner tôt : à partir de 12h (jusqu'à 15h), et dîner dès 18-19h (dernier service autour de 22h30). Il est d'usage de laisser un petit pourboire (de l'ordre de 5-10 %). Les petites cantines des fanfares locales *(band's club),* présentes dans chaque ville (même petite),

proposent, quant à elles, souvent une petite restauration bon marché ; mais pas d'illusions : on en a pour son argent, rien de plus.
Difficile, du reste, de miser sur la régularité d'une adresse, dans un sens comme dans l'autre, d'ailleurs, le jeu préféré des chefs étant la chaise musicale. Si le cuistot n'est pas le propriétaire, il n'hésitera pas à quitter sa place une fois la haute saison terminée (voire avant) ; et l'adresse peut radicalement évoluer avec le remplaçant.
La plupart du temps, les portions sont plutôt copieuses. Dans les restos un peu plus chics, on vous servira souvent, en guise de hors-d'œuvre, des amuse-gueules et autres mises en bouche (pain frotté à l'ail et agrémenté d'herbes et de tomates, petits feuilletés, soupe...). Ça remplace facilement une entrée et allège en même temps la note ! Enfin, il n'est pas rare de trouver des restaurants fermés en août. Les Français ne sont pas les seuls à choisir ce mois pour prendre un peu de repos...

Les spécialités maltaises

Les entrées

– Le ***bigilla*** est un genre de houmous à base de fèves ou de haricots épicés, accompagné de *hobza,* le pain maltais.
– Les ***pastizzi*** sont des petits triangles de pâte feuilletée, traditionnellement fourrés à la ricotta. Les *pastizzi tal-pizelli* sont, eux, garnis d'une purée de petits pois. Il en existe également aux anchois et aux olives ou à la viande, mais c'est plus rare. Même s'ils sont salés, ils sont proposés comme des pâtisseries. Aussi populaires, les ***qassatat*** ressemblent à des minitourtes au fromage à base de pâte brisée.

Les soupes

– L'***aljotta*** est une soupe de poisson avec ail, oignon et tomate.
– Le ***kusksu*** est une soupe composée d'une pâte de fèves fraîches et de petits pois, accompagnée du fromage de chèvre typique de Gozo, le *gbejniet.*
– La ***minestra*** (version locale du minestrone italien) consiste en une soupe de légumes mêlant pommes de terre, oignons, choux, courgettes, tomates, pâtes, lentilles et pois chiches.

Les plats

– Les ***brungiel mimli*** sont des aubergines farcies à la viande de bœuf et de porc.
– Le ***timpana*** est un gratin aux macaronis, garni de viande hachée. Pas cher mais pas toujours très fin !
– Le ***bragioli*** est une sorte de paupiette de bœuf émincé préparée avec des œufs, du bacon, des olives et de la mie de pain et revenue dans une sauce au vin.

Les poissons

Présents sur toutes les cartes, ils sont vendus à la pièce ou au poids (assez chers malgré la proximité de la mer). Pour éviter les (mauvaises) surprises, bien demander le prix avant de vous le faire préparer. Il est servi en sauce (tomate, câpres et ail) ou grillé.
– La ***torta-tal-lampuki*** est la grande spécialité de l'île, faite avec ce poisson très populaire qu'est le *lampuki,* daurade que l'on prépare en croûte avec des épinards, du chou-fleur et des noix sur une pâte sablée. On déguste également le *lampuki* dans une sauce tomate relevée. Ce plat n'est servi qu'entre fin août et novembre, époque à laquelle ce poisson migrateur passe au large des côtes maltaises.
– Le ***poulpe*** (*octopus* en anglais) se mange en sauce tomate, pour accompagner les pâtes, ou en ragoût ***(stuffat tal-qarnit).*** Son cousin, le ***calamar,*** est souvent frit ou farci.

– Quant aux ***fruits de mer,*** ils sont, eux aussi, proposés frits ou farcis, ou encore en accompagnement des célèbres *spaghetti frutti di mare.*
– *Un conseil :* dans les restaurants, il faut toujours demander quel est le poisson frais du jour *(catch of the day),* car pour chaque saison une espèce domine. Au printemps, ce sont les espadons *(pixxispad)* et les mérous *(cerna)* ; en automne, le *lampuki* (daurade coryphène).

Petit lexique des poissons :

Pagell	pageot
Accola	sériole
Lampuki	daurade coryphène
San Pietro	saint-pierre
Fanfru	poisson-pilote
Dott	cernier
Cerna	mérou
Kubrita	thon
Pixxispad	espadon
Skorfna	rascasse de fond
Pagru	pagre
Dentici	dentis
Sargu	sar

Les viandes

– Le ***fenek*** ou lapin de garenne est l'un des plats préférés des Maltais, qui le mangent en ragoût ou en sauce, avec des pommes de terre (voire des frites) ou des pâtes. On le décline aussi en ***torta-tal-fenek,*** lapin mariné et cuit dans une sauce au vin rouge, puis servi en croûte. Le ***fenek mogli*** est un lapin frit assaisonné d'ail et de laurier, cuit dans du vin blanc. La sauce au lapin accompagne souvent les spaghettis. Là encore, la qualité varie beaucoup d'un restaurant à l'autre.
– L'***agneau*** est un plat très apprécié, surtout cuit au feu de bois.
– L'***ilsien biz-zalza pikkanti*** est une langue de bœuf servie avec une sauce aux câpres.

Les fromages

– Le fromage de chèvre, le ***gbejniet,*** se déguste frais ou sec.
– Le fromage de brebis de Gozo, le ***gbejna,*** se consomme sec ou au poivre, ou les 2 à la fois (assez fort). On peut également le déguster en raviolis, agrémentés d'une sauce tomate (délicieux !).

Les desserts

– Le ***figolli*** est un gâteau sec à la pâte d'amande et au citron.
– Le ***qubbajt*** ou nougat est sans doute le plus populaire des desserts, concurrencé de près par le ***qaghaq ta'l-ghasel,*** un biscuit fourré à la figue.
– Le ***pudina*** (du pudding anglais) est une sorte de pain perdu, auquel on ajoute des œufs, de la vanille, des fruits confits, des raisins secs, des écorces d'orange et une goutte de rhum ou de brandy.
– Le ***prinjolata*** est un gâteau fait à base de biscuits à la cuillère, cerises glacées et pignons.
– Certains biscuits sont associés aux fêtes religieuses, tel le ***kwarezimal,*** un gâteau chocolaté aux amandes et aux noix que l'on mange au moment du carême, ou le ***pastini tal-rahal,*** un beignet couvert d'un glaçage que l'on consomme pour les baptêmes.
– Comme en-cas sucré, il existe une tradition de petits gâteaux sablés ***(biskuttini)*** parfumés à l'orange ou à l'anis, que l'on achète sur les marchés ou dans de petites boulangeries.

Enfin, si vous entendez au détour d'une ruelle un klaxon carillonner, inutile de vous précipiter. Ce n'est pas le marchand de glaces de votre enfance mais plutôt l'épicier ambulant, voire le camion venant récupérer à domicile les bouteilles en verre consignées...

CURIEUX, NON ?

– ***Ex-colonie oblige, les usages dans la bonne société sont essentiellement britanniques.*** De la façon de mettre la table à celle de se tenir ou de se vêtir, tout se veut la copie d'un certain art de vivre anglais.
– ***Même les prises électriques sont de type anglais,*** avec 3 fiches (adaptateur nécessaire) et munies d'interrupteurs. Pensez à presser sur « on » avant d'aller vous plaindre à la réception ou au proprio !
– Le maltais, d'origine araméenne (la langue du Christ), est la seule langue sémitique d'Europe écrite en latin. Très complexe, elle adopte la grammaire arabe et mêle des mots siciliens, napolitains, anglais, arabes et français.
– Compliqué le maltais ? En tout cas, s'il y a un mot facile à retenir, c'est *bonjour,* qui se dit phonétiquement « ***bon'djou*** ». Fastoche !
– C'est le pays européen qui accueille ***le plus de séjours linguistiques*** après le Royaume-Uni. Au soleil, les verbes irréguliers rentrent mieux !
– La religion est ancrée plus que tout dans la société maltaise. Ne pas assister à la messe quotidienne est sinon suspect, du moins curieux.
– Tout autour des maisons maltaises, il est étonnant de voir fleurir des bouteilles d'eau. Il s'agit en fait d'un repoussoir, stratégiquement installé par les proprios contre les chats. Lorsqu'ils pissent dessus, comme la bouteille est ronde, l'urine revient sur eux. Pas bête, non ?

ÉCONOMIE

Situation économique

De par sa taille, ses volumes d'importations et d'exportations, l'économie maltaise se révèle extrêmement sensible à la géopolitique et à l'activité économique mondiale.
La balance commerciale de Malte est structurellement déficitaire, puisque l'archipel dépend presque en totalité de ses importations en produits industriels, en biens de consommation et, plus encore, en énergie. Parallèlement, Malte s'est lancée dans le forage en mer, mais la production est encore très faible.
En 2019, le taux de croissance s'élevait à 5 %, tandis que le taux de chômage atteignait un taux record de 3,6 %. Toutefois, comme dans d'autres pays européens, la flambée du prix de l'immobilier et l'accroissement des inégalités ont entraîné pour une partie des Maltais une dégradation des conditions de vie.
Surtout, la crise de la Covid est venue casser ce bel élan... avec un taux de croissance estimé pour 2020 à - 7 % ! Mais les estimations pour 2021 et 2022 affichaient une croissance de respectivement 4,7 % et 5,6 %, notamment grâce au plan de soutien mis en place par le gouvernement. Le chômage a très peu augmenté lors de la pandémie (4,3 % en 2020), car le départ d'une grande partie des travailleurs étrangers a laissé de nombreux emplois vacants dans le secteur privé. Mais cela ne doit pas occulter le fait que 20 % des Maltais se trouvent dans une situation de grande vulnérabilité, d'après Eurostat.
Par ailleurs, compte tenu du ralentissement de ses échanges avec les pays européens, Malte cherche à diversifier ses partenariats hors de l'Europe, entre autres vers l'Afrique du Nord (liens historiques avec la Libye, qu'elle a maintenus malgré la guerre). 12 % du trafic marchand de la Méditerranée transite par le port franc maltais.

Les différents secteurs

Ce n'est pas l'***agriculture*** qui peut participer à la hausse de la croissance : avec moins d'un tiers de sols fertiles et un déficit hydraulique constant, l'île ne peut miser sur une « terre nourricière », ne produisant que 20 % de ses besoins. Le secteur, en déclin, ne représente que 0,7 % du PIB et 1 % des emplois. La ***pêche*** non plus ne pèse pas beaucoup malgré l'implantation de fermes d'élevage en pleine mer. En revanche, l'***industrie*** (12,5 % du PIB et 18 % de la population active) et surtout les ***services*** (près de 75,6 % du PIB et 81 % des emplois), dont le tourisme, les jeux et paris en ligne *(online gaming)* et les services financiers constituent les piliers de l'économie maltaise et permettent d'équilibrer la balance commerciale.

Près de 95 % des entreprises emploient moins de 10 personnes. Elles sont souvent familiales. Ce n'est pas le cas de la société franco-italienne *ST Microelectronics,* 1er employeur de l'île, qui assure encore 34 % des exportations à elle seule ! Une dépendance qui lie partiellement le taux de croissance national aux résultats de la firme.

La diversification est primordiale, mais la ***construction navale*** et le ***textile*** sont des secteurs en pleine incertitude. Reste l'***industrie pharmaceutique,*** bien implantée et qui continue de se développer (notamment grâce à l'essor du cannabis à usage thérapeutique), tout comme la production de papier fiduciaire, de plastique et de caoutchouc.

Les ***services financiers*** jouent un rôle important, c'est d'ailleurs l'un des rares secteurs qui a continué à croître (fortement) pendant la crise. Ils contribuent à hauteur de 15 % du PIB. Malte n'est pas un paradis fiscal au sens strict du terme, mais un pays à fiscalité très avantageuse.

Les casinos virtuels, jeux et paris ***en ligne*** qui fleurissent sur la Toile (12 % du PIB !), ainsi que les cryptomonnaies ont eux aussi contribué à maintenir la croissance ! Malte est également devenue leader en Europe de la technologie « blockchain » (base de données sécurisée qui fonctionne avec une cryptomonnaie, sans organe de contrôle, un peu comme Internet) !

Le ***tourisme*** s'est imposé comme une ressource essentielle dès les lendemains de l'indépendance. Avec 2,7 millions de visiteurs en 2019 (+ 5 % par rapport à 2018), sans compter les croisiéristes, il représentait 27 % du PIB et de l'emploi. Mais alors que l'incertitude demeurait quant aux répercussions du Brexit (les Britanniques représentant à eux seuls un quart des dépenses touristiques), la Covid est venue ébranler le tourisme planétaire en général et maltais en particulier, entraînant une baisse de -75 % de nombre de touristes en l'espace d'un an. Espérons que le plan de relance conjugué aux aides européennes permettront de soutenir suffisamment longtemps les acteurs locaux. Le tourisme était en effet la 1re source d'emplois, y compris pour certains fonctionnaires, agents locaux ou personnels des banques qui, à la fin de leur service, se transformaient en serveurs, guides ou réceptionnistes, cumulant 2, voire 3 emplois.

La 1re flotte d'Europe

Depuis toujours, le destin de Malte est lié à la mer qui l'entoure : plateforme d'échanges entre Orient et Occident, verrou stratégique contre l'avancée des Turcs en terre chrétienne, l'île vit encore au rythme des bateaux qui croisent au large (70 % du trafic méditerranéen passe entre la Sicile et Malte) ou qui s'attardent dans les chantiers navals. Voilà pourquoi, à la fin des années 1970, l'île s'est tournée vers le service aux armateurs : rapidité d'enregistrement des bateaux, confidentialité... aujourd'hui l'archipel, sur le papier tout du moins, est ***la 1re flotte marchande d'Europe et la 6e au monde (en tonnage).*** L'Union européenne a ainsi accédé au rang de 1re puissance maritime du globe en tonnage de bateaux lourds (grâce aussi à Chypre et à la Grèce). Le *Freeport* de Malte est classé au 1er rang des ports de conteneurs en Méditerranée (8e sur le plan mondial) grâce à la zone franche de Kalafrana où, jour et nuit, on transborde sans droits de douane les conteneurs de tous les pays pour qu'ils repartent vers de nouvelles destinations.

En eaux troubles

De son côté, le gouvernement maltais s'est engagé à poursuivre ses réformes en matière de sécurité maritime. Après l'octroi trop laxiste du ***pavillon maltais*** à des bateaux ne répondant pas aux normes en vigueur (le naufrage de l'*Erika* en 1999 au large des côtes bretonnes en est le plus triste exemple), les autorités ont pris conscience des risques réels engendrés par la circulation de ces bateaux-poubelles. Entre 1998 et 2000, plus de 10 % des navires maltais contrôlés dans des ports européens avaient ainsi été déclarés en infraction avec la législation ! Mais, en dépit de mesures draconiennes prises pour redorer aux yeux de l'Europe un blason terni par des années de complaisance, l'accident du pétrolier *TK Bremen* au large de la Bretagne (encore) en 2011, qui a souillé une plage classée du Morbihan, prouve que la vigilance reste de mise.
Par ailleurs, les autorités maltaises sont accusées par la police italienne de fermer trop vite les yeux sur les ***trafics*** qui ont lieu à la limite de ses eaux territoriales.

L'Union européenne : une intégration naturelle

La question de l'entrée dans l'Union européenne était essentiellement un choix économique. L'Europe est aujourd'hui le principal partenaire commercial. Il est apparu alors naturel au gouvernement maltais de formaliser ces liens existants. Malte a répondu aux exigences économiques de Bruxelles et a rallié l'Union le 1er mai 2004, avant de rejoindre la zone euro début 2008.

QU'EST-CE QU'ON ATTEND POUR ÊTRE EURO ?

C'est la Monnaie de Paris qui fut chargée de frapper les nouvelles pièces en euros pour le plus petit État européen. L'institution a donc acheminé à Malte quelque 45 conteneurs bourrés d'euros : au total, 200 millions de pièces pour 400 000 habitants, soit environ 500 pièces par habitant...

Par son niveau de vie, l'archipel ne ressemble nullement à la Grèce ou au Portugal lors de leur admission dans la Communauté. En revanche, par ses besoins en infrastructures, par l'organisation de ses marchés et de ses débouchés, elle a des traits communs avec ces 2 pays. L'Union européenne demeure le 1er partenaire commercial de l'archipel : la France est le 4e fournisseur de Malte.

ENVIRONNEMENT

L'environnement est une préoccupation récente du gouvernement maltais. Sa protection a été considérée comme incompatible avec le développement économique de l'île.
Avec une des densités de population les plus fortes au monde, notamment en haute saison, lorsque les touristes sont plus nombreux que les Maltais, il faut répondre à un besoin accru en eau potable et en énergie. Or Malte est ***un des pays les plus secs du monde.*** Et le peu d'eau présent dans les nappes phréatiques est pollué par l'eau de mer qui s'infiltre près du littoral ou par les eaux usées. Le bât blesse donc nécessairement. Des usines de désalinisation de l'eau de mer et des centrales électriques (pour désaliniser l'eau) ont été aménagées sur la côte mais, si l'on ajoute l'activité portuaire et la colonisation du littoral par les infrastructures touristiques, on assiste bel et bien à une surexploitation du milieu et à une dégradation de l'environnement terrestre et marin. Une autre option a été retenue : le traitement des eaux usées pour irriguer les champs.

En ce qui concerne la faune, il existe néanmoins des réserves naturelles (l'îlot de Filfla et dans le nord-ouest de Malte notamment), interdites l'été aux visiteurs pour mieux préserver leur environnement.

L'Europe joue un rôle primordial pour pallier en partie le manque de moyens dont dispose le gouvernement pour mener à bien sa politique environnementale. Les fonds européens ont servi, entre autres, à traiter les eaux usées et les déchets, dont seule une petite partie était jusqu'alors retraitée, le reste étant entreposé dans des décharges, parfois illégales, ou rejeté à la mer (comme le font certaines industries). Aujourd'hui, les bâtiments publics sont équipés afin de réduire leur empreinte énergétique. L'État a lancé un ***programme de développement durable à Gozo,*** qui prend différents axes (meilleure gestion de l'eau et des déchets, éducation, énergie, agriculture et tourisme, entre autres). Cela afin de rendre l'île plus attractive pour les visiteurs et les investisseurs. Gozo, de par sa nature et ses défis, se prête particulièrement à cette « expérimentation ». Ce programme met assurément un coup de projecteur sur l'île. Espérons juste que les réalisations seront à la hauteur des attentes et non un simple vernis marketing.

Sur le plan agricole, dans un pays qui a opté pour l'usage des pesticides au tournant du XXIe s, le biologique paraît de la science-fiction, pire, un retour en arrière. Il est aujourd'hui difficile de trouver des produits bio dans l'archipel (qu'ils soient maltais ou importés). Toutefois, de plus en plus d'agriculteurs ont recours à des engrais naturels, type lisier. Mais il est répandu, la plupart du temps, avant d'avoir été composté, entraînant la prolifération d'une faune inattendue : les moustiques, friands de ce genre de milieu !

Jusqu'à présent, pour une majorité de Maltais, l'environnement demeure un problème secondaire (on jette facilement ses ordures sur les bas-côtés) et la chasse une passion de chaque instant. Les autorités ont néanmoins mis en place un ***programme d'éducation à l'environnement*** dans les écoles. Les profs ont même reçu une formation particulière. Parallèlement, des campagnes destinées à un large public tentent de faire prendre conscience à l'ensemble de la société que seuls des efforts de part et d'autre pourront conduire à un assainissement de la situation.

GÉOGRAPHIE

Situé à une centaine de kilomètres au sud de la Sicile et à 350 km des côtes de Tunisie et de Libye, voilà un archipel de la Méditerranée dont la géographie explique en grande partie l'histoire. Contrairement à ce que l'on croit souvent, Malte n'est pas l'ultime pointe du sud de l'Europe avant les rivages de l'Afrique du Nord et de l'Orient (c'est l'extrémité sud de l'île de Chypre). L'archipel maltais est composé de 2 îles principales : Malte (246 km²) et Gozo (67 km²). Entre elles se trouvent les îlots de Comino (3 km²) et Cominotto, et au sud le minuscule îlot de Filfla. Vue du ciel, l'île de Malte a l'aspect d'un gros rocher aride aux tons gris et mordorés, cerné par une mer turquoise. Ni fleuve ni rivière, nulle montagne ou forêt. Le paysage présente un relief d'origine calcaire aux côtes déchiquetées, alternant falaises et baies sur la côte nord-est (ports de Birżebbuġa, Marsaxlokk, Marsaskala), qui servent de refuge aux bateaux.

L'île de Malte

L'île principale mesure 27 km de long et 14 km de large.

– *La partie est et nord-est de l'île :* la région autour de La Valette se distingue par la densité de son urbanisme et de son habitat. Les faubourgs et les villes se suivent et se touchent, encastrés les uns dans les autres, comme soudés par le manque d'espace. Vue du ciel, ce n'est plus qu'une vaste agglomération. Vous êtes là dans une des régions les plus densément peuplées d'Europe ! 1 500 habitants/km² ! C'est presque 4 fois plus que la Belgique. Hormis quelques hautes tours

à Paceville, dont le gratte-ciel dessiné par Zaha Hadid, et d'autres en construction à l'intérieur des terres, le reste de l'île est un tissu urbain compact de petits immeubles et de maisons individuelles.
– *La partie centrale et occidentale :* elle offre un paysage un peu moins plat et légèrement plus vert. Quelques collines apparaissent coupées de modestes vallons piqués de bosquets. Les champs parfois en terrasses sont enclos de murets de pierre sèche. Des haies de lauriers-roses et des figuiers bordent les petits chemins de campagne, atténuant par leur coloris l'aridité de ce paysage surchauffé. C'est d'ailleurs dans cette partie de l'île que l'on trouve la seule tache verte : la forêt de pins et les jardins de Buskett (« bosquet »).

L'île de Gozo

Plus bucolique, l'île de Gozo est une contrée de paysans et de pêcheurs, et le complément « nature » de Malte. La terre y semble moins rêche. L'île est en effet plus fertile.

HISTOIRE

Vieux comme « Malthusalem »

L'archipel semble avoir évolué dans un isolement total, jusqu'à ce que l'homme soit capable de naviguer et de traverser le bras de mer qui sépare Malte de la Sicile. C'est donc vers 5200 av. J.-C. qu'un 1er groupe humain débarque sur l'île.
Les techniques de navigation ne sont cependant pas assez poussées pour que le lien culturel entre la culture mère et le nouveau foyer de peuplement se maintienne de façon permanente. Les immigrants évoluent indépendamment et, à partir des traditions ancestrales, ils développent une identité propre.
Ils conservent néanmoins leurs croyances en s'adonnant au culte de la fertilité animale et végétale, symbolisé par une, voire 2 déesses (la mère et la fille). Les morts sont ensevelis dans des anfractuosités naturelles ou dans des tombes creusées de main d'homme, et rendus ainsi au sein de la Terre-Mère. Cette 1re phase, correspondant au début du Néolithique, est baptisée Għar Dalam en référence à la grotte où les 1ers vestiges humains ont été mis au jour.
D'autres périodes suivent, identifiées aux formes de poterie découvertes : phase de Skorba grise (4500-4400 av. J.-C.), puis phase de Skorba rouge (4400-4100 av. J.-C.). C'est à cette époque qu'apparaissent les 1res représentations humaines (celles d'une déesse-mère). La phase de Żebbuġ (4100-3800 av. J.-C.) correspond à l'émergence de tombeaux collectifs creusés dans la roche ; on observe un phénomène identique en Sicile et en Italie du Sud au même moment.

Le temps des temples

Au début du IVe millénaire av. J.-C., une nouvelle vague de peuplement voit l'érection de lieux de culte de plus en plus importants. Pendant près de 1 500 ans, les hommes vont perfectionner leurs constructions : d'abord de dimensions normales, les temples deviennent gigantesques avec ceux de Ġgantija, à Gozo (3600-3000 av. J.-C.). On parle désormais d'architecture mégalithique.
Il semble que ces transformations soient dues à une évolution du culte. D'abord lieux de sacrifices de la communauté pour obtenir de bonnes moissons et un cheptel nombreux, ces temples prennent une dimension religieuse en établissant une relation entre l'homme et la divinité. Puis ils jouent un autre rôle en guérissant les malades. À la fin de la civilisation des temples, le « clergé » aurait été assez puissant pour diriger la population. D'ailleurs, il se peut que le ***temple de Tarxien,*** centre de la phase la plus aboutie (3000-2500 av. J.-C.), fût aussi un palais de cette caste de « rois-prêtres ». C'est à cette même époque qu'a été réalisé le fabuleux ***hypogée de Hal Saflieni.***

Alors qu'elle est parvenue à un degré technique très élevé, comme en témoignent non seulement les plans et les croquis architecturaux, mais aussi la qualité de leur décoration, la civilisation disparaît vers 2500 av. J.-C. sans qu'il y ait la moindre trace de guerre ou d'épidémie.
La légende grecque, qui faisait de Malte l'île de Calypso, dépourvue de mâles, provient-elle d'une réalité préhistorique ?
Quoi qu'il en soit, Malte semble déserte pendant plusieurs siècles. Entre 2500 et 2000 av. J.-C., de nouveaux venus s'y installent. Utilisant le bronze pour leurs outils et leurs armes et incinérant leurs morts, ils squattent les anciens grands temples, presque en ruine, comme à Borġin-Nadur, ou les transforment en champ d'urnes funéraires, comme à Tarxien.

UN SI LONG RETOUR

Calypso est une nymphe de la mer qui aurait retenu Ulysse sur son île (sans doute Gozo) durant 7 ans, lors de son retour vers Ithaque, lui promettant même l'immortalité s'il restait près d'elle. Finalement, Zeus lui ordonna de le relâcher. Heureusement pour Pénélope !

De l'âge du métal à Carthage

À la fin du IIe-début du Ier millénaire, de nouveaux immigrés débarquent de Calabre. Ils entrent peu après en contact avec des commerçants venus du lointain Orient, les Phéniciens. Aux alentours de 900 av. J.-C., ceux-ci, devenus les maîtres du commerce méditerranéen, cherchent à se doter de comptoirs sur les routes de l'Espagne et du sud de la Gaule. Naturellement, ils en installent à Malte. Il semble que leur établissement se soit limité aux seuls abords portuaires, car si Malte les a séduits par ses ports bien protégés, ils préfèrent l'Afrique voisine pour établir leur colonie, Carthage.
Mais avec la découverte, en 2014, d'une épave de navire de commerce datée de 700 à 675 ans av. J.-C. (la plus ancienne jamais trouvée à l'ouest de la Méditerranée), on devrait en savoir plus sur le commerce des Phéniciens.
L'effondrement de la puissance phénicienne permet aux Grecs de s'installer dans l'archipel, dans le cadre de leur colonisation de la Grande Grèce (Sicile et Italie du Sud). Mais, au Ve s av. J.-C., la puissante Carthage s'empare de Malte pour en faire une base essentielle dans sa lutte contre la Grande Grèce et contre Rome. Les Carthaginois colonisent l'archipel et s'installent à l'intérieur des terres, comme le prouve le grand nombre de tombes mises au jour, accueillant sarcophages en terre cuite ou urnes funéraires. Une ville est bâtie sur le haut plateau central, et des temples sont dédiés aux dieux phéniciens, Baal, Melqart, Astarté... La langue punique (langue phénicienne parlée à Carthage) devient alors la langue commune. C'est à Malte que l'on a découvert le cippe (une stèle aujourd'hui au Louvre) portant une inscription bilingue (grecque et phénicienne) qui a permis de déchiffrer cette dernière langue.
Mais la réussite de Carthage gêne la volonté expansionniste de Rome. Au cours de la 2e guerre punique, en 218 av. J.-C., les armées romaines s'emparent de l'archipel sans aucun combat.

De Rome à Byzance

Rome remercie les Maltais en les reconnaissant *socii* (c'est-à-dire « associés ») du peuple romain et rattache l'archipel à la Sicile. Les Romains développent l'exploitation des 2 îles, multipliant les constructions de villas, en fait des exploitations agro-industrielles où la production d'huile d'olive prédomine largement. L'archipel, alors riche, se romanise de plus en plus. Des bains et des piscines sont construits près des sources les plus importantes (Għajn Tuffieħa). La capitale, Melita (aujourd'hui Mdina), devient une ville importante, protégée par une enceinte, au-delà de laquelle s'étend une vaste nécropole.

De somptueux temples se substituent aux sanctuaires puniques. C'est à cette époque que la tradition situe le naufrage de saint Paul. L'apôtre et citoyen romain doit être jugé au tribunal impérial de Rome lorsque le bateau qui le transporte fait naufrage et que les passagers s'échouent vraisemblablement sur une île appelée Melita, au large de l'actuelle Saint Paul's Bay. Rescapé avec ses gardiens, Paul est protégé par les Maltais. Il reste 3 mois dans l'archipel, fort bien traité, et évangélise une petite partie de la population. Bientôt l'empire d'Occident subit les coups répétés des invasions barbares. Après la chute de Rome au Ve s, Malte connaît le sort des îles romaines de la Méditerranée. En 533, le général byzantin Bélisaire, lors de son expédition contre le royaume vandale d'Afrique du Nord, s'empare de l'île qui est intégrée, dès lors, à l'empire d'Orient. Tant que dure la puissance byzantine en Méditerranée centrale, Malte en est une importante base navale, et son Église est rattachée au patriarcat de Constantinople.

La domination musulmane

Malte, peut-être déjà sous influence arabe, est conquise en 870 par Muhammad ibn Khadafcha pour le compte de la dynastie de Kairouan (en Tunisie actuelle).
Les musulmans ne semblent pas avoir traité Malte autrement que comme une zone secondaire du domaine sicilien, et la colonisation a surtout été agricole. La capitale est coupée aux deux tiers par un fossé *(saqqajja)*. Le tiers le plus élevé est fortifié et porte le nom de « ville » *(Mdina)*, tandis que la partie située entre le mur romain et le fossé s'appelle le faubourg, « l'enceinte » *(Rabat)*.

La reconquête chrétienne et la domination sicilienne

Aux alentours de l'an 1000, la dynamique musulmane s'épuise dans les luttes d'influences entre les divers mouvements de l'islam, et son unité vole en éclats avec la multiplication des émirats et califats en Occident. Les 1res monarchies de l'Europe féodale en profitent pour partir à la reconquête des anciens espaces romains. Cette œuvre est – en ce qui concerne l'Italie du Sud, la Sicile et Malte – le fait de Normands, dont Roger de Hauteville, qui débarque à Malte en 1090. Il y rétablit le christianisme.
Malte demeure un territoire annexe de la Sicile et les chrétiens semblent y accorder aussi peu d'importance que les musulmans avant eux. Les agents du roi de Sicile exploitent l'île sans ménagement, constituant rapidement une noblesse maltaise, qui tente, au début du XVe s, de s'approprier les pouvoirs militaires et civils. Une révolte populaire, en 1427, contre le gouvernement d'un de ces nobles, conduit Alphonse V le Magnanime à garantir solennellement les droits du peuple maltais, obligation à laquelle doivent désormais se soumettre tous les princes qui gouvernent Malte.
Durant les 5 siècles de domination sicilienne directe, le visage de l'île se modifie. La culture des céréales, du coton et de la vigne occupe une population rurale qui croît lentement et abandonne peu à peu ses hameaux au profit d'un habitat plus groupé, notamment en raison de l'insécurité causée par les incursions des Barbaresques.

L'ordre des Hospitaliers de Saint-Jean de Jérusalem

Le destin de Malte bascule au XVIe s avec l'arrivée des chevaliers de l'ordre de Saint-Jean de Jérusalem. Successivement chassés de la Ville sainte, puis de Chypre et de Rhodes, d'où Soliman le Magnifique les a délogés en 1523, ils obtiennent l'appui de Charles Quint pour faire de Malte leur nouvelle base. L'empereur craint, à juste titre, une intervention ottomane dans le bassin occidental de la Méditerranée. Or les Hospitaliers sont les seuls à posséder une marine de guerre permanente.

La cession est entérinée à Castelfranco, le 24 mars 1530. Les Hospitaliers se voient confier Tripoli et l'archipel de Malte. La Sicile conserve la propriété sur ces domaines, l'Ordre n'en reçoit que l'usufruit et s'engage à en demander l'investiture à chaque nouveau règne.

Le Grand Siège et les débuts de l'Ordre à Malte

Pour les chevaliers, Malte est un pis-aller : l'archipel est inculte et n'abrite que 15 000 habitants. Ils penchent plutôt pour une installation autour de Tripoli. Ils n'emménagent donc pas dans la capitale, qu'ils laissent à la vieille noblesse, mais à Birgù, un éperon vaguement fortifié au milieu du Grand Port. Leurs débuts ne sont pas fameux : échec devant Alger en 1541, déportation des habitants de Gozo en 1551, défaite devant Djerba en 1560.

Le pire reste pourtant à venir : le 18 mai 1565, 180 galères turques débarquent à Malte, avec à leur bord 40 000 hommes, ottomans et barbaresques, et 50 canons. Le Grand Siège commence. Les troupes ennemies s'installent sur la haute langue de terre, la presqu'île de Sciberras, qui surplombe le Grand Port et Birgù, seulement défendue par le fort Saint-Elme. Ce dernier concentre toutes les attaques avant de tomber en juin. Les corps des chevaliers sont décapités, éventrés et crucifiés sur des planches, qui sont ensuite jetées dans le port avant d'échouer sous les fenêtres du grand maître Jean de La Valette. Comme à cette époque on n'est pas à une barbarie près, les chevaliers font à leur tour décapiter les prisonniers turcs et catapulter leurs têtes dans les lignes ottomanes...

CHACUN SON LOUP

Le Grand Siège et l'affrontement entre les Maltais et les Ottomans sont encore bien ancrés dans la culture maltaise. « Si tu n'es pas sage, le Turc viendra t'enlever », dit-on ici aux enfants désobéissants pour leur faire peur.

En juillet, l'offensive turque est sur le point de l'emporter et le grand maître est blessé. Mais en septembre parvient le « Grand Secours », composé principalement d'Espagnols, qui effraient tant et si bien les Ottomans que ces derniers lèvent le siège le 8 septembre après avoir perdu 30 000 hommes. Côté chrétien, 9 000 Maltais et 219 chevaliers ont péri. Ce « Verdun du XVIe s » ne marque aucune victoire, mais le changement de camp de la dynamique offensive. L'Ordre en est grandi, magnifié par le renouveau chevaleresque que connaît alors l'Occident chrétien. L'île est dorénavant appelée « le boulevard de la Chrétienté ». Malte sort de son anonymat sicilien pour devenir le centre vers lequel se tournent les regards de la noblesse européenne.

L'Ordre, sous la férule de Jean de La Valette, réorganise la défense de l'île. Une ville neuve surgit, sur la presqu'île de Sciberras, entre le Grand Port et celui de Marsamxett. Les chevaliers l'édifient en 5 ans avec l'aide des esclaves turcs, et l'entourent d'un impressionnant système de fossés et de remparts. La Valette devient la capitale de l'Ordre, siège du couvent et des organes essentiels. Mais lorsque les chevaliers s'y installent, en 1571, la Sainte Ligue a déjà défait les Ottomans à Lépante, ruinant définitivement leur puissance maritime. Ils ne sont plus dès lors une menace.

Officiellement, l'Ordre reçoit alors la charge de la police maritime contre les pirates barbaresques.

Une puissance politique et économique en Méditerranée

Les grands maîtres comprennent rapidement que la Méditerranée est redevenue une importante zone d'échanges économiques, et l'île se retrouve au cœur d'un vaste circuit commercial entre les 2 bassins de la Méditerranée. Dès la fin du XVIIe s, l'enrichissement des Maltais est apparent : un important essor

démographique (l'archipel compte alors 100 000 habitants), de nouvelles constructions, un art de vivre nouveau, y compris dans les villages, sont autant de signes prouvant l'émergence d'une bourgeoisie aux liens économiques et familiaux étroits avec la Provence, la Catalogne ou les Deux-Siciles.
Cette modernisation de l'économie ne s'accompagne pourtant pas d'une modernisation des mentalités politiques. Rien n'est plus étranger aux Maltais que l'idée d'État. Les efforts absolutistes d'un Manoel de Vilhena ou d'un Pinto da Fonseca, grands maîtres du XVIIIe s, ne sont supportés que tant qu'ils s'accompagnent d'un mieux-être général ; mais lorsque Ximenes entreprend une réforme de l'État, des finances et de la législation, en pleine dépression économique, c'est la 1re révolte contre l'Ordre, la *révolte des prêtres* de 1775. Son successeur, Emmanuel de Rohan-Polduc, dote alors l'île d'un code de lois très modernes, qui doit beaucoup aux penseurs et juristes les plus éclairés du XVIIIe s. Malgré tout, l'agitation est encore perceptible. Il est clair que Malte n'accepte la puissance tutélaire des chevaliers que pour les avantages qu'elle en tire. Or, à partir des années 1780, l'Ordre entre en turbulences. Des oppositions, d'abord intestines, puis contre le roi de Naples, son suzerain, et contre le pape, son supérieur, se transforment en cauchemar avec l'avènement de la Révolution française. Ruiné par la nationalisation de ses biens français qui assuraient la moitié de ses revenus, l'Ordre est contraint de diminuer son train de vie et même de licencier des employés. Quand, ensuite, il est obligé, selon les termes de la convention de 1530, de suivre Naples dans son hostilité contre la France, il signe l'arrêt de mort du commerce maltais. Aussi, lorsque le 10 juin 1798 les troupes révolutionnaires emmenées par Napoléon en route vers l'Égypte se retrouvent devant l'archipel, barrant son horizon de plus de 300 voiles, la bourgeoisie commerçante de La Valette fait savoir au dernier grand maître, l'Allemand Hompesch, que les chevaliers ne trouveront aucun appui dans la population et que, pire, elle est prête à négocier directement avec Bonaparte. Hompesch, s'estimant trahi par ses sujets et assurément convaincu de l'inanité de ses efforts, accepte, mais sans la ratifier, la convention par laquelle l'Ordre abandonne Malte et ses dépendances à la République française.

De l'occupation française...

Bonaparte reste 6 jours à Malte, le temps de signer un nombre prodigieux d'ordres qui réorganisent totalement l'île sur le schéma de la Constitution de l'an III. L'archipel est divisé en municipalités, un gouvernement local est organisé à côté d'un commissaire du Directoire, la noblesse et la féodalité sont abolies, les lois françaises introduites et l'Église est réorganisée. Ajoutez à cela une réglementation économique tatillonne, une présence permanente de l'administration et l'avantage donné à la bourgeoisie commerçante de La Valette, il n'en faut pas plus aux Maltais pour prendre les armes contre l'occupant.
Le général Vaubois, qui commande la garnison, se laisse enfermer dans La Valette, espérant avoir les insurgés à l'usure ; mais ceux-ci en appellent à leur suzerain, le roi de Naples, qui demande à ses alliés anglo-portugais d'aider les Maltais. Nelson entreprend alors le blocus de l'île, cédant bientôt la direction des opérations à son adjoint Alexander Ball. Ce dernier a compris l'intérêt économique de Malte dans le cadre de l'expansion économique vers l'Orient. C'est pourquoi, souvent contre les ordres de son propre gouvernement, Ball organise un véritable parti pro-anglais, réinstituant le *congrès du Peuple,* qu'il dirige, et éliminant tous ceux qui pourraient s'opposer à la mainmise britannique sur l'île.
Les commerçants qui ne s'étaient pas liés aux Français voient alors tout l'intérêt qu'ils peuvent tirer d'une alliance avec une puissance économique aussi forte que lointaine. Le vieux rêve des Maltais de tirer d'importants avantages d'une sujétion légère et éloignée leur fait envoyer une délégation pour offrir à George III la souveraineté de l'archipel.

Le 5 septembre 1800, le général Vaubois et l'amiral Villeneuve, réduits par la famine, signent la capitulation de la garnison française. Bonaparte, qui a supplanté l'Ordre, comprend trop tard son erreur et tente de récupérer Malte en y réimplantant les chevaliers. Mais alors qu'il croit avoir berné les Anglais en faisant élire un nouveau grand maître, ces derniers refusent de quitter l'île, déclenchant par la même occasion la réouverture des hostilités entre les 2 pays.

... à la colonisation britannique

Aux traités de Paris en 1814 et de Vienne en 1815, Malte est officiellement donnée à la Grande-Bretagne ; au congrès de Vérone de 1822, l'ordre de Saint-Jean renonce définitivement à toute prétention sur l'archipel.

Dans les 20 ans qui suivent, tout ce qui pouvait subsister des institutions maltaises disparaît, mais une grande partie de la population vit très médiocrement, victime d'une impressionnante croissance démographique (la population double en 100 ans) et de la ruine de la culture du coton. Encouragés par les autorités britanniques, les Maltais choisissent souvent l'émigration (Tunisie, Algérie, monde anglo-saxon).

En 1835, les Anglais octroient un embryon de Constitution, en créant, auprès du gouverneur, un Conseil de gouvernement ; puis la liberté de la presse est garantie. C'est néanmoins insuffisant pour satisfaire les aspirations des Maltais. Au tournant des années 1870, la vie politique s'anime, tandis que la politique coloniale britannique fait de l'assimilation son maître mot. L'île est alors le théâtre d'affrontements entre les forces collaborationnistes et les forces nationalistes de Fortunato Mizzi. C'est aussi à ce moment que naît la querelle linguistique qui empoisonne la vie politique maltaise jusqu'après la Seconde Guerre mondiale. Les nationalistes, affirmant la latinité de Malte, sont favorables à l'italien, soutenus en cela par l'Église ; les anglophiles, au contraire, favorables au libéralisme anglo-saxon, rêvent de supplanter l'italien. Pendant la Première Guerre mondiale, les appels à l'indépendance redoublent et, le 7 juin 1919, une manifestation en faveur d'une Constitution dégénère : le drapeau britannique est lacéré et des Maltais sont tués. En 1921, les Anglais, pour calmer le jeu, accordent un gouvernement autonome et 2 chambres (une assemblée législative et un sénat). Mais, désormais, les mécontentements sont attisés en sous-main par Mussolini, qui ne cache pas ses visées sur l'archipel. En réaction, l'anglophile Strickland, jeune noble maltais, forme un gouvernement en 1927, supprime l'italien des écoles, des tribunaux et même des noms de rues, pour lui substituer l'anglais et, surtout, le maltais, promu au rang de langue nationale, en arguant des origines phéniciennes de la population. À partir de 1929, l'Église maltaise, soutenue par Pie XI, s'oppose à Strickland. En juin 1932, les nationalistes remportent les élections et Ugo Mifsud forme le gouvernement, mais, en 1936, la Grande-Bretagne suspend la Constitution et administre directement Malte.

Une cible toute désignée

La guerre fait craindre aux Anglais des liens entre nationalistes et fascistes, et les leaders politiques sont déportés en Égypte et en Ouganda. Peu après le déclenchement des hostilités, les 1res bombes s'abattent sur l'île : elles ne cesseront plus, jusqu'en 1942.

Verrou de la Méditerranée, Malte retrouve à ses dépens sa valeur stratégique. Cernée par l'Italie et la Libye aux mains de Mussolini, et par la Tunisie dévouée au maréchal Pétain, elle demeure le seul bastion allié dans la *Mare Nostrum* des forces de l'Axe. Un blocus maritime l'affame. Hitler s'oppose toutefois à une invasion de l'île et privilégie le contrôle par la voie des airs. Les bombardiers allemands et italiens basés en Sicile effectuent raid sur raid, pilonnant les villes et les bases anglaises. En 1942, alors que les 1res difficultés des forces de l'Axe apparaissent

en Russie et en Afrique du Nord, les bombardements s'intensifient encore. Durant le seul mois d'avril, 6 730 t de bombes sont déversées sur l'île – un triste record mondial...
À l'automne 1942, Malte, soutenue et ravitaillée par des convois au prix de nombreux navires coulés ou endommagés, a tenu bon. George VI, fait rarissime, lui octroie la *George Cross...* distinction d'ailleurs intégrée sur le drapeau maltais lorsque l'archipel prit son indépendance.
Le vent est en train de tourner. Ce sont les avions et les sous-marins alliés, désormais, qui harcèlent les convois allemands partis ravitailler l'Afrikakorps. Au printemps 1943, l'île devient base arrière pour la préparation du débarquement en Sicile et en Italie du Sud (en juillet). Victoire acquise, la marine de Mussolini y reconnaît sa défaite. Pour Malte, le bilan est lourd : 1 600 morts, 25 000 maisons endommagées ou détruites pendant plus de 3 000 alertes.

Vers un État indépendant

Malte se voit dotée, ***en 1947,*** d'une nouvelle constitution : gouvernement autonome et chambre unique. La vie politique est alors monopolisée par l'affrontement entre travaillistes et nationalistes. ***En 1955,*** le mouvement travailliste, conduit par Dominic Mintoff, propose d'offrir ***Malte comme base à l'URSS,*** puis change de tactique et prône l'intégration de l'île dans le Royaume-Uni. Cette proposition recueille d'abord l'accord des Anglais, soucieux de ne pas connaître un nouveau Chypre, mais ils finissent par se lasser devant les exigences croissantes de l'homme d'État maltais. D'autant qu'au référendum qu'il organise en 1956, sur le thème de l'intégration, Dom Mintoff est désavoué par près de la moitié des électeurs, qui s'abstiennent. La vie politique maltaise connaît alors une période de turbulences qui se traduit notamment par la suspension de l'autonomie en 1958 et son rétablissement en 1961.
En 1962, les nationalistes remportent les élections avec, dans leur programme, la demande d'indépendance. Celle-ci est officielle le ***21 septembre 1964*** : ***Malte est un État du Commonwealth*** ; le gouverneur, représentant la reine, nomme le Premier ministre, obligatoirement le leader de la majorité parlementaire. Le ***7 avril 1965,*** Malte devient le 18e État membre du Conseil de l'Europe.

Entre les deux, mon cœur balance

En 1971, les nationalistes sont battus par les travaillistes, qui conserveront le pouvoir jusqu'en 1987. Le 13 décembre 1974, Dom Mintoff fait proclamer la République à Malte, rompant tous liens avec la couronne britannique, sans pour autant quitter le Commonwealth ; le gouverneur est remplacé par un président de la République. Le ***31 mars 1979,*** les dernières forces de Sa Majesté évacuent l'île. Sous l'influence du Premier ministre, Malte se range dans le camp des pays non alignés et, comme eux, flirte avec le camp communiste, sans pour autant refuser l'aide occidentale. Des liens étroits sont néanmoins tissés avec le voisin libyen, notamment des liens économiques, vitaux pour l'île dont la mono-industrie, la réparation navale, connaît alors une crise mondiale.
En 1987, les nationalistes remportent les élections et font tout pour sortir Malte de l'isolement diplomatique dans lequel ses récentes fréquentations l'ont plongée. Des initiatives spectaculaires montrent la volonté de servir alors de trait d'union aussi bien entre l'Est et l'Ouest qu'entre le Nord et le Sud. En décembre 1989, c'est dans la rade de Marsaxlokk qu'a lieu la 1re entrevue entre Bush père et Gorbatchev. En mai 1990, Jean-Paul II se rend en visite officielle dans l'île pour y réaffirmer sa vocation chrétienne. Enfin, le ***16 juillet 1990,*** Malte fait officiellement sa demande d'adhésion à la Communauté économique européenne. Les mesures prises pour mettre le pays en conformité avec les règles communautaires, principalement l'introduction de la TVA et la réglementation de la chasse, suscitent un réflexe poujadiste d'une partie de la population. C'est le moment (1997) que

choisit le Premier ministre Eddie Fenech-Adami pour dissoudre la Chambre et provoquer des élections générales anticipées. Une partie des votes se déplace sur le Parti travailliste dont le leader, Alfred Sant, refuse le principe de l'adhésion à la Communauté. Devenu Premier ministre, il interrompt la procédure de demande d'adhésion mais, au bout de 18 mois, il doit se résoudre à convoquer de nouvelles élections générales – qui ramènent au pouvoir le parti nationaliste. Eddie Fenech-Adami, redevenu Premier ministre (1998), rouvre les négociations. Le ***8 mars 2003,*** un référendum sur l'adhésion donne ***53 % de « oui »*** et 47 % de « non », avec un taux de participation de 94 %.
En avril, la victoire des nationalistes aux élections confirme les résultats du référendum. Et le ***16 avril 2003,*** Eddie Fenech-Adami signe à Athènes l'accord d'adhésion qui fait officiellement de Malte un État de l'Union européenne à partir du 1er mai 2004.
Mais le Premier ministre démissionne de ses fonctions au profit de Lawrence Gonzi afin d'être élu président de la République, succédant ainsi à Guido de Marco. Aux législatives de ***2008,*** les nationalistes de Lawrence Gonzi sont reconduits aux affaires, l'emportant de justesse (de seulement 1 % des voix, soit 1 542 votants) face à leurs adversaires travaillistes. Des élections qui n'ont mobilisé « que » 93 % des électeurs, un taux de participation jugé médiocre à Malte !
Entre-temps, le plus petit État européen a adopté la monnaie européenne le ***1er janvier 2008*** et fait son entrée dans l'espace Schengen, devenant ainsi l'une des 2 frontières les plus au sud de l'Europe, avec Chypre. Un sujet très épineux (voir plus bas). En avril 2009, le travailliste George Abela devient le 8e président de la République maltaise, et, chose rare, à l'unanimité des 2 partis politiques représentés au Parlement ! Le Parti travailliste *(Partit Laburista)* confirme son avancée aux élections européennes de 2009, tandis qu'au Parlement maltais les nationalistes ne bénéficient que d'une majorité d'un siège.
En mars 2012, les travaillistes gagnent les municipales et, en décembre de la même année, des élections générales sont convoquées à la suite de la chute du gouvernement en raison d'un désaccord sur le budget 2013. Ce qui devait arriver arriva donc : le ***9 mars 2013,*** les travaillistes remportent les élections. Ils se retrouvent ainsi à la tête du gouvernement pour la 1re fois depuis 1998... avec une avance (confortable) sur les nationalistes. Entre autres promesses électorales faites par le nouveau Premier ministre, Joseph Muscat (ancien député européen) : la diminution de 25 % du prix de l'électricité sur l'île, l'une des plus chères au monde.
En avril 2014, Marie-Louise Coleiro Preca, membre du Parti travailliste, est élue présidente de la République par le Parlement à l'unanimité, remplaçant George Abela arrivé à la fin de son quinquennat. À la même époque, le Parlement autorise l'union civile pour les couples homosexuels.
Et ***fin 2016,*** Malte est le 1er pays européen à pénaliser les soi-disant thérapies susceptibles de « convertir » les homosexuels.
En juin 2017, l'affaire des « Panama Papers » crée des remous à Malte. La femme du Premier ministre est suspectée d'avoir touché des pots-de-vin via une société-écran basée au Panama. Le scandale provoque la tenue d'élections anticipées. Malgré tout, Joseph Muscat est reconduit à la tête du gouvernement avec une large majorité.
Le 16 octobre 2017, la journaliste Daphne Caruana Galizia, à l'origine de ces révélations, est victime d'un attentat à la voiture piégée. Un cas rare dans l'Union européenne, particulièrement inquiétant, qui jette un éclairage féroce sur l'archipel et ses méthodes mafieuses : corruption, blanchiment d'argent, compte offshore au plus haut sommet de l'État, fonctions régaliennes aux ordres (justice, police). Quelle sera la réponse de l'Union européenne face aux défaillances de plus en plus flagrantes de l'État de droit à Malte ? 1er élément : sur sa liste noire des paradis fiscaux présentée en ***décembre 2017,*** l'Union européenne n'épingle aucun pays de l'UE ; étonnant !

Un an après l'assassinat de la journaliste, les commanditaires n'avaient toujours pas été appréhendés. À Malte, la liberté de la presse n'est pas garantie ! Malgré tout, un collectif de 18 médias internationaux (dont *Le Monde*), réunis sous le « ***Projet Daphne*** », poursuit les enquêtes ouvertes par la journaliste. En ***décembre 2018,*** il confirmait les soupçons de corruption entachant des proches du Premier ministre. Ce dernier finit par accepter une commission d'enquête sur l'assassinat et le retard de la justice. Seul hic : les membres sont nommés par... le Premier ministre lui-même !

Malte qui vend son passeport à de riches étrangers non communautaires pourrait être obligée de mener des enquêtes plus approfondies sur les demandeurs de citoyenneté maltaise. La Commission européenne, qui n'a pas la compétence d'interdire la procédure, a rendu un rapport en janvier 2019 sur la dangerosité du système, qui ***permet d'accueillir « le crime organisé » international*** au sein de l'UE et avec lui le blanchiment d'argent et la corruption. Ce « business de visas dorés » rapporte gros au gouvernement maltais, comme le révélait la journaliste Daphne Caruana Galizia, qui enquêtait aussi sur ce dossier au moment de sa mort. Dans la continuité de sa consœur, Caroline Muscat a fondé le site d'investigation *Shift News.* Pour son ***combat contre la corruption,*** elle a reçu en 2019 le prix de l'Indépendance décerné par Reporters sans frontières, qui salue la résistance aux pressions politiques, économiques et religieuses auxquelles elle et le journal doivent faire face au quotidien.

La ténacité à la fois des Maltais et des journalistes d'investigation a fini par porter ses fruits : le 20 novembre 2019, Yorgen Fenech, un homme d'affaires, est arrêté pour ses liens supposés avec l'exécution de Daphne Caruana Galizia. Il sera plus tard accusé par un homme de main d'être le commanditaire du meurtre. La journaliste enquêtait sur lui, soupçonnant des malversations (blanchiment d'argent et corruption) dans le cadre d'un juteux contrat industriel (la construction d'une centrale électrique au gaz). S'ensuit un effet domino : le chef de cabinet du Premier ministre (Keith Schembri, accusé par Yorgen Fenech d'avoir tiré les ficelles de cette sombre histoire), le ministre de l'Énergie de l'époque (transféré depuis au Tourisme), la ministre de Gozo (son mari, commissaire de police adjoint au moment du meurtre, était un proche de Yorgen Fenech) démissionnent, le ministre de l'Économie se met en retrait.

Le 1er décembre, sous la pression de la rue, c'est au tour du Premier ministre Joseph Muscat d'annoncer sa démission effective... un mois et demi plus tard ! Le 12 janvier 2020, ***Robert Abela remplace le Premier ministre.*** Il se présente en digne successeur de Joseph Muscat. Le gouvernement est composé peu ou prou des mêmes ministres que sous le précédent mandat. Les Maltais semblent assez résignés avec, selon un sondage Eurobaromètre publié en juin 2020, 89 % d'entre eux qui estiment que la corruption sur l'île est généralisée... Et puis, ***la crise de la Covid*** est venue imposer son rythme, figeant toute velléité et reportant toute tentative de changement... ou presque.

Car l'enquête ne s'est pas arrêtée pour autant, en grande partie grâce aux médias partenaires du Projet Daphne, impliquant toujours plus Yorgen Fenech (qui persiste à nier), alors qu'en juillet le principal témoin à charge était retrouvé chez lui inconscient, la gorge tranchée : tentative de suicide !

Au printemps 2021, nouveau rebondissement : 17 personnes étaient incarcérées pour corruption, blanchiment d'argent et falsification de documents, dont Keith Schembri, éclaboussant jusqu'au plus haut sommet de l'État. De nombreuses demandes de pardon ont aussi été révélées. En août 2021, le tribunal a requis la prison à perpétuité contre Yorgen Fenech.

La Commission européenne commence à s'intéresser de près à toutes ces affaires qui ternissent tout autant l'Europe, censée défendre les Droits de l'homme et lutter contre la corruption en son sein. En 2019, Moneyval, un organe du Conseil de l'Europe, rendait un rapport exigeant de Malte une lutte plus efficace ***contre le blanchiment d'argent et le financement du terrorisme.*** Dans ce cadre, les autorités maltaises ont procédé à de multiples arrestations dans le milieu des affaires, de la politique et de la presse écrite, ainsi qu'à des extraditions. En mai 2021, Moneyval a ainsi noté des ***améliorations,*** tout en maintenant le pays sous surveillance. Ce qui n'a pas empêché le groupe d'action financière (Gafi), qui travaille aux mêmes objectifs mais sur le plan mondial, de classer Malte dans sa « ***liste grise*** ». Fait unique pour un pays européen, et qui aura des répercussions sur son économie.

Tragédies humaines

« Nous ne pouvons tolérer aujourd'hui que la Méditerranée devienne un grand cimetière. »
Le pape François
au Parlement européen de Strasbourg, novembre 2014.

Porte d'entrée vers l'Europe pour l'immigration clandestine en provenance d'Afrique, Malte est, comme l'Italie voisine et l'Espagne, le théâtre de tragédies humaines. Tenant le rôle de « gardiennes » de l'Europe, mais le plus souvent livrées à elles-mêmes dans la gestion de ce « barrage », les 2 premières ont souvent conclu des accords bilatéraux. Ainsi en 2001, Malte a dû s'engager à stopper toute migration avant qu'elle n'atteigne les côtes italiennes. Jusqu'en 2015, c'est donc le pays européen qui a enregistré le plus grand pourcentage de migrants par rapport à sa population. À l'époque, les camps de détention provisoire ont été décriés par les ONG et les experts de l'Union européenne pour leurs conditions de vie particulièrement difficiles. Depuis 2016, des efforts ont été réalisés et les camps ne sont désormais plus systématiques, mais limités à certains « profils » étudiés au cas par cas, les autres demandeurs se retrouvant en centres ouverts.

Puis La Valette et Rome ont officiellement conclu un accord de coopération... « secret » d'après les médias italiens : l'Italie prenait en charge les migrants en échange de « droits de prospection pétrolière dans les eaux maltaises », comme le rappelle la géographe Nathalie Bernardie-Tahir dans une interview accordée au *Monde* le 10 août 2018. Si bien qu'entre 2015 et l'été 2018, le nombre de personnes débarquant sur le littoral maltais a considérablement diminué.

Mais en 2018, l'Italie s'est dotée d'un nouveau gouvernement populiste, qui n'avait aucune intention de poursuivre ce « deal ». Depuis, les tensions entre les 2 États n'ont cessé de s'amplifier. Et pour acter ce revirement de situation, lorsque Malte refuse d'accueillir de nouveaux migrants, l'Italie demande à l'Union européenne des sanctions contre sa voisine. Or, d'après le gouvernement maltais, un seul migrant débarquant à Malte représente l'équivalent de 114 personnes débarquant en Italie ou 150 en Grande-Bretagne. L'île est vraiment petite pour 450 000 habitants et compte l'une des plus fortes densités de population au monde.

Résultat : les 2 pays se renvoient sans cesse la responsabilité des personnes secourues et de celles qui ne le sont pas. ***Malte ferme régulièrement ses ports aux ONG qui œuvrent au sauvetage des naufragés en mer*** ou les empêchent de repartir une fois qu'ils ont accosté. Conséquence : la route maritime centrale conduisant vers Malte et l'Italie est la plus meurtrière de Méditerranée selon l'Organisation internationale pour les migrations et aussi la moins fréquentée. Mais en 2019, le départ des ministres de La Ligue (dont Matteo Salvini) et la nouvelle coalition italienne ont encore une fois changé la donne. Rome a autorisé le débarquement de bateaux humanitaires, encadré par un nouvel accord européen. Une décision aussitôt remise en cause par la Covid, puisque l'Italie et Malte ont à nouveau fermé leurs ports et donc leur porte aux migrants, rendant la Méditerranée plus meurtrière que jamais...

Quel rôle joue l'Europe ?

Face à ces drames, les moyens semblent toujours trop dérisoires. L'Union européenne a renforcé ses efforts humains et budgétaires avec la création, en 2016, de l'Agence européenne de garde-frontières et garde-côtes (Frontex). Chargée de la coopération entre États membres, elle s'est engagée à améliorer l'accueil des immigrants en Europe. Plus discutable, pour couper les routes de l'immigration illégale, elle a cherché à externaliser le problème hors du continent. Elle a ainsi conclu un accord avec la Turquie et la Libye, où sont implantés des camps de rétention déjà connus pour leurs graves atteintes aux droits humains, avant même que des images montrant des réfugiés vendus comme esclaves fassent le tour du monde.
En attendant une réponse globale sur l'immigration, pour éviter que ne se propagent plus encore les dérives extrême-droitières sur le continent, un projet, préalablement discuté à Malte en septembre 2019, entre la France, l'Allemagne, l'Italie, Malte et la Finlande (en charge de la présidence tournante), a finalement été accepté en octobre par une dizaine de pays. Il vise à soutenir l'Italie et Malte en mettant en place un mécanisme de répartition automatique entre pays européens volontaires pour les personnes secourues en mer par des ONG ou des navires militaires. Il n'est effectif que pendant 6 mois, reconductibles. La Grèce et l'Espagne, qui, à certaines périodes, comptabilisent pourtant à elles deux 13 fois plus d'arrivées sur leur sol que Malte et l'Italie, demandent une solidarité analogue. C'est un 1er pas, les points d'achoppements au sein de l'Union européenne sur la question migratoire restant encore nombreux.

MÉDIAS

Votre TV en français : TV5MONDE, la 1re chaîne culturelle francophone mondiale

Avec ses 10 chaînes et ses 14 langues de sous-titrage et sa nouvelle plateforme numérique TV5MONDEplus, TV5MONDE s'adresse à 353 millions de foyers dans 198 pays du monde par câble, satellite et sur IPTV est présent dans plus de 3 millions de chambres d'hôtels. Vous y retrouverez de l'information, du cinéma, du divertissement, du sport, du documentaire... Préparez votre séjour grâce à son site voyage • *voyage.tv5monde.com* • et, en voyage, restez connecté avec les applications et le site • *tv5monde.com* • Demandez à votre hôtel le canal de diffusion de TV5MONDE et contactez • *tv5monde.com/contact* • pour toutes remarques.

Presse

Quelques journaux français *(Le Monde, Le Figaro, L'Équipe)* et certains magazines se trouvent sans problème dans les principales librairies du pays. Compter 1 jour de décalage pour les quotidiens (et 2 jours si l'on est à Gozo).
Outre les journaux en maltais (*L-Orizzont,* de gauche, et *In-Nazzjon,* de droite), les polyglottes pourront lire la presse en anglais, mais mieux vaut connaître leurs tendances : ainsi, *The Malta Independent* est plutôt neutre dans les affaires politiques. *The Times of Malta* (• timesofmalta.com •) se place plutôt à droite, mais il est lu par les adhérents des 2 bords car le parti de gauche n'a pas vraiment d'organe de presse. Le dimanche paraissent le *Sunday Times* et le *Sunday Independent,* gros pavés bien épais (surtout en petites annonces...).
La presse nationale maltaise fait penser à notre presse régionale : beaucoup de faits divers et d'infos-service, des méfaits sans envergure (Malte n'est pas Los Angeles) et des polémiques locales sur le nombre grandissant de chats dans les parcs publics (c'est juste un exemple)... Il est curieux de noter que, dans les

articles sur les vols, agressions et autres délits, le journal publie toujours le nom et le village d'origine du prévenu. La présomption d'innocence semble ici ne pas exister.
Notez que sur 180 pays, Malte figure au ***81e rang du Classement mondial de la liberté de la presse*** publié par Reporters sans frontières en 2021, soit une régression de 15 places par rapport à 2018. On estime que 90 % des crimes commis contre des journalistes ne connaissent aucune suite judiciaire...

Télévision

TV Malta, la télévision d'État, est une chaîne généraliste qui propose pas mal de divertissements, assez inégaux (c'est un euphémisme) et de l'actualité en anglais. À part ça, chaque parti sponsorise une chaîne en maltais, Super One pour le Parti travailliste et Net TV pour le parti nationaliste. Comme l'appétit des téléspectateurs ne saurait se satisfaire de ces 3 seules chaînes, il existe le câble, auquel un énorme pourcentage de la population est abonné. On y trouve notre TV5 internationale, Eurosport, ainsi que toutes les chaînes italiennes et siciliennes, anglaises, allemandes, libyennes et autres. Qu'ils soient diffusés sur une chaîne « maltophone » ou étrangère, les films sont toujours en v.o., sous-titrés ou non.

L'ORDRE DE SAINT-JEAN DE JÉRUSALEM ET DE MALTE

C'est un des plus anciens ordres de chevalerie du monde. L'ordre souverain militaire et hospitalier de Saint-Jean de Jérusalem, de Rhodes et de Malte, plus connu sous le nom d'ordre de Malte, a longtemps eu une double nature, religieuse et militaire.

Pourquoi un ordre militaire et religieux ?

Tout commence à Jérusalem, en Terre sainte, vers 1050, sous la forme d'une communauté monastique fondée par des marchands d'Amalfi (petit port au sud de Naples), qui s'inspire des enseignements de saint Jean le Baptiste. Il y a d'abord un hospice destiné à accueillir et à soigner les pèlerins se rendant en Terre sainte. En 1099, après la conquête croisée de Jérusalem, Godefroy de Bouillon le dote richement, lui accordant des privilèges et encourageant ses nobles compagnons à y prendre du service. Le maître de l'hôpital, Gérard, décide alors de soumettre les Hospitaliers à la règle de saint Augustin, ce qui en fait des religieux, des moines-soldats en somme. Cette situation est régularisée en 1113 par le pape Pascal II, qui leur impose, outre les vœux ordinaires d'obéissance, de pauvreté et de chasteté, l'obligation de recevoir, de soigner et de protéger les pèlerins. En 1123, les Hospitaliers prennent le nom de chevaliers de Saint-Jean de Jérusalem.

LA CROIX DE MALTE

Adoptée sous sa forme actuelle par les chevaliers hospitaliers de Saint-Jean en 1496, c'est, avec ses 4 branches, un très ancien symbole des chrétiens d'Orient. Si cette croix est blanche, c'est évidemment pour symboliser la pureté. Ses 8 pointes représentent, elles, les obligations des chevaliers : vérité, foi, repentir, humilité, justice, charité, sincérité et capacité à endurer les persécutions.

Au XIIe s, l'Ordre se transforme donc en un ordre militaire afin d'assurer la protection des pèlerins et des malades et, plus tard, la défense des territoires chrétiens en Terre sainte. Chassés de Jérusalem par Saladin en 1187, définitivement repoussés de la région au siècle suivant, les chevaliers se retirent à Chypre, puis

à Rhodes en 1310. 2 ans plus tard, ils reçoivent du concile de Vienne la dévolution des biens des Templiers, qui viennent d'être supprimés, accroissant ainsi, de façon exceptionnelle, leur richesse foncière constituée de legs pieux et de fondations royales. C'est à cette époque que l'unité de l'Ordre disparaît, le grand maître Hélion de Villeneuve le divisant en 8 *langues* (puisque, à l'époque, l'origine linguistique primait sur le pays) : Provence, Auvergne, France, Italie, Aragon, Castille, Allemagne, Angleterre, chacune ayant une caserne-couvent, l'*auberge*.
L'Ordre reste à Rhodes jusqu'en 1523, date à laquelle il est vaincu par les Ottomans, en pleine expansion territoriale. Sans patrie, il finit par s'installer à Malte en 1530 avec l'aide de Charles Quint. Ce petit « caillou aride » est un carrefour stratégique sur les routes de la Méditerranée : les chevaliers doivent maintenir la sécurité au sud de l'Europe chrétienne et contenir l'expansionnisme ottoman. En signe de vassalité, ils offrent chaque année un faucon vivant (le fameux faucon maltais) à Charles Quint, vice-roi de Sicile.

Le XVIe siècle : âge d'or de l'Ordre

Au XVIe s, l'ordre de Saint-Jean de Jérusalem est le seul des ordres monastiques chevaleresques créés au moment des croisades à subsister. C'est une sorte de micro-État souverain, officiellement vassal du roi de Sicile. Sa neutralité est reconnue et garantie par les nations catholiques. On ne peut pas parler de pays (encore moins de nation), puisque les habitants de l'île (les Maltais) sont privés de tout accès au pouvoir.
À cette époque, l'Ordre, extrêmement riche, est considéré comme une puissance économique européenne, possédant des biens dans tous les royaumes catholiques. Mais nul ne songe à critiquer une fortune mise au service de la « noble cause », c'est-à-dire la lutte contre l'Infidèle. Il ne s'agit certes plus de défendre le tombeau du Christ, mais d'empêcher l'avancée des Ottomans. Le XVIe s a marqué néanmoins un tournant essentiel pour l'Ordre (se reporter plus haut à la rubrique « Histoire ») jusqu'à la perte de Malte en 1798, à la suite de l'invasion de l'île par Napoléon.
Après 1798, l'histoire de l'île de Malte et celle des Hospitaliers divergent. Après avoir quitté l'archipel, l'Ordre s'installe en 1834 à Rome.

« Défense de la foi et service des pauvres »

Aujourd'hui, si certains membres de l'Ordre sont des chevaliers profès (ayant prononcé les 3 vœux), la majorité des 13 500 chevaliers et dames de l'Ordre sont des laïcs roturiers. Bien que ces derniers n'aient pas prononcé de vœux religieux, ils doivent cultiver les vertus chrétiennes, en particulier la charité, développer leur spiritualité au sein de l'Église, se consacrer au service de la foi et à l'assistance des autres. La vocation de l'Ordre résume bien son action : *Tuitio Fidei et Obsequium Pauperum* (« Défense de la foi et service des pauvres »). C'est sur cette base que l'on peut y être admis.
Dans cet esprit, l'Ordre conduit des actions médico-sociales et humanitaires dans plus de 120 pays. En cas de catastrophes naturelles ou de conflits

LES POUVOIRS D'UN ÉTAT... SANS TERRITOIRE

L'ordre de Malte n'est pas un État, mais un « sujet de droit international public ». À ce titre, il entretient des relations diplomatiques avec 105 pays qui reconnaissent sa souveraineté. Il dispose également d'un siège d'observateur permanent auprès des Nations unies et de la Commission européenne. Il peut délivrer des passeports, battre sa propre monnaie et émettre des timbres. Par sa neutralité et son caractère apolitique, il peut agir en qualité de médiateur lorsqu'un État sollicite son intervention.

armés, le Corps de secours de l'ordre de Malte (l'ECOM) intervient en 1re ligne et assure la continuité des actions de secours sur place. Il gère aussi des centres de soins, des hôpitaux, des maisons pour personnes âgées et pour personnes handicapées, etc.
Son financement est assuré par ses membres, par les dons des bienfaiteurs et par les revenus de ses biens (fermes, immeubles et propriétés). Enfin, s'il vous prenait l'envie de postuler, sachez que l'on ne devient membre de l'Ordre que par cooptation.

Un ordre actif dirigé par un prince chevalier

La vie et les activités de l'ordre de Malte sont régies par sa charte constitutionnelle. Ainsi, le prince et grand maître de l'Ordre, Fra' Giacomo Dalla Torre del Tempio di Sanguinetto, avait été élu à vie par le Conseil complet d'État. Du moins en théorie, puisque le pape François a contraint son prédécesseur, Fra' Matthew Festing, à la démission. Celle-ci, fait très rare, est intervenue après des mois de tensions, alors que l'Ordre avait refusé que le Saint-Siège mène une enquête sur le limogeage du grand chancelier de l'Ordre par Fra' Matthew Festing, arguant de sa pleine souveraineté. En arrière-plan : la lutte que se livrent conservateurs et « libéraux » au sein du Vatican. Après le décès de Fra' Giacomo Dalla Torre en 2020, 2 ans jour pour jour après son élection, c'est Fra' Marco Luzzago qui lui a succédé, mais en tant que lieutenant de grand maître, pour une durée exceptionnellement limitée à 1 an (jusqu'en novembre 2021), afin de réformer la charte et de régler la crise constitutionnelle déclenchée en 2016 par la démission de Festing.

Que voit-on de l'Ordre à Malte ?

Les palais, les églises, les musées, les jardins, la plupart des monuments et des lieux de La Valette portent la marque prestigieuse de l'Ordre, et en particulier la co-cathédrale Saint-Jean et le palais des Grands-Maîtres. Sachez aussi que l'Ordre est encore présent au Saint John's Bastion and Cavalier à La Valette, où est logée l'ambassade de l'Ordre, et au fort Saint-Ange à Vittoriosa, un des symboles de ses luttes passées, qui jouit toujours de l'immunité diplomatique. À la suite de la signature d'un bail de 99 ans entre le gouvernement maltais et l'Ordre, ce dernier occupe de nouveau le fort, au sommet duquel flotte le fameux drapeau à la croix blanche.
– Nous remercions particulièrement ● *orderofmalta.int* ●, le site officiel de l'Ordre, d'où provient une partie des informations contenues dans ce texte.

PERSONNAGES CÉLÈBRES

Personnage inventé

– ***Corto Maltese*** *(1887- ?)* **:** (anti)héros de B.D. Au fil d'une trentaine d'albums, ce séduisant aventurier traverse pratiquement toute l'histoire du XXe s (et quelques-uns des plus somptueux paysages du monde !). D'après Hugo Pratt, son créateur, Corto Maltese est né le 10 juillet 1887 à La Valette, d'un père marin britannique originaire des Cornouailles et d'une mère gitane, la *niña de Gibraltar,* née à Séville. Curieusement, même si Corto est censé y avoir passé une partie de son enfance, l'île de Malte n'apparaît pas dans l'œuvre d'Hugo Pratt (il y est fait seulement référence dans *Mémoires*).

Politiques et journalistes

– ***Agatha Barbara*** *(1923-2002)* **:** née à Żabbar, institutrice, elle est la 1re femme élue au Parlement maltais en 1947, sous l'étiquette travailliste. Puis elle gravit un à un les échelons de la politique pour devenir plusieurs fois ministre de l'Éducation et, enfin, présidente de la République (de 1982 à 1987).

- ***Ġorġ (George) Borġ Olivier*** *(1911-1980)* **:** homme politique important, il fut l'un des chefs de file du parti nationaliste. 2 fois Premier ministre dans les années 1950-1960, il est un des instigateurs de l'indépendance de Malte.
- ***Daphne Caruana Galizia*** *(1964-2017)* **:** journaliste d'investigation spécialisée dans les affaires de corruption qu'elle relatait dans son blog, extrêmement populaire sur l'île. Sa dernière enquête concernait les Panama Papers mettant en cause la femme du Premier ministre. D'un courage incroyable, Daphne Caruana Galizia a dû faire face à l'incendie de sa maison, au harcèlement, au gel de ses comptes en banque, à un nombre délirant de poursuites judiciaires (43 en cours au moment de sa mort, dont certaines initiées par des politiciens de haut rang et qui, après son décès, ont été transférées à son mari et ses fils !)... Elle a finalement été victime d'une bombe placée sous sa voiture en octobre 2017. Depuis, 3 suspects ont été arrêtés, plusieurs ministres ont démissionné, dont le Premier. Un mémorial a été érigé sur Republic Street à La Valette par des militants en sa mémoire. Par ailleurs, le collectif de médias, rassemblé sous le nom de « Projet Daphne », a contribué à faire la lumière sur ce crime tout en continuant les enquêtes de la défunte journaliste. De son côté, en septembre 2019, la commissaire aux Droits de l'homme du Conseil de l'Europe avait expressément demandé au Premier ministre de lever les poursuites judiciaires transférées à la famille.
- ***Edward Fenech-Adami*** *(1934)* **:** avocat, il entre au barreau en 1959 et rejoint le Parti nationaliste chrétien et démocratique au début des années 1960. Premier ministre entre 1987 et 1996, après 16 années de socialisme sous la férule de l'autoritaire Dom Mintoff, il libéralise l'économie et réorganise les infrastructures bancaires et financières du pays. Malte renoue enfin avec la croissance. Partisan de l'Europe, il a largement contribué à sortir Malte de son isolationnisme. Une nouvelle fois élu en 2003, il démissionne de son poste de Premier ministre pour devenir le nouveau président de la République, fonction qu'il a occupée de 2004 à 2009.
- ***Guido de Marco*** *(1931-2010)* **:** né à La Valette, il commence sa carrière comme juriste pour finir président de la République de Malte de 1999 à 2004. Député nationaliste, plusieurs fois ministre, ancien diplomate et président de l'Assemblée générale de l'ONU en 1990, ce vieux routier jovial de la politique est une figure emblématique. Pendant la 1re guerre du Golfe, tentant d'apaiser le conflit, il rencontre le pape Jean-Paul II et James Baker. Grand partisan du dialogue euro-méditerranéen, Guido de Marco a œuvré dans ce sens et contribué à l'entrée de son pays dans l'Union européenne.
- ***Dom Mintoff*** *(1916-2012)* **:** né à Cospicua, Dominic passe au séminaire, puis à Oxford, d'où il sort avec un diplôme d'ingénieur. Revenu au pays en 1943, il dirige le Parti travailliste *(Labour Party),* pour lequel il œuvre depuis 8 ans déjà. Premier ministre de 1955 à 1958, il démissionne pour s'occuper du mouvement indépendantiste *(Maltese Liberation Movement)* et conduire le pays vers l'indépendance. Son style est celui d'un petit père Combes de la Méditerranée, obstiné mais apprécié (au début plus qu'à la fin). En 1971, celui que l'on surnomme déjà le « vieux lion » travailliste retrouve le pouvoir. Il abolit la peine de mort, crée l'équivalent du Smic, les allocations familiales, négocie la fermeture des bases militaires britanniques (effective en 1979) et signe un accord de 7 ans plaçant Malte sous la protection de l'OTAN – à condition que les États arabes ne soient pas attaqués. Dès 1973, il place son pays dans le mouvement des non-alignés. Il sympathise alors avec la Libye du colonel Khadafi tout en se rapprochant de la Chine communiste et des démocraties populaires d'Europe de l'Est. Plusieurs fois réélu pour ses actions en faveur des plus pauvres, Dom Mintoff démissionne le 22 décembre 1984 pour prendre sa retraite. L'après-Mintoff marque la sortie de Malte de son isolationnisme politique.

– ***Alfred Sant*** *(1948)* **:** docteur en sciences, ancien élève de l'ENA et diplômé de Harvard en 1979, il est élu président du *Malta Labour Party* en 1984, puis Premier ministre de 1996 à 1998. Illustre représentant de la nouvelle génération des politiciens habitués à la technocratie, Alfred Sant était opposé à l'entrée de Malte dans l'Union européenne, appelant plutôt de ses vœux un partenariat rapproché à l'image de celui conclu par la Suisse. Pas étonnant, donc, qu'il fût longtemps le chef de l'opposition. En mai 2014, il a été élu... député européen !

– ***Michel-Antoine Vassili*** *(1764-1829)* **:** né à Żebbuġ, ce patriote maltais, fils de paysan est considéré comme le « père » de la langue maltaise. À la suite de ses études à Rome où il apprend différentes langues, il met au point un alphabet maltais et une grammaire. Il revient ensuite à Malte pour constituer un dictionnaire et se rapproche des patriotes français.

Artistes

– ***Charles Camilleri*** *(1931-2009)* **:** né à Hamrun, d'un père consultant et musicien amateur et d'une mère française (Joséphine Quinton), cet enfant prodige compose une marche dès l'âge de 11 ans. Il joue de l'accordéon et du piano très tôt. Il est si doué qu'à Sydney (Australie), où sa famille a émigré en 1949, on le nomme professeur alors qu'il vient pour étudier ! Après quelques années à Londres puis à New York, il s'installe à Toronto (Canada), où il prend la direction de l'orchestre radiophonique de la CBC. Au milieu des années 1960, il revient en Europe, soucieux de se consacrer à la seule composition, et s'ouvre à la musique africaine et asiatique. Nommé 1er professeur de musique à l'université de Malte, il retourne sur son île natale dans les années 1980. Auteur de plus de 150 compositions pour orchestre, instruments solo ou voix, on pourrait le ranger aux côtés de Béla Bartók et d'Olivier Messiaen. Enterré à Naxxar, où il résidait, il a eu droit à la mise en berne du drapeau national sur toute l'île lors de ses funérailles.

DE BONNE COMPOSITION

Le compositeur Charles Camilleri a dû se battre pour parvenir à imposer ses goûts musicaux. Son père était peu favorable au désir de carrière musicale de son fils... Pour empêcher toute velléité d'éclore, il fit don, à plusieurs reprises, du piano familial – que Mme Camilleri s'empressa de racheter en l'absence de son mari ! Bien lui en prit : son fiston fut reconnu comme le plus grand musicien maltais de son époque.

– ***Anastasju Cuschieri*** *(1872-1962)* **:** ce frère carme (ordre du Carmel) est considéré comme un des bons poètes maltais. Anastasju Cuschieri fut aussi professeur de philosophie et s'impliqua dans la politique.

– ***Oliver Friggieri*** *(1947)* **:** né à Malte, où il est aujourd'hui professeur de littérature maltaise et de théorie de la littérature à l'université. Considéré par beaucoup comme le 1er écrivain maltais actuel, Oliver Friggieri a plusieurs cordes à son arc. Il a écrit des dizaines de livres, aussi bien en maltais qu'en anglais ou en italien, touchant à tous les genres : poésie, théâtre, essais historiques et critiques, nouvelles. Son *Histoire de la littérature maltaise (Storia della letteratura maltese)* est un ouvrage de référence. Quelques recueils de poèmes ont été traduits en français, et notamment *Le Rituel du crépuscule* aux éditions L'Harmattan (2004). Admirateur de Claudel et de Péguy, écrivains dits « catholiques », il n'a rien d'un dévot obsédé par le fait religieux, au contraire. Le plus important pour lui est la dimension humaine.

– ***Mattia Preti*** *(1613-1699)* **:** né en Calabre (sud de l'Italie), il fut surnommé « il Cavaliere Calabrese » après avoir sculpté la statue équestre du pape Urbain VIII à Rome. Appelé par l'ordre de Malte, il vécut sur l'île pendant 40 ans. Maître du baroque, Preti a réalisé les peintures des voûtes de la co-cathédrale Saint-Jean, ainsi que celles de nombreuses églises de l'île. On peut voir plusieurs de

ses œuvres au musée des Beaux-Arts, à La Valette, dans lesquelles on perçoit l'influence du Caravage et de l'école napolitaine.
– ***Antonio Sciortino*** *(1879-1947)* **:** le plus grand sculpteur maltais contemporain. Auteur notamment du *Christ Roi* de Furjana (Floriana). Quelques œuvres significatives sont au MUZA, le musée des Beaux-Arts, à La Valette.

Entrepreneur

– ***Edward de Bono*** *(1933-2021)* **:** psychologue et spécialiste en sciences cognitives, Maltais de renommée mondiale et même planétaire. En effet, une planète lointaine porte son nom depuis que M. de Bono a été nommé bienfaiteur de l'humanité par l'Union astronomique internationale ! Qu'a fait le bonhomme Bono pour changer le monde ? Qu'a-t-il vendu aux cadres ? De l'info ou de l'intox ? Dans les années 1980, il invente la méthode de management des « six chapeaux pour penser » *(Six Thinking Hats)*, qui permet d'améliorer la productivité et l'innovation dans des entreprises comme Coca-Cola ou Ericsson. Son principe repose sur un concept original, dit de « pensée latérale » : ne plus se cantonner dans les mêmes réflexes de pensée pour améliorer son efficacité. Ses méthodes sont, paraît-il, efficaces. Il a écrit plus de 70 livres traduits en 40 langues.

POLITIQUE

Organisation, institutions

Malte est indépendante depuis 1964 et une république depuis 1974. Si l'archipel appartient toujours au Commonwealth, la reine d'Angleterre n'est plus le chef de l'État.
Le régime est monocaméral : la Chambre des députés est élue pour 5 ans au suffrage universel direct à un tour, présidée par un speaker. Le leader de la formation majoritaire devient Premier ministre. C'est lui qui dirige la politique avec un gouvernement qu'il forme lui-même. Le leader de l'opposition a un statut constitutionnel et il forme un *shadow Cabinet*.
Le chef de l'État a le titre de président de la République de Malte. Il est désigné par la Chambre, dans la pratique par la majorité. Il est investi pour 5 ans et n'a aucun pouvoir exécutif propre. Son rôle est principalement moral et il ne peut s'exprimer officiellement sans l'accord du Premier ministre.
Malte est dotée de conseils locaux qui reprennent les conseils municipaux mis en place lors de l'occupation française de l'an VI. Mais dans un pays de dimensions quasi municipales, l'habitude de recourir aux ministres n'a pas permis de donner à ces conseils toute l'ampleur voulue. Il n'y a presque pas eu de transfert de compétences.

Vie politique

Le système de vote, identique à celui de la Grande-Bretagne (un seul tour, possibilité de candidatures multiples), favorise le bipartisme et l'importance des appareils politiques. 2 partis dominent actuellement la scène maltaise : le Parti nationaliste, de tendance démocrate-chrétienne, et le Parti travailliste, de tendance socialiste, étroitement lié aux syndicats. Un 3e parti, l'Alternative démocratique, assimilable aux Verts, est assez semblable au *Partito radicale* italien. Fondé en 2007 sur une plateforme anti-immigration, le nouveau parti de l'Action nationale laisse tout deviner de ses intentions.
Ce bipartisme, qui a dominé toute l'histoire maltaise depuis la fin de la Seconde Guerre mondiale, a davantage consacré une fracture du peuple maltais qu'il n'a aidé à son unification et à son identification en tant que nation. Ainsi, il n'existe pas une fête nationale, mais des fêtes nationales dans lesquelles se reconnaît ou non

chaque électorat : le 21 septembre, anniversaire de l'Indépendance (1964), est un jour férié surtout suivi par les nationalistes, tandis que le 13 décembre, anniversaire de la proclamation de la République (1974), et le 31 mars, anniversaire du départ des dernières troupes britanniques (1979), sont surtout fêtés par les travaillistes. De même, le 19 mars, la Saint-Joseph artisan est la fête du Travail pour les catholiques, alors que le 1er mai l'est pour les laïcs. On retrouve cette gentille fracture culturelle jusque dans les cafés des *band's clubs* (orchestres) de village : pas un qui n'ait à la fois son café travailliste ET son café nationaliste, souvent à 2 pas l'un de l'autre sur la place principale !
De plus, toutes les tendances se retrouvent dans les 2 partis. Chacun d'eux a un éventail qui va du centre à l'extrême. Connaître les partis ne permet donc pas de savoir quelle peut être la politique menée ; la personnalité du leader, son appartenance à un courant centriste ou, à l'opposé, extrémiste, peuvent seuls être des indicateurs sérieux.
Le débat politique n'est pas à Malte un débat d'idées. La majorité des Maltais vote par tradition familiale. Les partis ont davantage à cœur de fidéliser leur électorat en tenant un discours qui le satisfait plutôt que de proposer un projet politique innovant qui pourrait être dérangeant. Les partis se partageant quasi également les voix, la victoire de l'un ou de l'autre se fait sur la marge des 10 % d'indécis ou sur les abstentions de partisans déçus. Sachant qu'il y a en général très peu d'abstentions, ce sont les lobbies les plus organisés qui font la différence.
Or, à Malte, le lobby des chasseurs est le plus puissant et monnaie son vote sans vergogne. Le leader nationaliste lui doit sa défaite lors de la 1re demande d'entrée dans l'Union. Un autre courant, qui s'organise de plus en plus, est celui des écologistes. Chacun des 2 partis sait donc qu'en s'alliant aux uns il s'aliène les autres, et c'est un dilemme incessant.

POPULATION

Plus de 90 % des Maltais vivent dans l'île de Malte contre moins de 10 % à Gozo. Près de 85 % de la population est urbanisée, et réside dans la partie basse de l'île, qui forme une conurbation continue, du sud-est (Marsaxlokk et Marsaskala) au nord-ouest (Saint Paul's Bay et Mellieħa).
Leur origine est diverse : sémite avec les Arabes et les juifs de Sicile convertis au christianisme, européenne avec les Français, les Allemands et les Britanniques installés pour des raisons soit économiques, soit politiques. Sans oublier les chevaliers, qui, malgré leur vœu de chasteté, ont laissé, tout comme les esclaves turcs ou barbaresques, quelque descendance sur l'île. De ces différentes origines ethniques ou nationales est née une population particulière, transition entre le monde latin et le monde sémitique en général.
Le poids de l'Église romaine a longtemps favorisé les familles nombreuses. Avoir 5 enfants et plus était extrêmement courant. Pour lutter contre la surpopulation, les Anglais ont encouragé l'émigration. Entre les 2 guerres, 2 directions furent privilégiées. D'une part, l'Angleterre et, d'autre part, les rives africaines de la Méditerranée (l'Égypte, et principalement la Tunisie et l'Algérie). Mais aussi l'Australie, les États-Unis et le Canada. La

HISSEZ LE PAVILLON

Les Maltais aiment les drapeaux. Au quotidien comme à l'occasion des fêtes religieuses, chacun est fier de hisser ses couleurs sur le toit de sa maison. D'abord, il y a le blanc, et sa couleur associée : rouge pour la République, bleu pour la Vierge, jaune pour le pape. Ensuite viennent les pays étrangers, Australie, États-Unis, Angleterre, Canada... Ne croyez pas alors que fleurissent les ambassades à tous les coins de rue. C'est en réalité par ces drapeaux que les ex-émigrés, de retour chez eux, expliquaient à leurs voisins où ils avaient fait fortune...

société maltaise n'a pas connu de révolutions politiques, et les strates sociales sont inchangées depuis des siècles. La noblesse, authentique, créée par les rois de Sicile ou par les grands maîtres, appartient à ce qui correspondrait en France à la noblesse municipale ou, au mieux, à la noblesse de robe. Les titres se transmettent à tous les enfants et cela donne une profusion de marquis, de comtes et de barons, quand ce ne sont pas des princes. Cette noblesse n'ayant jamais connu de violences sociales reste toujours propriétaire de ses palais et d'une grande partie de ses terres à Malte ou en Sicile.

RELIGIONS ET CROYANCES

Malte est un pays à ***97 % catholique.*** Les autres religions (protestante, musulmane et juive) sont presque essentiellement le fait d'étrangers résidant de façon plus ou moins temporaire dans le pays.
Il s'agit d'un catholicisme en grande partie sociologique. Rares sont ceux qui n'assistent pas à la messe. Même les hommes politiques en théorie les plus anticléricaux ne manqueraient pas la messe qui célèbre le saint patron de la paroisse, de peur de perdre de nombreuses voix ! Car la religion est ancrée dans la société maltaise plus que tout. Des paysans à la noblesse locale, le sentiment d'appartenance s'est construit autour de la paroisse. Lors de l'invasion française, en 1798, ce fut l'Église qui fédéra les Maltais contre une politique jugée anticléricale. Lors de la domination britannique, ce fut encore l'Église qui sut organiser la communauté maltaise autour du catholicisme contre un colonisateur protestant. L'absence de pouvoir municipal a aussi permis à la paroisse d'être le centre de vie communautaire. C'est encore dans l'influence de l'Église qu'il faut chercher la raison de la légalisation tardive du divorce : en 2011, l'année où Malte l'autorisa, il ne restait que les Philippines à l'interdire dans le monde. Et ***Malte reste le seul pays d'Europe à totalement condamner l'avortement,*** sans aucune exception ! La crise sanitaire ayant pour triste effet collatéral d'empêcher les Maltaises d'aller avorter à l'étranger (jusqu'à 400 avortements par an en temps normal !), le débat a été relancé par une poignée de médecins et de militants, ce qui n'empêche pas le sujet de rester tabou. En revanche (l'exception qui confirme la règle), il autorise l'union libre des couples homosexuels depuis 2014.
La construction de l'église paroissiale, toujours plus grande, toujours plus riche, est plus intimement liée à la fierté locale qu'au souci religieux. Mais ce serait encore trop simple, car au sein d'un même village, dès lors qu'il y a 2 paroisses, il y a émulation entre elles. En effet, le culte du saint ou de la sainte à qui est dédiée l'église est bien plus important que la pratique dominicale. Si cette dernière est importante en raison du qu'en-dira-t-on, il existe une partie de la population, certes restreinte, qui ne fréquente pas assidûment les églises. En revanche, pour rien au monde on ne manquerait la célébration de la fête du saint paroissial. Et toutes (ou presque) les façades des maisons arborent une statuette de la Vierge, du Christ et autres saint(e)s.

Les *festi*

La *festa* (*festi* au pluriel) est l'événement annuel qui se prépare pendant toute une année. Au centre de la fête, la statue du saint, colossale, souvent sculptée par un artiste du XVIIe ou du XVIIIe s, est peinte et dorée régulièrement. C'est elle qui, rutilante, est promenée pendant 3 jours sur une estrade portée par de vigoureux gaillards qui la font « danser » sur les airs des fanfares, à travers toutes les rues de la paroisse. Elle reçoit les acclamations et les applaudissements des habitants qui lui jettent des confettis et du papier, ponctués par le bruit assourdissant des pétards et des bombes. Les 2 grands moments de ces *festi* sont la sortie et la rentrée de la statue dans l'église. C'est l'occasion de danser, d'implorer la statue. Le dernier jour, elle retourne dans sa niche sous des tonnerres d'acclamations. La

fête se termine par un feu d'artifice qui doit être beau, très beau, encore plus beau que celui des voisins. Il n'est alors pas un élu, pas un syndicat, pas un parti politique qui s'abstiendrait d'envoyer à la statue une immense gerbe de fleurs, de préférence plus importante que celle de ses compétiteurs.
Il y a toujours un fondement politique à toutes ces *festi*. Dans un même village, les associations de *festi* se jalousent et il n'est pas rare que chacune soit d'une sensibilité politique opposée. Mais qu'importe, il serait dommage de bouder son plaisir.

BOUCAN D'ENFER

Pendant que la statue du saint patron du village est sortie à l'occasion d'une festa *et promenée à travers les rues pendant 3 jours, l'église se retrouve, de fait, sans protection. Voilà pourquoi matin, midi et soir, on fait exploser une bombe en haut d'une colline pour éloigner le diable, et ce, pendant 1 semaine pour chaque paroisse. Si bien qu'entre mi-juillet et mi-août, haute saison des* festi, *le ciel maltais résonne dès 8h du matin de prières explosives. Et si chaque bombe coûte tout de même une petite fortune, personne ne songerait à supprimer ce rituel.*

Pour le reste, la couleur, l'agitation, le bonheur réel des participants et des assistants vêtus de leurs plus beaux atours et porteurs de tous leurs bijoux, le ciel éclairé de fusées multicolores sont un plaisir sans cesse renouvelé car, de mai à septembre, il n'est pas une semaine sans une ou plusieurs *festi*. Les paresseux viennent à Mdina, sur un café des remparts et, de là, se tournent vers le village qui leur offre son feu d'artifice.
Ce mélange entre profane et religieux explique que la religion, ou du moins la religiosité, a une extrême importance à Malte. Mais la foi n'a rien d'intériorisé. Au contraire, la pratique se révèle la plus importante. Beaucoup de Maltais assistent à la messe quotidiennement, avant de partir au travail. Ce n'est pas par ostentation. Il y a un besoin du religieux, mais un besoin expansif, comme si dans la vie de ce peuple, dominé depuis des siècles, seule l'Église avait su lui donner et admettre son identité.

SAVOIR-VIVRE ET COUTUMES

Héritage britannique oblige, la mode anglaise a laissé quelques traces sur l'île : si vous avez la chance d'assister à un mariage, vous vous rendrez vite compte, par exemple, que les femmes s'inspirent très largement de la garde-robe de feu la reine mère *(so chic, isn't it ?)*. Dans les hôtels fréquentés par les Britanniques, une tenue correcte est de rigueur pour les repas. Et, partout, on peut vous refuser l'entrée d'un restaurant si vous n'êtes pas correctement vêtu : on ne passe pas de la plage à la table *(shocking !)*.

CONTRE LE MAUVAIS ŒIL

Si vous demandez à un Maltais comment il va, il répondra invariablement, et surtout s'il va très bien : « Mhux hazin » (prononcer : « Mouche hazine »), ce qui signifie « Pas mal ». Il s'agit de ne pas attirer le mauvais œil que pourrait lui jeter son interlocuteur s'il avouait ouvertement que tout roule pour lui. Mieux vaut laisser planer le doute...

Cela est aussi valable en ville. Des policiers peuvent demander à des touristes de se rhabiller, beaucoup n'hésitant pas à exhiber dans les rues un surpoids rougissant qui scandalise moins l'éthique que l'esthétique. Même réserve, bien sûr, pour visiter sites, musées et églises. On n'y entre pas avec sa glace dégoulinante et, dans les lieux saints, les femmes doivent avoir jambes et épaules couvertes (même punition pour les hommes).

Sur les plages, une tenue décente s'impose au risque de vous faire rapidement rappeler à l'ordre par les Maltais. Le monokini est interdit, et le naturisme (même s'il semble vaguement toléré sur quelques discrètes plages) est tout aussi officiellement interdit...

Quelques tavernes d'intérêt sociologique

On vous en fait la publicité à longueur de pages dans ce guide : les sites stratégiques pour observer la vie sociale maltaise, ce sont les cafés des fanfares (ou orchestres) de village, les fameux *band's clubs* ou *società filarmonica,* créés au XIXe s. Qu'ils soient d'obédience travailliste ou nationaliste, ces « cafés » sont le lieu incontournable de la vie sociale. On vous indique dans le guide les plus intéressants, mais n'hésitez pas à pousser la porte d'autres (même si l'accueil du « touriste » peut souvent rebuter) !

SITES INSCRITS AU PATRIMOINE MONDIAL DE L'UNESCO

Organisation des Nations Unies pour l'éducation, la science et la culture

En coopération avec le Centre du patrimoine mondial

Pour figurer sur la liste du Patrimoine mondial, les sites doivent avoir une valeur universelle exceptionnelle et satisfaire à au moins un des 10 critères de sélection. La protection, la gestion, l'authenticité et l'intégrité des biens sont également des considérations importantes.

Le patrimoine est l'héritage du passé dont nous profitons aujourd'hui et que nous transmettons aux générations à venir. Nos patrimoines culturel et naturel sont 2 sources irremplaçables de vie et d'inspiration. Ces sites appartiennent à tous les peuples du monde, sans tenir compte du territoire sur lequel ils sont situés. Pour plus d'informations : • *whc.unesco.org* •

Malte compte 8 sites culturels inscrits : La Valette, l'hypogée de Hal Saflieni, ainsi que les temples mégalithiques, regroupant ceux de Ġgantija (île de Gozo), Ħaġar Qim, Mnajdra, Tarxien, Ta'Haġrat et Skorba (île de Malte).

les ROUTARDS sur la FRANCE 2022-2023

(dates de parution sur • *routard.com* •)

Découpage de la FRANCE par le ROUTARD

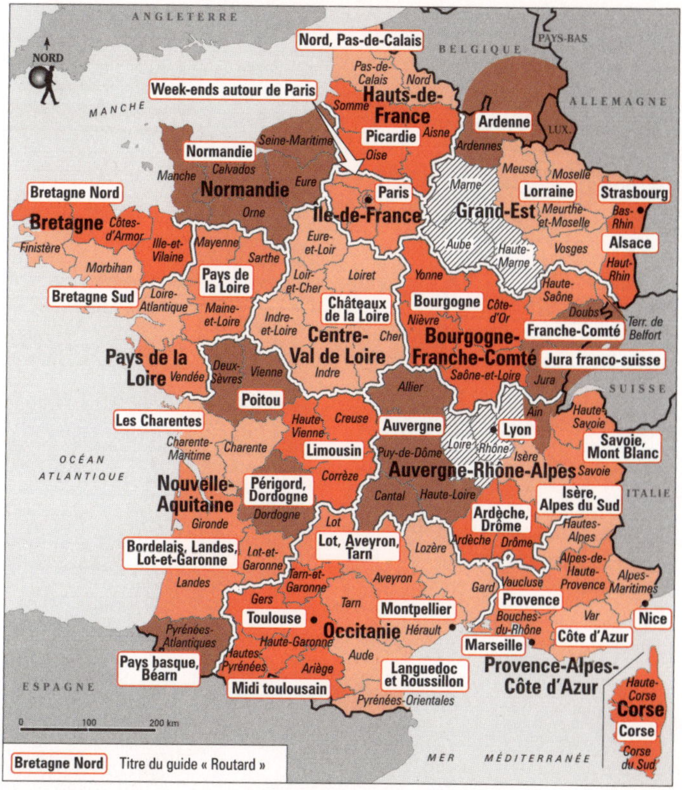

Autres guides sur la France

- Nos meilleurs campings en France
- Nos meilleures chambres d'hôtes en France

Autres guides sur Paris

- Paris
- Paris balades
- Restos et bistrots de Paris
- Le Routard des amoureux à Paris
- Week-ends autour de Paris

Le Routard à vélo

- EuroVelo6
- La Bourgogne du Sud à vélo
- La Flow Vélo
- La Loire à Vélo
- La Vélo Francette
- La Vélodyssée (Roscoff-Hendaye)
- Le Canal des 2 mers à vélo
- Paris Île-de-France à vélo
- ViaRhôna
- Les plus belles escapades à Vélo en France

les ROUTARDS sur l'ÉTRANGER 2022-2023

(dates de parution sur • **routard.com** •)

Découpage de l'ESPAGNE par le ROUTARD

Découpage de l'ITALIE par le ROUTARD

Autres pays européens

- Allemagne
- Angleterre, Pays de Galles
- Autriche
- Belgique
- Bulgarie
- Crète
- Croatie
- Danemark, Suède
- Écosse
- Finlande
- Grèce continentale
- Hongrie
- Îles grecques et Athènes
- Irlande
- Islande
- Madère
- Malte
- Norvège
- Pays baltes : Tallinn, Riga, Vilnius
- Pologne
- Portugal
- République tchèque, Slovaquie
- Roumanie
- Suisse

Villes européennes

- Amsterdam
- Berlin
- Bruxelles
- Budapest
- Copenhague
- Dublin
- Lisbonne
- Londres
- Moscou
- Naples
- Porto
- Prague
- Saint-Pétersbourg
- Stockholm
- Vienne

les ROUTARDS sur l'ÉTRANGER 2022-2023

(dates de parution sur • *routard.com* •)

Découpage des ÉTATS-UNIS par le ROUTARD

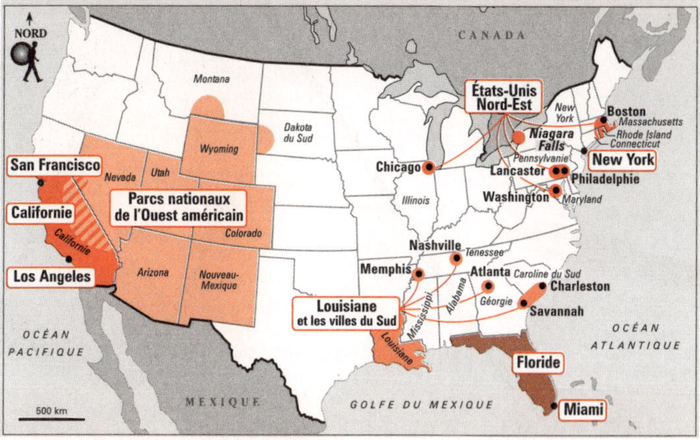

Autres pays d'Amérique

- Argentine
- Brésil
- Canada Ouest
- Chili et île de Pâques
- Colombie
- Costa Rica
- Équateur et les îles Galápagos
- Guatemala, Belize
- Mexique
- Montréal
- Pérou, Bolivie
- Québec et Ontario

Asie et Océanie

- Australie côtes est et nord + Red Centre
- Bali, Lombok
- Bangkok
- Birmanie (Myanmar)
- Cambodge, Laos
- Chine
- Hong Kong, Macao, Canton
- Inde du Nord
- Inde du Sud
- Israël et Palestine
- Istanbul
- Jordanie
- Malaisie, Singapour
- Népal
- Shanghai
- Sri Lanka (Ceylan)
- Thaïlande
- Tokyo, Kyoto et environs
- Turquie
- Vietnam

Afrique

- Afrique du Sud
- Égypte
- Kenya, Tanzanie et Zanzibar
- Maroc
- Marrakech
- Sénégal
- Tunisie

Îles Caraïbes et océan Indien

- Cuba
- Guadeloupe, Saint-Martin, Saint-Barth
- Île Maurice, Rodrigues
- Madagascar
- Martinique
- République dominicaine (Saint-Domingue)
- Réunion

Guides de conversation

- Allemand
- Anglais
- Arabe du Maghreb
- Arabe du Proche-Orient
- Chinois
- Croate
- Espagnol
- Grec
- Italien
- Japonais
- Portugais
- Russe
- G'palémo (conversation par l'image)

Livres-photos/Livres-cadeaux

- 50 voyages à faire dans sa vie
- 52 escapades nature en France (**nouveauté**)
- 52 week-ends coups de cœur en Europe (city trips)
- 52 week-ends coups de cœur en France
- 120 coins secrets en Europe
- 1 200 coups de cœur en France
- 1 200 coups de cœur dans le monde
- Cahier de vacances du Routard
- La France de Stéphane Bern
- Nos plus belles balades et randos en France (**nouveauté**)
- Road Trips Monde
- Road Trips en France
- Sacré : 100 lieux d'inspiration divine (**nouveauté**)
- Voyages
- Voyages : États-Unis
- Voyages : France
- Voyages : Italie

Nous tenons à remercier tout particulièrement Loup-Maëlle Besançon, Thierry Bessou, François Chauvin, Grégory Dalex, Fabrice Doumergue, Cédric Fischer, Carole Fouque, Nicolas George, Michelle Georget, David Giason, Claude Hervé-Bazin, Emmanuel Juste, Dimitri Lefèvre, Fabrice de Lestang, Romain Meynier, Éric Milet, Pierre Mitrano, Jean-Sébastien Petitdemange, Thomas Rivallain et Jean Tiffon pour leur collaboration régulière.

Guillem Aurenche
Jean-Jacques Bordier-Chêne
Gérard Bouchu
Camille Campet
Philippe Coupy
Agnès Debiage
Jérôme Denoix
Tovi et Ahmet Diler
Clélie Dudon
Agustina Ernesta
Alain Fisch
Hermine Frachon
Adrien et Clément Gloaguen
Simon Hafi
Chloé Iacono
Thelem Jolliot-Curie
Maeva Libessart
Marine Lucas
Lise Machu
Louis Nagot
Martine Partrat
Odile Paugam et Didier Jehanno
Orianne Pouchard
Alexia Poulain
Marva Prevost
Alexia Rambaud
Prakit Saiporn
Lara Tantawi
Sarah Toson
Emma Vadillo Quesada

Direction : Sidonie Chollet
Direction éditoriale : Élise Ernest
Édition : Matthieu Devaux, Olga Krokhina, Gia-Quy Tran, Julie Dupré, Amélie Ramond, Margaux Lefebvre, Lucie Léna et Joséphine Bonneau
Ont également collaboré : Catherine Hidé, Clémence Toublanc, Aurélie Gaillot et Marie Gosset
Cartographie : Frédéric Clémençon et Aurélie Huot
Contrôle de gestion : Jérôme Boulingre et Yannis Villeneuve
Secrétariat : Julia Lorrain
Fabrication : Nathalie Lautout et Liza Sacco
Relations presse : COM'PROD, Fred Papet. ☎ 01-70-69-04-69.
• *info@comprod.fr* •, Martine Levens (Belgique) et Maureen Browne (Suisse)
Marketing : Clotilde Tougeron et Élise Sylvestre
Couverture : le-bureau-des-affaires-graphiques.com
Silhouette du Routard : Clément Gloaguen (d'après Solé)
Maquette intérieure : le-bureau-des-affaires-graphiques.com, Thibault Reumaux et npeg.fr
Contact Partenariats : Jérôme Denoix • *jeromedenoix@gmail.com* •
Contact Partenariats et régie publicitaire : Florence Brunel-Jars
• *fbrunel@hachette-livre.fr* •

INDEX GÉNÉRAL

LISTE DES CARTES ET PLANS

Remarque importante aux hôteliers et restaurateurs

Les enquêteurs du *Routard* travaillent dans le plus strict anonymat. Aucune réduction, aucun avantage quelconque, aucune rétribution n'est jamais demandé en contrepartie. Face aux aigrefins, la loi autorise les hôteliers et restaurateurs à porter plainte.

Avis aux lecteurs

Le Routard, ce n'est pas comme le bon vin, il vieillit mal. On ne veut pas pousser à la consommation, mais évitez de partir avec une édition ancienne. Les modifications sont souvent importantes.
Les réductions accordées à nos lecteurs ne sont jamais demandées par nos rédacteurs afin de préserver leur indépendance. Les hôteliers et restaurateurs sont sollicités par une société de mailing, totalement indépendante de la rédaction, qui reste donc libre de ses choix. De même pour les autocollants et plaques émaillées.

Avec routard.com, choisissez, organisez, réservez et partagez vos voyages !

✓ Rejoignez la plus grande communauté francophone de voyageurs : **plusieurs millions d'internautes.**

✓ Échangez avec les routarnautes : forums, photos, avis d'hôtels.

✓ Retrouvez aussi toutes les informations actualisées pour choisir et préparer vos voyages : près de 300 guides destinations, une centaine de dossiers pratiques et un magazine en ligne pour découvrir tous les secrets de votre destination.

✓ Enfin, comparez les offres pour organiser et réserver votre voyage au meilleur prix.

Les **Routards** *parlent aux* **Routards**

Faites-nous part de vos expériences, de vos découvertes, de vos tuyaux et de vos coups de cœur. Aidez-nous à remettre l'ouvrage à jour. Indiquez-nous les renseignements périmés. Faites profiter les autres de vos adresses nouvelles, combines géniales... On adresse un exemplaire gratuit de la prochaine édition à ceux qui nous envoient les meilleurs courriers, pour la qualité et la pertinence des informations.
Quelques conseils cependant:
– Envoyez-nous votre courrier le plus tôt possible afin que l'on puisse insérer vos tuyaux sur la prochaine édition.
– N'oubliez pas de préciser l'ouvrage que vous désirez recevoir, ainsi que votre adresse postale.
– Vérifiez que vos remarques concernent l'édition en cours et notez les pages du guide concernées par vos observations.
– Quand vous indiquez des hôtels ou des restaurants, pensez à signaler leur adresse précise et, pour les grandes villes, les moyens de transport pour y aller.
Si vous le pouvez, joignez la carte de visite de l'hôtel ou du resto décrit.
En tout état de cause, merci pour vos nombreux mails.

122, rue du Moulin-des-Prés, 75013 Paris

• *guide@routard.com* • *routard.com* •

Routard Assurance *2022*

Enrichie au fil des années par les retours des lecteurs, *Routard Assurance* reste l'assurance voyage référence des globe-trotters. Tout y est inclus, même la **Covid** : frais médicaux, assistance rapatriement, bagages, responsabilité civile... Avant votre départ, appelez *AVI* pour un conseil personnalisé. Besoin d'une **attestation Covid**, d'un avis médical, d'une prise en charge dans un hôpital ? Téléchargez l'appli mobile *AVI International* pour garder le contact avec *AVI Assistance* et disposer d'un vaste réseau médical à travers le monde. *AVI Assistance* est disponible 24h/24 pour une réponse en temps réel. De simples frais de santé en voyage ? Envoyez les factures à *AVI* dès votre retour, ils vous remboursent sous une semaine. *Le Colisée Gardens, 10 avenue de l'Arche, CS 70126, 92419 Courbevoie Cedex.* ☎ *01-44-63-51-00.* • *avi-international.com* • Ⓜ *La Défense.*

Édité par Hachette Livre (58, rue Jean-Bleuzen, CS 70007, 92178 Vanves Cedex, France)
Photocomposé par Jouve (1, rue du Docteur Sauvé, 53100 Mayenne, France)
Imprimé par Dupliprint (Quai n° 2, 733, rue Saint-Léonard, BP 3, 53101 Mayenne Cedex, France)
Achevé d'imprimer : décembre 2021
Collection n° 13 - Édition n° 01
75/6739/2
I.S.B.N. 978-2-01-717178-2
Dépôt légal : décembre 2021

PAPIER À BASE DE FIBRES CERTIFIÉES